MICHEL DIDIER

ECONOMIE : LES RÈGLES DU JEU

2e édition

ECONOMICA
49, rue Héricart, 75015 Paris

« L'économie politique... fait connaître l'économie de la société ; elle nous dit comment les nations se procurent ce qui les fait subsister. Or, comme c'est aux efforts des particuliers que ces choses sont dues, comme ce sont principalement les particuliers qui jouissent de l'aisance générale qui en est la suite, on ne doit pas considérer l'économie politique comme l'affaire des hommes d'Etat exclusivement : elle est l'affaire de tout le monde. »

Jean-Baptiste Say
Catéchisme d'économie politique, 1826

Avertissement au lecteur de la deuxième édition

Le public a bien voulu réserver un accueil favorable à la première édition de *Economie : Les règles du jeu*, qui a fait l'objet depuis sa parution de plusieurs réimpressions.

Si les mécanismes profonds de l'économie, que l'ouvrage s'efforce d'exposer simplement, restent fondamentalement les mêmes, l'évolution de la situation politique, technique, financière, internationale donne un éclairage sans cesse renouvelé de la vie économique. Certains problèmes, tel celui de l'inflation, entrent (momentanément) dans l'ombre. D'autres, comme ceux de la finance internationale, se présentent en pleine lumière. Pour tenir compte de ces changements, qui concernent moins les mécanismes que les perspectives dans lesquelles ceux-ci doivent être examinés, il a semblé souhaitable de procéder à une refonte complète de l'ouvrage. C'est l'objet de cette édition qui comporte de nombreuses adaptations et notamment quatre chapitres entièrement nouveaux : un chapitre sur le circuit économique qui établit un lien avec les enseignements traditionnels de la macroéconomie, un chapitre sur la bourse et le marché des capitaux, qui prend en compte ce que l'on a appelé la « mutation financière », un chapitre sur le taux de change, qui donne une ouverture sur la finance internationale, enfin un chapitre sur l'Europe, qui présente les enjeux du marché unique européen. Les autres chapitres du livre ont été revus et adaptés aux problèmes présents.

Ce livre reste écrit dans le langage de tous les jours. Il n'emploie les mots des économistes que lorsque ces mots sont passés dans le langage courant ou pour en expliquer la signification. Il est donc accessible à tous. La façon de l'utiliser peut dépendre de ce que chacun en attend.

A l'élève ou l'étudiant, qui prépare un examen, ce livre devrait être utile. L'économie peut être abordée de plusieurs manières : par les faits (histoire des faits économiques, géographie économique, ressources naturelles, etc.), par les concepts et le langage de la science économique (la comptabilité nationale par exemple), par l'histoire de la pensée (la théorie marginaliste, la théorie keynésienne, etc.), par les outils de l'analyse économique (la statistique, l'économétrie, etc.). Quelle que soit l'approche retenue, il sera toujours demandé une connaissance générale des rouages et des problèmes économiques les plus permanents. L'objet de ce livre est de les présenter sous forme accessible. C'est pourquoi, sans se substituer au manuel traditionnel, il peut en être le complément utile, en proposant d'emblée la toile de fonds générale de toutes les lectures possibles de l'économie.

Ce livre peut aussi être utilisé comme support d'un cours d'initiation aux mécanismes de l'économie actuelle ou comme base de discussion. Elèves et professeurs y trouveront des textes, des exemples et des illustrations utiles pour l'animation des séances. Environ deux heures par chapitres peuvent suffire pour un cycle d'initiation, soit en tout environ quarante heures. Cependant certains chapitres peuvent donner lieu à beaucoup plus de deux heures. Les sous-chapitres permettent alors une décomposition commode.

Ceux qui sont déjà engagés dans la vie professionnelle souhaiteront sans doute mieux comprendre ce qui se passe autour d'eux. Pourquoi leur entreprise décide d'abandonner telle production, de s'implanter à l'étranger ou de se vendre à une multinationale. Ce qui fait monter le cours des actions, baisser le taux d'intérêt ou chuter le dollar. Comment trop de lois et d'impôts peuvent étouffer l'économie, mais aussi pourquoi pas assez d'interventions de l'Etat peut la désorganiser. Et encore connaître les réponses à mille autres questions que chacun se pose, et dont les réponses paraissent souvent ou trop obscures ou trop évidentes.

Ce livre ne prétend pas répondre directement à toutes les questions. Il n'est pas un recueil de recettes. L'économie, c'est la vie, et la vie est si complexe que des causes similaires peuvent entraîner des effets différents. En remontant aux rouages les plus essentiels et les plus constants, en isolant des mécanismes qui se reproduisent à toutes époques et en tous lieux, en les reliant aussi souvent que possible à l'actualité présente, ce livre peut aider chacun à trouver soi-même les réponses à ses propres questions. Le livre peut être abordé comme un guide pour s'orienter dans les dédales de la réalité économique, comme le point de départ d'une réflexion personnelle.

Une première lecture dans l'ordre des chapitres donnera une vue d'ensemble. Par la suite, confrontée avec les observations personnelles du lecteur, cette vue l'incitera peut-être à revenir plus en détail sur certains aspects et, pourquoi pas, à contester ce qu'il aura lu.

Il est enfin précisé qu'afin d'alléger la présentation, les références bibliographiques sont toutes regroupées à la fin du livre (p. 363) et classées au numéro de la page du livre. Dans le texte, le signe* indique l'existence d'une référence bibliographique en fin d'ouvrage.

Introduction

La réponse à la crise ne viendra ni des experts, ni des gouvernants ; elle viendra de nous tous, de notre effort personnel pour comprendre et pour agir.

Pour cela, il faut que l'économie cesse d'être l'affaire de quelques diplômés échangeant d'obscurs arguments dans un jargon inaccessible. Il faut que chacun s'efforce de distinguer l'observation humble du discours péremptoire, réducteur et presque toujours idéologique. Car les forces de l'économie nous concernent tous. Elle nous concernent dans notre vie quotidienne : dans le temps de travail, et dans la vie familiale et personnelle. Elles nous touchent comme travailleurs et comme consommateurs. Et les forces de l'économie n'ont ni indulgence, ni faiblesse.

Selon la définition désormais classique de Raymond Barre* : « La science économique est la science de l'administration des ressources rares. Elle étudie les formes que prend le comportement humain dans l'aménagement de ces ressources ; elle analyse et explique les modalités selon lesquelles un individu ou une société affecte des moyens limités à la satisfaction de besoins nombreux et illimités ».

Il ne faut pas espérer déchiffrer les lois de l'économie comme on a déchiffré le mouvement des corps célestes. Entre la physique et l'économie, il y a des différences fondamentales :

1) La physique s'intéresse à des *objets inanimés*, qui obéissent passivement à des lois qui leur sont extérieures. Les mêmes causes produisent donc toujours les mêmes effets. Dans les sciences physiques, il est possible de multiplier les expériences et de vérifier des

« lois », c'est-à-dire des relations permanentes et inéluctables entre plusieurs grandeurs : par exemple la relation entre force d'attraction, distance et masse de deux objets.

2) L'économie s'intéresse à l'activité humaine. Or *l'homme est animé,* et son comportement par nature incertain ne se laisse pas enfermer dans des lois immuables. A la différence du physicien, l'économiste ne peut pas multiplier les expériences. Par exemple, il ne lui est pas possible de vérifier, en renouvelant plusieurs fois la tentative, qu'une forte augmentation du déficit budgétaire entraîne un déséquilibre du commerce extérieur et la dévaluation de la monnaie. A supposer même que l'opinion tolère cette « expérience » deux ou trois fois, le résultat ne serait pas indiscutable. Il serait toujours possible de soutenir que, dans un autre contexte, dans une autre situation internationale, avec une autre politique des revenus ou un autre comportement des syndicats, le même déficit budgétaire aurait eu d'autres conséquences.

Il est donc impossible d'établir une vérité économique absolue. En revanche il est possible de reconnaître une erreur. Pour le montrer, John Stuart Mill propose la parabole des cygnes : Quel que soit le nombre de cygnes blancs observés, on ne peut pas conclure que tous les cygnes sont blancs ; mais il suffit d'un seul cygne noir pour pouvoir affirmer que tous les cygnes ne sont pas blancs. Dans les discussions économiques, si tous ceux qui ont vu un cygne noir acceptaient de reconnaître que tous les cygnes ne sont pas blancs, un immense progrès serait accompli.

L'économie n'est pas le domaine de l'arbitraire. Le désordre apparent des décisions individuelles se combine pour faire naître un ordre global qui a ses règles. Comme l'écrit Jean-Pierre Dupuy*, « la création se nourrit du désordre, du chaos. L'aléatoire fait partie de l'organisation. Le désordre est au cœur de ce qui définit l'ordre ». *Il existe des forces économiques, peut-être aussi puissantes et aussi permanentes que les forces d'attraction entre les corps. Ce livre est une invitation à les découvrir à partir d'une observation raisonnée de nos sociétés.*

Dans les sociétés libérales, chaque individu est à peu près libre d'acquérir les biens qu'il peut payer, d'organiser son activité économique comme il l'entend et de satisfaire ses besoins selon les priorités qu'il se donne. Les rapports sociaux sont en principe des rapports contractuels et non des rapports de violence ou de domination. Sous réserve de respecter l'ordre public, l'activité économique est placée sous le signe de la liberté : liberté de chercher un emploi salarié ou de créer une entreprise, liberté d'accumuler des moyens de production, liberté de dépenser ses revenus à sa guise, liberté d'échanger sur les marchés. Ce qui a frappé les économistes, c'est que ce système d'apparence anarchique fonctionne si bien. « Notre système économique, formation diverse à l'extrême, d'une rare subtilité, n'existe pour ainsi dire que grâce à une anarchie fondamentale. Et pourtant le pessimiste le plus endurci est bien forcé de reconnaître que, malgré tout cela, toutes les parties s'y emboîtent les unes dans les autres pour composer un tout bien organisé », écrit par exemple W. Ropke*. Bien avant lui, Adam Smith, l'un des pères fondateurs de l'économie politique, avait montré que le bien général devait résulter spontanément du libre jeu des intérêts particuliers.

Dans ce livre, on se réfèrera aux sociétés dans lesquelles la propriété privée est largement répandue, la création d'entreprise est libre, le choix des consommateurs à peu près respecté, et la concurrence en principe recherchée. Cependant, la plupart des forces qui commandent l'équilibre de l'économie sont très générales. En particulier, quatre lois concernent toutes les formes d'organisation sociale moderne :

1) Les contraintes de la production : une part importante de l'activité humaine est consacrée à produire pour mieux vivre. La production exige des matières premières, des outillages et surtout le travail des hommes. Une mauvaise organisation de la production conduit à des gaspillages. *Quelle que soit l'idéologie de ses dirigeants, toute société doit compter avec les contraintes techniques de la production.*

2) La division du travail : aucun individu, aucun pays ne produit la totalité des biens qu'il consomme ou utilise. Adam Smith*, commençait ainsi ses *Recherches sur la nature et les causes de la richesse des nations :* « Les plus grandes améliorations dans la puissance productive du travail, et la plus grande partie de l'habileté, de l'adresse et de l'intelligence avec laquelle il est dirigé ou appliqué, sont dues à ce qu'il semble, à la division du travail ». On observe partout cette division du travail. Chacun se spécialise dans l'activité qu'il maîtrise le mieux. *Il faut donc, dans toute société, un système de répartition des métiers et des postes de travail, un système d'échange et de distribution des biens jusqu'au consommateur final.*

3) La composition des décisions individuelles : l'organisation économique et sociale résulte toujours d'un assemblage d'unités économiques élémentaires. Ces unités ont toujours certaines marges de liberté. Cela est évident dans les sociétés libérales. Mais c'est vrai aussi dans un régime totalitaire, centralisé et planifié, car certains choix économiques individuels échappent très largement à l'Etat. Un plan national peut fixer les salaires, les prix, mais il ne peut pas fixer la quantité de saucisson sec ou de savon que chaque citoyen doit acheter. Il ne peut pas décider ce que chaque travailleur doit fabriquer et en quelle quantité. *Tout système économique doit* *donc résoudre quotidiennement le problème de la mise en cohérence de myriades de décisions individuelles.*

4) L'équilibre financier : toute unité économique, individu ou entreprise, a en règle générale une contrainte d'équilibre à respecter. *Elle ne peut pas dépenser au-delà de ce qu'elle a reçu. Dans tous les pays, les unités économiques, simples particuliers ou entreprises, sont soumises à la loi de l'équilibre financier.*

L'application des lois économiques peut varier d'un système social à un autre. Par exemple la loi de l'offre et de la demande joue normalement en économie de marché. Si l'Etat fixe autoritairement le prix, cette loi ne joue plus librement. Elle se manifeste autrement : ce n'est plus l'offre et la demande qui fixent le prix, c'est le prix qui détermine les quantités offertes et demandées. Si le prix est maintenu artificiellement bas, la quantité offerte est inférieure à la quantité demandée, la marchandise manque et on voit apparaître des queues et du marché noir. Les forces de l'offre et de la demande restent donc des données essentielles pour comprendre les mécanismes de l'économie, même lorsqu'on ne les laisse pas jouer librement. Le fonctionnement réel des économies nationales est un compromis entre des institutions et des traditions qui sont propres à chaque peuple, et des lois naturelles et constantes qui s'appliquent à toutes les sociétés humaines et qui constituent les règles du jeu de l'économie.

Il y a quelques années, un ami à qui on demandait quelle devait être à ses yeux l'attitude des dirigeants, fit cette merveilleuse proposition : « traitez-nous en adultes, mais expliquez-nous comme à des enfants. Traitez-nous en adultes, parce que nous sommes tous en dernier ressort les responsables de l'économie. Nous avons droit à la vérité. Mais expliquez-nous comme à des enfants, car nous ne disposons pas des clés pour comprendre l'ensemble des mécanismes ». Ce livre s'efforce de lui répondre. C'est pourquoi il ne s'adresse pas qu'aux économistes. Il s'adresse aussi à tous les autres, et en particulier à tous ceux qui n'acceptent plus d'être de simples pions dans un jeu dont ils ne connaissent pas les règles. Ces règles sont à la portée de tous et elles peuvent s'énoncer avec les mots de tous les jours. Après un panorama des changements en cours, on démontera chacun des rouages du système économique : consommateurs, entreprises, marchés, impôts, banques et marché des capitaux. On pourra alors poser les grandes questions de l'économie actuelle : progrès technique, compétitivité, chômage, inflation, justice sociale, sous-développement, marché unique européen. On ouvrira enfin le débat qui nous préoccupe directement, le débat sur notre avenir : allons-nous vers une nouvelle économie ?

CHAPITRE 1

Les hommes et les richesses

L'économie raconte l'histoire des richesses : comment apparaissent-elles ? A qui vont-elles ? Pour répondre à ces questions, il faut d'abord comprendre que les richesses n'ont pas de sens en elles-mêmes. Elles ne sont richesses que pour les hommes. Les grands changements du monde actuel, que l'on a pu appeler « la crise » nous le rappellent avec force. Résultats économiques et comportements humains sont indissociables.

Depuis quinze ans, dans les pays développés, la production a augmenté en moyenne de 2 % par an. C'est moitié moins qu'avant. Mais c'est à peu près le rythme moyen de croissance de la période 1900 à 1950, considérée comme une période d'essor économique dans l'histoire de l'humanité. Alors, avions-nous été trop gâtés pendant trente ans ? Jamais nous n'avons été aussi riches, jamais nous n'avons aussi peu travaillé.

Pourtant, les symptômes de crise ont été nombreux. Crise n'est pas synonyme de catastrophe. Pour le Petit Larousse, la crise est un « moment périlleux ou décisif dans l'évolution des choses ». La crise est un moment de rupture pendant lequel les mécanismes anciens ne fonctionnent plus, alors que de nouveaux mécanismes ne sont pas encore à l'œuvre.

La crise économique n'est pas une faiblesse passagère de l'économie, un simple creux comme on en a connu dans le passé, mais la manifestation économique d'un bouleversement plus vaste, d'une remise en cause d'une conception du monde, qui touche l'ensemble des pays du monde : « crise économique d'abord, mais aussi crise des mœurs, crise de la pensée, en bref crise de civilisation et peut-être même crise de la Civilisation », selon René Huyghe.*

Dans ce chapitre nous donnerons quelques aperçus des changements en cours. Une certaine forme de la société industrielle et technicienne, une conception de l'Etat, une organisation sociale et une tradition culturelle, ont été remises en cause. Alors que nos sociétés doutaient d'elles-mêmes, le monde basculait : déséquilibre des populations sans précédent dans l'histoire, désordre des rapports économiques entre les nations.

La machine économique se bloque

Il y a plusieurs sortes de rouages économiques. Des petits rouages : individus, consommateurs, travailleurs, petites entreprises ; et des grands rouages : syndicats ouvriers, grandes banques, entreprises publiques, organisations agricoles, armées, administrations puissantes. Ces grands rouages, dont certains sont censés regrouper des petits ou représenter l'« intérêt général », ont toujours une existence et un jeu propre plus ou moins explicite. Si petits et grands rouages fonctionnent harmonieusement, c'est le « consensus social », l'économie va bien. Si en revanche les petits rouages se bloquent parce qu'on ne leur laisse pas d'initiative, ou si certains grands rouages ont un mouvement incohérent, c'est toute la machine économique qui se grippe.

Au siècle dernier, Karl Marx avait tout ramené à un antagonisme fondamental entre les travailleurs et les capitalistes. Cette vision, qui a fasciné le monde par sa simplicité, n'est pas adaptée à la complexité de la société actuelle. La ligne du front social s'est déplacée. Elle ne chemine plus seulement entre le capital et le travail, mais surtout entre des appareils (des technostructures) qui nourrissent l'ambition ou conquièrent la capacité d'imposer à la population les intérêts de leur groupe. La grande entreprise n'a plus de propriétaire identifiable. Pour fixer sa politique, les exigences de ses employés jouent souvent le rôle principal. Au travers de leurs « organisations représentatives » les employés poursuivent deux buts : perpétuer leur existence et, si possible, améliorer leur situation.

Certaines catégories de travailleurs ont ainsi décroché des privilèges de sécurité, de rémunération, de retraites ou de vacances qu'elles cachent et défendent, y compris contre les autres travailleurs. Dans cette course, les gagnants sont ceux qui appartiennent aux secteurs protégés ou qui peuvent exercer une forte pression sur l'opinion publique. Les perdants sont les plus faibles et les isolés, les travailleurs sans qualification dans les secteurs les plus exposés.

Du côté des entreprises, certaines d'entre elles ont obtenu par leur taille et leur position sur le marché le pouvoir de fixer leurs prix et leurs délais de paiements. Ce pouvoir est encore renforcé si l'entreprise est une entreprise publique, car l'entreprise publique jouit d'un droit quasi-automatique à l'aide de l'Etat et elle échappe à toute sanction économique. On verrait mal une entreprise publique faire faillite.

Il résulte de tout cela un accroissement des rigidités et une difficulté de plus en plus grande à trouver un équilibre de l'économie, c'est-à-dire un point d'accord entre des groupes dont chacun marche au pas de ses intérêts. Comme l'écrit Paul Thibaud* : « la crise n'est pas seulement économique, affaire de rétablissement des « grands équilibres ». C'est une crise des institutions sociales. Une crise de la démocratie moderne, de la manière dont on avait réussi à organiser et à composer les divers intérêts, les divers groupes sociaux ».

Dans notre société, les petits se plaignent de l'absence de liberté réelle, de charges trop élevées, de réglementations trop compliquées, de la difficulté d'entreprendre et de se faire entendre. Les grands se déchirent entre eux et campent sur leurs intérêts et leurs positions. Comme il est plus facile de bloquer le mécanisme d'ensemble que de le réactiver, la crise renforce les corporatismes, les corporatismes conduisent au blocage social et le blocage social accentue la crise.

Pendant les années fastes, la distribution de revenus et d'avantages nouveaux remettait tout le monde d'accord. Pendant un temps, la distribution réconciliatrice a trouvé sa contrepartie dans la croissance économique. Depuis 1974, distribuer devient une illusion qui se résoud dans l'inflation et le déficit extérieur. Les responsables des grands rouages continuent à se demander chacun pour soi « Comment puis-je prendre la meilleure part du gâteau ? ». Alors que la vraie question n'est plus celle-là. Elle devrait être « Si nous voulons conserver notre gâteau, comment trouver ensemble des règles honnêtes pour l'agrandir et le partager ? ».

Dans ce concert d'intérêts discordants, l'État peut-il au moins arbitrer ? Cela paraît de plus en plus difficile, car il est lui-même remis en cause. « Ce fameux "Etat souverain" est pénétré de partout par des clientèles et des groupes de pression ; il est affaibli par sa propre bureaucratie ; il ne dispose le plus souvent ni des informations, ni du temps nécessaire pour prendre des décisions rationnelles » écrit Alain Touraine.* C'est la crise de l'Etat-Providence.

La crise de l'Etat-Providence

L'Etat contemporain s'est façonné au siècle des Lumières, lorsqu'on est passé de la conception de Louis XIV (l'Etat, c'est moi) à la conception de la Révolution Française (l'Etat, c'est le peuple). A cette époque sont apparus les premiers signes de l'Etat-protecteur. Protecteur des biens et des personnes contre l'agression des voisins, et aussi protecteur des malheureux contre les risques sociaux. « La société doit la subsistance aux citoyens malheureux, soit en leur procurant du travail, soit en assurant les moyens d'exister à ceux qui sont hors d'état de travailler » affirme la Déclaration des droits de l'homme. De protection en protection, on est arrivé aujourd'hui à l'idée de l'Etat-Providence, chargé de tout connaître et de tout résoudre. Or, l'Etat-Providence n'a pas tenu ses promesses. Et s'il y a encore dix ans on comptait beaucoup sur l'Etat pour résoudre tous les problèmes, aujourd'hui beaucoup pensent que le problème c'est l'Etat lui-même.

On doute de sa capacité à se bien gérer. Le chef d'entreprise a des critères simples. Il peut dépenser, pourvu qu'avec ses dépenses il obtienne des recettes supplémentaires, et qu'en définitive ses comptes soient en équilibre. Pour décentraliser la gestion, l'entreprise est articulée en centres de profit, et chacun est soumis à la règle de l'équilibre. Les administrations n'ont aucune contrainte de cette nature. Le chef d'une administration doit rester dans les crédits qui lui sont ouverts, et il y reste presque toujours. Contrairement à une critique souvent entendue, les dépassements de crédits sont rares dans le fonctionnement des administrations. Les patrons d'administration sont respectueux de leurs crédits. Mais le problème est ailleurs. Comme il n'y a aucune recette ou résultat mesurable à mettre directement en face de la dépense, il est impossible de savoir si le crédit a été bien ou mal dépensé et on ne peut pas dire quel est le bon niveau de crédit. La tentation est donc d'en réclamer toujours plus. Alors que dans l'entreprise, les efforts des responsables convergent pour comprimer les coûts, dans l'administration les motivations individuelles tendent spontanément à obtenir des crédits supplémentaires. Il ne peut pas en être autrement dès lors que le lien entre la dépense et le résultat n'existe pas. La loi naturelle d'une bureaucratie est de grossir. L'opinion s'en inquiète d'autant plus qu'elle doute désormais de l'efficacité des interventions de l'Etat.

L'Etat est intervenu pour aider certaines personnes : les pauvres, les vieux, les chômeurs, les handicapés, les veuves, les enfants, les immigrés, les jeunes, les candidats au logement... Il a multiplié les allègements fiscaux et les méthodes d'imposition. Il a organisé, généralisé, rendu obligatoire les systèmes de sécurité sociale, de retraite complémentaire, d'allocations familiales. Personne ne conteste aujourd'hui que « la société doit la subsistance aux citoyens malheureux », ni que les interventions de l'Etat ont contribué à réduire certaines inégalités. Mais le système est devenu trop complexe. On ne sait plus si la machine redistribue dans le bon sens, et si en supprimant des inégalités quelque part, on n'en recrée pas ailleurs. On ne peut plus contrôler l'application de milliers de lois, décrets et circulaires de la réglementation sociale et on ne sait pas si ceux qui reçoivent sont tous de vrais bénéficiaires. Enfin, on ne voit plus comment alimenter une machine devenue insatiable en argent frais alors que l'on devient plus réticent à payer. Les pays développés ont sans doute atteint (momentanément ou durablement ?) un seuil de tolérance sociale aux interventions de l'Etat-Providence.

La contestation porte aussi sur l'intervention économique de l'Etat. L'Etat « keynesien », enfanté par la crise des années trente, et consacré par la grande croissance d'après guerre avait la double mission de réduire les déséquilibres sociaux et de rétablir l'équilibre de l'économie, si celui-ci se trouvait menacé. Ces deux rôles étaient complémentaires, car l'expansion économique avait besoin à la fois du développement de la consommation populaire et de l'investissement, et des stimulants de la dépense publique. L'Etat y pourvoyait. Or, aujourd'hui cela ne marche plus. La stimulation par l'Etat provoque dans le meilleur des cas un feu de paille sans lendemain, et dans le plus mauvais un dérapage des prix et la dévaluation de la monnaie.

Le doute sur l'Etat est devenu général. Ce n'est pas telle ou telle dépense publique qui est contestée, c'est l'Etat dans son ensemble, c'est son rôle et son intervention dans la société.

Un Etat trop puissant fait peur. Le vingtième siècle est le siècle des totalitarismes. On a découvert ou redécouvert que des goulags peuvent exister et des dictatures militaires s'instaurer, et que c'est alors tout l'appareil d'Etat qui peut être confisqué contre les individus : police, emplois, promotions, logement, inscriptions scolaires, hôpitaux psychiatriques. Dans le domaine de l'économie, la principale explication de la méfiance grandissante qu'inspire l'Etat tient à la façon dont il intervient. Un Etat ne peut que définir des règles générales, donc aveugles. Une fois corrigées les inégalités flagrantes de la société, il arrive un moment où l'intervention de l'Etat crée autant d'anomalies qu'elle en supprime. Donnons deux exemples : l'attribution des droits et la responsabilité individuelle.

1) L'attribution des droits : beaucoup de prestations, d'avantages sociaux ou d'allègements fiscaux sont liés au revenu, allocation de logement, remboursement de cures, prestations familiales, bourses scolaires, avantages d'impôts, livret d'épargne populaire, etc. Seuls les petits revenus en bénéficient. Cela paraît normal. Mais qu'est-ce qu'un petit revenu ? Il faut un critère objectif, c'est le revenu déclaré aux impôts qui fait foi. Celui-ci déclenche ainsi ou ferme l'accès à une multitude d'avantages sociaux, payés avec les impôts des autres. Or, le revenu fiscal réfléchit une certaine réalité, la réalité financière. Mais il la reflète de façon quelquefois déformée. Pour un même revenu déclaré, un retraité qui vit dans une maison de village avec un potager près de ses enfants, a une vie complètement différente de celle d'une jeune femme divorcée en banlieue parisienne. Comme il existe des centaines de prestations, d'aides diverses ou de mécanismes fiscaux, on en arrive à un épais brouillard qui ne satisfait plus personne.

2) La responsabilité : pour montrer comment les comportements individuels les plus courants conduisent à des absurdités si personne n'intervient, Thomas Schelling propose l'exemple du matelas.* Un matelas s'est détaché du toit du véhicule de quelque touriste rentrant de vacances. Ce matelas encombre l'autoroute et un bouchon se forme. Des centaines d'automobilistes perdent une heure dans la file d'attente. Puis chacun d'eux, lorsqu'il parvient au matelas, le contourne et reprend sa vitesse normale. Il serait facile à n'importe lequel des automobilistes de s'arrêter deux minutes, de tirer le matelas sur le bas côté, de dégager l'autoroute, et de supprimer l'attente de tous les autres automobilistes. Mais chacun se dit : « je ne suis pas responsable du ramassage des matelas sur les autoroutes » et laisse le matelas au suivant.

Tout ce qui anesthésie la responsabilité individuelle contribue à accentuer les charges de l'Etat. Comme personne ne ramasse le matelas, il faudra bien des surveillants d'autoroutes avec des hélicoptères, et aussi des agents de ramassage de matelas (car le lecteur aura compris que surveillants d'autoroutes et agents de ramassage constituent des corporations différentes, toutes les deux accrochées à leurs privilèges). Or le développement des interventions de l'Etat tend spontanément à atténuer les responsabilités individuelles. Je ne vais pas proposer de garder la fille de la voisine. Elle n'a qu'à la mettre à la crèche, et d'ailleurs elle a droit à l'allocation pour garde d'enfant.

La guerre économique mondiale

L'économie de marché est un perpétuel combat. Combat pour trouver les meilleurs produits, pour déceler les goûts actuels et futurs des consommateurs, pour s'installer sur les marchés rentables, pour les dominer en éliminant les concurrents. C'est là une réalité permanente, qui prend des formes et une intensité différente selon les époques.

Si l'on parle de guerre économique mondiale, c'est que la nature, les moyens et les enjeux de ce combat semblent changer de nature en se mondialisant. Les années de croissance n'ont pas été des années de repos. En Amérique, en Europe, au Japon, un énorme effort a été accompli, au prix d'horaires et de conditions de travail qui seraient aujourd'hui considérés comme inhumains. On savait alors pourquoi on se battait : produire plus, gagner plus, dépenser plus.

L'ordre économique mondial reflétait alors largement l'ordre politique mondial. Quelques grandes zones économiques conduites par quelques pays principaux, eux-mêmes aidés et dominés par le plus grand d'entre eux, les Etats-Unis. La décolonisation et l'indépendance de dizaines de pays, la reconstruction de l'Europe, le formidable essor du Japon ont bouleversé ce paysage économique.

Les hausses brutales et massives des prix du pétrole ont été des manifestations éclatantes du nouveau rapport des forces économiques qui s'était progressivement instauré. Pour la première fois, un groupe de pays traditionnellement considérés comme des pays satellites réussissaient à imposer leur loi à leurs anciens protecteurs. Ce qui a frappé les esprits, c'est que l'arme économique du prix du pétrole ait été utilisée comme une arme politique, c'est la brutalité de l'augmentation et son caractère unilatéral. L'expression de « guerre économique » mondiale date de cette époque. L'opinion publique a besoin d'événements symboliques pour ponctuer le rythme de l'histoire. Elle a choisi la crise du pétrole de l'automne 1973 comme événement-symbole de la guerre économique qui dure depuis quinze ans.

La grande peur des années soixante-dix a été la peur de manquer. Le club de Rome avait démontré, à grand renfort de modèles mathématiques, une évidence : une augmentation indéfinie de la production selon une progression géométrique à taux constant n'est pas possible. Elle se heurte inéluctablement à des limites physiques. Ces limites apparaissent d'abord pour les ressources naturelles non renouvelables, c'est-à-dire les ressources que l'on trouve dans la nature, qui sont nécessaires pour produire, mais que l'on ne peut pas elles-mêmes produire, et qui par conséquent s'épuisent. Les années soixante-dix ont été ainsi dominées par la psychose de la pénurie. De fait, la trajectoire de la croissance économique des pays les plus développés s'est trouvée brisée. Dans les pays moins développés, la plupart des besoins économiques restaient (et restent encore) à satisfaire. Ces pays pouvaient difficilement se résoudre à casser la croissance. Dans la plupart d'entre eux, on a continué d'investir pour augmenter les capacités de production et on a continué de consommer pour satisfaire les besoins de la population. Faute de vendre assez aux pays développés, il est arrivé ce qui arrive à toute personne qui dépense plus qu'elle gagne. On vit à crédit et on accumule des dettes. Jusqu'au moment où personne ne veut plus vous prêter d'argent. C'est alors l'impasse financière, nous y reviendrons.

Enfin, et peut-être surtout, le progrès technique a poursuivi son chemin, en partie spontanément, en partie sous l'effet même du choc des prix de pétrole et des matières premières. Un peu partout dans le monde, on a cherché à produire autrement, à produire plus efficacement, à consommer d'autres biens. Ces innombrables efforts additionnés les uns aux autres ont bouleversé le contexte économique mondial. D'une économie de pénurie, on est ainsi passé à une économie de surproduction. La matière première est désormais en quantité supérieure à ce que les consommateurs peuvent acheter. Dans une économie de surproduction chacun s'efforce de gagner sur ses voisins. La guerre économique redouble d'intensité et elle se généralise à l'ensemble des secteurs économiques : les secteurs industriels bien sûr, mais aussi l'agriculture, la communication, la finance.

Les lois du marché mondial et de la concurrence internationale s'imposent à tous, et les réglementations n'y résistent pas. Mais cela ne signifie pas que les Etats se retirent. La guerre commerciale est aussi une guerre entre des nations. En cela, la situation actuelle s'apparente bien à une guerre. Les belligérants ne sont pas seulement des entreprises qui s'affrontent pour gagner des clients. Les Etats s'en mêlent : dans les secteurs en mutation ou en déclin pour préserver l'emploi, dans les secteurs naissants pour conquérir des positions, dans les secteurs en pleine maturité pour améliorer l'équilibre extérieur.

Le désordre monétaire mondial

La situation monétaire mondiale n'est pas le résultat d'un accident. Depuis les débuts du capitalisme marchand, l'économie mondiale avait presque toujours été polarisée par une ou deux grandes nations : l'Angleterre puis les États-Unis. Il existait sur le marché mondial une règle du jeu, un centre qui imposait ses contraintes à tous : Amsterdam, Londres ou New York. Après la dernière guerre, le monde s'est fragmenté. Avec la décolonisation, de nombreux Etats se sont créés avec leur réglementation, leur planification, leur monnaie. Il y avait 51 membres de l'ONU à sa création. Il y en a 150 maintenant. L'Europe et le Japon, affaiblis par la guerre, sont redevenus des puissances économiques. Il y a dix ans, les pays producteurs de pétrole, notamment les pays du Moyen-Orient, ont fait leur entrée fracassante dans l'économie mondiale. Il n'est pas question de regretter l'histoire, mais il faut comprendre que derrière les désordres économiques il y a des conflits de puissances et qu'il est plus difficile de s'entendre à 150 qu'à 51.

Déficit américain et excédents japonais
(en milliards de dollars)

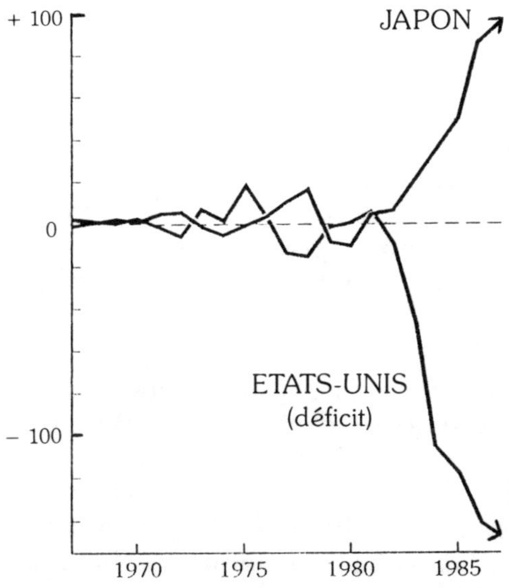

La décennie quatre-vingt est celle du déficit de la balance extérieure courante des Etats-Unis. Une consommation et une production américaines fortes, un dollar trop élevé au début de la période, ouvrent des marchés aux pays les plus compétitifs (le Japon, l'Allemagne et les « quatre dragons » d'Asie du Sud-Est, Singapour, Taïwan, Hong-Kong, Corée du Sud).
En contrepartie, les pays excédentaires accumulent des dollars et des créances sur les Etats-Unis. Pas assez cependant pour empêcher le dollar de baisser. La chute du dollar à partir de 1985 relance le déficit américain, en attendant le retournement (?).

Nous verrons dans un chapitre ultérieur comment dans une nation la Banque Centrale joue le rôle de gendarme de la monnaie, comment elle fixe aux banques des règles de gestion et des contraintes et en même temps comment elle peut les aider à passer un cap difficile. Dans un pays, les responsables de l'économie, de la politique et de la finance se rencontrent, discutent, sont attentifs à l'opinion. Même lorsque les rouages sont encore rudimentaires, ces rouages existent et peuvent contribuer à résoudre certains conflits d'intérêts. Dans le domaine international, aucune institution économique ne dispose d'un réel pouvoir d'arbitrage. Les déséquilibres peuvent se propager et s'amplifier sans que personne n'ait le pouvoir de les dominer. On colmate les lézardes qui apparaissent ici ou là, mais que se passerait-il si les craquements se multipliaient ?

Le Wall Street Journal, premier journal financier du monde a cherché à imaginer le scénario d'un effondrement du système bancaire mondial sous forme d'une tragédie en huit scènes et douze jours. L'action se déroule ainsi :

Première scène : le 2 décembre 19.., un petit établissement de crédit de Hong Kong, Global Vista Finance Co est acculé à la fermeture. Le lendemain, les déposants se pressent en foule devant la principale agence de la Gresham Bank Ltd. Jusque-là, cette banque respectable de Hong Kong vivait en empruntant à de grandes banques et en prêtant à un taux plus élevé à de petits établissements mal contrôlés comme Global Vista Co. Tout d'un coup, les affaires se gâtent. Gresham découvre que les grandes banques ne veulent plus lui prêter.

Scène 2 : comme il n'y a pas de banque centrale à Hong Kong pour prêter aux banques en dernier recours, il faut trouver un arrangement. Après de longues négociations, la très importante Eastern Imperial Bank accepte de venir à la rescousse. Elle consent une ligne de crédit exceptionnelle à la petite Global Vista. Mais elle se trouve elle-même en difficulté. Ses principaux déposants commencent à prendre peur et à retirer leur argent. Les autres banques ne prêtent plus qu'à des taux de pénalité.

Scène 3 : tout autour du monde, des sommes gigantesques se mettent en mouvement entre les mémoires d'ordinateurs. Banques, fonds d'investissements, compagnies multinationales et gouvernements ramènent leurs dollars dans les grandes banques de New York réputées les plus sûres. Le 6 décembre, les banques des places moins bien considérées sont ébranlées : Panama, Singapour, les Bahamas et le Canada.

Scène 4 : la première faillite touche la Banque Nationale Heartland de Chicago (15 milliards de dollars de bilan). C'est une banque plutôt en bonne santé, à gestion traditionnelle et engagée dans plusieurs activités prospères de l'Illinois. Mais c'est une filiale de la branlante Eastern Imperial Bank. Ce lien inquiète beaucoup les grands déposants (trois fonds de placements) de la Heartland qui commencent à retirer des millions de dollars le 8 décembre. Pour compenser ces retraits, la Banque Fédérale de Réserve de Chicago s'empresse d'injecter des crédits pour soutenir la Heartland.

Scène 5 : le jour suivant la Banque d'Investissement Interaméricaine de Londres (3 milliards de dollars de bilan) est en cessation de paiements. Elle avait beaucoup prêté aux pays d'Amérique du Sud. Après 24 heures de discussion agitée, le groupe des huit banques privées auquel elle appartient décide de lui refuser de nouveaux crédits (le groupe comprend une banque américaine, une suisse, une allemande, quatre banques d'Amérique du Sud et l'Eastern Imperial de Hong Kong).

Scène 6 : le 11 décembre, Hector Aquinas-Marx, Ministre des Finances du nouveau gouvernement social-démocrate d'Argentine annonce devant un groupe de banquiers internationaux qu'il suspend le règlement de la dette extérieure argentine (55 milliards de dollars). C'est un choc terrible pour les banquiers. M. Aquinas-Marx explique que depuis plusieurs semaines, il ne trouve même plus de crédits pour payer les seuls intérêts de la dette. La faillite de la Banque Interaméricaine est la dernière goutte d'eau qui a fait déborder le vase. Désormais l'Argentine qui a un petit excédent commercial, paiera ses achats comptant.

Scène 7 : le 12 décembre, les ténèbres s'étendent sur toute la communauté bancaire du monde, et les banques commencent à tomber comme des aiguilles de pin. L'atmosphère est lourde au quartier général de la Megabank, à New York, institution de 54 milliards de dollars de bilan, qui avait contribué aux crédits à l'Argentine. La Megabank avait placé de l'emprunt argentin auprès de douzaines de banques, et elle avait elle-même prêté 1 milliard de dollars.

Scène 8 : le 13 décembre, la Banque de Youngstown (Ohio) rejoint le tas de cadavres des banques américaines. Ni ses dirigeants, ni les autorités bancaires fédérales n'ont été capables d'endiguer l'affolement des clients dès qu'ils ont appris que la Banque de Youngstown avait participé aux crédits argentins par l'intermédiaire de la Megabank.

Mais Joe Lunchpail, Chef d'atelier à la Société « *Trucs et Machins* », va tout de même à la banque. Il est certain qu'il pourra sauver les 898, 42 dollars de son compte parce qu'il sait que sa banque est assurée auprès de l'Assurance Fédérale des Déposants. Le représentant de l'Assurance Fédérale est en effet présent. M. Lunchpail retire son argent et va l'enterrer dans un endroit sec, au coin de son garage. Il ouvre une bière puis allume la télé pour avoir les dernières nouvelles sur le chaos économique qui s'installe un peu partout dans le monde. C'est comme ça qu'il apprend que « *Trucs et Machins* » doit fermer. Il n'y a plus de marché à l'exportation pour les trucs et les machins.

Et le Wall Street Journal conclut : l'effondrement du système financier international assècherait le crédit qui sert de lubrifiant à tous les échanges mondiaux. Il signifierait une déflation globale. Une catastrophe strictement financière se transformerait en catastrophe sociale avec la fermeture de milliers d'usines et la perte de millions d'emplois.

Voilà plusieurs années que de telles catastrophes ont été annoncées et toujours évitées. Mais le krach boursier de 1987 est un avertissement sévère. Le désordre monétaire qui persiste entretient l'instabilité, et si l'incroyable explosion des mouvements de capitaux dégénèrant en véritable crise, on ne sait pas si celle-ci pourrait être dominée.

Un raz de marée démographique

Nous sommes entrés depuis deux siècles dans la seconde grande crise démographique de l'histoire de l'humanité. La première grande crise n'est pas d'hier. Elle correspond à la fin du néolithique, il y a moins de 10.000 ans. C'est l'entrée dans la période historique avec l'apparition des premières cités et des premières civilisations en Asie Mineure, en Asie du Sud, en Chine, en Égypte. La première explosion de la population se produit au sixième millénaire avant Jésus-Christ. Elle porte le nombre d'habitants de la planète de 5 à 50 millions : une multiplication par 10 en un peu plus de 1.000 ans. Il faudra sept mille ans pour que la population soit une nouvelle fois multipliée par dix (les 500 millions d'habitants sont franchis à la fin du XVIIe siècle). Il suffira ensuite de moins de trois siècles pour passer les cinq milliards, ce qui sera chose faite dans quelques années. Nous vivons à un moment décisif de l'histoire humaine. Avec la multiplication des hommes, une mutation culturelle, technologique et économique comparables à l'apparition des civilisations est en train de s'opérer. De ce point de vue, il faut moins s'inquiéter de l'explosion démographique en cours que de l'arrêt de cette croissance. En matière de population les changements de tendance provoquent toujours des bouleversements. Et la tendance actuelle ne durera guère plus de quelques dizaines d'années. Selon Pierre Longone*, « La première certitude des démographes est que la fédondité qui, déjà, a baissé dans le tiers-monde depuis une quinzaine d'années, va continuer à diminuer parce qu'il n'est pas de circonstance, dans le passé, où la fécondité ne se soit pas ajustée, peu à peu, à la baisse de la mortalité ; or la mortalité est en général à la baisse ». Cependant si la fécondité s'ajuste à la mortalité elle ne s'ajuste qu'avec retard. Pendant l'ajustement, il naît beaucoup plus d'hommes qu'il en meurt et la population s'accroît. C'est le mécanisme qui a joué depuis le début du dix-huitième siècle, d'abord en Europe, puis, avec les progrès de l'hygiène et de la médecine, dans le reste du monde. En attendant un nouvel équilibre, ce décalage a provoqué le plus grand basculement de population de l'histoire des hommes, le basculement Nord-Sud entre pays riches et pays pauvres.

Le raz-de-marée de la population mondiale est arrivé en deux grandes vagues. La première vague a déferlé au dix-neuvième siècle sur l'Europe. C'est l'époque où l'Europe peut se permettre d'envoyer des millions d'hommes en Amérique, de coloniser la terre entière et néanmoins de doubler sa population. En un siècle, de 1800 à 1900, la population européenne (URSS comprise) passe de 195 millions à 422 millions. Philéas Fogg fait le tour du monde sans quitter son chapeau melon ; les Anglais sont partout. Si, pour schématiser, on découpe le monde en deux groupes, le Nord (Europe, Amérique du Nord, Japon) et le Sud (les autres), on constate une montée spectaculaire du Nord. La part du Nord dans la population mondiale était traditionnellement comprise entre 25 et 30 %. Elle monte à plus de 50 % en 1900.

Flux et reflux des populations

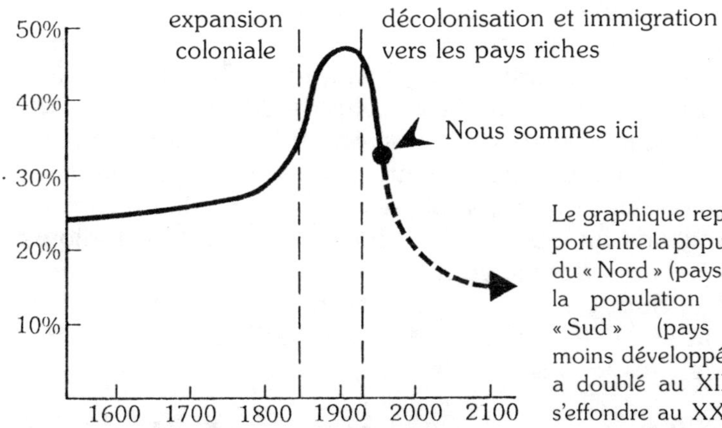

Le graphique représente le rapport entre la population des pays du « Nord » (pays développés) et la population des pays du « Sud » (pays actuellement moins développés). Ce rapport a doublé au XIXe siècle, puis s'effondre au XXe.

Puis déferle la deuxième vague du raz de marée. Le Nord se trouve désormais à un palier démographique. Au Sud, la mortalité s'est effondrée. En revanche, la fécondité qui est fortement influencée par des coutumes, des croyances et des traditions millénaires, est plus stable et ne s'ajuste que lentement. C'est le reflux du rapport Nord-Sud, aussi spectaculaire que sa montée.

Un démographe, Thomas Frejka*, a calculé la population jusqu'en 2100. Naturellement, il y a plusieurs chiffres selon le rythme des naissances. Dans une hypothèse basse, il admet que les jeunes femmes de l'an 2000 n'auraient plus qu'une seule fille (ce qui assure le remplacement nombre pour nombre des générations). A long terme, cette hypothèse conduit à une population stabilisée. Mais compte tenu des délais d'ajustement, qui jouent sur des générations, il arrive à 6 milliards en l'an 2000 et à plus de 8 milliards en 2100. On est à 4,7 milliards aujourd'hui.

Quelle que soit l'hypothèse, et même dans le cas d'un recul rapide de la fécondité dans le tiers-monde, le poids du Nord s'effondre et reviendra *au-dessous de son niveau traditionnel.* C'est un équilibre millénaire qui se trouvera ainsi bouleversé.

Et le Sud n'est pas pour nous autres Européens, constitué de pays lointains que l'on ne connaît que par la télévision ou les agences de voyages. L'Europe a, par la Méditerranée, une frontière commune avec le Sud. Là encore, les chiffres sont éloquents. Regroupons en deux ensembles les pays qui ont une côte méditerranéenne ; ceux du « Nord », pays européens de tradition culturelle chrétienne (de l'Espagne à la Grèce), et ceux du « Sud » pays d'Afrique ou d'Asie de tradition culturelle islamique (du Maroc à la Turquie). En 1950, le rapport de population est de deux à un en faveur du Nord : 140 millions d'habitants au Nord, 70 millions au Sud. La Méditerranée est une mer européenne, et cela depuis le déclin de l'empire ottoman. Mais la poussée du Sud Méditerranéen est déjà en place. Elle s'accentue avec l'effondrement démographique du Nord. Nous vivons la plus grande fracture démographique de l'histoire méditerranéenne. Pour la première fois depuis plus de 2000 ans, le Sud est en train de dépasser le Nord, avec environ 190 millions d'habitants sur chacune des rives méditerranéennes. Puis l'écart augmentera. D'après les projections démographiques de l'ONU, 200 millions au Nord, 270 millions au Sud en l'an 2000. Et en 2020, toujours 200 millions au Nord, dont la population est devenue strationnaire, 370 millions au Sud. La précision des chiffres ne doit pas faire illusion, surtout au-delà de l'an 2000. Mais pour les quinze à vingt prochaines années, les jeux sont faits.

Nombre de naissances en Afrique du Nord et dans la Communauté européenne

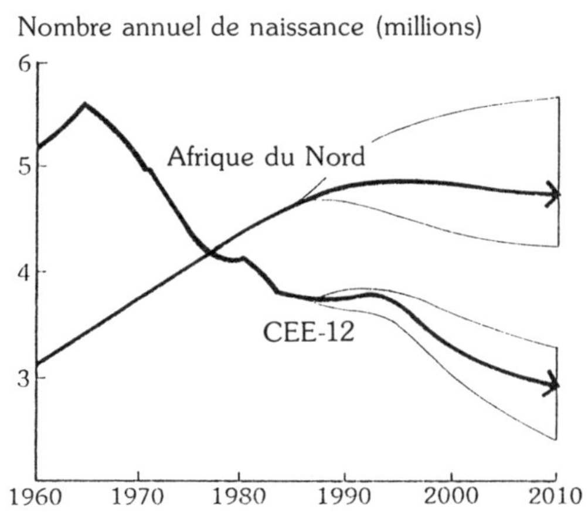

Le nombre de naissances est aujourd'hui d'ores et déjà supérieur de plus de 1 million en Afrique du Nord à ce qu'il est dans l'Europe des 12. L'écart est appelé à s'amplifier.

Actuellement, il naît chaque année plus d'enfants en Afrique du Nord que dans toute la Communauté européenne.

Devant ces évolutions, on peut dire « après tout, pourquoi pas ? », et retourner à ses occupations quotidiennes. On aurait tort. Car l'histoire montre clairement que les basculements de population se sont souvent accompagnés de heurts, d'incompréhensions et de violences.

Le vertige de la technique

La société industrielle progresse par bonds successifs. Au départ de chaque bond, il y a un rendez-vous historique entre un ensemble d'innovations techniques et un besoin de masse. Ainsi peut-on par exemple découper l'essor industriel en trois grandes étapes :

1) La première vague est celle du cheval vapeur. C'est la révolution charbon-acier-textile du dix-neuvième siècle. La machine à vapeur permet de concentrer et de libérer en un même point une grande puissance mécanique et d'actionner une multitude de machines d'un genre nouveau. C'est la première génération d'« esclaves mécaniques ».* La machine à vapeur arrive à point. Elle ouvre l'accès aux immenses réserves souterraines de charbon, au moment précis où les mines de surface et le charbon de bois s'épuisent. Grâce à la machine à vapeur, la crise de l'énergie, que l'on redoutait fort au siècle de Louis XV, n'aura pas lieu.

Bien au contraire, c'est à une formidable libération d'énergie que l'on assiste avec l'entrée en force de l'acier et de la machine dans la vie courante : chemins de fer, bâteaux à vapeur, construction metallique, métiers à tisser.

Nous sommes entre deux révolutions industrielles

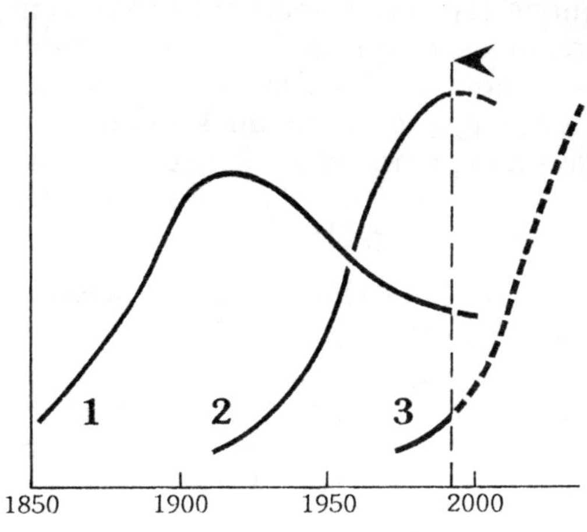

Première révolution industrielle : Charbon, acier, textile, machine à vapeur.

Deuxième révolution industrielle : Mécanique, automobile, avion, pétrole, chimie, électricité.

Troisième révolution industrielle : Electronique, télématique, robotique, biotechnologie, atome.

2) La deuxième vague apparaît avec notre siècle : mécanique, automobile, avion, pétrole, chimie, électricité. C'est d'une certaine manière la deuxième génération d'esclaves mécaniques. Jusque-là, ils étaient réservés à l'industrie. Avec le moteur à explosion et le moteur électrique, ils sont désormais à la portée de chacun.

La nouvelle vague déferle tout au long du vingtième siècle. Elle est portée par la diffusion massive de nouveaux besoins : besoin de se déplacer (avion, automobile), besoin de se loger et d'équiper son foyer (machines domestiques). Aujourd'hui, cette vague paraît s'essouffler avec une certaine saturation des besoins auxquels elle répondait.

3) Sommes-nous au début d'une troisième vague ? Naturellement, on pense aux industries de l'électronique et de la communication. Ces industries ne sont pas polluantes, elles sont très sobres en matières premières, les coûts de production y sont en chute libre et le besoin de communication des hommes est sans limite. C'est dire que toutes les conditions d'une nouvelle grande phase de croissance économique devraient être réunies. Le Japon a fait ce calcul il y a quelques années. Il s'est dit : « tant pis pour mon textile, tant pis pour mes chantiers navals, l'avenir c'est l'électronique, l'informatique, les cristaux liquides » et il a ramassé son effort sur l'industrie qui monte. Gigantesque pari financier qui pour l'instant semble lui réussir.

Si l'Europe semble hésiter, c'est peut-être par une certaine lassitude devant le nouvel effort auquel nous convie la technique. Le passage spontané d'une phase de développement à une autre est toujours étalé dans le temps. Il y a des industries, comme l'industrie textile, la sidérurgie, qui n'en finissent pas de mourir, et qui d'ailleurs ne disparaîtront pas. Elles devront se transformer. Entre deux vagues, il y a une période de transition : les secteurs anciens doivent s'adapter aux nouvelles technologies, ce qui implique des fermetures d'usines et des reconversions individuelles. Il faut du temps pour que se rencontrent une nouvelle vague de techniques et une nouvelle vague de besoins. La transition prend alors l'allure d'une crise, plus ou moins longue selon que la société est plus ou moins prête à supporter les coûts des adaptions inévitables.

Il y a aussi la vieille peur de la machine. Une fois de plus apparaît la perspective des robots qui remplacent les hommes. Les automatismes désormais couplés avec un ordinateur ne se contenteront plus de monter, de façonner ou de transporter des objets. Ils ont et auront plus encore la capacité de toucher, d'entendre, de lire et de traduire, et enfin de décider. L'automatisation concernera dans l'industrie et dans les services plus d'un travailleur sur deux avant sa retraite. Pour la même activité, il faudra un quart des effectifs en moins dans les banques, près d'un tiers en moins dans les assurances. La tentation est forte du repli sur soi.

Mais il n'y a pas que la peur du chômage, il y a autre chose, qui est plus grave, mais aussi porteur d'espoir pour l'homme : un certain refus de la société technicienne qui envahit tout, qui confond la fin et les moyens, qui ramène l'homme à un poste de travail à tenir, et qui finalement sécrète la lassitude devant le travail, alors que la technique lance un nouveau défi. Car nous n'avons pas vraiment le choix. Fernand Braudel* le rappelle sans ménagements : « aujourd'hui une grande crise générale (une de ces « crises séculaires ») met toutes les économies au pied du mur : innove, ou meurs, ou stagne ! Elles choisiront sûrement d'innover. Pareille mise en demeure a précédé, sans doute, chacune des grandes relances de la croissance économique qui, depuis des siècles et des siècles, ont toujours eu un support technique. En ce sens, la technique est reine : c'est elle qui change le monde ».

Une culture à la dérive

Les interférences de la culture et de l'économie sont si nombreuses qu'on ne peut pas les ignorer. Bornons-nous à trois aspects de la crise culturelle, qui ont des conséquences directes sur les résultats de l'économie et qui témoignent de trois régressions : régression de l'autorité, régression de la liberté, et régression de la réflexion.

Dans un ouvrage publié il y a quelques années sur la crise de la culture, Hannah Arendt* écrivait : « le symptôme le plus significatif de la crise, et qui indique sa profondeur et son sérieux, est qu'elle a gagné des sphères prépolitiques, comme l'éducation des enfants, où l'autorité, au sens le plus large, a toujours été considérée comme une nécessité naturelle... » et plus loin « nous sommes en fait confrontés à une régression simultanée de la liberté et de l'autorité dans le monde moderne ». Diagnostic pénétrant, qui renvoie à juste titre aux aspects fondamentaux de la crise d'aujourd'hui.

La régression de l'autorité est partout présente, dans la famille, à l'école, dans les usines. S'il ne s'agissait que de s'affranchir de contraintes devenues désuètes, cette régression marquerait un progrès. Mais ce qui est remis en cause aujourd'hui, c'est un ensemble de relations sociales et de rapports économiques fondés sur l'autorité de la tradition. C'est l'acceptation spontanée d'un certain ordre social.

Prenons un exemple tiré de la vie courante. Il y a quelques dizaines d'années, la tradition voulait que les vieillards soient respectés. Récemment une personne âgée qui tentait de protéger une femme contre un agresseur dans le métro a été elle-même violemment battue. Chacun reconnaîtra que cet exemple n'est pas une exception.

Une règle fondée sur la tradition non écrite et jusque-là respectée a disparu. C'est un désordre social insidieux qui s'installe. Et ce désordre social suscite des coûts économiques élevés : force de l'ordre pour surveiller le métro, dépenses d'hospitalisation, peut-être emprisonnement si l'agresseur est retrouvé. Si l'on songe à toutes les règles non écrites qui sont aujourd'hui contestées ou rejetées, on comprend que le trouble soit profond. En dehors de tout jugement moral il faut constater que l'efficacité de l'économie en est perturbée.

La régression de l'autorité va aussi avec le renoncement à l'effort. Le fondement de l'essor économique est le travail des hommes. L'outil peut contribuer à la puissance de l'homme, il ne le remplace jamais complètement. A la base, il y a le travail physique ou l'effort intellectuel. C'est en accumulant patiemment des milliards de vie de travail qu'une partie de l'humanité a lentement émergé de la misère.

La régression de la liberté. Paradoxalement, dans nos sociétés la liberté ne progresse pas quand l'autorité régresse. La liberté régresse en même temps que l'autorité. L'autonomie de chacun, c'est-à-dire la capacité d'innover, de créer, de s'exprimer et de s'épanouir a tendance à s'étioler au profit des grandes concentrations et des bureaucraties en tous genres.

Le culte de la grandeur a recruté ses prêtres parmi les patrons comme parmi les gouvernants, à l'Est comme à l'Ouest, au Nord comme au Sud. Dans les pays industrialisés, les aides publiques vont aux grands groupes. Cela ne peut se faire qu'au détriment des petits. Pour eux, les risques. Pour les autres, la garantie et la sécurité. Quant aux politiques, chacun veut son grand stade, son musée, sa voie rapide pour marquer son passage au pouvoir. Tous ces « grands projets » favorisent la concentration et coûtent cher au contribuable. Et malheur au piéton qui veut tout simplement traverser une voie expresse. Ce monde n'est pas pour lui. Même dans les pays pauvres, on ne compte pas les grandes réalisations plaquées comme un cataplasme sur un monde auquel elles sont étrangères : barrages, complexe industriel, hôpitaux ultra-modernes.

Dans ce monde de géants, compartimenté et réglementé, l'individu a le sentiment que tout lui échappe : la compréhension des mécanismes « macroéconomiques » dont il est en définitive l'enjeu, mais sur lesquels il n'a aucune prise ; la connaissance des mécanismes réglementaires décidés en son nom, mais qui dépassent son entendement ; l'ambition de s'épanouir dans son travail ou dans sa ville, qui supposerait que l'on maîtrise les conditions de sa propre vie.

La régression de la réflexion. La réflexion est aujourd'hui doublement atteinte. D'un côté, la connaissance technico-scientifique fondée sur un savoir spécialisé exclut tout réflexion sur nous-mêmes ; de l'autre les médias imposent leurs normes simplificatrices et spectaculaires, au détriment de toute réflexion. Pour Edgar Morin,* la crise culturelle « atteint la culture des "humanités", qui était fondée non seulement ou tant sur le grec, le latin, la littérature et la philosophie, que sur le stock de connaissances et d'idées concernant l'homme, la société, le monde, qui se trouvaient accumulées dans cette culture et interprétées par les grands écrivains du passé. Ces humanités portaient en elles les vertus et valeurs de réflexion. Elles nous faisaient réfléchir sur les œuvres réflexives, et nous incitaient à savoir réfléchir ».

Aujourd'hui, l'univers des croyances sociales sur lesquelles nous avons vécu est remis en cause. La société technicienne ne permet pas de prendre le temps de la réflexion.

C'est justement à un temps d'arrêt que convie ce livre. Un temps de réflexion sur les rouages et les enjeux de l'économie actuelle.

CHAPITRE 2

Les consommateurs et le niveau de vie

Nous travaillons pour gagner notre vie. Usines, chantiers, chemins de fer, magasins, banques... bref, tous les éléments de la machine économique sont là pour répondre à nos besoins ; se nourrir, s'habiller, se loger, se déplacer, se soigner, se divertir. Après des millénaires de misère, au prix d'un effort gigantesque, l'économie a bénéficié, depuis deux siècles, d'une croissance très rapide. Le rythme s'est encore accéléré depuis la dernière guerre. Même au cours de la crise économique, la consommation n'a jamais diminué, du moins en France. Les consommateurs ne semblent pas prêts à renoncer à des habitudes désormais bien ancrées, comme s'il allait de soit que l'on doit, chaque année, vivre mieux que l'année précédente.

Nous consommons trois fois plus que nos parents

En une génération, un grand bouleversement s'est produit dans les modes de vie. Comparons notre manière de vivre à celle de nos parents. Le Français moyen d'aujourd'hui consomme en quatre mois ce que son père consommait en un an.

Cet essor de la consommation est particulièrement remarquable dans l'équipement des ménages. Dans la génération de nos parents, une famille sur cinq avait une voiture, aujourd'hui à peu près trois sur quatre. La télévision et la machine à laver le linge, apparues dans les années cinquante, équipent aujourd'hui près de neuf ménages sur dix. Pour les produits plus récents, le plein est encore loin d'être atteint : moins de trois ménages sur dix pour le lave-vaisselle, trois sur dix pour le congélateur, six sur dix pour la télévision

Le temps d'une vie d'homme

L'allongement de la durée de vie bénéficie à l'école, aux déplacements et surtout au temps libre. Celui-ci passe de 5 ans à 31 ans en deux siècles.

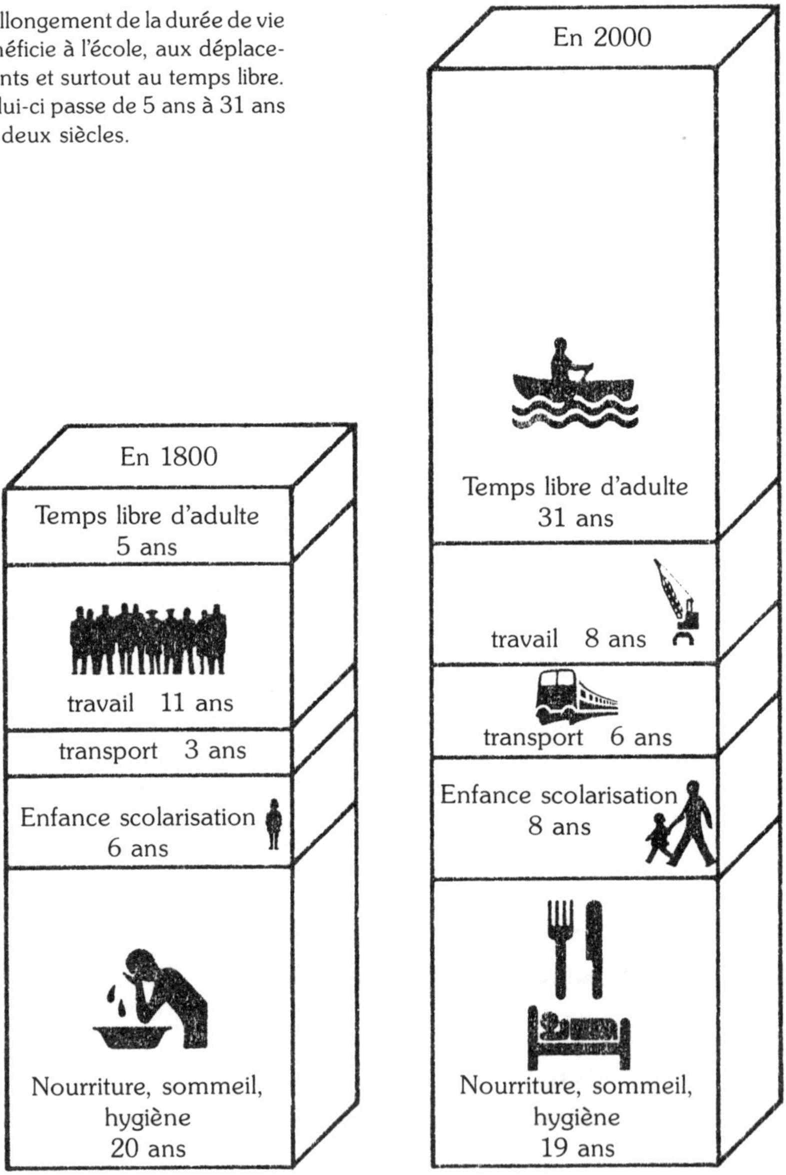

en couleur. La percée la plus spectaculaire est celle du téléphone : il y a quinze ans, huit foyers sur dix n'avaient pas le téléphone. Aujourd'hui, huit sur dix l'ont. Quant aux magnétoscopes, caméras vidéo, micro-ordinateurs, etc., c'est le tout début. Il reste encore de belles perspectives de progrès pour la consommation.

Grâce à la production de masse, les prix des produits ménagers ont diminué et ce formidable équipement des foyers a pu se faire sans ponction nouvelle sur le budget familial, c'est-à-dire sans renoncer à d'autres dépenses. Aujourd'hui comme il y a trente ans, à peu près un tiers des dépenses de consommation est affecté à la vie domestique : habillement et logement.

En revanche, les deux autres tiers du budget de consommation ont été profondément bouleversés. Dans les dépenses de nos parents, la nourriture tenait le premier rôle : 44 francs sur 100 francs de dépense. Elle ne représente aujourd'hui que 21 francs, bien que l'on mange plus et mieux. En revanche, nous dépensons beaucoup plus que nos parents (cinq à six fois plus) pour la santé et tout ce qui touche à la vie sociale : transports, communications, loisirs. Aujourd'hui, sur 100 francs de dépense, 21 vont à la nourriture, 6 à l'habillement, 26 au logement, 16 à la santé, 20 à la vie sociale et 11 aux dépenses diverses.

Pour expliquer ces changements, on se réfère souvent à la « Loi d'Engel ». Cette loi énonce que nous avons une hiérarchie des besoins. Lorsque notre niveau de vie est bas, nous commençons par satisfaire les besoins les plus urgents : nourriture, habillement, logement. Les augmentations du niveau de vie se portent ensuite sur les biens les moins indispensables comme les loisirs, les transports et les vacances (les dépenses de santé constituent un cas particulier car elles sont largement prises en charge par la Sécurité Sociale). Une conséquence de cette loi est que la part du budget affectée aux biens relativement superflus augmente lorsque le revenu s'accroît. Certains ont considéré qu'en raison de cette loi, les sociétés riches évolueront de plus en plus vers des sociétés de services, les services faisant partie des biens de luxe. Nous examinerons au dernier chapitre ce qu'il faut en penser.

Société du consommateur ou société de consommation ?

Dans la société de consommation, l'acheteur est roi. Les spécialistes du « marketing » s'efforcent d'aller au devant de ses goûts, de les analyser, de les prévoir, pour concevoir le bon produit au bon moment. Cela n'est pas facile. Pourquoi par exemple cet engouement pour la planche à voile alors que la planche à roulette a pratiquement disparu après quelques années de grande vogue ? La

La loi de consommation d'Engel

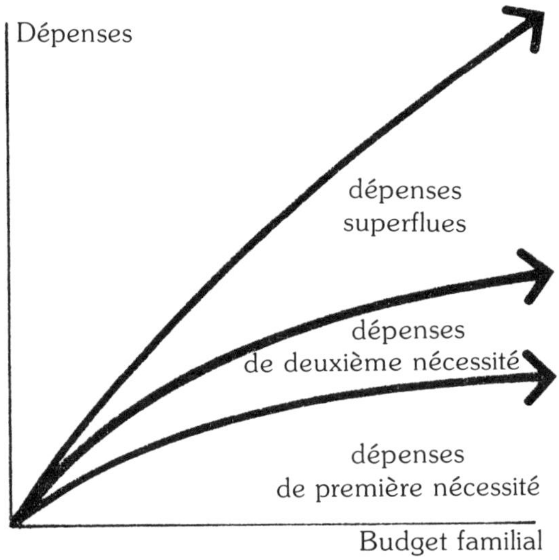

Plus le revenu est élevé, plus la part des dépenses superflues dans le budget familial augmente.

première clé de la réussite dans les affaires est de bien apprécier les besoins des consommateurs. Toute erreur d'appréciation coûte cher. Partir trop tôt, c'est investir pour rien. Partir trop tard, c'est manquer une opportunité de profits ou laisser la place à d'autres. Dans l'économie de marché c'est la demande solvable qui donne le signal de la production. Il convient donc de laisser fonctionner librement le marché pour que l'adaptation se fasse au mieux des intérêts et des goûts des consommateurs.

Cependant, le libre choix du consommateur est limité par l'Etat, par les producteurs, et par les autres consommateurs.

1) La première limite au libre choix du consommateur est imposée par l'Etat

Certaines consommations sont « socialisées », c'est-à-dire qu'elles sont décidées par la collectivité sans que le consommateur ait un choix direct et réel. Pour une part cette socialisation est inévitable : l'armée, la police, la justice sont au service de tous. Il s'agit de services publics collectifs n'assurant des prestations qu'au bénéfice général de la collectivité, et non de tel ou tel citoyen en particulier. D'autres services publics bénéficient directement à des individus (l'école, les soins, l'aide au logement). Cependant, le rôle de l'individu se limite à payer, obligatoirement, et à consommer, presque obligatoirement. C'est la collectivité qui prend les décisions, qui fixe le niveau des prestations et la manière de les répartir entre les citoyens.

QU'EST-CE QUE L'ÉLASTICITÉ DE LA DEMANDE ?

Si vous avez inventé une nouvelle marque de rouge à lèvres, le rouge *Suave*, il est très important pour vous de savoir combien vous pouvez en vendre, et d'apprécier pour cela *la demande* de rouge *Suave*.

La demande de rouge *Suave* dépend bien sûr de la taille du marché : le nombre de femmes qui mettent du rouge à lèvres et leur pouvoir d'achat. Elle dépend aussi de leurs goûts et préférences. Lorsque vos clientes possibles se présentent dans une parfumerie ou dans un supermarché, elles trouvent un grand choix de rouges à lèvres. Il vous faut les inciter à acheter du rouge *Suave*, et avant toute chose, il vous faut être présent sur le rayon. C'est le rôle de vos représentants de prospecter les points de vente. La publicité, ce que l'on dit de vous et des autres dans les journaux de mode joueront alors un rôle essentiel. Enfin ce paysage étant fixé, un dernier paramètre comptera : le prix du rouge *Suave*.

1) L'élasticité-prix

La sensibilité des achats des consommateurs au prix de vente s'appelle l'élasticité-prix de la demande. Si une augmentation du prix de vente de 10 % fait perdre 20 % des ventes, l'élasticité-prix est de – 2 (– 20 % divisés par + 10 %).

L'élasticité de la demande peut être mesurée pour un produit ou pour une marque.

• *La demande d'un produit*

L'élasticité de la demande de rouge à lèvres en général, c'est-à-dire toutes marques confondues, dépend de l'envie des femmes de se rougir les lèvres. Il est probable qu'il sera difficile de les en dissuader, même par une augmentation substantielle du prix du baton de rouge. Mais un prix excessif inciterait à trouver d'autres façons de se rendre belles, ou bien à économiser le rouge à lèvres en le réservant pour les soirées de fête. De façon générale, la hausse du prix d'un produit fait diminuer la consommation de ce produit. L'élasticité-prix est négative. C'est vrai pour le rouge à lèvres, mais aussi pour le pétrole ou n'importe quel produit.

• *La demande d'une marque*

Si tous les fabricants de rouge à lèvres augmentent leurs prix en même temps du même pourcentage, c'est l'élasticité globale de la demande qui joue. Si le prix du rouge *Suave* augmente seul, la situation est différente car il faut tenir compte de la concurrence des autres.

La situation idéale pour un fabricant est que l'élasticité-prix soit faible pour ses produits. Il pourra alors augmenter ses prix et ses profits sans perdre trop de clients. L'un des premiers objectifs commerciaux est d'influencer les consommateurs pour s'attacher une clientèle fidèle. Mais chacun raisonne ainsi et la concurrence tend en permanence à rendre la demande pour chaque marque plus élastique au prix de vente. Une augmentation de prix fait fuir la clientèle chez les concurrents. C'est pourquoi *la concurrence est le premier ennemi de la hausse des prix.*

2) L'élasticité-revenu

On peut aussi se demander de combien augmenterait la consommation de rouge à lèvres si le revenu des français augmentait. *La sensibilité des achats de rouge à lèvres au revenu s'appelle l'élasticité-revenu.*

Si une augmentation de revenu de 10 % (à prix inchangés) provoque un accroissement des achats de rouge à lèvres de 15 %, l'élasticité-revenu de la consommation de rouge à lèvres est de 15 : 10 = 1,5.

Au total, les consommations ainsi décidées par la collectivité et qui échappent donc aux choix individuels sont en augmentation constante. Elles représentent aujourd'hui un cinquième de la consommation totale.

Certains s'en inquiètent. Ils observent que le domaine des choix individuels libres se restreint au profit de celui des choix collectifs. Or, même dans la meilleure des démocraties, ces choix sont imposés à la collectivité par une partie de la population. D'autre part, la mise en œuvre des décisions publiques passe nécessairement par une bureaucratie qui est souvent toute puissante et parvient à imposer ses propres vues, ou ses propres intérêts.

Enfin, la prise en charge de nouveaux services par l'Etat nous rend de plus en plus dépendants des institutions et des réglementations. Nous perdons notre liberté et notre autonomie. C'est le sens de cette mise en garde d'Ivan Illich* : « Passé un certain seuil, la société devient une école, un hôpital, une prison. Alors commence le grand enfermement ». Nous sommes de plus en plus pris en charge et de moins en moins libres de choisir notre consommation, notre temps, notre vie.

Du XVIe siècle au XIXe siècle, les Etats ont mis en place un ensemble de procédures pour quadriller, contrôler, mesurer, dresser les individus, les rendre à la fois dociles et utiles. « Surveillance, exercices, manœuvres, notations, rangs et places, classements, examens, enregistrements, toute une manière d'assujettir les corps, de maîtriser les multiplicités humaines et de manipuler leurs forces, s'est développée au cours des siècles classiques, dans les hôpitaux à l'armée, dans les écoles, les collèges ou les ateliers : la discipline » écrit Michel Foucault.* Aujourd'hui bien consommer est aussi une discipline. Mais dans le modèle de consommation, l'Etat n'est pas seul en cause.

2) *La deuxième limitation de nos choix vient de l'attitude des producteurs.*

« Les besoins sont en réalité le fruit de la production » écrit Galbraith* dans un raccourci volontairement excessif. Il est certain que n'apparaissent sur le marché que les produits que les entreprises ont décidé de fabriquer et de vendre. Ce sont des commerçants, des ingénieurs et des financiers et non des consommateurs qui décident la nature et la qualité des produits qui seront vendus, et par conséquent des produits qui seront consommés. Dès qu'il faut de lourds investissements, le choix revient même à un tout petit nombre d'hommes d'affaires, de fonctionnaires et de financiers dont les intérêts immédiats ne coïncident pas nécessairement avec ceux des consommateurs.

Le taux d'équipement des ménages français

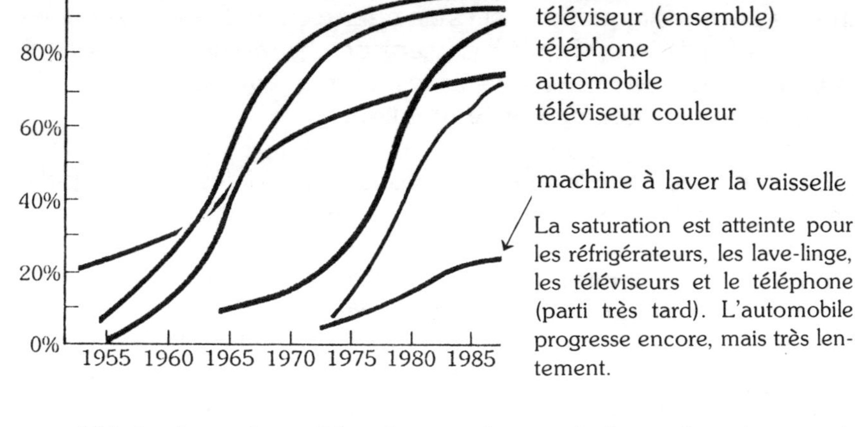

La saturation est atteinte pour les réfrigérateurs, les lave-linge, les téléviseurs et le téléphone (parti très tard). L'automobile progresse encore, mais très lentement.

S'il le faut, la publicité contribuera à lever la réserve des consommateurs. Rien ne se vend sans publicité. Dans l'encombrement de l'espace quotidien que nous devons aux publicitaires, aux murs, aux journaux, aux boîtes aux lettres, il faut toujours de nouvelles idées pour exciter les pulsions du consommateur. Mass média, sexe et loisirs règnent en maîtres. « Dans cette fête où se mêlent inextricablement l'utile et le beau, le rationnel et l'imaginaire, l'indispensable et le superflu, le consommateur « roi » assiste au spectacle de la valeur, mis en scène par les publicitaires et financé par les annonceurs » avoue honnêtement un grand publicitaire français, Philippe Nicolas.* Mais le consommateur est-il roi ou simple spectateur ?

3) La troisième limite à la liberté du consommateur « roi », c'est le spectacle de la consommation des autres.

Nos achats, que nous croyons libres, sont toujours plus ou moins conditionnés par la catégorie sociale à laquelle nous appartenons, et peut-être plus encore par celle à laquelle nous aimerions appartenir. Le choix du mode de vie, de la maison, de la voiture ou des vacances ne répond pas seulement à des besoins physiologiques, mais aussi au souci de s'affirmer par rapport aux voisins, aux amis et aux collègues. La consommation est l'un des codes qui permettent de se situer dans la hiérarchie sociale. C'est le rôle social de la consommation, qui s'est renforcé avec l'augmentation des revenus et le développement de consommation superflues et ostentatoires. Cette évolution permet de comprendre les trois problèmes que la société de consommation se pose à elle-même.

1) *La société de consommation ne fait pas le bonheur.* L'explication est simple. Les hommes sont comme les enfants, généralement plus sensibles à ce qui leur manque qu'à ce qu'ils ont. Ils ne se comparent pas à leurs parents, qui avaient le tiers de ce qu'ils ont, mais à leur voisin mieux loti. Dans cette comparaison, on retient volontiers la semaine en Tunisie que le voisin s'est offerte en oubliant éventuellement le magnétoscope que l'on vient de commander. Raisonner autrement serait une preuve de sagesse, et la sagesse est une vertu étrangère à la société de consommation.

2) *La société de consommation est fondée sur le désir.* Elle appelle une incessante fuite en avant. Il est facile de comprendre pourquoi. La satisfaction des besoins naturels trouve des limites. L'absorption de nourriture est limitée comme l'utilisation effective de tous les biens matériels qui nous entourent. En revanche, dès que les biens prennent une signification sociale, dès que l'achat ou la possession d'un bien procure une satisfaction même si l'on ne s'en sert qu'épisodiquement ou pratiquement pas, le potentiel de consommation devient illimité. Dès lors que l'on souhaite toujours les produits les plus rares et les plus fins, la dépense pour se nourrir, pour s'habiller, pour s'amuser, et même pour se soigner, peut être multipliée par dix

sans que l'on se sente le moins du monde rassasié. C'est en exploitant notre goût du mimétisme que les producteurs lancent sans cesse de nouveaux produits, toujours plus sophistiqués, à la place des produits plus anciens qui faisaient tout aussi bien l'affaire, mais qui sont rapidement démodés.

3) Enfin, la société de consommation crée des marginaux. Ceux qui s'adaptent au moule de la société de consommation (école, diplôme, métier, retraite) en tirent le bénéfice. C'est la grande majorité. Mais ceux qui décrochent par accident, par malchance ou par faiblesse risquent de se trouver exclus du système. Sans point d'appui ou sans le courage nécessaire, ces exclus sont un jour des « paumés ». Certains sont pris au piège de la délinquance et de la violence. De la filière — école, diplôme, métier, retraite — ils passent à l'enchaînement — commissariat, préventive, prison, rééducation, commissariat. Le retour à la bonne filière est particulièrement difficile dans notre société car les marginaux sont rejetés par tous. Il n'y a pas si longtemps on considérait qu'une personne de plus dans la famille ne changeait pas grand-chose, et qu'en toutes hypothèses chaque famille avait la charge de ses membres. Maintenant, le coût psychologique à payer est tel, en terme de renoncement à des vacances ou à la voiture désirée, que l'on remet à l'hôpital, à la maison de cure ou de retraite, les individus qui ne sont plus dans la norme.

Le mécanisme permanent de création de nouvelles envies, de nouveaux besoins que l'on ne peut satisfaire qu'en cherchant à gagner plus, est le formidable moteur de la société de consommation. Mais ce même mécanisme fabrique des exclus et il appelle ainsi l'assistance et l'intervention de l'Etat. Dans plusieurs secteurs, l'intervention de l'Etat ne s'oppose pas au développement de la société de consommation. Elle l'accompagne et le permet.

Les mystères de la feuille de paie

Pour consommer, il faut des revenus : salaires (qui rémunèrent le travail dans les entreprises et dans les administrations), bénéfices (pour les travailleurs indépendants, artisans, commerçants, professions libérales installés à leur compte), loyers pour les propriétaires, intérêts des placements et comptes d'épargne des particuliers, retraites, allocations familiales, indemnités de chômage. La principale catégorie de la population est constituée par les salariés. Sur dix personnes en âge de travailler, huit sont des salariés. Cependant, ce qui apparaît sur la feuille de paie, n'est qu'une partie, de plus en plus petite, de ce que touchent les ménages. Peu de gens s'en rendent compte car peu savent lire leur feuille de paie. Pour l'expliquer, nous allons prendre l'exemple de Paul Bernard, ajusteur à Colombes.*

ANNÉE : 1988	MOIS : JANVIER		BULLETIN DE PAIE
NOM	PRENOM	N° SÉCURITÉ SOCIALE	MATRICULE SOCIETE
BERNARD	Paul	1 40 08 84 087 007	2315

EMPLOI	QUALIFICATION	NBRE D'HEURES	
AJUSTEUR	P2	179	

RUBRIQUES	NOMBRE ou BASE	TAUX	MONTANT	RETENUE
Base	169	41,42	7.000,00	
H. à déduire				
H.S. à 25 %	10	51,78	517,80	
H.S. à 50 %				
Congés Payés				
Prime Ancienneté			210,00	
Prime de qualité			350,00	
BRUT TOTAL			8.077,80	
RETENUES				
Sécurité Sociale Maladie	8.077,80	5,90		476,59
Sécurité Sociale Vieillesse	8.077,80	6,60		533,13
Sécurité Sociale Veuvage	8.077,80	0,10		8,08
Chômage	8.077,80	2,47		199,52
Retraite complémentaire	8.077,80	1,92		155,09
Prévoyance	8.077,80	1,00		80,78
TOTAL RETENUES				1.453,19
				NET A PAYER
ADRESSE DE L'EMPLOYEUR				6.624,61
	PLAFOND	REMB. FRAIS	BRUT	NET FISCAL
	8.077,80	Carte orange 50 % : 80,00	8.077,80	6.544,61
	CUMUL PLAFOND	CUMUL REM. FRAIS	CUMUL BRUT	CUMUL NET FISCAL
URSSAF	8.017,80	80,00	8.077,80	6.544,61
				REMB. S.S.
				A DECLARER
				6.544,61

La feuille de paie de Paul Bernard

Paul Bernard a travaillé 179 heures. Ceci veut dire qu'il a fait ses heures normales (39 heures par semaine) et dix heures supplémentaires. En effet, un mois comprend en moyenne 4,3 semaines (52 semaines divisé par 12) et 39 heures × 4,33 = 168 h 87 que l'on arrondit à 169 heures. Le salaire de base de Paul Bernard est de 7.000,00 francs. Les dix heures supplémentaires sont payées avec une majoration de 25 %. Au salaire de base de Paul Bernard l'entreprise ajoute des primes mensuelles : une prime d'ancienneté de 3 % et une prime de qualité de 5 %. Au total le salaire brut de Paul Bernard est donc de 8.077,80 francs.

Mais Paul Bernard ne touchera pas cette somme, car le service de paie lui aura retenu diverses cotisations à sa charge : cotisation à l'assurance maladie et veuvage (6,00 % de la totalité du salaire brut), au régime vieillesse (6,60 % dans la limite du plafond de sécurité sociale), à l'assurance chômage (2,47 % de la totalité du salaire), à la retraite complémentaire (1,92 % dans la limite de trois fois le plafond de sécurité sociale), enfin 1 % de mutuelle complémentaire facultative. Le total des retenues représente dans son cas 17,99 % du salaire brut.

Le salaire brut diminué des retenues représente le salaire net, qui figure au bas du bulletin de paie. C'est la somme qui sera virée au compte chèque de Paul Bernard : 6.624,61 francs.

En observant cette feuille de paie, on constate que l'on ne peut parler du salaire d'un ajusteur en général sans risque de confusion. S'agit-il du salaire normal de début (sans prime d'ancienneté et sans heures supplémentaires) : 7.000,00 F pour le salaire de base brut, 7.350 francs avec la prime de qualité ? S'agit-il de ce qu'a gagné effectivement Paul Bernard : 8.077,80 F ? Ou de ce qu'il a finalement touché, c'est-à-dire du salaire net ? La différence est importante puisqu'elle porte sur quatorze cent francs. On peut penser que, dans leur grande majorité, les salariés seront surtout sensibles à ce qu'ils perçoivent de l'employeur, le « Net à payer » avec quoi ils devront boucler leur budget.

Voyons maintenant le point de vue de l'employeur. Ce qui compte pour lui c'est tout ce que lui coûte son ajusteur. Il doit en effet payer de son côté des charges patronales obligatoires à l'URSSAF, organisme qui encaisse toutes les cotisations sociales : ces cotisations patronales concernent l'assurance-maladie, l'assurance vieillesse, et les allocations familiales.

Pour mesurer le coût réel des 179 h de travail l'employeur devra aussi tenir compte des congés payés, du treizième mois (environ 18 % du salaire) et des taxes diverses rattachées au salaire (1 % logement, taxe d'apprentissage 0,60 %, taxe pour la formation professionnelle 1,10 %. Fonds de garantie des salaires 0,28 %, versement transports 2 %). Enfin, il faut ajouter les charges plus ou moins facultatives (subventions aux œuvres sociales et au comité d'entreprise, médecine du travail, etc.) pour environ 3 %. Faisons le compte :

Salaire net	6.624,61
Assurance maladie	1.494,39
Assurance vieillesse	1.195,51
Allocations familiales	727,00
Assurance veuvage	8,08
Aide au logement	8,08
Accidents du travail	403,89
Versements « transports »	161,56
Chômage (Assedic)	557,37
Garantie des salaires	22,61
Retraite complémentaire	387,73
Mutuelle et prévoyance	161,56
Participation à la construction	72,70
Taxe d'apprentissage	48,47
Formation permanente	88,86
Autres charges diverses	242,33
Congés payés et 13e mois	2.189,08
Coût total de Paul Bernard	14.393,83

On constate que chaque fois que l'entreprise paie un franc à un salarié, elle doit payer un franc dix en plus. L'heure de travail, affichée à 41,42 francs, coûte à l'entreprise 80,41 francs (14.393,83 francs pour 179 heures) et lorsque Paul Bernard touche 6.624,61 francs par mois, son employeur débourse 14.393,83 francs, plus de *deux fois plus*. L'écart est considérable. Cet écart entre ce que perçoit le salarié et ce qu'il coûte à l'employeur a augmenté fortement en une vingtaine d'années et cela a entraîné deux conséquences :

1) La première conséquence est psychologique et concerne le dialogue entre les travailleurs et les employeurs. Les premiers raisonnent spontanément en termes de salaires effectivement reçus, les seconds prennent en considération la totalité du coût de leur personnel. De plus en plus, les charges sociales constituent un écran qui obscurcit les discussions salariés-employeurs. On peut se demander dans quelle mesure les responsabilités de chacun ne seraient pas plus claires si la totalité du coût salarial était versée aux salariés. La contrepartie de ces derniers serait la nécessité d'assumer complètement la responsabilité de la Sécurité Sociale puisqu'ils sont les

bénéficiaires des prestations. Le coût de toute nouvelle prestation serait ainsi perçu d'emblée par les intéressés.

2) La deuxième conséquence concerne le fonctionnement d'ensemble de l'économie. Tant que les charges sociales étaient faibles, lorsqu'une baisse de l'activité économique survenait, salaire et coût de la main-d'œuvre s'ajustaient ensemble au niveau d'activité. C'était à la fois un avantage et un inconvénient. D'une part (c'était l'avantage) les coûts des entreprises étaient allégés d'autant. D'autre part (c'était l'inconvénient), comme les revenus des ménages stagnaient ou diminuaient, la baisse de la consommation accentuait la chute d'activité. De nos jours, les prestations sociales jouent comme des amortisseurs. Lorsque l'économie stagne ou recule, les besoins de prestations sociales ne diminuent pas pour autant. En revanche, les recettes de cotisations tendent à baisser car l'emploi diminue. Il en résulte un déficit des organismes de sécurité sociale. L'Etat est contraint, soit d'accepter le déficit, soit d'augmenter le taux des cotisations. Dans ce cas le coût de la main-d'œuvre augmente. Comme les charges sociales sont payées pour leur plus grande partie par les cotisations des entreprises, elles pèsent sur les coûts et poussent l'inflation vers le haut.

De quoi dépend le revenu national ?

Pour dépenser, il faut gagner de l'argent. Le revenu annuel est ce que l'on peut dépenser dans l'année sans toucher à son patrimoine. Si vous ne dépensez pas tout votre revenu, vous épargnez et vous augmentez votre patrimoine. Si vous dépensez plus que votre revenu, vous tirez sur vos réserves (vous « désépargnez ») et vous diminuez votre patrimoine. *Le revenu est ce que l'on peut consommer sans augmenter ni diminuer son patrimoine.*

A l'échelle de la nation toute entière, *le revenu national est exactement égal à la valeur de ce que l'on produit.*

Revenu national = Produit national

Cette égalité économique universelle est vraie pour les Etats-Unis comme pour la Namibie. Elle indique qu'une nation dont les habitants lézardent ou se reposent ne peut avoir qu'un revenu modeste, et qu'une nation ne peut devenir riche que si ses habitants sont productifs.

La productivité moyenne par habitant est la production nationale divisée par le nombre d'habitants. Le revenu moyen par habitant (on dit souvent le revenu par tête) est le revenu national divisé par le nombre d'habitants. On a donc par définition l'égalité :

Revenu moyen = Productivité moyenne

Le revenu par tête est en somme le revenu du français moyen. Ce n'est pas le revenu d'un français en particulier, mais un indicateur statistique du pouvoir d'achat moyen de la population. Si les inégalités ne sont pas trop grandes dans le pays, le revenu moyen indiquera comment vivent les gens dans ce pays.

L'équation *revenu moyen = productivité moyenne* explique aussi qu'une nation ne peut progresser et se développer que par un effort permanent de productivité. Jean Fourastié* a calculé la production nationale de la France depuis la Révolution de 1789 jusqu'à nos jours, ainsi que la production moyenne par habitant. Il résulte de ses calculs que, grâce à la révolution industrielle et au progrès technique, le français produit en moyenne en une heure de travail 20 à 25 fois plus qu'il y a deux siècles. Comme on travaille beaucoup moins d'heures par an l'augmentation de la production par habitant est moins élevée ; elle est dans le rapport de 1 à 10. Le français moyen d'aujourd'hui gagne dix fois plus que son ancêtre sans-culotte ; il peut donc consommer dix fois plus.

Bien sûr, il s'agit là d'ordres de grandeur et d'indicateurs synthétiques. Nous ne consommons pas dix fois plus de machines à laver, d'automobiles et de télévision que nos aïeux puisqu'ils n'en avaient pas du tout. Nous consommons autre chose. La plupart des biens que nous achetons aujourd'hui ne pouvaient pas même être imaginés par les sans-culottes. Alors, une telle comparaison a-t-elle un sens ? Oui, à condition de remettre la consommation dans sa vraie perspective. On peut en effet considérer la consommation du point de vue non pas des objets mais des services achetés. Il est clair que les paniers de la ménagère d'il y a deux siècles et d'aujourd'hui n'ont pas grand chose à voir. Mais ce qui est important, c'est moins le contenu du panier que ce que l'on en fait. Or, au travers des récits, des images et des vestiges du passé, il est frappant de constater qu'à des siècles, voire des millénaires de distance, les soucis, les joies, les peines et les besoins des hommes restent les mêmes. L'économie ne se développe pas par des ruptures, mais par une lente diversification des façons de satisfaire les besoins permanents des hommes. On peut ainsi établir la chaîne des produits répondant à un même besoin, mesurer par des relevés de prix à chacune des époques les équivalences entre les produits, et reconstituer ainsi le fil de la consommation nationale.

De quoi dépend le revenu de chacun ?

Il arrive souvent dans l'économie que ce qui est vrai pour la nation toute entière ne le soit pas pour chacun des citoyens pris individuellement. C'est le cas de la loi Revenu = Productivité. Beaucoup de citoyens ont un revenu mais ne produisent pas eux-mêmes directement. Si les uns consomment sans produire, c'est que d'autres consomment moins qu'ils produisent. Pourquoi ? Et comment s'établit alors le revenu de chacun s'il n'y a plus de relation immédiate entre revenu et activité ?

On peut s'assurer un revenu de plusieurs façons. En travaillant soi-même, à son compte, comme commerçant, agriculteur, artisan ou profession libérale. En prenant un travail salarié. En plaçant son argent pour recevoir des intérêts ou des dividendes. En achetant un appartement et en le louant. En donnant une terre en fermage ou en métayage. Pendant de nombreux siècles, la plus grande partie de la population travaillait la terre et « partageait » la récolte avec les seigneurs propriétaires, le souverain et le clergé. Le produit national était principalement un produit agricole. Le développement des classes ouvrière et bourgeoise a fait apparaître d'autres catégories de revenus. Dans le produit national est apparu un *produit industriel* « partagé » entre les patrons et les ouvriers. Puis un *produit immatériel*, sous forme de services, d'assurances, d'intérêts, de prestations diverses. Ce produit immatériel prend aujourd'hui la première place dans le produit national. La forme d'organisation économique dominante est le travail salarié. En quelques dizaines d'années, la plus grande partie de la population est devenue salariée dans une entreprise ou une administration. En bonne logique économique, chaque salarié doit rapporter à l'entreprise au moins autant qu'il lui coûte, et même si possible un peu plus. Un emploi qui est payé cinq mille francs par mois doit procurer au moins neuf ou dix mille francs par mois à l'entreprise (compte tenu des charges sociales et des autres frais de production). Le niveau du salaire est donc lié à la productivité du travail, c'est-à-dire au chiffre d'affaires que la présence du salarié permet de réaliser. S'il en est ainsi et si le marché du travail est assez souple, les activités nouvelles à forte productivité auront tendance à payer des salaires élevés et à attirer la main-d'œuvre nécessaire à leur développement. De même si une qualification est particulièrement utile, elle sera recherchée et bien rémunérée. L'ajustement du salaire à la productivité et la mobilité des travailleurs entre les activités devraient donc permettre un bon ajustement de l'économie. Si le marché du travail fonctionne bien, on doit avoir l'égalité suivante qui fixe le salaire de chacun :

Coût du travail = Productivité du travail

Cette égalité est une égalité logique, celle qui existerait dans un monde théorique, transparent, parfaitement fluide et dominé par le calcul économique, dans lequel les contrats de travail pourraient être passés et rompus à tout moment.

La réalité s'écarte de la théorie pour plusieurs raisons :

1) Il n'est pas commode de calculer exactement ce que rapporte un salarié. L'atelier, l'usine et l'entreprise sont des groupes humains dont les résultats dépendent autant de l'organisation et de la discipline collective que de l'habileté et de l'effort de chaque individu. Comment faire la part de l'un et de l'autre ? On constate aujourd'hui que lorsque des primes liées au rendement subsistent, ces primes sont souvent des primes collectives, payées uniformément à chacun, calculées à partir de résultats d'ensemble et non des performances individuelles.

2) D'autre part, si l'on peut rapprocher le travail de l'ouvrier de ce qu'il a fabriqué, ou celui du représentant de ce qu'il a vendu, cela est moins commode pour le comptable, l'administratif ou le directeur. Ces gens sont utiles à la marche de l'entreprise, mais on ne peut pas calculer facilement leur productivité.

3) Enfin, si le salaire a un rôle à jouer sur le marché du travail pour orienter les candidats à l'embauche vers les secteurs et les qualifications où des emplois sont offerts, il joue aussi un autre rôle. Il est le principal revenu d'une grande partie de la population et il détermine ainsi la place que chacun occupe dans la société. Dans le salaire se mêlent donc des considérations d'efficacité économique et de justice sociale. Nous sommes aujourd'hui très sensibles à ce deuxième aspect. Ceci explique la multiplication des statuts, l'uniformisation des grilles de salaires, l'âpreté dans la défense des droits acquis, bref tout ce qui permet de stabiliser son revenu et, à la limite, de programmer sa carrière future. Ceci explique aussi la rigidité de nos économies et leur difficulté à s'adapter au changement.

En définitive, *le niveau des salaires est la résultante de plusieurs données : productivité du travail, contrainte économique qui sert de référence à l'employeur, statut social qui sert de référence aux salariés et aux syndicats, enfin rapport de force entre salariés et patrons dans les négociations salariales.*

Rapport de force et négocation des salaires

Lorsque Marx prédisait la fin du capitalisme, il l'expliquait par les contradictions du système liées à la lutte des classes. Comme la plupart des philosophes de son époque, Marx voyait dans le travail des hommes la seule source de la valeur économique. Dans cette conception, à chaque étape de la transformation des produits, une valeur supplémentaire, une « plus-value », est apportée à la matière. Mais les capitalistes sont les plus forts. Ils détiennent les moyens de production. Si les travailleurs veulent échapper à la mendicité (nous sommes au dix-neuvième siècle), ils doivent accepter un travail salarié, *même s'ils sont spoliés de leur plus-value.* Ce mécanisme d'exploitation permettait aux capitalistes, selon l'analyse de Marx, de s'enrichir et d'accumuler sans fin du capital.

En mettant l'accent sur le rapport des forces entre une classe exploitante et une classe exploitée, Marx se référait à une situation historique. Si son analyse reste en partie convaincante, elle semble moins bien adaptée à notre société actuelle. La notion de classe sociale est aujourd'hui beaucoup moins tranchée. Il existe plusieurs catégories de revenus, mais ces revenus ne correspondent pas à des catégories sociales précises. Pour leur majorité les citoyens sont à la fois salariés, rentiers (par le placement de leurs économies) et propriétaires. La classe capitaliste s'est considérablement diluée.

Les salaires pouvaient être fixés au plus bas par les patrons quand les tentatives de résistance et de grèves étaient réprimées. De nos jours, les organisations syndicales ont conquis un pouvoir considérable à tous les niveaux : dans les entreprises, dans les branches professionnelles, et dans les appareils politiques. La procédure des conventions collectives s'est généralisée. Les méthodes de calcul du salaire les plus désagréables et les plus contraignantes pour l'ouvrier — salaire aux pièces, salaire au rendement — ont été progressivement éliminées. Les salariés sont désormais payés au mois et bénéficient d'indemnités en cas de chômage.

La fixation des salaires est le résultat d'une négociation dans laquelle de nombreux éléments interviennent comme le montre l'exemple de l'accord salarial de 1982 chez Renault, dont rend compte Jean Benoît* dans un article du journal Le Monde.

> « Depuis 1945, la Régie considère à juste titre la politique sociale comme un investissement rentable à long terme... Avant 1952, les ouvriers de Renault étaient rémunérés pour la plupart au boni, le salaire de base était multiplié par un chiffre lié à la quantité de pièces produites réellement. Mais les mouvements revendicatifs démultiplieront dans les ateliers les salaires de base. En 1950, on compte déjà quatre cents taux de base différents parmi les ouvriers de Billancourt !
>
> Ce système de cotations finira par disparaître au profit d'une « grille » des salaires, tout aussi compliquée, qui suscitera tout autant de problèmes, la différence de classe — et donc de salaire — n'apparaissant pas toujours clairement. Très vite, notamment en mai-juin 1968, avec la revendication « A travail égal, salaire égal » les ouvriers

> vont réclamer le passage d'une classe à une autre, ainsi que la suppression des classes les plus basses.
>
> En même temps, pour les immigrés, les jeunes, les ruraux arrivés dans les usines aux belles heures de l'expansion, une revendication nouvelle surgissait : ne pas rester OS toute une carrière, en bas de l'échelle, sans possibilités de promotion, sans reconnaissance d'une qualification. Accéder au P1 (professionnel premier échelon) est un objectif défini dès cette époque.
>
> Or, depuis plusieurs années, le métier a changé. Les nouvelles technologies, et bientôt la robotique, les expériences de travail en équipe, d'enrichissement des tâches, tout cela va de pair avec les cercles de qualité, autre invention japonaise, ou néo-taylorienne. Et l'évolution ne s'est pas faite sans heurts.
>
> Nombreux sont les agents de maîtrise qui s'inquiètent de la mise en cause de leur autorité, de la moindre qualité du travail, du taux d'absentéisme élevé, de la multiplication des grèves : « On débraie ici comme ailleurs pour un oui ou pour un non ».
>
> Face à cette évolution, la Régie a l'ambition (...) d'aller de l'avant, « avec le personnel ». Pour être reconnue, l'autorité de la hiérarchie dépendra désormais de son rôle d'animation, de sa capacité informatrice. L'accord de 1982 sur l'évolution professionnelle des ouvriers de production, basée à la fois sur l'ancienneté et sur l'acquisition d'une polyvalence de plus en plus importante, concrétisait cette recherche d'un meilleur consensus avec les organisations syndicales, qui signèrent le texte malgré leurs réticences. Des possibilités de promotion étaient garanties en échange d'une meilleure qualité du travail et d'une plus grande adaptabilité des OS aux situations ponctuelles résultant aussi bien de l'absentéisme dans les ateliers que de la modulation des commandes extérieures ».

Les mots qui reviennent ne sont plus taux et quantités, mais carrière, promotion, qualité, autorité, animation. Quelques années après (1986), Peugeot signait à son tour un accord salarial important. Le résumé qu'en donnent les Échos est significatif de l'évolution des idées et du rôle de la technique :

> « Pour la première fois, une nouvelle classification directement liée aux techniques d'aujourd'hui et donc parfaitement adaptée aux contraintes des ateliers, va être mise en place.
>
> Tout commence en 1982, lorsque, à l'occasion du lancement de la « 205 », des lignes de production ultra-modernes sont installées à l'usine de Mulhouse. On forme les salariés à manœuvrer les nouveaux équipements, on délimite les nouvelles fonctions, on constitue de nouveaux postes, on regroupe de nouvelles tâches...
>
> Puisque les métiers liés aux nouvelles technologies ne ressemblent à aucun autre existant, autant leur créer sur mesure une classification. Et bâtir ainsi de nouvelles carrières.

> Ainsi sont nés les « conducteurs d'installation de base », les « pilotes d'installation » et, à leur tête, les « chefs de secteur »...
>
> Revalorisées, définies avec précision, les nouvelles fonctions liées aux technologies de pointe devraient désormais « attirer dans les ateliers » un personnel qui, jusque-là, préférait faire carrière dans les bureaux... »

Avec en ligne de mire, selon le directeur du personnel, une « nouvelle race de leaders-experts », et le modèle japonais où la plupart des usines tournent avec du personnel bachelier.

Ces exemples montrent comment fonctionne le mécanisme salarial. Le salaire de quelqu'un dépend moins de sa productivité personnelle que de sa place dans une grille hiérarchique où interviennent les fonctions techniques. La même évolution se produit à tous les niveaux de notre société. Elle est peut-être encore plus marquée en haut de la hiérarchie car la notion de productivité personnelle est encore plus difficile à mesurer.

En définitive, les choses se passent un peu comme si une masse de salaires à répartir étant fixée, chaque groupe, corps, syndicat, individu, cherchait à en obtenir la meilleure part. Dans cette foire aux revenus, la productivité du travailleur sert quelquefois de guide, mais de guide seulement.

En résumé, le salaire résulte d'un processus dans lequel interviennent la productivité, le rapport de force dans les négociations et plus fondamentalement la conception que la société se fait d'elle-même. Les représentations ancrées dans nos mentalités et les coutumes de chaque pays jouent un rôle très important. Elles expliquent en particulier que les salaires des femmes soient longtemps restés, à travail égal, au-dessous des salaires des hommes, ou que les ouvriers soient en France sous-payés par rapport aux employés et aux cadres. Michel Albert* montre à partir d'une enquête statistique de la Communauté Européenne que « l'écart entre le coût mensuel moyen des non-ouvriers et celui des ouvriers est de 17 % en République Fédérale d'Allemagne contre 53 % en France. Et ce n'est pas la RFA qui fait exception. Cet écart est deux à quatre fois plus grand en France qu'en Italie, en Belgique, en Allemagne ou en Grande-Bretagne ».

La productivité des employés est-elle particulièrement élevée en France ? Nos ouvriers seraient-ils plus mal défendus par les syndicats que les employés ? Evidemment, non. Ce que reflète cet écart, c'est notre conception du travail manuel qui lui attribue un statut social modeste alors qu'elle considère avec respect le travail administratif en général.

Voici encore comment Akio Morita*, Président et fondateur de Sony explique la progression des salaires au Japon.

« Les gens ont bien sûr besoin de gagner de l'argent, mais ils souhaitent également être fiers et heureux de leur travail. En confiant d'importantes responsabilités à un jeune homme, même s'il n'est pas encore qualifié, nous le motivons fortement. Il espérera un avenir brillant et accomplira dans la joie un travail même ardu. Aux Etats-Unis, titre, fonction et salaire sont étroitement liés. Si un jeune se voit confier un poste important pour son âge, il s'attendra à percevoir un gros salaire. Au Japon, la coutume veut que les salaires augmentent au fil des ans, en même temps que l'employé acquiert âge et expérience. Si on fixe un salaire de départ à un haut niveau, on ne pourra évidemment pas lui appliquer les augmentations annuelles habituelles. Il atteindra vite son plafond et l'employé se découragera. Voilà pourquoi nous préférons offrir à tous la même échelle de progression. Notre personnel garde ainsi, tout au long de sa carrière, le même élan. »

Bien sûr, les japonais seraient bien les derniers à distribuer plus de salaires que la productivité le permet. Mais leur conception de la grille et de la progression dans l'entreprise joue un rôle tout aussi important pour fixer les salaires de chacun. Il ne semble pas que cela empêche les japonais d'être travailleurs, appliqués et efficaces.

Les consommateurs sont aussi des épargnants

Faut-il être cigale ou fourmi ? A trop entasser, on se prive de vivre. A tout dépenser, on se retrouve, comme la cigale, fort dépourvu. C'est pourquoi tout ménage un peu avisé consomme moins qu'il ne gagne, il épargne.

Sur un mois de travail de 21 jours ouvrables, le salaire de 18 jours est affecté à la consommation, celui des 3 autres journées va à l'épargne. Il ne s'agit là que d'une moyenne (pour la France). Certains sont bien plus économes et restreignent leur consommation, d'autres vivent toujours au jour le jour. Si l'on continue de raisonner en moyenne, on peut observer que les ménages qui ont un revenu élevé épargnent plus que ceux qui ont un revenu modeste. Non seulement en francs, ce qui se comprend aisément, mais aussi en proportion du revenu. Ainsi un employé de bureau qui gagne 6.000 francs par mois, épargnera-t-il avec difficulté 10 % de son revenu, c'est-à-dire 600 francs, alors qu'un médecin qui gagne 25.000 francs, pourra facilement épargner 20 % de son revenu, soit 5.000 francs.

L'employé met de l'argent de côté pour se constituer un pécule à la caisse d'épargne et être en mesure de faire face, le cas échéant, à un imprévu. Le médecin peut avoir un livret d'épargne, mais avec les sommes qu'il met de côté, il peut aussi envisager de constituer un patrimoine en plaçant son argent. On comprend sur cet exemple simple pourquoi dans tous les pays, l'inégalité entre les patrimoines est plus importante que l'inégalité entre les revenus. Dans notre exemple, la différence des revenus est de 1 à 4 et la différence des patrimoines de 1 à 8. C'est une situation qui découle arithmétiquement des comportements des épargnants.

Le patrimoine des ménages correspond à la somme des biens qu'ils détiennent éventuellement diminuée de leurs dettes. Le patrimoine des Français représente un peu plus de quatre années de revenu. D'après André Babeau,* ce patrimoine se répartit ainsi : trois quarts pour les biens réels (logements, résidences secondaires, terre et entreprises personnelles), un quart pour les actifs financiers (comptes chèques, caisses d'épargne et valeurs mobilières). En comparant les Français avec les Allemands, les Anglais et les Américains, André Babeau montre que la ligne de partage passe entre le continent et les pays de langue anglaise. Il existe deux types de structures de patrimoine. La structure anglo-américaine dans laquelle les actifs financiers représentent plus de 40 % (et les valeurs mobilières environ 15 %), et la structure des pays continentaux dans laquelle la préférence pour les actifs réels est beaucoup plus marquée et la part des valeurs mobilières faible. Mais le réveil de la bourse, le recul de la pierre, et les nouveaux comportements de placement, dont nous parlerons au chapitre 9, bouleversent partout profondément le paysage financier.

CHAPITRE 3

Les entreprises et la production

Pour satisfaire nos besoins économiques, il faut produire. C'est pourquoi nous passons une partie de notre vie à travailler, Actuellement, sur l'ensemble d'une existence humaine, environ une heure sur dix est consacrée au travail professionnel. Le reste de notre vie, presque les neuf dixièmes, nous le passons à étudier, à nous divertir ou à nous reposer.

Dans la population, certaines personnes ont une activité professionnelle. On dit qu'ils sont « actifs », par opposition aux « inactifs » qui sont les enfants, les jeunes en formation, les infirmes, les retraités et les femmes au foyer. Un inactif peut avoir des journées très occupées à lire, se promener ou regarder la télévision. Mais il ne contribue pas à la production de richesses économiques ; c'est pourquoi on le considère comme « inactif ».

La production nationale est l'ensemble des richesses créées chaque année. Elle se distribue entre tous les individus de la population. La répartition de la population entre ceux qui travaillent, et ceux qui ne travaillent pas (inactifs ou chômeurs) est un indicateur-clé de l'économie. Il reflète en effet le prélèvement que les travailleurs devront subir pour faire vivre ceux qui n'ont pas d'occupation économique. Voyons par exemple ce qui s'est passé en France entre 1974 et 1987. En 1974, la population était de 52,4 millions de personnes sur lesquels 21,5 millions avaient un emploi, le reste (30,9 millions) était sans activité ou au chômage. En 1987, la population a augmenté jusqu'à 55,5 millions, trois millions de plus qu'en 1974. L'emploi est resté le même : 21,5 millions. Le même nombre de personnes au travail fait vivre plus de monde. C'est une des raisons de l'augmentation des charges sociales qui pèsent sur les emplois existants, en particulier pour payer les retraites et le chômage. Ce raisonnement simple montre les enjeux économiques des choix qui concernent la diminution de la durée du travail ou l'âge de la retraite. Dans les pays développés, la population vieillit. Le nombre des retraités augmente et augmentera plus encore dans les années prochaines. Le poids des retraites sur la production nationale deviendra plus élevé. Dans la masse totale de richesses, tout ce qui contribue à diminuer la quantité de travail fournie impose en contrepartie une réduction du pouvoir d'achat des actifs et en règle générale une augmentation des prélèvements au profit des inactifs.

Dans ce chapitre, nous étudierons comment fonctionne le secteur productif de l'économie, et en particulier l'unité élémentaire de production qu'est l'entreprise.

Le secteur productif est un monde divers

La production est assurée dans des entreprises. Certaines entreprises sont très petites : artisans, commerçants qui tiennent une boutique, petits agriculteurs. D'autres sont très grandes, employant des dizaines de milliers de personnes réparties dans plusieurs pays du monde. Les premières entreprises de grande taille ont été les propriétés agricoles des seigneurs de l'Empire Romain décadent. Ces propriétés vivaient largement repliées sur elles-mêmes. A la fin du Moyen-Age, puis au cours de la Renaissance, le développement des villes et les découvertes des grands explorateurs ont permis l'essor du commerce : commerce local entre la ville et la campagne, commerce artisanal dans la cité et entre les cités, commerce mondial pour l'exploitation des nouveaux mondes (Amériques — Afrique — Asie du Sud). Les premières entreprises capitalistes, qui préfigurent nos entreprises actuelles, ont été des sociétés pour le commerce lointain comme la Compagnie des Indes Orientales ou la Compagnie des Indes Occidentales. Ces sociétés prenaient le risque d'affrêter des navires en espérant de substantiels bénéfices. Il fallait pour cela réunir de gros capitaux et pouvoir attendre plusieurs mois, voire plusieurs années, pour retrouver son argent augmenté de profits. A partir du dix-huitième siècle, l'essor de l'industrie, la division du travail dans des manufactures, puis le travail à la chaîne ont conduit à la généralisation de la grande industrie, souvent organisée en groupes industriels aux dimensions internationales sur les mêmes bases capitalistes que les grandes compagnies de commerce. Les petites entreprises ont été laminées. Elles n'ont subsisté en grand nombre que dans les secteurs des services et des commerces.

Toutes les entreprises ne sont pas industrielles. Chaque année se créent et prospèrent des entreprises dans la publicité, l'informatique, les transports, les spectacles, le commerce. Avec la banque, l'assurance et l'administration, c'est tout le secteur des activités tertiaires devenu aujourd'hui majoritaire. Les travailleurs se répartissaient ainsi il y a un siècle : la moitié de la population active travaillait dans l'agriculture, un quart dans l'industrie, un quart dans le tertiaire. Après la dernière guerre, c'était environ un tiers pour chaque secteur. Actuellement, l'agriculture représente moins de dix pour cent, l'industrie toujours environ un tiers, le secteur tertiaire plus de la moitié du total. Cette évolution est commune à l'ensemble des pays développés. La croissance économique s'est donc accompagnée d'un gigantesque bouleversement de l'activité des hommes. Lorsqu'on s'inquiète des conséquences à venir de la robotisation et de l'informatisation, il est bon de se rappeler que nous avons déjà surmonté des changements plus considérables il n'y a pas si longtemps.

Les sociétés les plus nombreuses sont les sociétés à responsabilité limitée et les sociétés anonymes : il y en a cent cinquante mille en France (dont un quart de sociétés anonymes). Si ce nombre est élevé, c'est qu'une société constitue « une bonne machine pour le régime capitaliste »*. En effet, la création d'une société permet de rassembler l'épargne de plusieurs actionnaires, mais de limiter le risque de chacun à sa mise initiale. Cela veut dire que si la société fait des dettes au-delà de son capital et tombe en faillite, les fournisseurs ne seront pas payés mais les actionnaires ne seront pas inquiétés, ce qui est évidemment très important pour eux en cas de difficulté. Les actionnaires sont nécessaires pour constituer une entreprise, ils ne constituent cependant que l'une des parties prenantes de l'entreprise. Les autres sont les salariés et, bien sûr, les clients. Le chef d'entreprise doit s'efforcer de concilier l'intérêt des trois parties. S'il néglige l'une d'elles c'est tout l'équilibre de l'entreprise qui est menacé. Certaines entreprises disparaissent faute d'avoir respecté la clientèle et le marché. D'autres se trouvent en déficit parce qu'elles ont mal géré leur rapport avec les travailleurs. Les entreprises publiques, quant à elles, ont une tendance naturelle à négliger l'État actionnaire qui n'est pas très exigeant, à s'intéresser modérément au client qui n'est qu'un usager et à céder au personnel qui, par ses droits statutaires et par le caractère public du service qu'il assure, est souvent en position de force.

Pendant de longues années, on a pensé que la réussite économique allait de pair avec le gigantisme. On s'efforçait de constituer des unités de production aussi grandes que possible en espérant réduire les prix de revient, qu'il s'agisse du coût de production dans les usines ou du coût de distribution dans les grands magasins. Il semble que la crise économique ait bouleversé cette conception. Les

QU'EST-CE QUE LE PIB ?

Renault fabrique des voitures. La valeur des voitures produites est le chiffre d'affaires de Renault.
Pour mesurer la valeur de la production nationale, on est tenté d'additionner le chiffre d'affaires de tous les producteurs nationaux. En s'y prenant ainsi, on commettrait une erreur. En effet, pour fabriquer des voitures, Renault achète de la tôle, de la peinture, du verre plat, etc. Toutes ces matières font partie du prix de vente des voitures, mais elles figurent déjà dans le chiffre d'affaires des fournisseurs de Renault.
Pour éviter de les compter deux fois, on calcule la *valeur ajoutée* de Renault : c'est le montant des ventes diminué du montant des achats. En additionnant les valeurs ajoutées par tous les producteurs, on obtient la valeur ajoutée nationale ou production nationale : fameux PIB ou Produit Intérieur Brut.
Le PIB mesure la valeur des biens produits dans l'année qui ne sont pas réutilisés pour produire d'autres biens. C'est donc aussi l'ensemble des biens utilisés pour la consommation des particuliers ou pour l'investissement des entreprises (si on néglige, pour l'instant, les dépenses publiques et le commerce extérieur). Ainsi apparaît un équilibre fondamental de l'économie nationale :

Production nationale = Consommation + Investissement

petites entreprises réagissent plus vite au marché. La participation des hommes y est plus facilement obtenue. Au total, les petites entreprises ont mieux résisté à la crise que les grandes. Elles ont même créé des emplois quand les plus grandes en supprimaient.

En résumé, le secteur productif apparaît comme un monde varié et très diversifié. Cependant, les entreprises de toutes activités ont en commun quelques règles et contraintes simples : *pour produire, il faut utiliser des facteurs de production ; les facteurs de production ne sont pas inépuisables et il faut les utiliser au mieux ; pour survivre et se développer il faut être rentable ; enfin, le secteur productif pris dans son ensemble doit être bien coordonné.*

Pour produire, il faut des facteurs de production

Pour fabriquer des automobiles, il faut de la tôle, des moteurs, des textiles, des bâtiments d'usine et des chaînes de montage, de l'énergie (électricité ou fuel industriel), et bien entendu des travailleurs. Pour produire du blé, l'agriculteur a besoin de terre, de hangars, de semences, de tracteurs et de moissonneuses, de gas-oil, etc.

Le commerçant devra disposer d'une boutique, d'un stock de marchandises et de temps pour sa clientèle.

Quel que soit le secteur d'activité, pour produire, il faut utiliser des *facteurs de production :* matières fabriquées par d'autres entreprises, capital fixe, travail et facteurs naturels (comme la terre ou le pétrole).

Le capital fixe, c'est l'ensemble des bâtiments, locaux, machines et outillages qui sont utilisés durablement pour la production : l'usine et la chaîne du constructeur automobile, le tracteur et la moissonneuse de l'agriculteur, la boutique du commerçant. Le capital permet d'augmenter la productivité du travail, rendement de l'heure de travail. Il permet d'accroître la quantité de biens obtenue pour une même quantité de travail, ou de diminuer la quantité de travail nécessaire pour obtenir une quantité fixée de biens. En accumulant du capital productif toujours plus moderne, des machines toujours plus sophistiquées, nos économies sont passées à la production de masse. « Accumulez, accumulez, c'est la loi et les prophètes » écrivait Karl Marx. Il pensait alors énoncer la loi du capitalisme. Il énonçait en fait la loi générale du développement économique.

Le travail est bien trop connu de tous pour nécessiter de longues explications. « Travaillez, prenez de la peine, c'est le fonds qui manque le moins » dit la fable. Il n'y a pas de production possible sans travail. Le travail est le dénominateur commun de tous les produits. L'efficacité du travail dépend de la qualité du capital technique, des machines et des outillages. Elle dépend aussi de la qualité du travail lui-même et de la formation des hommes. Les pays en développement manquent souvent de travailleurs qualifiés et expérimentés. Les pays industrialisés disposent au contraire d'une main-d'œuvre qualifiée et bien rémunérée. Pour éviter la concurrence des bas salaires, et pour laisser leurs chances aux pays en développement, l'intérêt des pays riches est ainsi de se concentrer sur les productions les plus élaborées qui ont un fort contenu de travail qualifié.

Les facteurs naturels sont un don de l'univers : la terre, les minerais, le pétrole, l'espace. Les facteurs naturels ne sont pas gratuits, il faut les exploiter. Mais leur existence primaire, dans laquelle nous ne sommes pour rien, permet de concevoir toute une chaîne d'industries et d'utilisations qui serait impossible sans eux. Par exemple, les mines de charbon étaient une condition de la machine à vapeur et de l'industrialisation. Le pétrole est à l'origine du moteur à explosion et de l'essor du transport automobile et de l'aviation. L'uranium permet de produire l'énergie nucléaire. Mais les facteurs naturels ne sont pas inépuisables. C'est pourquoi nous devons évoquer ici le débat sur les « limites naturelles » de la croissance.

Allons-nous épuiser la nature ?

Certains facteurs naturels paraissent illimités comme l'air et l'eau. Encore faut-il les préserver d'une excessive pollution. L'eau est déjà un facteur rare en bien des endroits. La terre cultivable est en quantité limitée. Elle s'épuiserait rapidement, au sens propre du mot, si l'on ne prenait garde de la renouveler par l'engrais, une culture appropriée et du travail. Les minerais et le pétrole n'existent qu'en quantités limitées et ne sont pas renouvelables. Et si l'on peut concevoir que le métal extrait du minerai puisse être récupéré pour des usages successifs, l'énergie enfermée dans un baril d'essence est définitivement libérée par sa combustion. Nous ne la retrouverons jamais plus. De là la grande peur de manquer un jour de pétrole. Le risque est-il réel ? Et à quelle échéance ? Des milliers d'experts de tous pays se sont penchés sur cette angoissante question. Certains sont optimistes : Dieu est grand disent les musulmans, faisons-lui confiance. D'autres restent pessimistes : pour eux, les deux crises que nous avons connues sont bénignes à côté de celle qui nous menace dans les prochaines années. « Même avec une politique énergétique rigoureuse et vigoureuse, les perspectives d'offre et de demande de pétrole sont telles qu'un point de rupture paraît inévitable », écrivait il y a quelques années, Thierry de Montbrial* dans un ouvrage au titre significatif *L'énergie, le Compte à rebours*.

Il n'y a pas trop d'inquiétude à avoir pour le long terme, disons au-delà de l'an 2000. Le charbon est très abondant dans le sous-sol (plusieurs siècles de consommation), le gaz naturel aussi et, d'ici à l'an 2000, on devrait pouvoir exploiter ces gisements souvent profonds dans des conditions rentables. Puis, à cet horizon, on peut espérer une relève significative par le nucléaire et les énergies nouvelles. Energie solaire : c'est l'énergie qui fait bouger l'aiguille des cellules utilisées pour la photographie. Géothermie : l'énergie des volcans. Fusion nucléaire : c'est le contraire de la bombe atomique et des réacteurs nucléaires actuels (au lieu de casser des noyaux d'atomes par la fission, on fabrique des noyaux lourds par fusion des noyaux légers ; le résultat est le même, un gigantesque dégagement d'énergie, que l'on sait actuellement maîtriser et exploiter pour la fission, pas encore pour la fusion).

Mais pourrons-nous tenir longtemps ? Nous souhaitons accroître notre niveau de vie. Les pays pauvres ont impérativement besoin d'accroître le leur. Les ressources d'énergie ne semblent pas pouvoir suivre. Le nucléaire ? Dans l'hypothèse d'un programme ambitieux et réalisé sans retards ni hésitations, il ne dépassera pas en moyenne sur la planète un cinquième de la production en l'an 2000. Le charbon ? Il faudrait ouvrir des centaines de puits de mines, alors

Offre et demande d'énergie primaire

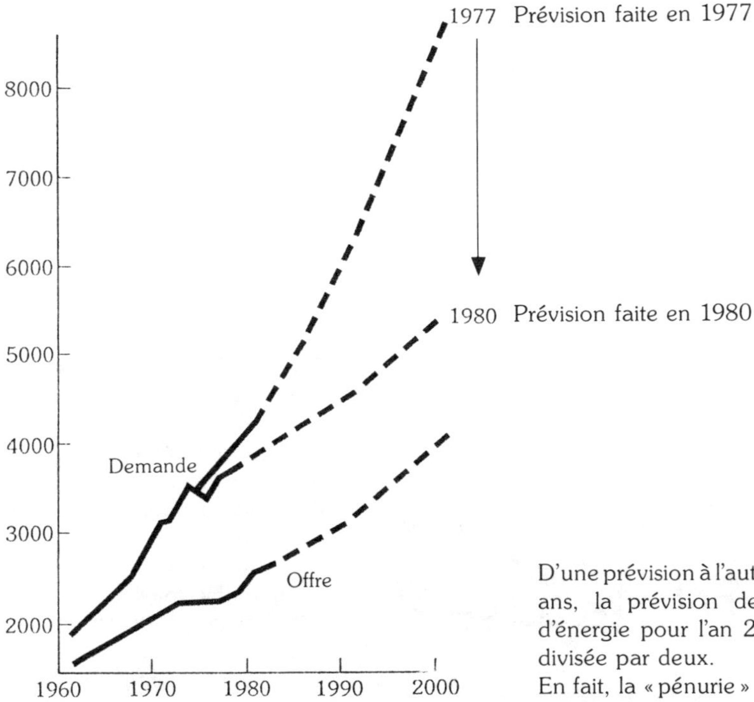

D'une prévision à l'autre, en trois ans, la prévision des besoins d'énergie pour l'an 2000 a été divisée par deux.
En fait, la « pénurie » a disparu.

qu'actuellement le charbon n'est pas rentable dans beaucoup de mines existantes.

En réalité, la question principale est le rythme de croissance que nous voulons et l'effort que nous sommes prêts à faire pour économiser l'énergie. Avec une croissance à 5 % et beaucoup d'insouciance, on ne passe pas le cap sans de nouvelles crises. Avec une croissance à 2 % et un effort d'économie, il n'y a pas de problème. A la fin des années soixante-dix, l'Agence Internationale de l'Energie avait rapproché plusieurs prévisions de demandes d'énergie primaire des pays riches pour l'an 2000. Ces prévisions ont été faites à trois années d'intervalles : 1977 et 1980. En trois ans, l'estimation des besoins avait été divisée par près de deux ! Plus récemment, le Ministère de l'Industrie français a analysé les perspectives énergétiques de la France. De 1980 à 1987, les prévisions de consommation d'énergie pour l'an 2000 ont encore été revisées à la baisse de 25 %, et les prévisions de consommation d'électricité pour 1990 d'à peu près autant.

Voilà qui doit inviter à la prudence les Cassandre de la prévision économique. Après la crise du pétrole, le marché a réagi. Les comportements individuels et collectifs se sont adaptés. Chacun s'est mis à économiser le pétrole et en moins de dix ans un ajustement s'est opéré spontanément. Au point que les années quatre-vingt, qui avaient commencé par une crise du pétrole, et un doublement des prix du pétrole semblent se terminer dans l'abondance, la surproduction et la chute des prix. Il est vrai que la croissance économique a été plus près de 2 % que de 5 % pendant plus de dix ans.

Les perspectives de prix du pétrole

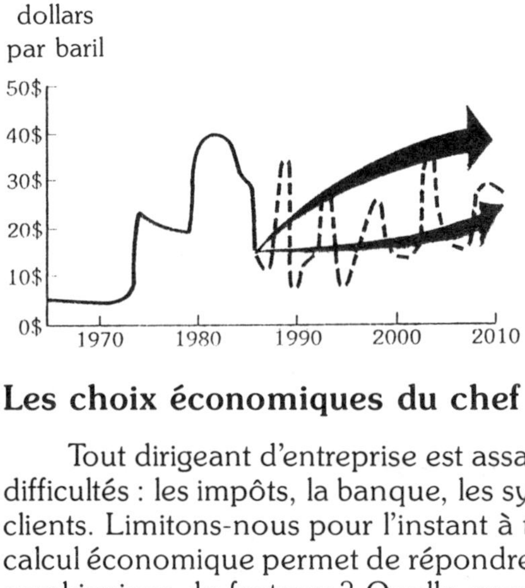

Une étude du Ministère de l'Industrie français a imaginé plusieurs scénarios pour le prix du pétrole.
Dans une hypothèse « basse », le marché resterait désorganisé et « libre ». Le prix évoluerait en dents de scie autour de 15 à 20 dollars par baril.
Dans une hypothèse « haute », l'entente des producteurs conduirait à un prix plus élevé, mais sur une trajectoire stable.
Pour les auteurs de cette étude : « l'évolution à long terme du prix du pétrole n'est guère prévisible et tout peut se produire ».

Les choix économiques du chef d'entreprise

Tout dirigeant d'entreprise est assailli en permanence par mille difficultés : les impôts, la banque, les syndicats, les fournisseurs, les clients. Limitons-nous pour l'instant à trois questions auxquelles le calcul économique permet de répondre : Quelle technique ? Quelle combinaison de facteurs ? Quelle quantité ?

1) Quelle technique ?

L'économie, c'est le contraire du gaspillage. Pour être efficace, l'entreprise doit utiliser tout juste les quantités de facteurs de production qui sont indispensables. S'il est possible de fabriquer 100 poutrelles métalliques avec 4 machines et 50 heures de travail, l'entreprise qui produit ces mêmes 100 poutrelles avec 4 machines et 60 heures de travail est inefficace. Elle gaspille 10 heures de travail. L'efficacité est l'affaire des ingénieurs. C'est à eux de choisir les bonnes combinaisons techniques. Souvent plusieurs techniques sont possibles. Il est peut-être aussi possible de fabriquer 100 poutrelles avec 60 heures de travail (au lieu de 50) et 3 machines (au lieu de 4). On ne peut pas dire si cette technique est « meilleure » ou « moins bonne » que la première. Elle demande en effet plus de travail, mais elle économise une machine. Dans un pays pauvre où tout manque sauf les bras, la deuxième technique serait préférable. Dans un pays avancé où l'heure de travail coûte cher, on choisira la première. Ce qui est certain, c'est que ce serait un gaspillage économique d'utiliser 60 heures de travail et 4 machines pour fabriquer 100 poutrelles car on emploierait soit 10 heures de travail en trop, soit une machine en trop. Quel que soit le procédé choisi, le gaspillage est inutile. Le facteur de production utilisé en trop coûte de l'argent pour rien.

Cette réalité de simple bon sens va quelquefois à contrecourant des idées reçues. Ainsi lors de la récession économique qui a suivi la première crise du pétrole, la production industrielle avait baissé d'environ 10 %. Dans certains pays, les entreprises ont hésité à diminuer leurs effectifs, encouragées par les pouvoirs publics à maintenir l'emploi. Elles se sont ainsi mises en situation de gaspillage économique. Peut-être était-il souhaitable de préserver la cohésion sociale en sacrifiant l'efficacité. Mais on ne peut pas éluder longtemps les conséquences d'un tel choix : perte de compétitivité par rapport aux entreprises de pays concurrents qui ont choisi l'efficacité, retour en force un jour ou l'autre des contraintes économiques.

Lorsque le gaspillage porte sur le capital, c'est-à-dire lorsque les installations et les équipements sont trop importants pour la production vendue, la seule solution est de fermer des usines. Les exemples de la sidérurgie et du textile sont là pour rappeler que les atermoiements ne servent à rien d'autre qu'à reporter les échéances en accumulant les pertes. Ces pertes, il faut à un moment ou à un autre les faire supporter par ceux qui ont un travail. Rappelons-nous le début de ce chapitre ; en dernier ressort, c'est toujours ceux qui ont un travail utile et qui le font efficacement qui font vivre les autres.

2) Quelle combinaison de facteurs ?

S'il y a plusieurs techniques possibles pour obtenir une même production, il n'est pas indifférent de choisir l'une ou l'autre. Le meilleur choix dépend du prix des facteurs de production. Comparons par exemple les deux techniques de fabrication des poutrelles.

Technique 1 : 50 heures et 4 machines.

Technique 2 : 60 heures et 3 machines.

1) Si le salaire horaire est de 10 et si chaque machine coûte 100, le coût de fabrication est de 900 dans les deux cas :

Technique 1 :

$$50 \text{ heures} \times 10 + 4 \text{ machines} \times 100 = 500 + 400 = 900.$$

Technique 2 :
60 heures × 10 + 3 machines × 100 = 600 + 300 = 900.

On peut choisir l'une ou l'autre des techniques. Leur coût est le même.

2) Mais si le salaire augmente et s'établit à 20, la technique 1 va coûter 1 400 et la deuxième technique 1 500. Il devient préférable de choisir la technique qui utilise le moins de main-d'œuvre et le plus de machines, c'est-à-dire la technique 1. C'est ce qu'on appelle la *substitution du capital du travail*. L'augmentation des salaires encourage la substitution du capital au travail.

3) Quelle quantité vendre ?

Une fois choisie la technique efficace la moins coûteuse, il reste à décider la quantité à fabriquer. Une décision élémentaire serait de fabriquer ce qu'il est possible de vendre. Ce n'est cependant peut-être pas judicieux. Car si l'activité est déficitaire, on perdra d'autant plus d'argent que l'on augmentera la production. Il faut donc faire un calcul, qui dépend du prix de vente possible et des coûts de production. Le raisonnement est simple. *On a intérêt à fabriquer et à vendre des poutrelles tant que la dernière poutrelle revient moins cher qu'elle ne rapporte, c'est-à-dire tant que le coût marginal (le coût de fabrication de la dernière poutrelle) est plus petit que le prix de vente.* A chaque prix de vente envisagé correspond ainsi une quantité qu'il est inutile de dépasser. C'est la *courbe d'offre de l'entreprise.* Cette courbe indique la quantité que l'entreprise est disposée à vendre (on dit à « offrir » sur le marché) pour chaque prix. Sur cette courbe, l'entreprise obtient le meilleur profit et la meilleure rentabilité. La recherche de la rentabilité est l'affaire des économistes, des financiers et des commerciaux.

On comprend facilement que, sauf dans le cas d'un monopole qui permet d'élever artificiellement le prix de vente, il n'est pas possible d'être rentable sans être aussi efficace. Les entreprises concurrentes qui choisiraient d'être efficaces auraient en effet un prix de revient plus bas et prendraient le marché. L'entreprise inefficace disparaît tôt ou tard.

Inversement, il est possible d'être efficace sans être rentable, si on ne fait aucun gaspillage mais que l'on s'adapte mal aux conditions du marché. En particulier les entreprises publiques peuvent être gérées avec efficacité et néanmoins faire des pertes, si les tarifs publics sont mal calculés ou si elles ne suivent pas le marché. C'est alors le contribuable qui paie en partie à la place de l'usager. Dans le cas où l'entreprise est soumise à la pression de concurrents étrangers, elle risque de se vider de sa substance ou de s'installer dans la subvention permanente. L'ouverture du marché européen supprimera peut-être les derniers privilèges des entreprises nationales.

Ce que vend une entreprise, qu'elle soit publique ou privée, n'est pas un produit, c'est de la valeur. Le chiffre d'affaires est la somme

LE COUT MARGINAL

Les économistes utilisent souvent la notion de coût marginal, bien que ce dernier soit en général difficile à mesurer, et à peu près sans signification dans certains secteurs comme les services.

Le coût marginal est la dépense supplémentaire nécessaire pour fabriquer une unité de plus.

Si l'entreprise produit déjà un million de postes de radio et si le total de son compte d'exploitation est de 150 millions de francs, le prix de revient moyen d'un poste de radio est aux environs de 150 francs, par exemple 135 francs. L'écart de 15 francs est le résultat d'exploitation. Les 135 francs comprennent des frais de personnel, des dépenses de matières premières ou de composants, des frais généraux, des frais financiers, des amortissements.

Produire un poste supplémentaire ne coûtera en général pas 135 francs, mais peut être seulement quelques dizaines de francs. Juste le coût des composants et matériaux incorporés et du temps de travail d'assemblage. Pour un poste de plus, les frais généraux, les frais financiers, les amortissements peuvent rester à peu près constants.

Cependant, si la production continue d'augmenter, il faudra sans doute payer des heures supplémentaires avec une majoration de 25 % ou de 50 %, peut être même embaucher des salariés à un tarif supérieur, ou même accroître la taille de l'usine, emprunter, etc. Le coût marginal augmentera et dépassera peut-être les 135 francs.

Un raisonnement très simple montre que si le coût marginal augmente avec la production l'entreprise devrait produire une quantité telle que son coût marginal soit égal au prix courant du marché. Produire moins, c'est en effet rater une occasion de profit, et produire plus conduirait à perdre de l'argent sur la dernière unité produite (puisque le coût marginal devient alors supérieur au prix de vente). La courbe de coût marginal est donc une donnée cruciale pour analyser le comportement de la firme.

des valeurs que les clients veulent bien payer. Et pour cela, il faut bien sûr que les produits correspondent à leurs désirs.

L'exemple suivant, donné par Jean-Pierre Adine* dans le Journal Le Point montre comment Peugeot adapte chaque modèle de sa gamme à une catégorie particulière d'automobilistes.

« Connaissez-vous la 205 Rallye ? Vous la verrez bientôt sur les routes de France. Cent trois chevaux, un moteur rageur sous une carrosserie blanche avec des sièges noirs et le sigle nouveau PTS (pour Peugeot-Talbot sport).

Tiens, demanderez-vous, est-ce la remplaçante des GTI ? Que non !... c'est leur petite sœur. Dotée d'un petit moteur sportif, tout nouveau mais sans injection (donc moins coûteux), facile à « bricoler », avec un équipement dépouillé et un prix de même (moins de 70 000 francs). Bref, une sportive pour amateur de « vroum-vroum » ou de compétition.

Mais, direz-vous, il y avait déjà deux 205 GTI, la 115 et la 130 chevaux ! Votre surprise indique que vous ne savez pas « décliner » une gamme automobile ! La Rallye ne se substitue pas aux deux GTI : elle s'adresse à une autre clientèle, plus jeune et plus modeste. Et elle est — tenez-vous bien — le trente-cinquième modèle au catalogue des 205. Inouï ! Pourquoi trente-cinq modèles ? Simple. 1° Pour qu'aucun segment de clientèle n'échappe à Peugeot. 2° Pour créer sans cesse l'événement et tenir le marché ».

Tenir le marché. Adapter ses produits aux « segments » du marché, c'est la condition première de réussite et d'existence. L'entreprise vit par ses clients. Ce qui compte en définitive pour l'entreprise c'est le profit. Le profit fait la synthèse entre la qualité de la gestion technique et commerciale et les choix économiques des responsables, compte tenu des contraintes qui peuvent être imposées à l'entreprise. Si certaines contraintes sont nécessaires pour la vie en société, la multiplication des contraintes est dangereuse. Elle peut placer l'entreprise devant des difficultés insurmontables et la conduire à la mort économique.

Comment meurt une entreprise ?

« Je suis né le 13 mai 18.., dans une ville du Languedoc, où l'on trouve, comme dans toutes les villes du Midi, beaucoup de soleil, pas mal de poussière, un couvent de carmélites et deux ou trois monuments romains. » En relisant ces lignes d'Alphonse Daudet, le lecteur retrouvera sans doute comme un parfum de son enfance. Se rappelera-t-il qu'en naissant, le petit Daniel fut la mauvaise étoile de M. Eyssette, fabricant de foulards aux portes de Nîmes ?

« A partir de ce moment, la fabrique ne battit plus que d'une aile ; petit à petit, les ateliers se vidèrent : chaque semaine un métier à bas, chaque mois une table d'impression de moins. C'était pitié de voir la vie s'en aller de notre maison comme d'un corps malade, lentement, tous les jours un peu. Une fois, on n'entra plus dans les salles du second. Une autre fois, la cour du fond fut condamnée. Cela dura ainsi pendant deux ans ; pendant deux ans, la fabrique agonisa.

> Enfin, un jour, les ouvriers ne vinrent plus, la cloche des ateliers ne sonna pas, le puits à roue cessa de grincer, l'eau des grands bassins, dans lesquels on lavait les tissus, demeura immobile et bientôt, dans toute la fabrique, il ne resta plus que M. et Mme Eyssette, la vieille Annou, mon frère Jacques et moi, là-bas, dans le fond, pour garder les ateliers, le concierge Colombe et son fils, le petit Rouget.
>
> C'était fini, nous étions ruinés. »

C'est ainsi que Daniel Eyssette devint le Petit Chose. Un siècle après la ruine de la famille Eyssette, les fermetures d'entreprises se multiplient et bouleversent toujours ceux qui les vivent. La sanction de l'échec économique est souvent moins poétique que chez Alphonse Daudet, mais elle est toujours aussi implacable.

Nous avons énoncé, dès l'introduction, l'une des contraintes fondamentales de toute unité économique : la loi de l'équilibre. Pour survivre, toute entreprise doit équilibrer ses entrées et ses sorties d'argent. Le système économique repose sur l'échange entre des biens et de la monnaie. *Pour que le système fonctionne, il est absolument indispensable que chacun puisse payer ce qu'il achète et régler ses dettes au jour convenu.* S'il n'en était plus ainsi, nous reviendrions rapidement à l'âge de pierre et à l'insécurité économique et sociale permanente. L'insolvabilité, qui est l'incapacité d'honorer ses engagements, est la pire menace qui puisse peser sur les mécanismes de l'économie. C'est pourquoi elle relève des tribunaux. Pour une entreprise, le début de la fin, c'est la cessation de paiement. L'agonie est souvent longue. En effet, dès lors que l'entreprise ne peut plus payer, le tribunal est saisi, et des procédures longues et coûteuses s'engagent. Ces procédures visent à protéger les intérêts de toutes les parties prenantes : salariés, fisc, sécurité sociale, fournisseurs.

Le tribunal a le choix entre deux méthodes : la liquidation des biens et le règlement judiciaire.

Si l'entreprise n'est plus viable, la seule chose à faire est d'en organiser la disparition. Pour cela le tribunal nomme un syndic de faillite. Le syndic est le représentant des créanciers. Il prend l'affaire en main à la place des anciens dirigeants défaillants, recense les créanciers de l'entreprise, vérifie leurs créances, arrête la situation nette à la date de cessation des paiements, vend les biens de la société, encaisse le prix de cette vente, prélève tous les frais de ces opérations (y compris ses honoraires), et répartit ce qui reste entre les créanciers en proportion de leurs créances. Tout cela prend environ deux ans. En attendant, l'entreprise peut poursuivre certaines activités, les contrats de travail demeurent valables. Cependant, dans une entreprise en liquidation de biens le licenciement est inéluctable.

Pour permettre à l'entreprise en difficulté, mais qui paraît économiquement viable, de se racheter et de préserver des emplois, la loi prévoit une autre procédure, le règlement judiciaire. Le principe du règlement judiciaire est de chercher entre l'entreprise défaillante et les créanciers un compromis, un « concordat » qui permet à l'entreprise de poursuivre ses activités. Le chef d'entreprise doit déposer des offres qui définissent les conditions de règlement proposées : remise partielle des dettes ou délais de paiement. Ces offres sont remises au syndic qui doit réunir l'assemblée des créanciers et leur demander s'ils approuvent l'offre de l'entreprise. L'assemblée accepte ou refuse. Si elle refuse, il ne reste plus que la liquidation. Si elle accepte, l'entreprise peut continuer son activité, à condition de ne pas se retrouver de nouveau plus tard en cessation de paiement.

La crise économique a multiplié les faillites d'entreprises. Leur nombre a doublé depuis le début de la crise. Aussi a-t-on développé une technique juridique qui permet de prévenir les difficultés et de soigner l'entreprise avant la cessation de paiement. Quand l'entreprise connaît de graves difficultés, le chef d'entreprise saisit lui-même le tribunal pour obtenir une suspension provisoire de poursuites. Si le tribunal accorde cette suspension, les créanciers ne peuvent plus, pendant trois mois au maximum, poursuivre l'entreprise. En contrepartie, les pouvoirs du chef d'entreprise sont limités et un « curateur » est nommé par le tribunal. Ce curateur devra préparer un plan de redressement et le faire accepter par les parties en cause et par le tribunal. Si ce plan est rejeté, on revient aux procédures du concordat ou à la liquidation de biens.

Nous n'avons fait que donner un aperçu du mécanisme complexe qui se déclenche lorsque l'entreprise ne peut plus payer. Ce processus s'accompagne le plus souvent d'une grande agitation dans et autour de l'entreprise, les salariés menacés cherchent à se défendre en attirant l'attention des pouvoirs publics, les fournisseurs perdent confiance, les relations se dégradent à tous les niveaux. C'est souvent une longue agonie qui commence et il est difficile de s'en relever. Aussi le premier souci de tout chef d'entreprise avisé est-il d'assurer la survie de son entreprise et pour cela de maintenir les conditions de la rentabilité. Cela est vrai à tout moment et dès les débuts de l'entreprise.

Créer et réussir son entreprise

Créer une entreprise n'est pas une mince affaire. Il faut en premier lieu décider ce que l'on va faire et pour cela bien connaître une technique de fabrication, le marché du produit, les concurrents possibles. Il faut réunir les capitaux en quantité suffisante pour investir

La plus grande faillite mondiale : Le dépôt de bilan de Texaco

(Extraits de la Tribune de l'économie : mardi 15 avril 1987, article de Charles Ackerman.)

« On s'attendait au pis, mais au fond d'eux-mêmes, pas plus les experts de Wall Street que le président de Pennzoil, J. Hugh Liedtke, ne croyaient qu'après quatre-vingt-cinq ans d'existence, Texaco serait amené à déposer son bilan...

Ce n'est pas de gaieté de cœur, a déclaré son PDG, que le conseil d'administration a décidé de placer Texaco sous la protection du tribunal de commerce de White Plains (Etat de New York), selon la procédure du chapitre 11 du Code des faillites : dès lors, la saisie de ses actifs par Pennzoil est évitée.

Avant les événements de la semaine dernière, les actions de Texaco cotaient moins de 40 dollars... Vendredi soir, la capitalisation boursière de Texaco à Wall Street se limitait à 7,4 milliards de dollars. Après le dépôt de bilan, les actions terminaient, lundi soir, à 28,37 dollars ramenant la capitalisation boursière de Texaco à 6,8 milliars de dollars.

L'endettement à moyen et long terme auprès des organismes financiers atteint le milliard de dollars. Le dépôt de bilan va donc interrompre le paiement des intérêts à ces organismes... comme le versement des dividendes aux actionnaires. De même, les créances aux différents fournisseurs vont être bloquées, provoquant sans doute des difficultés financières parmi les centaines d'exploitants pétroliers du Texas et de la Louisiane qui alimentaient les raffineries de Texaco. Car les différents fournisseurs internationaux tels que Sonatrach (Algérie), British Petroleum, Occidental Petroleum, Atlantic Richfield Corp., etc., qui ont cessé leurs livraisons exigent désormais des paiements d'avance...

On a vu des sociétés renaître brillamment à la suite d'une restructuration, sous la protection du chapitre 11 du Code des faillites américain. Ce fut le cas, par exemple, de la compagnie aérienne Continental Airlines. Mais on a vu, aussi, des chapitres 11 se transformer en chapitres 7, correspondant à la liquidation de biens, comme ce fut le cas des célèbres frères Hunt de Dallas, du Texas, à la suite de la retentissante spéculation sur la valeur de l'argent... »

L'exemple de Texaco illustre les mécanismes de la cessation de paiement. Jusqu'à son « dernier jour » l'entreprise « vaut » 7 milliards de dollars (l'équivalent du salaire de 500 000 personnes pendant un an !). Le dépôt de bilan suspend le paiement des dettes et met les créanciers en difficulté. Les fournisseurs demandent alors à être payés comptant. Mais rien n'est perdu pour l'entreprise tant qu'elle n'est pas mise en liquidation. Texaco existe toujours et ses actions sont remontées à Wall street.

et pour survivre jusqu'aux premières recettes. Il faut franchir le parcours des formalités sociales, fiscales, juridiques, choisir une forme de société. Malgré les embûches et les risques, plusieurs dizaines de milliers de jeunes et de moins jeunes tentent chaque année l'aventure en France. Deux fois plus qu'il y a dix ans. Mais beaucoup moins qu'aux Etats-Unis. Deux sur trois échoueront. Quelques-uns feront fortune. Les journaux parleront d'eux. Ils connaîtront la gloire, et serviront de miroir aux alouettes pour que d'autres se lancent. Mais le créateur qui veut réussir est tout autre chose qu'une cervelle d'oiseau. La création est une aventure, mais c'est une aventure qui se prépare et qui se gère.

La création d'une entreprise repose d'abord et avant tout sur le créateur. C'est vous, et vous seul, qui réussirez. Vous aurez souvent besoin des autres. Il est important de savoir ce qu'ils pensent, surtout s'ils sont de futurs clients. Mais à l'heure des décisions, vous vous retrouverez seul, particulièrement dans les moments difficiles. Si vous avez un emploi salarié, vous aurez toujours un chef qui vous expliquera ce qu'il faut faire et comment il faut le faire, ou bien qui vous mettra éventuellement à la porte. Vos pas seront largement guidés par d'autres. Mais si vous préférez vous lancer, vous ne pourrez compter que sur vous-même. Pire encore, votre entourage vous sera souvent hostile. Il vous trouvera original et bien trop occupé pour si peu de résultat. Le premier conseil proposé par Georges Gilder* comme l'un des principes fondamentaux de l'entrepreneur, est le suivant : « Ne vous diversifiez pas, concentrez-vous sur ce que vous connaissez le mieux, emparez-vous du marché le plus adapté à votre personnalité, de la demande qui correspond à votre talent et à votre expérience spécifique. Investissez d'abord dans le monopole qui vous appartient, vous-même. »

Cependant, si la réussite demande du talent, elle exige aussi et avant tout beaucoup de travail. Peter Drucker,* l'un des papes du management, écrit : « L'esprit d'entreprise n'est ni naturel, ni créateur. C'est le fruit d'un travail.. Les entrepreneurs traitent l'esprit d'entreprise comme un devoir. Ils sont formés à cette discipline, ils la travaillent, la gèrent, la pratiquent. »

L'équation du créateur d'entreprise pourrait s'écrire :

		Une idée
		+ Des clients
RÉUSSITE	=	+ Des concurrents
		+ Des chiffres
		+ De la chance

De l'idée au produit

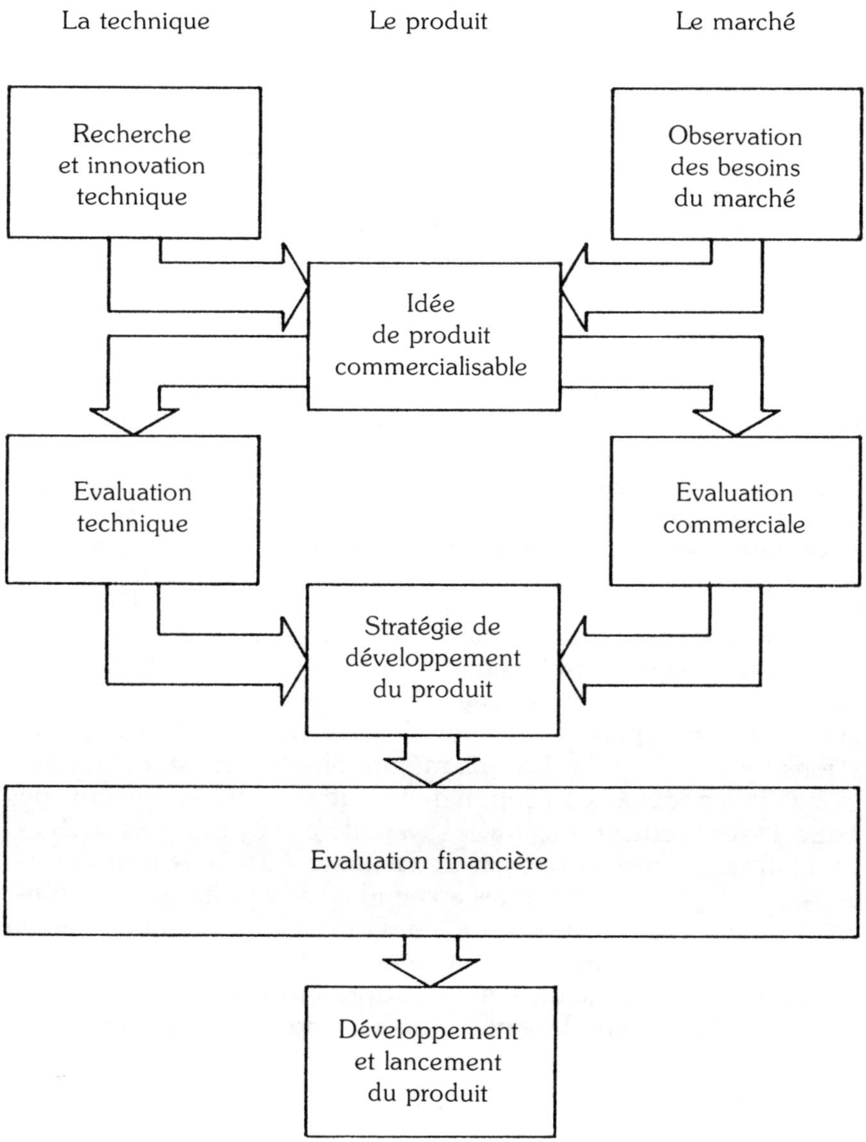

L'idée, c'est votre enfant que vous voulez voir grandir au plus vite et connu du monde entier. Comment démarrer sans une idée, sans un produit auquel on croit ? Mais attention. Ne vous obstinez pas dans votre idée. Il est rare qu'elle soit bonne du premier coup. Il vous faudra peut-être l'ajuster. Il suffit quelquefois de peu de chose, mais il faudra beaucoup d'observation et d'humilité. La Société 3M n'avait pas prévu le succès du rouleau de « Scotch ». L'ingénieur qui l'avait conçu voulait le vendre aux industriels. On raconte qu'ayant chez lui quelques échantillons, ses filles s'en servirent immédiatement pour attacher leurs cheveux pour la nuit. Le rouleau de scotch, adapté pour les particuliers, fut aussitôt un succès. On pourrait multiplier les exemples de réussite non prévues. Plus étonnante est cette confession de Akio Morita,* fondateur avec Masaru Ibuka, de l'empire Sony : « Pendant que nous cherchions quel produit nous allions bien pouvoir fabriquer, Ibuka fut souvent sollicité pour travailler sur les récepteurs radio... Nous réalisâmes notre propre enquête — qui n'avait rien de scientifique — sur les appareils encore détenus dans les foyers japonais ». C'est ainsi que l'idée germa de fournir les japonais en matériel de dépannage et de réparation auquel « les importantes firmes de matériel électrique d'alors ne s'intéressaient pas du tout ».

Un marché, pas de concurrents, un créneau s'ouvre. La suite est encore pleine d'enseignements. Ce que veulent faire Ibuka et Morita, c'est un produit nouveau. Et ils y parviennent en créant le premier magnétophone du Japon. Mais là, nous dit Morita : « Nous allions tomber de haut. Les magnétophones ne se vendaient pas. Ils étaient si nouveaux au Japon que les gens ne savaient même pas à quoi ils servaient, et ceux qui le savaient n'en voyaient pas la nécessité et n'envisageaient donc pas d'en acheter ». En fait, Sony réussira grâce au magnétophone, mais en vendant aux profesionnels. C'est en somme le chemin inverse de 3M. Poursuivons l'histoire : « Ibuka et moi n'avions aucune expérience de la phase qui transforme un produit en un article qu'on achète... Je pris brusquement conscience qu'il me fallait devenir l'agent commercial de notre petite maison. » Aussi faut-il être particulièrement attentif lorsque plus loin Morita écrit : « Des français viennent beaucoup d'idées et d'inventions, mais peut-être ne vont-ils pas au bout de ces idées pour en faire de véritables produits ». La leçon s'applique à tous, et particulièrement au créateur d'entreprise. A défaut de l'appliquer vite, c'est la disparition pure et simple.

Pour réussir il faut enfin savoir compter. Il faut certes un peu d'argent au départ. Mais, passée la mise initiale, sur laquelle on prend le risque, il faut surtout toujours gagner plus qu'on dépense. Le créateur doit savoir où il en est, pour ne jamais se laisser surprendre. Si vous prenez les commandes d'un petit avion pour la première fois, le cadran à ne jamais lâcher est l'altimère. Vous pouvez vous tromper sur le cap, mais pas sur la hauteur. Si vous êtes chahuté par des courants contraires, vous rencontrerez des trous d'air, mais vous n'avez pas le droit de vous tromper sur la hauteur. Il suffirait de rencontrer le sol une seule fois pour ne plus jamais piloter d'avion.

L'altimètre du créateur d'entreprise, c'est son « business plan » ou plan financier, et son livre de comptes. Le « business plan » est la traduction chiffrée du projet d'entreprise, avec les entrées et les sorties d'argent envisagées. Bien sûr, il y a trop d'imprévus dans la vie d'une entreprise, pour que le business plan soit respecté. Il n'est pas fait pour cela. Il sera corrigé en permanence. Avec les comptes, il servira d'altimètre, pour anticiper et éviter la rencontre avec le sol. C'est parce que le banquier redoute avant toute chose la rencontre avec le sol qu'avant de prêter de l'argent, il demande votre business plan. Simplement pour s'assurer que vous n'avez pas oublié votre altimètre.

Les rouages de la production doivent être bien coordonnés

Pour étudier les migrations des cigognes, on leur met une bague autour de la patte. On sait ainsi qu'une cigogne qui loge en été sur un toit alsacien passe l'hiver dans le sud tunisien. Il serait instructif, si c'était possible, de baguer un produit pour suivre son cheminement, depuis les mines dont on extrait le métal, jusqu'à la maison où on l'utilise. Imaginons par exemple un poste de radio. On y trouve un cadre en acier, du fil de cuivre, des transistors, du verre, des matières plastiques, de la peinture, et encore bien d'autres matières. Pensons un instant au nombre d'ateliers et d'entreprises différents qui ont contribué à la fabrication du poste : extraction des minerais, lavage, dégrossissage, fusions successives, affinage, fonderie, façonnage ou tréfilerie, soudures, montages pour les métaux, et l'on pourrait en dire autant pour chacune des matières qui composent notre poste. Que de transports, de bons de livraisons, de facturations pour un simple poste de radio !

Pour que l'ensemble du secteur productif fonctionne bien, il faut que les centaines de milliers de produits qui circulent d'atelier en atelier jusqu'au consommateur soient disponibles au bon endroit, au bon moment. Comment y parvenir ?

Dans les démocraties communistes, l'économie est en principe planifiée. Les décisions de production (quantité à produire et prix) sont prises par l'administration. Elles sont cohérentes par construction. Du moins théoriquement, car la vie s'accommode mal de décisions rigides prises une fois pour toutes. Dès que l'une des entreprises s'écarte des objectifs du plan, elle perturbe les autres. Si les perturbations se multiplient, on assiste à la fois à des excédents dans certaines branches et à des manques dans d'autres. C'est une des difficultés que tous les pays de l'Est ont rencontrées et qu'ils n'ont jamais vraiment surmontées.

Dans les économies décentralisées, les décisions sont laissées aux chefs d'entreprises. Les signaux dont ils disposent sont les prix, les commandes qu'ils reçoivent et le niveau de leurs stocks. Le chef d'orchestre est la concurrence.

Le système est plus compliqué car les décisions sont dispersées. En revanche, ceux qui doivent décider ont un intérêt direct à ce que la décision soit bonne, car la sanction de leur erreur apparaît immédiatement dans leur profit. Au total, l'économie de marché a fait preuve de sa souplesse et de ses capacités à assurer une bonne coordination du système productif, même dans les cas où il est fortement secoué par des chocs extérieurs. Voyons de plus près comment fonctionnent les marchés et l'ensemble des circuits de l'économie.

CHAPITRE 4

Les échanges

Dans les sociétés primitives la survie était assurée par la chasse et la cueillette. Chacun « travaillait » les quelques heures nécessaires pour « produire » les biens de sa subsistance, et il passait le reste de son temps à dormir ou à lézarder. Dès que les premiers métiers sont apparus, que les uns ont appris à fabriquer des outils ou des poteries, d'autres à travailler la terre, l'échange est devenu nécessaire. Echanger ne va pas de soi. Il n'y a qu'un pas entre l'échange de marchandises et l'échange de coups. Claude Lévi-Strauss* observe que « les échanges sont des guerres pacifiquement résolues et les guerres sont l'issue de transactions malheureuses ». Et Marshall Sahlins* ajoute que pour éviter l'affrontement « les gens doivent transiger, il leur faut « traiter ». Le taux d'échange fait fonction de traité de paix ». L'organisation des échanges n'est pas seulement une solution technique au problème de la circulation des marchandises. L'organisation des échanges constitue aussi, et d'abord, l'un des actes fondateurs de toute société, un « contrat social » plus ou moins spontané, qui définit la place de l'économie dans l'ensemble de la vie sociale.

Aujourd'hui, la spécialisation est de plus en plus poussée, dans le cadre des frontières nationales comme à l'échelle mondiale. Une multitude d'entreprises fabriquent et commercialisent des produits. Des consommateurs ou d'autres entreprises ont besoin de ces produits et les achètent : c'est dans le cadre des marchés que se nouent les échanges.

Qu'est-ce que le marché ?

La forme la plus traditionnelle du marché est constituée par les halles publiques : les vendeurs ont apporté leurs marchandises qu'ils exposent, les acheteurs comparent et font leur choix. Aujourd'hui, c'est par la multitude des réseaux de la distribution moderne que les produits de consommation sont écoulés : grossistes, magasins à succursales, chaînes de super ou d'hypermarchés, détaillants.

Le rapprochement des vendeurs et des acheteurs est réalisé selon des modalités qui varient d'un produit à l'autre, d'un pays à l'autre, voire d'une région à l'autre. Par exemple, le marché du meuble est par nature un marché dispersé : beaucoup de fabricants, beaucoup de revendeurs, beaucoup d'acheteurs. En revanche, le « marché » des émetteurs de télévision est très concentré : un tout petit nombre de producteurs et un acheteur principal, l'Etat. Le marché du pneumatique est concentré du côté de l'offre (il y a peu de fabricants) mais il est très dispersé du côté de la demande (tout le monde achète des pneus et on en trouve partout). Inversement le marché de la tôle emboutie est dispersé du côté de l'offre et concentré du côté de la demande, un grand nombre de sous-traitants travaillent principalement pour les grands constructeurs automobiles.

Bref, la technique de production et la nature du produit ont une influence directe sur la forme du marché. Les traditions nationales ou régionales jouent aussi leur rôle. Le marché est en effet une institution sociale et son organisation est liée aux autres institutions, aux mentalités et aux comportements de chaque peuple. Par exemple, les Allemands et les Suisses ont rapidement adopté les grandes surfaces pour la vente au détail. En revanche, les Français sont resté longtemps attachés aux petits commerçants de quartier, et ceux-ci attachés à leur boutique. Mais les grandes entreprises de distribution françaises sont devenues les leaders mondiaux de la grande surface et exportent les techniques de distribution en hypermarché.

Il y a aussi des marchés inaccessibles aux consommateurs car les transactions y ont lieu entre des entreprises. L'importance de ces marchés est considérable. Les affaires se traitent dans des salons spécialisés comme le SICOB, salon de l'informatique, de la communication et de l'équipement de bureau ou le MIPTV, qui réunit à Cannes tous les professionnels de l'audiovisuel. Elles se traitent aussi par téléphone, par télex, par les visites de représentants technico-commerciaux, par l'examen de catalogues, etc.

En définitive, *le « marché » apparaît comme un ensemble de moyens de communication par lesquels des vendeurs et des acheteurs s'informent mutuellement de ce qu'ils ont, de ce dont ils ont besoin et des prix qu'ils demandent et qu'ils proposent, afin de conclure des transactions.*

Les marchés sont des réseaux de communication. Leur développement est ainsi très lié au progrès des techniques de la communication. L'explosion des techniques de l'informatique et des télécommunications provoque aujourd'hui un formidable choc sur l'organisation des échanges un peu partout dans le monde entier.

Dès maintenant, les américains peuvent commander par téléphone les produits qu'une très aimable présentatrice leur vante sur leur écran de télévision. En utilisant l'interactivité, il devient même possible de choisir les produits que l'on souhaite se faire présenter. Les Français utilisent le minitel et ils auront bientôt la télévision par câble et satellite. C'est une nouvelle forme de vente à distance qui apparaît. Des entreprises sont peut-être en train de naître qui auront un jour la taille de la Redoute ou des Trois Suisses.

Dans le commerce international, la « normalisation » des transactions devient indispensable. Un acte de vente est aussi le déclenchement d'une cascade de documents pour la douane, pour la banque, pour le client, pour la comptabilité. Les spécialistes répètent souvent que les papiers circulent moins vite que les marchandises. L'informatique est partout. On échange des bandes magnétiques ou des disquettes. Mais comment les lire si les codes sont différents ? Ce travail de termite, qui consiste à définir le langage informatique de la communication et des échanges mondiaux est de plus en plus nécessaire pour le développement des échanges internationaux.

La révolution des télécommunications est aussi l'une des causes du « big bang » qui bouleverse les marchés financiers à Londres, Singapour comme à Paris. Nous y reviendrons au chapitre 9.

Les économies modernes sont des économies d'échange. Pour en comprendre les mécanismes, il faut observer le fonctionnement des marchés et en particulier répondre à la question suivante : Comment se fixe la valeur de chaque chose, c'est-à-dire son « taux d'échange », qui servira de traité de paix jusqu'à la prochaine transaction ?

L'offre et le prix de vente

Dans le traité de paix qui fixe chaque prix, il y a deux parties à mettre d'accord : un vendeur et un acheteur. Le vendeur est en général une entreprise de production ou de services. L'acheteur peut être une entreprise, un particulier ou une administration. Voyons le point de vue du vendeur. Pour décider le prix de sa marchandise et la quantité qu'il prétend écouler le vendeur devra tenir compte de ses coûts, de la concurrence et de la demande.

1) Connaître les coûts

La connaissance des coûts de production est la base de tout calcul économique. Elle permet de calculer les prix de revient et d'établir des comptes d'exploitation, c'est-à-dire l'équilibre des recettes et des dépenses. Le tableau suivant retrace, à titre d'exemple, cet équilibre pour l'« Entreprise Nouvelle de Stylos », en supposant que le nombre de stylos fabriqués est 10.000.

Compte d'exploitation (10 000 stylos)

Dépenses		Recettes	
Achats de matières	250 000	Chiffre d'affaires	1 000 000
Frais de personnel	500 000		
Impôts	150 000		
Marge bénéficiaire normale	100 000		
TOTAL	1 000 000	TOTAL	1 000 000

Les coûts dépendent des techniques de fabrication, du prix des matières, du niveau des salaires et des charges sociales, du taux des impôts. On admet ici que le chef d'entreprise a fixé sa marge à 10 % du chiffre d'affaires. Pour couvrir ses frais et obtenir sa marge, il doit réaliser un chiffre d'affaires de 1 000 000 de francs et vendre ses stylos 100 francs.

En établissant plusieurs comptes d'exploitation, selon la quantité fabriquée, on obtient la courbe des coûts unitaires, hors marge (90 francs pour 10 000 stylos) ou marge incluse (100 francs). L'Entreprise Nouvelle de Stylos va maintenant devoir choisir un prix de vente et fabriquer la quantité qu'elle estime pouvoir écouler à ce prix. C'est un choix délicat pour lequel le chef d'entreprise doit examiner attentivement le marché.

2) Etudier la demande

La question est ici d'évaluer la demande globale des consommateurs pour le produit. La demande d'une marchandise, c'est la quantité de cette marchandise que les acheteurs sont prêts à payer au prix qui est affiché. En règle générale, la quantité achetée est élevée lorsque le prix est faible. Elle diminue si le prix augmente. Comprenons-nous bien. La demande n'est pas une quantité fixe. C'est la relation entre les différents prix possibles du bien et les quantités qui seraient achetées pour chaque prix. Il serait faux de dire sans autre précision que la demande d'automobiles a été de 8 millions de véhicules l'année dernière dans la Communauté Européenne. Ce nombre représente la quantité d'automobiles effectivement vendues et achetées, compte tenu des prix des automobiles, et bien entendu compte tenu des revenus des particuliers et de l'ensemble des conditions économiques de l'an dernier. Si, toutes choses égales par ailleurs, les prix des automobiles avaient été plus bas, pour un même comportement de demande, la quantité achetée aurait certainement été plus importante. *La demande, c'est la courbe qui relie la quantité achetée par les consommateurs et le prix pratiqué par les producteurs.*

Si nous revenons à notre exemple, l'Entreprise Nouvelle de Stylos a tout intérêt à se procurer le maximum d'informations sur la demande de stylos et en particulier sa sensibilité au prix. Cependant, la situation est totalement différente selon que l'Entreprise se trouve seule sur le marché ou en concurrence avec d'autres firmes.

3) Examiner la concurrence

Du point de vue du vendeur, le monopole est la situation idéale, celle qui permet de maîtriser l'ensemble des données du marché et de dégager le meilleur profit.

Si l'Entreprise Nouvelle de Stylos était le seul fabricant de stylos son choix serait assez commode. En l'absence de concurrent, l'entreprise fixerait en effet librement son prix. A ce prix elle écoulerait la quantité de stylos que les consommateurs acceptent d'acheter. Remarquons que certains prix lui permettraient d'obtenir un meilleur profit que d'autres. En effet, si le prix était très élevé, chaque stylo rapporterait beaucoup, mais l'entreprise en vendrait sans doute peu. Si le prix était très faible, elle en vendrait beaucoup, mais elle perdrait de l'argent sur chaque stylo vendu. L'entreprise devrait donc choisir un prix intermédiaire, pour lequel le profit réalisé serait le plus élevé possible.

Quand le marché est ouvert, la situation de monopole ne peut pas être préservée. D'autres producteurs viennent s'installer, et l'entreprise doit faire face à la concurrence. Aucun producteur ne peut à lui seul influencer le marché ; tous subissent le marché. Ils doivent s'adapter au prix moyen du marché, et même s'efforcer de descendre un peu en dessous pour tenter de gagner des clients. Le prix tend alors à baisser sous l'effet de la concurrence. Jusqu'au prix le plus bas qui permet aux producteurs de survivre.

A ce prix, la marge bénéficiaire peut être très faible. En effet, le producteur qui s'aviserait d'augmenter son prix au-dessus de celui des concurrents risquerait de perdre la totalité de sa clientèle et de tomber en faillite. *La concurrence exerce ainsi une pression permanente à la baisse des prix, à une gestion serrée des coûts de production et à la compression des profits. En même temps, elle contribue à élargir le marché puisque la quantité demandée par les consommateurs est d'autant plus forte que le prix est faible.*

Comment se réalise l'équilibre du marché ?

L'équilibre du marché dépend beaucoup du produit et de l'organisation du marché. Il suffit d'avoir fait une fois les courses pour savoir que des marchandises sont vendues et achetées en permanence, en de nombreux points de vente et souvent avec des différences de prix. Les marchés sont loin d'être transparents et le prix n'est pas la seule explication du choix des clients. Il y a aussi l'heure d'ouverture et de fermeture du magasin, son emplacement, l'accueil du commerçant, l'esprit d'économie de la ménagère. Le prix joue cependant en règle générale un rôle important dans la décision d'achat. De sorte qu'en moyenne, on peut considérer que *le marché s'équilibre pour le prix qui permet l'égalité de la quantité demandée par les consommateurs et de la quantité offerte par les producteurs.*

Si d'aventure pour un produit le prix se trouvait plus bas que le prix d'équilibre, par exemple parce que l'Etat a décidé de bloquer autoritairement le prix de ce produit, la quantité demandée serait plus élevée que la quantité d'équilibre. Mais la quantité offerte par les producteurs serait alors insuffisante, car pour ce prix, les producteurs n'auraient pas intérêt à accroître leur production. La marchandise disparaîtrait alors des rayons des magasins. Il faudrait organiser des queues, et de toute façon restreindre la consommation, soit des derniers arrivés à la queue, soit uniformément de tous par des cartes de rationnement.

C'est la situation classique du marché noir, que les Français ont connu pendant la guerre, que les Polonais connaissent tous les jours, et qui réapparaît toujours et partout dès que le gouvernement prétend fixer autoritairement le prix d'une marchandise.

Voici par exemple comment, selon Danièle M. Grobsheiser*, le gel des prix de la viande a fait disparaître le bifteck des boucheries brésiliennes en 1986* :

> « Boucheries vides, rideaux de fer baissés, files interminables, bagarres et marché noir : c'est le quotidien de la citadine brésilienne décidée à mettre un bifteck dans son assiette au moins une fois par semaine. Un « choix » difficile aujourd'hui au Brésil où il faut partir en chasse dès 6 heures du matin si l'on veut faire ses courses alimentaires. Conséquence directe de la raréfaction de certains produits provoqués par le gel des prix, décidé par le gouvernement au titre de son plan anti-inflation ! A Rio, dans les supermarchés, la file se forme bien avant l'heure d'ouverture (8 heures) et si, par bonheur, le camion des BOF arrive, c'est la ruée vers l'œuf à son cours officiel (9 cruzados la douzaine — 1 franc vaut 2 cruzados). Au marché, c'est à 6 heures du matin qu'il faut prendre position pour tenter d'acheter un poulet au double de son prix officiel. Avec un peu de chance, un vendeur à la sauvette offre des œufs à 300 % seulement plus chers que leurs cours.
>
> Dans les boucheries, c'est la même journée. Une lueur d'espoir lorsqu'on aperçoit quelques pièces de bœuf pendues à leur crochet,

sans file d'attente devant le magasin. L'espoir dure peu. La viande est immanquablement congelée. Pas question de la couper. A peine décongelée, ces pièces disparaissent comme de la fumée : sur les tables du restaurant ou dans la camionnette du boucher qui... livre à domicile à 70 cruzados minimum le kilo, au lieu des 31 officiels.

Si, depuis deux mois, les grandes métropoles brésiliennes vivent ce calvaire, c'est aux éleveurs qu'elles le doivent. Ceux-ci se refusent catégoriquement à vendre l'« arroba » de bœuf à 215 cruzados, prix fixé dans le cadre du plan Cruzado de M. Dilson Funaro, lancé le 27 février dernier. Une « arroba » pèse 15 kilos.

Devant cet arrogant défi, le gouvernement a d'abord menacé de confisquer le bétail (le 15 septembre), interdit l'exportation de viande bovine, libéré les importations et fermé la Bourse du bétail (le 18 septembre), coupé les crédits à l'élevage (le 23 septembre), conclu enfin un accord permettant l'augmentation de 215 à 280 cruzados l'« arroba » de bœuf. En vain. A sa fermeture, le 17 septembre, la Bourse du bétail cotait 30 cruzados. Et le 3 octobre, la publication par la police fédérale de 330 noms d'éleveurs suspects de crime contre l'économie populaire a laissé de glace la Fédération des propriétaires bovins.

Mais la goutte d'eau qui a fait déborder le vase gouvernemental, c'est l'arrestation en début de semaine par la police fédérale d'une manade de 12.600 têtes de bétail passant illégalement la frontière du Matto Grosso avec le Paraguay pour être vendue à 400 cruzados l'« arroba » »...

Voilà ce qui se passe lorsqu'une marchandise est taxée par le gouvernement au-dessous de son vrai prix. Les choses sont moins graves, mais non moins déséquilibrées, quand un produit est maintenu artificiellement au-dessus de son prix naturel.

Si le prix est plus élevé que le prix d'équilibre, par exemple parce qu'un office public d'intervention a fixé un prix de campagne (prix agricoles par exemples), la quantité demandée par les consommateurs est trop faible pour absorber toute la production. Une partie de la production s'accumule dans les magasins de l'office d'intervention. Celui-ci peut sans doute revendre ses stocks plus tard (le jour où le marché se retourne), il peut les exporter (à perte si les cours internationaux sont plus faibles, comme c'est généralemnet le cas), il peut les dénaturer ou les détruire. Mais il ne peut pas les écouler directement car, à ce prix, les acheteurs n'en veulent pas. C'est une situation que l'on retrouve périodiquement pour les produits agricoles comme le lait ou le beurre, lorsque le prix est fixé à un niveau rémunérateur pour les paysans mais trop élevé pour les consommateurs.

En dehors des interventions de l'Etat, si la concurrence joue effectivement, le prix d'équilibre, auquel s'égalisent quantité offerte et quantité demandée, constitue une sorte de pôle d'attraction vers lequel ramènent spontanément les forces du marché. C'est un peu le nord de la boussole économique.

Naturellement, ce prix dépend des courbes d'offre et de demande. Si l'offre ou la demande changeait, l'équilibre du marché se trouverait modifié. Le nouvel équilibre ne serait trouvé qu'à des niveaux de prix et de transactions différents. La variation finale du prix dépendrait de la forme des courbes d'offre et de demande.

Dans certaines situations, une petite variation de l'offre ou de la demande peut entraîner des mouvements de prix importants. C'est le cas par exemple sur le marché international du pétrole. La forte croissance d'avant 1973 avait déséquilibré le marché et rendu possible le premier quadruplement du prix du pétrole. De 1975 à 1978, avec la crise économique et les économies d'énergie, la demande a diminué et les cours ont baissé. En 1979, la limitation de l'offre, en partie volontaire, en partie imposée par les événements d'Iran a provoqué une nouvelle flambée des cours, qui a entraîné une nouvelle récession puis un effondrement des cours. Le mécanisme du marché n'a pas empêché des mouvements de prix importants. Ce sont ces mouvements de prix qui ont permis en permanence l'approvisionnement des pays consommateurs. S'ils ne s'étaient pas réalisés, il y aurait eu alternativement des excédents et des pénuries de pétrole et il aurait fallu des cartes de rationnement de l'essence. C'est précisément cette souplesse du marché qu'invoquent les partisans de l'économie de marché.

La concurrence, régulateur du marché

La concurrence, c'est d'abord la liberté des prix, qui permet aux consommateurs de repérer le fournisseur le moins cher, et qui encourage les producteurs à rechercher un accroissement de clientèle en comprimant les coûts. Le prix imposé par une administration ne peut être qu'un prix arbitraire : c'est en général le prix constaté à une date donnée, ou obtenu en appliquant un taux de marge uniforme fixé autoritairement. Face à un contrôle durable, les chefs d'entreprises gaspillent leur énergie à obtenir une décision administrative plus favorable. Si le barème est mal calculé, il peut provoquer un déséquilibre du secteur et un arrêt de l'investissement. C'est ainsi par exemple que le blocage des prix de l'acier, au moment où la sidérurgie française aurait dû, et aurait pu, reconstituer ses marges d'autofinancement a conduit tout le secteur au bord de la faillite et à sa prise en charge par l'Etat. Tout blocage des prix introduit dans l'économie des déséquilibres multiples et croissants. A trop se prolonger, il en désarticule le fonctionnement. Naturellement, la liberté des prix n'est pas la liberté des augmentations abusives. Le meilleur contrepoids, c'est précisément la concurrence.

Or, la concurrence n'est pas spontanée. Pour la faire respecter, une réglementation stricte sanctionne les infractions économiques et interdit les ententes et les concentrations qui entraveraient le fonctionnement normal du marché.

Les infractions économiques constituent un délit pénal, puni par une amende ou par une peine de prison. Le délit est constaté par un procès-verbal ou par une information judiciaire. Les procès-verbaux peuvent être dressés par les fonctionnaires des services de la concurrence, les officiers de police, les gendarmes. Lorsqu'un fonctionnaire a dressé un procès-verbal, il le transmet au Procureur de la République qui décide s'il convient de classer l'affaire ou de poursuivre le chef d'entreprise fautif devant le tribunal correctionnel.

Quelles sont les infractions économiques les plus courantes ?

Le « refus de vente » d'abord, qui consiste à refuser un produit à un acheteur alors que la marchandise est disponible. Il est interdit à un vendeur de choisir ses clients ou même de refuser à certains d'entre eux le barème des prix ou les échantillons qui sont habituellement distribués, ce qui serait une façon détournée d'empêcher certains clients de passer leur commande.

Les autres infractions concernent surtout les prix :

• s'entendre avec les autres vendeurs pour empêcher la concurrence de jouer.

• imposer des prix aux distributeurs : un fabricant peut conseiller des prix à un revendeur, mais les revendeurs restent libres de leur prix de vente. Il est interdit au fabricant de faire pression sur les revendeurs qui s'écarteraient du prix conseillé (par exemple en ne les livrant plus).

• pratiquer des prix d'appel sur certaines marchandises : on attire le client par une publicité annonçant des prix très bas pour certains marchandises que l'on ne trouve qu'en très petite quantité ou même que l'on ne trouve pas, puis on lui vend autre chose.

• tromper le consommateur sur les prix ou la marchandise par une publicité douteuse ou un mauvais étiquetage. Par exemple, pour tous les produits alimentaires, l'étiquette doit préciser le prix du lot, le prix du kilo, les composants, les additifs, et les pays d'origine.

• revendre à perte, sauf dans certaines conditions particulières comme la fermeture du magasin. La vente à perte ne lèse pas le consommateur mais elle fausse la concurrence car elle enlève toute signification au prix de vente. Elle cache généralement une intention malsaine puisqu'on ne peut pas survivre en perdant de l'argent.

Si elle doit être franche et loyale, la concurrence est néanmoins un combat. Et elle peut disparaître faute de combattants. C'est pourquoi la politique de la concurrence s'efforce aussi de débusquer les ententes, les positions dominantes et les excès de concentration qui troublent le fonctionnement du marché. Sont interdites toutes les ententes qui risquent d'empêcher, de restreindre, ou de fausser le jeu de la concurrence, notamment en faisant obstacle à l'abaissement des prix de vente, en favorisant une hausse ou une baisse artificielle des prix ou en entravant le progrès technique.

Pour concrétiser l'objet de la politique de la concurrence, prenons une comparaison simple. La police de la route veille à l'application du code afin qu'aucun conducteur ne constitue une gêne ou un danger pour les autres conducteurs. De même la chasse aux infractions économiques permet à des producteurs et à des acheteurs de cohabiter sur un même marché sans de donner des coups bas dangereux pour la survie économique des uns ou des autres et en définitive néfastes à tous les consommateurs.

Les stratégies face à la concurrence

La concurrence est bonne pour le public parce qu'elle stimule et contraint les producteurs. Adam Smith* avait il y a déjà deux siècles observé cette contradiction d'intérêts, et le comportement habituel des vendeurs « L'intérêt particulier de ceux qui exercent une branche particulière de commerce ou de manufacture est toujours différent et même contraire à celui du public. L'intérêt du marchand est toujours d'agrandir le marché et de restreindre la concurrence des vendeurs. Il peut souvent convenir assez au bien général d'agrandir le marché, mais restreindre la concurrence des vendeurs lui est toujours contraire, et ne peut servir à rien, sinon à mettre les marchands à même de hausser leur profit au dessus de ce qu'il serait naturellement et de lever, pour leur propre compte, un tribut injuste sur leurs concitoyens. »

L'objectif de toute firme est de faire des profits. Or la concurrence grignote en permanence les profits. C'est pourquoi, la firme doit s'adapter au marché pour exploiter toutes les poches de profits possibles, avant que la concurrence ne vienne les vider de leur substance.

Michaël Porter* a étudié systématiquement les stratégies de la firme face à la concurrence : « La mise au point d'une stratégie, face à la concurrence, consiste essentiellement dans le développement d'une ligne d'ensemble, qui indique comment une entreprise va entrer en lice contre ses concurrents, quels devraient être ses objectifs et quelles mesures seront nécessaires pour atteindre ces objectifs. »

Le profit de l'entreprise est menacé de multiples façons. Il est menacé par les clients, s'ils réussissent à imposer une baisse des prix. Il est menacé par les fournisseurs, s'ils peuvent imposer une hausse des coûts d'approvisionnement, mais aussi par les salariés, s'ils sont en mesure d'obtenir une hausse des salaires. Il est menacé par les concurrents, s'ils peuvent voler une part de marché. Il est menacé par les créateurs d'entreprises, s'ils peuvent entrer avec dynamisme sur votre marché. Il est menacé par les inventeurs, s'ils peuvent trouver d'autres produits qui répondent au même besoin que le vôtre. Le profit est menacé de toutes parts. La stratégie de la firme consistera à élever des murs pour empêcher toutes ces menaces d'arriver à leur but commun : vous prendre une partie de votre profit.

Porter identifie trois types de stratégies cohérentes permettant à la firme de surclasser ses concurrents dans au moins un domaine.

• La première stratégie est la *stratégie de l'effort concentré*. Elle vise à ramasser tout l'effort de la firme sur une clientèle particulière, sur un produit particulier, sur une région particulière. L'idée est qu'en concentrant tout sur un but unique, on offrira le meilleur service à la clientèle et on écartera les concurrents du créneau visé. Michelin donne un exemple de « concentration stratégique ».

Une autre stratégie est la *différenciation*. Il n'est pas possible d'être seul à produire des automobiles. Mais il est possible d'être le producteur « haut de gamme » comme Mercedes et de conquérir ainsi les amateurs d'automobiles haut de gamme du monde entier. La différenciation consiste à créer un ensemble produit-marque-image-service qui soit ressenti par les clients comme unique pour cette catégorie de biens.

Enfin, le troisième type de stratégie est la *domination globale par les coûts*. C'est faire la même chose que les concurrents à des prix imbattables, et de cette manière, les éliminer. Les Japonais sont passés maîtres dans cette stratégie, qu'ils combinent habilement avec une exigence stricte de qualité du produit et de service au client. La stratégie de domination par les coûts s'attaque à un vaste marché et elle exige une puissance commerciale adaptée à ses ambitions.

Ces trois stratégies sont typées et alternatives. Chacune d'elles exige des modes d'organisation, des styles d'hommes, des modes de contrôle et de stimulation différentes. Il faut choisir clairement entre elles. L'entreprise qui ne choisirait pas risque « l'enlisement dans la voie médiane » qui la conduirait vers une faible rentabilité.

Dans ce chapitre, nous avons décrit comment fonctionnent les marchés et comment la concurrence des vendeurs et des acheteurs conduit à l'équilibre du marché. Nous avons maintenant à comprendre comment l'addition de ces mécanismes conduit à l'équilibre de l'économie. Nous verrons que, dans la réalité de l'économie, le marché n'est qu'un des mécanismes d'équilibre, mais que dans tout système économique, les forces du marché sont toujours présentes et qu'on ne peut pas les ignorer.

CHAPITRE 5

L'économie de marché

Les partisans de l'économie de marché invoquent souvent la théorie de la main invisible : si chacun suit son intérêt personnel dans le cadre de marchés libres, la somme des comportements individuels conduit à l'équilibre de l'économie. Sur chaque marché le niveau des prix permet l'égalité de la quantité offerte et de la quantité demandée.

La démonstration n'est valable que si certaines conditions de trouvent réunies. Il faut en particulier supposer 1) que chaque consommateur connaît à chaque instant l'ensemble des choix qui lui sont offerts, c'est-à-dire tous les emplois possibles de son temps et de son argent, et qu'il est capable de les classer des plus désirables aux moins souhaitables ; 2) que chaque entreprise connaît la totalité des techniques de production et fixe ses plans de fabrication, d'approvisionnement, et d'embauche de manière à réaliser le profit le plus élevé ; 3) que les échanges sont libres sur les marchés des biens comme sur le marché du travail, aucun consommateur ni aucun producteur n'étant assez puissant pour limiter la concurrence, chacun étant parfaitement informé de l'état du marché et des prix de tous les biens.

Imaginons un moment que dans un lointain pays du Nord, la Mercadie, ces conditions se trouvent réunies. Chacun achète et vend selon ses préférences, sans autres contraintes que l'équilibre de son budget et l'obligation de régler ponctuellement ses achats et ses dettes. Ce que démontre la théorie de la main invisible, c'est que l'économie mercadienne fonctionne. La liberté de chacun se résoud dans un équilibre général.

Pour les partisans convaincus du marché, nos économies ne ressemblent pas assez à l'économie mercadienne. Pour leurs adversaires, elles leur ressemblent trop et il faut contrer le marché par d'autres formes d'organisation : planification, nationalisation, réglementations. Aujourd'hui, on dispose d'expériences suffisantes pour tirer quelques enseignements. On sait que le marché est une institution sociale parmi d'autres, avec ses limites et ses imperfections. Mais on sait aussi qu'en s'opposant aux millions de comportements individuels qui s'affirment sur le marché, on casse durablement les ressorts de l'économie.

La « main invisible » du marché

Lorsqu'on s'intéresse aux mécanismes de l'économie, le premier sujet d'étonnement est que ces mécanismes fonctionnent malgré leur extrême complexité. G. Stigler* compare l'économie à un gigantesque puzzle :

> « Que l'on imagine un puzzle à trois dimensions composé de 100 millions de pièces approximativement. Quelques morceaux sont en relation avec, disons, 1 000 pièces (chaque famille est en contact avec de nombreux employeurs, banquiers, commerces de détail, domestiques, etc.). D'autres morceaux sont en relation avec, soyons modestes, 50 000 autres (des entreprises vendent à des commerces de détail, achètent à d'autres firmes et utilisent du personnel, etc.). Assembler 100 millions de pièces serait un objectif suffisant en lui-même, mais ce n'est pas là que sont les difficultés réelles. Des pièces du puzzle changent de forme assez souvent — une famille a des jumeaux, une entreprise progresse et invente un produit nouveau. L'économiste a l'intéressante tâche de prévoir (au niveau global) chacun de ces mouvements, en attendant qu'un groupe de personnes actives — membres du parlement, notables, banques centrales et autres — change les règles du jeu et la forme des composantes du puzzle. Naturellement, d'autres puzzles (les économies des autres pays), d'une semblable complexité, existent et sont en relation sur un million de points avec le nôtre ».

Comment se fait-il que cette incroyable machinerie d'engrenages libres mais interdépendants ait pu conduire aux progrès que nous avons connus ?

Dans le modèle idéal de l'économie de marché, le mécanisme des prix et de la concurrence joue comme une « main invisible » qui guiderait les choix économiques de chacun. Cette main apporterait en permanence les meilleures réponses aux questions clés que se pose toute société : Que produire ? Comment produire ? Comment rémunérer chacun ?

Quels biens produire ?

Les biens pour lesquels il existe une demande solvable, c'est-à-dire des consommateurs prêts à payer le prix fixé. Si le public s'intéresse à un produit nouveau, la demande de ce produit augmente et, dans un premier temps, le prix peut être fixé à un niveau élevé. Par exemple, les magasins font actuellement plus de profits avec la vente des nouveaux matériels vidéo dont les marges sont élevées qu'avec le matériel classique de haute fidélité dont les marges sont écrasées par une forte concurrence.

Mais dès lors que les marges sont élevées, de nouvelles entreprises se créent et les entreperises existantes développent de nouvelles unités de production. L'initiative individuelle et le jeu de la concurrence conduisent à la fois à un essor du marché et à la baisse des prix. Par exemple, le prix du matériel vidéo a tendance à baisser en même temps que sa diffusion en grande série. Les prix jouent ainsi comme des signaux d'appel vers les productions les plus demandées. « Produisez-moi, je suis rentable » disent les produits par l'intermédiaire des prix.

Quels procédés de fabrication choisir ?

Entre les diverses techniques, c'est-à-dire entre les différentes combinaisons d'hommes et de machines, le chef d'entreprise choisit celle dont le prix de revient est le plus bas. La meilleure combinaison dépend donc des prix des facteurs de production. Si les frais de personnel augmentent trop, les chefs d'entreprise pourront avoir intérêt à faire des investissements de rationalisation, c'est-à-dire à changer le dosage hommes-machines : plus de machines et moins d'hommes. Naturellement, il faut des capacités financières pour investir et des débouchés suffisants pour rentabiliser les investissements ; et les adaptations prennent du temps. Mais la concurrence est un aiguillon puissant qui contraint chacun à une gestion et condamne tout immobilisme.

Comment rémunérer chacun ?

Nous avons dit au chapitre 2 que beaucoup de facteurs interviennent dans la fixation des salaires, et plus généralement, des rémunérations. Il existe des grilles, des statuts, et l'ensemble est rigide. Cependant, le mécanisme des rémunérations ne peut pas se passer de signaux pour orienter les formations et les recherches d'emploi.

Les qualifications les plus productives et les plus demandées sont les mieux payées, ce qui attire des candidats à l'embauche et incite les jeunes à acquérir les bonnes qualifications. En revanche, les travailleurs non qualifiés ou ceux dont les qualifications sont sans débouchés se trouvent contraints d'accepter des salaires plus modestes.

Par exemple, les salaires élevés et la facilité de trouver du travail ont contribué à orienter en peu d'années de nombreux jeunes vers les nouveaux métiers de l'informatique, sans contrainte désagréable et bien plus efficacement que ne l'auraient fait des commissions administratives d'orientation scolaires et universitaires.

L'économie de marché a donc des vertus. Elle rend cohérentes, par le jeu des prix, les décisions de production et les choix des consommateurs. Elle oriente l'investissement productif vers les productions rentables. Elle réalise à la fois l'équilibre et les adaptations nécessaires de l'économie. A condition du moins qu'elle fonctionne correctement. Il faut pour cela que les acheteurs et les vendeurs jouent la concurrence et qu'aucun d'entre eux ne dispose d'un pouvoir tel qu'il en fausserait le jeu. Il faut que l'accès au marché soit libre et que les producteurs ne « ferment » pas la profession pour s'en réserver les bénéfices. Il faut que les décisions de chacun soient prises en toute liberté. Ceci veut dire, pour les consommateurs, comparer les produits et aller au moins cher et pour les producteurs, éviter le gaspillage, fabriquer au moindre coût et vendre au meilleur prix. Il faut enfin que le marché soit transparent, c'est-à-dire que l'information y circule bien pour que les prix pratiqués soient connus de tous. Bref, il faut que la concurrence soit effective et loyale.

L'économie de marché serait-elle condamnée ?

L'économie de marché n'a pas que des partisans parce qu'elle n'a pas que des avantages. « Si l'on ne fait rien, la logique dominante est celle du marché, dans toute sa cruauté et toute son injustice » écrit Michel Rocard.* Et c'est vrai que le marché est souvent implacable, cruel et injuste.

Nous reviendrons sur les rapports entre l'efficacité économique et la justice sociale. Ici, nous n'examinerons pas les conséquences sociales des mécanismes du marché, mais les critiques qui portent sur l'efficacité économique de ces mécanismes. Elles sont les plus graves car elles mettent en cause les fondements mêmes de l'économie de marché.

La première critique du marché est que la concurrence tend à s'autodétruire. Dès que l'on quitte le royaume imaginaire de Mercadie, pour revenir sur terre, on observe que la compétition économique est souvent faussée ou inexistante. L'élimination de la concurrence puis la protection des positions acquises constituent l'ambition inavouée de beaucoup d'entreprises. « L'intérêt du marchand est toujours d'agrandir le marché et de restreindre la concurrence des vendeurs » écrivait Adam Smith.* De nombreux marchés tendent ainsi à se concentrer entre quelques producteurs, jusqu'au monopole s'il ne reste plus qu'un seul fabricant. Lorsqu'un monopole est maître du marché, il impose ses produits et ses prix à des consommateurs désarmés et impuissants.

En définitive, le laisser faire économique conduit rarement à la concurrence franche et loyale des manuels d'économie. Dans la lutte pour la survie économique, tous les moyens sont bons pour éliminer les concurrents et dominer le marché, au besoin par la force et — pourquoi pas ? — en se protégeant derrière des barrières et des réglementations.

De la concurrence parfaite, on passe à la « concurrence imparfaite », puis à la « concurrence monopolistique », voire au monopole. Le monopole est généralement considéré comme néfaste par son attitude malthusienne. Celle-ci ne tient pas à la méchanceté des dirigeants et à leurs instincts de puissance. Elle est inscrite dans la logique économique du monopole. A l'abri de la concurrence le monopole peut maintenir un prix élevé, bien au-dessus du prix de revient et dégager un profit de monopole. L'arrivée de nouveaux concurrents aurait pour effet de faire baisser les prix. Le mécanisme de l'élasticité (les achats augmentent quand le prix baisse) permettrait alors de développer la consommation du produit. En résumé, la critique classique du monopole se fonde sur l'idée qu'un marché concurrentiel tend à développer la consommation et à baisser les prix. Ce qui est tout bénéfice pour les consommateurs.

Monopole	*Concurrence*
Prix élevés	Baisse des prix
Consommation limitée	Consommation élargie
Profits substantiels	Profits laminés

Une autre critique du monopole est qu'il anesthésie les capacités d'initiative des patrons et engourdit peu à peu les membres de l'économie. C'est contre cette critique que s'est élevé J. Schumpeter* dans *Capitalisme, Socialisme et Démocratie.*

Pour Schumpeter, l'entreprise géante dominant le marché n'est pas un mal nécessaire qui accompagne le développement économique, c'est dans le capitalisme actuel « le moteur le plus puissant de ce progrès et, en particulier, de l'expansion à long terme de la production totale ».

Le vingtième siècle a enregistré les meilleures performances économiques de notre histoire. Faut-il considérer que ces bonnes performances ont été obtenues malgré les monopoles et les pratiques restrictives des grands oligopoles ? N'est-il pas plus réaliste d'observer que le capitalisme est par nature un processus d'évolution, un système en transformation permanente, que « l'impulsion fondamentale qui met et maintient en mouvement la machine capitaliste est imprimée par les nouveaux objets de consommation, les nouvelles méthodes de production et de transports, les nouveaux marchés, les nouveaux types d'organisation industrielles — tous créés par l'initiative capitaliste ». Or la donnée fondamentale du capitalisme est la « Destruction Créatrice » qui « révolutionne de manière incessante et *de l'intérieur* la structure économique, en détruisant continuellement ses éléments vieillis et en créant continuellement des éléments neufs ». Dans notre siècle, le moteur de cette révolution incessante a été dans les grandes entreprises. Du moins jusqu'au tournant de la crise.

La liberté peut conduire à des situations absurdes

La deuxième critique du « marché » libre se fonde sur le célèbre exemple des prés communaux, proposé par Garett Hardin.*

Dans les villages d'Angleterre, les lieux de pacage communaux étaient ouverts à l'ensemble des bêtes du village. Chaque villageois pouvait y conduire ses vaches, et il avait tout intérêt à le faire car cela ne lui coûtait rien. Plus les vaches étaient nombreuses sur le pré, moins il y avait de fourrage pour chacune et moins chaque vache produisait de lait. Mais que faire ? Tant que la traite du soir donnerait quelques verres de lait, les paysans auraient intérêt à conduire leur vache au pré communal.

Voyons le mécanisme des prés communaux et son résultat sur la quantité de lait obtenue. En situation normale, chaque vache donne 1 000 litres de lait par saison. Mais plus il y a de vaches, moins chaque vache produit de lait : 800 litres par bête pour 200 vaches, 600 litres par bête pour 400 vaches, 500 litres pour 500 vaches, 400 litres pour 600 vaches, 200 litres pour 800 vaches, etc. et 0 litre pour 1 000 vaches ! En effet, quand les vaches sont nombreuses, elles trouvent juste ce qu'il faut d'herbe pour survivre, mais elles ne peuvent plus produire de lait.

Calculons maintenant la production totale de lait : elle est de 1 000 litres pour une seule vache, 160 000 litres pour 200 vaches, 240 000 litres pour 400 vaches, 250 000 litres pour 500 vaches. Au-delà, elle retombe à 240 000 litres pour 600 vaches (600 vaches × 400 litres par vache), 160 000 litres pour 800 vaches et... 0 pour 1 000 vaches. Toutes les vaches au-delà de la 501e font diminuer la production de lait du village. Elles sont nuisibles à la collectivité. Cependant, l'intérêt personnel de leur propriétaire est de les conduire au pré communal.

L'exemple des prés communaux illustre comment l'addition de comportements individuels libres et parfaitement rationnels peut conduire à des situations collectives absurdes.

Une troisième critique du marché libre est qu'il peut conduire à des enchaînements pervers. Les poussées de spéculation qui enfièvrent périodiquement les marchés financiers ou les marchés des changes en sont un exemple. La spéculation n'est pas due à l'attitude de quelques mauvais citoyens particulièrement rapaces. Elle est le résultat de comportements logiques et très généralement répandus. Il est parfaitement naturel d'acheter un bien pour le revendre plus tard si l'on pense que le prix de ce bien va augmenter. Et si chacun en fait autant, le prix de ce bien augmente effectivement, ce qui donne raison aux acheteurs et les encourage à acheter encore. Jusqu'à ce que les anticipations s'inversent. A un mécanisme de hausse auto-entretenue succède alors un mécanisme de baisse.

Une autre forme de perversité est l'imitation généralisée. Quand l'avenir est incertain, quand les perspectives sont brouillées, la seule solution est de « faire comme les autres » pour éviter de se retrouver isolé. Le paradoxe est que dans ce cas, l'incertitude devient totale. Un événement normalement secondaire peut alors être démesurément amplifié par l'addition de comportements d'imitation. Ces « phénomènes de Panurge » peuvent alors déboucher sur des situations absurdes.

Ces observations montrent que même en économie libérale, le marché ne peut pas être l'unique régulateur. Elles invitent aussi à mieux cerner ce qu'est une économie libérale. De quelle liberté parle-t-on ? S'agit-il de la liberté des échanges ? de la liberté de créer une entreprise ? de la liberté d'embaucher et de débaucher des salariés ? Nulle part ces libertés sont totales, nulle part elles ne sont totalement absentes. S'agit-il d'étendre ou de restreindre l'intervention de l'Etat ? de passer de l'Etat gendarme à l'Etat protecteur, puis de l'Etat protecteur à l'Etat producteur ? Ces questions sont au centre de deux grands débats contemporains : l'affaire des nationalisations et la question de la dérégulation.

Nationalisations - Dénationalisations

Dans une première version de ce livre, nous écrivions, il y a à peine quatre ans : « La France nationalise, l'Angleterre dénationalise. Un jour peut-être la France dénationalisera et l'Angleterre renationalisera ». La première partie est déjà réalisée en partie. Il faut espérer que la seconde ne se vérifie pas. Car il paraît désormais clair que l'affaire des nationalisations est un débat plus idéologique qu'économique. La controverse des nationalisations est une de celles qui opposent traditionnellement les libéraux et les interventionnistes. Voyons quels en sont les enjeux et les arguments.

1) Côté *POUR* d'abord, il y a plusieurs points de vue : on peut être partisan des nationalisations par idéologie, par idéalisme ou par pragmatisme.

On peut penser qu'il est immoral que certains individus, parce qu'ils disposent de capitaux, puissent s'approprier le fruit du travail d'autrui en payant un salaire. Cette exploitation de l'homme par l'homme est inacceptable et elle doit ceser. L'avènement du communisme passe donc par une appropriation collective des moyens de production. La quasi-totalité des entreprises agricoles, industrielles et commerciales doit revenir à l'Etat ou à ses démembrements. Le marché libre doit reculer ou disparaître et la planification centralisée se développer, pour que l'Etat devienne le régulateur suprême de la production et des échanges.

Dans une conception plus idéaliste des nationalisations, l'Etat doit prendre lui-même en charge de larges fractions de la production économique, non pas pour restreindre le marché, mais au contraire pour le faire fonctionner plus efficacement. Dans le désarroi de la crise économique, les entreprises nationalisées seraient plus aptes que les entreprises privées à restaurer le dynamisme de l'économie : « le plan et les nationalisations seront l'instrument d'une volonté collective : ils contribuent puissamment à l'effort d'investissement, à la dynamisation de l'industrie, à l'épanouissement de la nouvelle citoyenneté économique » écrivait Michel Charzat* dans le feu des nationalisations socialistes. « Il faut concevoir une nationalisation complète des banques, préservant, voire restaurant, le pluralisme et la concurrence », « les entreprises publiques doivent être soumises à un impératif constant de lutte contre tout immobilisme », elles doivent « susciter l'innovation sociale ». Bref, l'Etat doit prendre lui-même certains leviers de commandes non pas pour supprimer la concurrence et le marché mais pour les restaurer.

Les pragmatiques s'appuient sur l'histoire. Pour André Fontaine* « la nationalisation s'inscrit dans la continuité du long combat engagé par Hugues Capet, et poursuivi par Richelieu, Louis XIV, la Révolution, Napoléon, le Front populaire et de Gaulle, contre les féodalités ». La nationalisation n'est pas un principe, c'est une réponse à une situation dans laquelle l'Etat risquerait de perdre le pouvoir face aux baronies de l'argent ou aux intérêts des multinationales. Selon les pragmatiques, la nationalisation permet de préserver l'indépendance nationale, de mettre en œuvre une politique industrielle, d'orienter les investissements stratégiques.

2) Côté *CONTRE*, les adversaires des nationalisations font valoir d'autres arguments. L'exemple du passé ne leur paraît pas convaincant. Les premières nationalisations avaient porté principalement sur des secteurs de base qui étaient par nature des monopoles publics — le réseau Nord des chemins de fer n'était pas concurrent du réseau Sud-Est —. Quant aux exemples des premières banques nationalisées ou de Renault, leur réussite ne tient-elle pas précisément à ce qu'elles ont été gérées comme le secteur privé ?

On souligne les risques de toute nationalisation : sclérose, bureaucratie, déficits et charges pour le pays. Les aiguillons du marché sont la concurrence et le profit. La nationalisation d'un secteur d'activité dénature l'une et l'autre. Les décisions des hommes dépendent du mobile qui les anime. La nécessité de survivre (économiquement) dans un environnement concurrentiel est un fort encouragement à une gestion rigoureuse. Dans une entreprise nationalisée, cette pression s'atténue ou disparaît. Les comportements sont plus directement influencés par d'autres facteurs comme la position statutaire, la réputation, la puissance, la liberté de gestion, les avantages liés à chaque poste. La sanction du marché perd une bonne partie de sa signification puisque la survie de l'entreprise est par hypothèse assurée. L'Etat payeur ne peut pas se contenter d'orienter, il est contraint d'intervenir, par sa tendance naturelle et par la pression de l'opinion. Une étude officielle sur les entreprises nationales en Grande-Bretagne concluait ainsi : les entreprises nationales « occupent une position trop stratégique dans l'économie et le pouvoir qu'elles exercent sur le marché a des incidences politiques trop sensibles pour que les ministres puissent se retenir d'intervenir en toute occasion ». Et Paul Fabra* ajoute dans un article au titre significatif « diriger ou tirer les sonnettes » : « l'expérience montre que l'intervention constante de l'Etat n'est une garantie ni de cohérence, ni de visée à long terme ».

Enfin les nationalisations consolident l'« économie à deux vitesses ». Les garanties d'emploi, de statut, de carrière, particulièrement développées pour les agents du secteur public, accentuent la fracture de la société en deux classes : la classe protégée et la classe exposée. Plus on garantit les uns, et plus les autres sont livrés aux aléas et aux risques de l'économie. Plus la proportion des protégés est élevée, et plus les risques se concentrent sur ceux qui sont exposés. La cote favorable des nationalisations dans l'opinion publique repose sur une équivoque. Chacun aimerait bien être sous l'aile protectrice de l'Etat. Mais gare au mécanisme des prés communaux. Une garantie promise à tous ne garantit plus personne.

Le débat sur les nationalisations n'est pas clos. Dans ce débat, les querelles d'intérêt et les procès d'intention sont souvent dans la coulisse, car les nationalisations mettent en cause l'un des fondements de nos sociétés, la propriété privée. Il est excessif d'affirmer que des nationalisations, même étendues, conduisent au collectivisme. Mais il serait vain de nier qu'elles entraînent inévitablement un renforcement des rigidités et une augmentation du poids des bureaucraties.

On dispose aujourd'hui d'un recul suffisant pour apprécier les résultats des nationalisations. Les nationalisations ne suscitent sans doute ni excès d'honneur, ni indignité. L'expérience donne tort aux extrémistes de tous les bords, et raison aux lois de l'économie, qui se sont moquées des discours et des incantations.

Les entreprises nationalisées n'ont été ni les « fers de lance » de la sortie de crise, ni les outils d'une nouvelle politique industrielle, ni le moyen d'une « nouvelle citoyenneté économique ». Mais elles n'ont pas conduit à la soviétisation et à la collectivisation.

S'il fallait mettre une note à l'expérience des nationalisations françaises, cette note serait sans doute au-dessous de la moyenne. Les nationalisations n'ont répondu aux attentes de leurs promoteurs dans aucun domaine. Elles n'ont pas apporté d'argent frais aux entreprises qui en avaient besoin. Elles n'ont pas amélioré la compétitivité de notre industrie. Elles n'ont en rien amélioré la situation générale de l'économie française. Au point qu'il a fallu rapidement affirmer et répéter que l'Etat ne se mêlerait plus de la gestion des entreprises publiques, inventer des astuces pour retrouver le chemin de la Bourse, et vanter haut et fort l'entreprise, l'initiative et le profit.

C'est la raison pour laquelle tous les pays du monde sont engagés dans des programmes de dénationalisation. C'est aussi pourquoi l'ambition du marché unique européen conduira sans doute la France à poursuivre le sien.

La dérégulation

Dérégulation et privatisation sont deux manifestations différentes du retrait de l'Etat de l'économie. La privatisation est la vente d'une entreprise à des personnes privées, particuliers ou entreprises. *La dérégulation est la suppression ou l'allègement des règlements qui définissaient les conditions d'exercice d'une activité économique.* Ces règlements portent généralement sur les tarifs de vente, sur les quantités autorisées, ou sur l'accès à une profession. Qu'ils aient été à l'origine réclamés par le public, demandés par la profession elle-même ou qu'ils résultent simplement d'un hasard de l'histoire, ces règlements ont toujours pour effet de limiter le jeu de la concurrence.

Dans les années soixante-dix, l'incapacité des gouvernements à s'opposer à la crise économique a développé dans l'opinion le sentiment que l'Etat intervenait trop dans l'économie et que cela était nuisible. L'ouverture des économies nationales au marché mondial a vidé de contenu certaines réglementations nationales. Enfin les progrès techniques ont fait apparaître des produits nouveaux qui remettent en cause certains monopoles publics. C'est à ces situations nouvelles qu'a répondu la vague de libéralisme des années quatre-vingt dont la dérégulation est une manifestation.

La dérégulation a commencé dans les transports aériens aux Etats-Unis en 1978. Elle s'est étendue aux transports routiers et ferroviaires, aux télécommunications, aux banques et aux marchés financiers et elle a gagné progressivement la plupart des pays du monde. A la fois par la contagion des idées et par la pression de la concurrence externe. Dans un monde où tout circule, un pays ne peut ni isoler son marché intérieur, ni lui appliquer des règles contraires aux réalités du marché international.

Lorsqu'un gouvernement redonne aux entreprises certaines libertés qui étaient jusque là supprimées ou étroitement réglementées, lorsque la main de fer du règlement est remplacée par la main invisible du marché, les mécanismes de la concurrence s'enclenchent. Les expériences de dérégulation montrent que leurs effets sont toujours à peu près les mêmes. L'effet le plus immédiat et le plus spectaculaire est la guerre des prix. Lorsqu'un système de prix unique est imposé, les firmes rivalisent entre elles par d'autres moyens. Les compagnies aériennes par le raffinement de la cuisine, le confort des sièges, les pages de magazines. Les banques par des emplacements privilégiés au coin des rues.

La déréglementation libère l'arme des prix. Et les protagonistes l'utilisent immédiatement. Aux Etats-Unis, le coût du transport par camion a diminué de 30 % en quelques années. Le tarif des vols longue distance a chuté de 50 %, le symbole est le New York-Los Angeles à 99 dollars (moins cher qu'un Paris-Nice).

La concurrence prend encore d'autres formes : multiplication des rabais et promotion (pour les jeunes, les vieux, les couples, etc.), facturation des services annexes (facturation des chèques par les banques, des boissons, puis des repas dans les avions, etc.).

La guerre des prix impose aussi une rationalisation de la gestion et des coupes sombres dans les coûts. La course aux économies d'échelles est la cause de nombreuses réorganisations internes des compagnies, mais aussi d'acquisitions, de regroupements et d'associations. La compression des coûts est allée jusqu'à une remise en cause des grilles de salaires. Mais elle n'empêche pas une chute de la rentabilité et souvent la disparition des entreprises les moins résistantes, qui prend parfois l'allure d'une hécatombe. Plus de 6 000 transporteurs routiers ont disparu aux Etats-Unis depuis la déréglementation. Mais 17 000 se sont créés, ce qui montre bien le brassage suscité par la concurrence.

Car, « lorsque la loi du marché remplace celle du gouvernement, les individus prennent plus d'initiative, ils veulent trouver des idées nouvelles, participer à des innovations, inventer des produits nouveaux ».* Cela est vrai dans le transport aérien, dans la banque, dans les télécommunications, partout où on dérèglemente.

Enfin, et c'est l'inquiétude du moment, il risque de se produire ce qui se produit souvent sur les marchés : la concurrence tue la concurrence. La bataille des économies d'échelle et le choc des pertes font jouer la sélection naturelle. Celle-ci est souvent la loi des forts. Ceux qui disposent d'atouts, par exemple un système de réservation particulièrement performant, un réseau de vente étendu ou des réserves financières abondantes, utilisent ces atouts. Les dix premiers transporteurs routiers américains ont augmenté leur part de marché de 40 % à 60 % en quelques années, les six premières compagnies aériennes de 70 % à 80 %. On passe ainsi en peu de temps de la concurrence endormie (réglementation) à la concurrence sauvage (dérèglementation), puis à la concurrence entre grands oligopoles. On voit alors apparaître une sorte d'accord tacite pour relever les prix, éviter une guerre ruineuse et accepter un partage du marché, périodiquement remis en cause par des initiatives de l'un ou l'autre des partenaires. Après tout, n'est-ce pas comme cela que fonctionnent la plupart des marchés ?

Liberté, contrainte et tradition

La discussion sur l'organisation économique d'une nation est souvent ramenée au dilemme *Plan ou Marché*. Nous aurions ainsi à choisir entre le Marché, dans lequel la liberté des individus ne serait limitée que par la liberté des autres, et le Plan, dans lequel la liberté disparaîtrait, chacun étant soumis aux décisions centrales. Cette vision est trop simpliste. Dans la réalité, *toute économie incorpore et combine trois types de régulations : la liberté, la contrainte et la tradition, ou encore le marché, le règlement et l'habitude.*

Il n'est pas nécessaire d'insister sur la multiplication des contraintes dans les économies de marché. Le développement de l'Etat, l'extension des interventions publiques, l'addition des réglementations ont restreint la liberté et l'initiative individuelles.

Mais il serait faux de penser que la liberté économique est absente dans les économies communistes planifiées. Prenons la Chine. Voici par exemple ce qu'écrivait il y a quelques années la Far Eastern Review de Hong Kong*. « La Chine est en passe d'opter pour un régime économique mixte, à trois secteurs : une planification centralisée impérative pour certains produits de base, des programmes directeurs facultatifs et des prix flottants pour un large éventail de produits industriels et de biens de consommation, et un régime de liberté pour les denrées alimentaires secondaires et les produits artisanaux. »

Cette liberté, qui n'avait jamais disparu, même aux pires époques des Gardes Rouges, fait actuellement un retour en force. Sous le titre « China's Private Entrepreneurs », la China Business Review* observe qu'« un grand sujet d'étonnement pour les personnes qui se sont rendues en Chine dernièrement est la résurgence rapide du marché, après 35 années d'une transformation socialiste poursuivie avec détermination. Dans de nombreux endroits, on peut remarquer que le nombre d'entreprises appartenant à des personnes privées ou gérées par elles ne cesse de croître ».

L'URSS reste le prototype de l'économie à planification centralisée. Cependant, l'initiative économique individuelle n'y est pas éliminée. Elle était dès 1936 reconnue par la Constitution, dans son article 9 : « A côté du système socialiste de l'économie, qui est la forme dominante de l'économie en URSS, la loi admet les petites économies privées des paysans individuels et des artisans, fondées sur le travail personnel et excluant l'exploitation du travail d'autrui ». Il y a quelques années un large débat s'est ouvert dans les instances officielles du Parti comme dans la presse sur le développement spectaculaire de l'esprit mercantile en économie planifiée. Par exemple, la très officielle Gazette Littéraire de Moscou rapporte cette anecdote, sous la plume de l'écrivain L. Joukhovitski :*

> « J'ai pour camarade un professeur de mathématiques dans un établissement d'enseignement supérieur de province. C'est un homme intelligent qui méprise totalement les biens de ce monde tout comme les signes du prestige... N'allez pas croire pour autant que mon copain est pauvre. Il a soutenu son doctorat de troisième cycle, il écrit des articles de pédagogie, il fait des conférences et pourrait, s'il le voulait, s'offrir une belle bibliothèque et même une voiture. Mais ce n'est pas en vain que notre médecine vante les bienfaits du vélo pour la santé. Bref, c'est un homme ouvert, intelligent, désinteressé, en un mot, une belle âme. Et pourtant, récemment, je l'ai rencontré abattu et troublé :
>
> — Tu connais la nouvelle ? m'a-t-il dit. Vaska s'est acheté une Mercedes.
>
> Eh bien, pour une nouvelle, c'est une nouvelle !
>
> Vaska est un voisin. C'est un homme d'une cinquantaine d'années dont les intérêts sont radicalement opposées à ceux de mon ami. Il sort d'un institut de technologie, mais il a remisé son diplôme

> et a préféré se faire mécanicien dans un garage. Il gagne bien sa vie, mais ça ne lui suffit pas ; il reçoit également des pourboires, mais ça ne lui suffit toujours pas. Aussi passe-t-il ses jours de congé à réparer, en « privé », des bagnoles : mécanique, carrosserie, peinture, il fait tout. Je ne sais pas comment il travaille dans son garage, mais, chez lui, il ne sabote pas le boulot et ses clients sont satisfaits. Il ne ménage guère sa santé et ne part jamais en vacances, car, dit-il — « le meilleur repos, c'est un gros magot ». L'existence de Vaska est balisée de biens matériels : une moto, un appartement, du mobilier, une première voiture, une autre voiture, du mobilier, une datcha, une troisième voiture, d'autres meubles et, pour couronner le tout, cette reine de l'automobile : la Mercedes ».

Cet exemple est instructif. Il montre comment des échanges libres se nouent même dans un système planifié. Il montre aussi comment, dans les activités planifiées (les garages officiels, et plus généralement dans les entreprises d'Etat), l'ajustement ne pouvant plus se faire par le prix, il se reporte sur la qualité du service ou sur la productivité du travail fourni. Si Vaska a tant de clients, c'est que les garages d'Etat n'inspirent pas trop confiance. Il est possible de fixer autoritairement un salaire et un horaire, mais peut-on fixer par décret l'ardeur et l'efficacité au travail ?

La Perestroïka

C'est en prenant conscience de ces réalités que l'Union Soviétique s'est engagée dans la « *Perestroïka* ». C'est une décision importante. Il est utile d'en comprendre les raisons, les enjeux et les limites. L'un des conseillers économiques de Gorbatchev, Abel Aganbeguian,* les explicitent dans un ouvrage récent dont voici les idées principales :

a) Le système actuel est trop centralisé, il étouffe l'initiative et la créativité

> « Le mécanisme de gestion économique vieilli et où dominent des méthodes administratives à commandements et ordres a aggravé les déséquilibres du développement, notamment dans le domaine social. Le fossé entre la demande réelle et l'offre s'est maintenu, voire même creusé davantage. Le marché des produits de consommation était loin d'être saturé : la viande, les produits laitiers, les fruits et les articles de bonne qualité manquaient ; divers services n'étaient pas assurés.
>
> Au cours des années 1981-1985, avec la stagnation du revenu national, ces phénomènes avant-coureurs de crise ont été accompagnés d'une augmentation des processus antisociaux : spéculation, corruption, utilisation de son occupation professionnelle pour des objectifs personnels. Les manifestations de marasme ou d'apathie et

les conséquences des phénomènes négatifs du développement ont conduit une partie de la population à perdre toute motivation pour le travail, à percevoir la propriété sociale comme quelque chose d'étranger.

Le système de gestion actuel, système obsolète, constitue le mécanisme principal de freinage du développement de notre économie... Il complique et rend désavantageux l'incorporation du progrès scientifique et technique. Il n'assure pas la primauté de celui qui améliore la qualité de la production... il conserve des infrastructures vieillies, maintient les productions anciennes, n'amène pas l'entreprise à renouveler son capital et sa production. Il entrave la *perestroïka*.

D'autre part, le système de direction économique et de gestion, fonctionnant à partir de commandements et d'ordres, étouffe la démocratie, l'initiative et la créativité... »

Il est difficile d'être plus sévère sur le système de planification centralisée choisi par les pays soviétiques.

b) Voici, toujours d'après Aganbeguian, comment devrait fonctionner l'économie soviétique

« Les entreprises et les unions élaborent et approuvent elles-mêmes leurs plans, qui ne seront plus soumis à l'approbation d'une instance supérieure de direction quelle qu'elle soit : *il n'y aura aucune attribution de plan*.

L'entreprise, procédant à l'élaboration de son plan pour l'année à venir, constituera d'abord un portefeuille de commandes sur la base des demandes des clients.

Ayant constitué son portefeuille de commandes, l'entreprise effectue le calcul de ses propres indicateurs économiques à l'aide des normes établies au début de la période quinquennale. Elle détermine le volume de la production en tenant compte du niveau des prix fixé par l'Etat, des prix contractuels ou libres établis au moment des commandes... S'il le faut, elle souscrit un emprunt, et des relations mutuelles s'établissent avec la banque. En définitive, l'entreprise fait apparaître un revenu comptable dont dispose en toute indépendance son collectif de travailleurs. Selon les normes préétablies, on définit le fonds de salaires qui dépend directement des résultats de l'entreprise.

Il nous faut donc effectuer une réforme financière et du crédit pour que la circulation monétaire corresponde à la circulation matérielle des produits, pour que le crédit retrouve son sens véritable, qu'il soit remboursé, et qu'il soit avantageux, aussi bien pour la banque qui passe à l'autonomie comptable que pour l'entreprise.

La réforme des prix comme celle du système financier et de crédit créeront, à notre avis, les bases possibles de la substitution du *commerce de gros à l'approvisionnement matériel et technique*. La pénurie existante, qui a justifié l'application de l'approvisionnement matériel et technique centralisé, est essentiellement due aux insuffisances du mécanismes économique, aux prix incorrects, à la présence de monnaie superflue engendrée par l'approvisionnement centralisé lui-même. Lorsque nous y mettrons de l'ordre, une grande partie de cette pénurie disparaîtra.

Ce développement du commerce de gros suppose une extension importante du marché socialiste, l'intensification et l'approfondissement des relations marchandes et monétaires. L'entreprise socialiste interviendra sur le marché comme un authentique producteur de marchandises. Et pour que ce marché socialiste soit un instrument efficace d'appréciation de l'utilité sociale et de l'efficacité des différents produits offerts, il faut assurer la compétitivité entre les entreprises, abandonner les monopoles dont elles bénéficient sur tel ou tel moyen de production.

La question la plus difficile de la refonte du mécanisme économique est, selon moi, d'assurer l'intéressement des travailleurs au résultat final de leur travail... C'est pourquoi *le problème clé est d'instaurer une dépendance directe entre le salaire et les résultats du travail.* Le système d'autonomie comptable complète et d'autofinancement permet en principe d'y parvenir. »

En résumé, l'entreprise n'a plus de chiffre d'affaires imposé ou garanti. Elle doit trouver des clients, puis équilibrer son compte d'exploitation, ajuster les salaires, dégager un « revenu comptable » (qui n'est autre que le profit !). Les banques doivent être autonomes et prêter librement selon leurs critères. Il faut développer la concurrence et la compétitivité, motiver les travailleurs. Tout cela ressemble beaucoup aux principes de l'économie de marché !

c) Cependant les fondements du socialisme doivent demeurer

« Le contenu des rapports marchands et monétaires dans le socialisme constitue une affaire importante qu'il convient d'expliquer. Les rapports qu'entraîne l'échange des marchandises peuvent prendre plusieurs sens : dans le capitalisme, ils interviennent entre des propriétaires capitalistes privés, ou des monopoles, et la population ; dans le socialisme, ils interviennent entre les entreprises socialistes ou coopératives. La production marchande, le marché, les rapports marchands et monétaires dans les conditions socialistes sont donc spécifiques. A la différence du capitalisme, les marchandises et l'argent ne sont pas chez nous des catégories universelles. On ne vend pas et on n'achète pas la terre, le sous-sol, les autres ressources naturelles qui sont ici des biens publics. Comme la propriété socialiste constitue le fondement économique de la société, et que nous n'avons pas de chômage, il n'y a pas de marché du travail. En URSS, il n'y a ni marché du capital, ni bourse, ni actions, ni lettres de change, ni crédits commerciaux, et il n'est pas envisagé de modifier cela dans le processus de *refonte* de la gestion. »

Bref, la perestroïka cherche à prendre les avantages du marché capitaliste, mais prétend s'affranchir de certaines de ses règles : pas de marché du travail, pas de véritable marché financier. L'avenir dira si un tel système hybride est efficace.

Outre la contrainte et la liberté, le règlement et le marché, tout système économique comporte une bonne dose de traditions. Une multitude de questions se règlent par la simple habitude, sans qu'il soit nécessaire de recevoir un prix... ou une contravention : le rythme de travail (par exemple pour les cadres payés au mois et non à la tâche), la bonne exécution des ordres reçus, la loyauté des fonctionnaires, l'amabilité et la rapidité au guichet d'une banque, bref le comportement quotidien de millions de travailleurs, sont des facteurs essentiels de l'efficacité d'une économie. C'est le fameux « consensus » qui font des Japonais et des Allemands des partenaires redoutables, et de leurs économies des modèles d'efficacité. Or, ce consensus n'est rien d'autre qu'un ensemble de disciplines librement acceptées qui constituent la tradition d'un pays. Lorsqu'on évoque les facteurs de production d'une économie, on ne parle jamais de ses traditions. Or, celles-ci constituent peut-être le premier et le plus important des facteurs de production.

En résumé, toute économie combine dans des proportions variées du marché, de la contrainte et du consentement. Le résultat d'ensemble dépend des caractères propres à chaque nation. Une économie fonctionne d'autant mieux que la contrainte est inutile, ou ce qui revient au même, que chacun adhère effectivement aux règles du jeu. En revanche, un divorce entre l'ordre économique global et les aspirations individuelles des citoyens a toutes chances de conduire à l'inefficacité.

CHAPITRE 6

Le circuit économique

Dans l'économie une multitude de biens, de services, d'heures de travail s'échangent en permanence contre de l'argent. Chaque individu a ses habitudes et son comportement personnel. Mais en observant l'économie globalement, on gomme les différences secondaires et on voit apparaître les traits communs au plus grand nombre. Les individus travaillent et consomment, les entreprises produisent et vendent, les administrations collectent les impôts et assurent les services publics, les banques prêtent et gèrent l'argent. En privilégiant les traits communs à quelques groupes d'unités économiques, on adopte une vision « macroéconomique ». On fait apparaître les « grands équilibres » de l'économie.

Les égalités nécessaires de l'économie

Entre l'instant où il allume la lumière de la cuisine pour faire chauffer son petit déjeuner et le moment où il éteint sa lampe de chevet pour dormir, chacun de nous prend chaque jour des dizaines de décisions économiques. Qu'il s'agisse d'acheter une baguette de pain, de vendre une centrale nucléaire, de travailler à l'usine ou au champ ou de payer ses impôts, tous les actes de la vie quotidienne se traduisent d'une manière ou d'une autre, à un moment ou un autre, par des paiements.

Si vous demandez à Monsieur Tout le Monde comment il gère son budget familial, il est probable qu'il vous répondra ceci : « je reçois une fois par mois mon salaire par virement bancaire, je vais retirer une fois par semaine ce qu'il me faut pour mes dépenses courantes et je règle les autres dépenses par chèque ou par prélèvement sur mon compte ». Au total, le budget de Monsieur Tout le Monde comporte un encaissement par mois et quelques dizaines (ou quelques centaines) de décaissements. Cependant, *ce qui est décaissé par un individu est nécessairement encaissé par un autre et si l'on prend l'ensemble de l'économie, c'est-à-dire la totalité des « individus économiques », le nombre des décaissements est strictement égal au nombre des encaissements.* Cette égalité ne résulte pas du hasard ou d'un système de planification particulièrement efficace. C'est une loi absolue et nécessaire de toute économie.

Si Monsieur Tout le Monde était chef du rayon électroménager dans un magasin Carrefour, il n'aurait aucun mal à comprendre cet apparent paradoxe. Il saurait en effet que le nombre de ses encaissements personnels est bien plus faible que le nombre de ses décaissements, mais qu'au magasin, c'est exactement l'inverse. Le nombre d'encaissements est très supérieur au nombre de décaissements. La loi d'égalité n'est donc vraie que si l'on retient bien la *totalité* des individus économiques : consommateurs, détaillants, grossistes, grands magasins, banques, assurances, sécurité sociale, etc. (pour simplifier, on ne tient pas compte ici des échanges avec l'étranger). La loi n'est vraie, sauf accident, ni pour l'ensemble des femmes, ni pour l'ensemble des pharmaciens, ni même pour l'ensemble des consommateurs. Mais elle est toujours vraie pour l'ensemble de l'économie. Et à ce niveau, non seulement le nombre des encaissements et le nombre des décaissements sont identiques, mais cela est aussi vrai pour le *montant* des encaissements et le *montant* des décaissements. *Le total des sommes encaissées par les uns est égal au total des sommes décaissées par les autres.*

Si vous demandez maintenant à Monsieur Tout le Monde s'il a une idée du total des revenus qui découlent de la vente d'une cuisinière à 1.245 francs, il pensera sans doute que la question est bien difficile. Il retranchera d'abord 195 francs de TVA qui vont à l'Etat (et serviront à payer des fonctionnaires, à acheter des fournitures, etc.), puis cherchera à estimer la part qui revient aux employés du magasin. Peut-être cherchera-t-il ensuite à calculer les salaires et les charges sociales du fournisseur, les impôts qu'il aura payés, les bénéfices qu'il aura distribués. Il faudra aussi penser au transporteur, puis aux frais généraux, etc. Cependant, la réponse est toute simple. Le total des revenus qui découlent de la vente d'une cuisinière à 1.245 francs est précisément... égal à 1.245 francs. Pourquoi ?

Pour arriver jusqu'au consommateur, tout produit subit plusieurs transformations. Prenons une entreprise quelconque dans la chaîne des transformations. Son compte d'exploitation comporte en recettes le produit de ses ventes et en charges des achats de matières aux fournisseurs, des salaires, des cotisations sociales, des impôts et des bénéfices. Additionnons ces comptes pour l'ensemble de la chaîne. Les achats de matières de chaque entreprise sont nécessairement des ventes pour leurs fournisseurs. Ils se retrouvent en recettes et en dépenses. En définitive, ils s'annulent et le prix final de la cuisinière est égal au total des salaires, des impôts et des bénéfices qui ont été obtenus à tous les stades de sa fabrication. *La valeur totale du produit est égale à la somme des valeurs ajoutées par chacun des producteurs et intermédiaires.*

Il n'est pas facile de comprendre que ce qui est faux pour chaque individu puisse être vrai pour l'ensemble des individus. C'est cependant ce qui se passe souvent en économie. C'est pourquoi les économistes distinguent la « microéconomie », étude des comportements individuels, et la « macroéconomie », explication des mécanismes d'ensemble. Comme il est plus simple, et quelquefois suffisant, d'examiner les lois et les équilibres globaux, sans s'intéresser au sort individuel de chacun, on représente souvent l'économie par un circuit.

Le circuit de l'économie

Dans la représentation la plus simple de l'économie, on fait l'hypothèse qu'il y a un seul bien produit par une immense entreprise. Le bien est acheté par un seul consommateur. Ce consommateur gagne sa vie en travaillant comme salarié dans l'entreprise unique. Le schéma est représenté à la figure A. Dans cette représentation, l'équilibre économique est caractérisé par trois égalités, lisibles sur la figure :

(1) Valeur de la production = salaires versés
(2) Valeur de la production = valeur de la consommation
(3) Salaires versés = valeur de la consommation

L'égalité (1) traduit le fait que le compte d'exploitation de l'entreprise est équilibré. La valeur de la production est égale au total des coûts de production qui se ramènent ici au salaire versé au travailleur.

L'égalité (2) reflète l'identité entre ce qui est acheté et ce qui est vendu.

L'égalité (3) décrit le budget familial du consommateur-travailleur qui dépense en consommation tout ce qu'il a gagné.

Ce schéma est sans doute trop simple pour représenter toute la réalité de l'économie. On peut penser que l'entreprise ne distribue pas tout aux salariés, qu'elle réalise des profits destinés aux actionnaires ou à l'autofinancement. On peut aussi estimer qu'il est irréaliste d'ignorer l'investissement, indispensable pour assurer la

1. L'économie réelle est faite de millions d'entreprises et d'individus qui échangent des marchandises, se règlent entre eux des sommes d'argent. Il est impossible de décrire tous ces mouvements micro-économiques élémentaires.

2. Pour représenter l'économie réelle sous forme simplifiée, on regroupe toutes les entreprises en une seule entreprise, tous les consommateurs en un seul consommateur, tous les biens en un seul bien. On construit ainsi une *représentation macroéconomique.*

3. L'image la plus simple du circuit économique est la figure A. Le consommateur gagne sa vie dans l'entreprise et dépense tout son revenu en achetant la production de l'entreprise.

Le compte d'exploitation de l'entreprise se présente ainsi :		Le budget du consommateur s'écrit :	
Charges	Recettes	Charges	Recettes
Salaires versés	Production vendue	Dépenses de consommation	Salaires reçus

4. Une image un peu plus exacte est la figure B.

Les consommateurs ne sont pas seulement des salariés. Ils peuvent aussi recevoir d'autres revenus de l'entreprise et peuvent également épargner une partie de leur revenu.

Cette image est encore loin de la réalité et déjà les difficultés commencent. Il faut une connexion supplémentaire qui permet à l'épargne de revenir dans les entreprises pour investir.

Comment vont alors s'équilibrer la production de biens de consommation et la demande des consommateurs ? L'épargne des particuliers et les besoins d'investissement des entreprises ? La macroéconomie étudie toutes ces possibilités.

5. En simplifiant la réalité, la macroéconomie permet de raisonner simplement. Mais il ne faut jamais oublier qu'il s'agit d'une simplification. Par exemple, le mécanisme de la concurrence et des prix n'est pas représenté, pas plus que les phénomènes d'imitation entre les consommateurs, ou la technique de production.

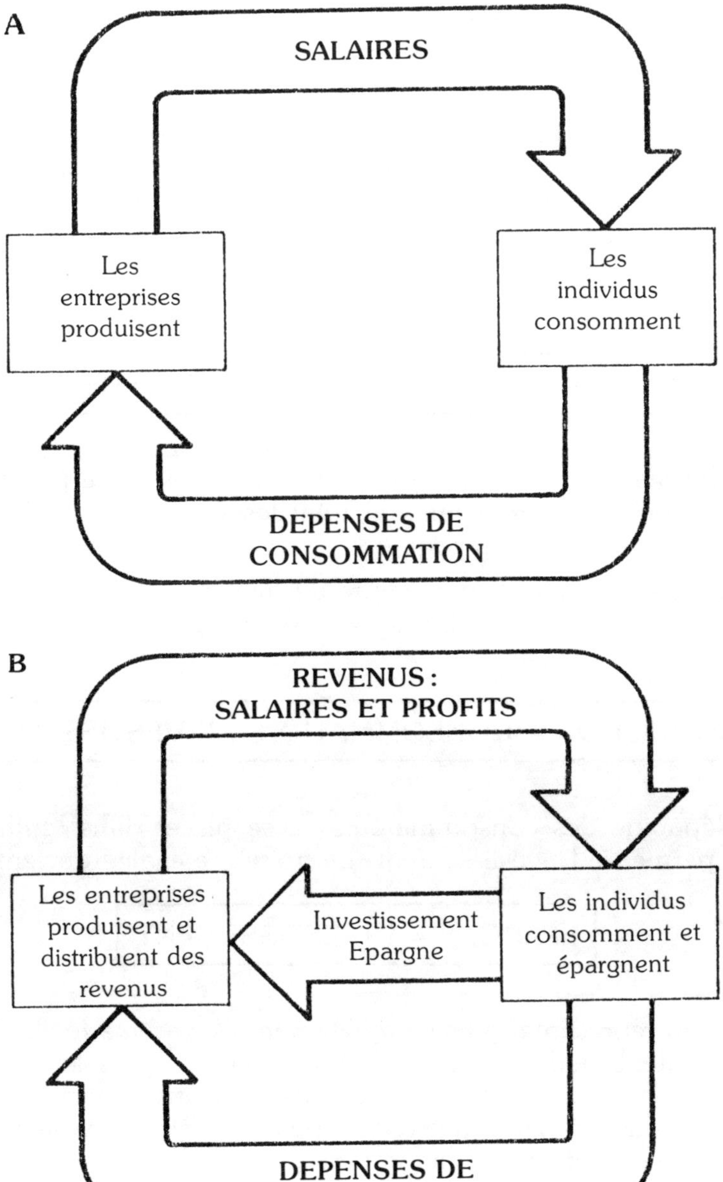

Le circuit économique

production. On peut enfin admettre que le consommateur (qui est en même temps le salarié et le propriétaire uniques de l'entreprise, puisqu'il n'y a qu'un seul individu) ne dépense pas tout ce qu'il gagne. Il consomme moins que son revenu et fait un placement pour sa retraite ou ses enfants. Dans notre économie simplifiée, la seule utilisation possible de l'épargne du consommateur est de prêter à l'entreprise.

On aboutit ainsi à la figure B, déjà plus compliquée que la figure A (et cependant encore bien loin de la réalité). Trois circuits nouveaux apparaissent :

1) Une partie de la production est distribuée sous forme de profits. La première égalité fondamentale devient :

PRODUCTION = SALAIRES + PROFITS

On retrouve l'égalité entre le produit national (ou production de la nation) et le revenu national (total des revenus distribués), égalité déjà rencontrée à la page 43.

2) La production se partage entre des biens de consommation et des biens d'équipement. La deuxième égalité devient :

PRODUCTION = CONSOMMATION + INVESTISSEMENT

3) L'épargne des consommateurs va se placer dans l'entreprise pour permettre l'investissement. La troisième égalité devient :

EPARGNE = INVESTISSEMENT

Pour représenter plus complètement l'économie réelle, il faudrait ajouter bien d'autres circuits : le circuit des impôts, le circuit des banques, le circuit des échanges extérieurs. Nous le ferons dans les chapitres suivants. Nous pouvons cependant dès maintenant ouvrir le livre de compte de la nation.

La comptabilité nationale

La comptabilité nationale présente dans des tableaux cohérents les grands équilibres et les résultats de l'activité économique du pays. Le principe est le regroupement des unités économiques et de leurs opérations.

Une unité économique est un centre de décision élémentaire. Elle exerce une activité, perçoit des revenus et en dispose, accumule des biens ou de l'argent, prête et emprunte. L'Etat, une commune, un ménage, une société commerciale constituent des unités économiques.

Un pays moyen comme la France comporte environ 20 millions d'unités économiques. C'est beaucoup trop pour une description détaillée de chacune. D'autant plus que chaque unité est en relation avec des dizaines d'autres et noue avec elles des opérations de diverses natures : dépôt d'un chèque à la banque, achat d'une baguette de pain, paiement d'une prime d'assurance, virement du salaire, règlement des impôts, et mille autre opérations de la vie quotidienne.

Pour présenter sous forme synthétique les résultats de l'activité économique de la nation, il faut regrouper les unités, regrouper les opérations et ramener le tout à quelques « agrégats » simples.

1) Le regroupement des unités économiques

Les unités économiques sont regroupées en grands secteurs de l'activité économique :

— Les *sociétés non financières* produisent et vendent les biens et services, de Saint-Gobain à la SARL de famille.

— Les *institutions de crédit* collectent de l'argent et en prêtent : les banques, sociétés de crédit, caisses d'épargne.

— Les *entreprises d'assurance* garantissent une indemnité en cas de sinistre ou d'accident, en contrepartie d'une prime qui leur est versée.

— Les *administrations* gèrent les services publics (armée, police, justice, routes) et versent des prestations sociales. Les recettes des administrations sont les impôts et les cotisations sociales. C'est l'ensemble des prélèvements obligatoires.

— Les *ménages* regroupent l'ensemble des familles et des personnes isolées. Ils perçoivent des revenus, consomment, placent leur argent et exercent éventuellement une activité de production s'ils sont travailleurs indépendants, agriculteurs ou professions libérales.

Enfin, il reste un ensemble hétéroclite constitué des relations économiques avec l'étranger, que l'on regroupe dans un secteur appelé le *Reste du Monde.* La comptabilité nationale ne s'intéresse à l'étranger que dans la mesure où celui-ci échange avec nous. Par exemple, on ne décrit pas dans la comptabilité nationale français le PIB américain, mais seulement les relations économiques et financières entre l'Amérique et la France.

2) Le regroupement des opérations

Les opérations économiques, achats, ventes, paiements divers, sont regroupés selon leurs natures. Le regroupement le plus synthétique s'arrête à trois catégories :

— Les *opérations sur biens et services* décrivent l'origine et l'utilisation des biens et services dans l'économie : la production, l'exportation, la consommation, etc.

— Les *opérations de répartition* décrivent toutes les opérations de distribution du revenu national. Dans les entreprises (sociétés, entrepreneurs individuels, sociétés d'assurances) de la valeur se créée : c'est la valeur ajoutée, dont l'ensemble forme le PIB. Le PIB se répartit alors en de multiples canaux. C'est la répartition du revenu national.

— Enfin, les *opérations financières* décrivent les mouvements de créances, de dettes et de monnaie : un crédit à la consommation, un découvert bancaire, un achat d'action, un dépôt à la caisse d'épargne.

Toutes les opérations économiques peuvent être classées dans l'une de ces trois catégories. Ayant ainsi regroupé les unités en six secteurs et les opérations en trois catégories, comment présenter les résultats ?

3) Le regroupement des résultats

Un tableau fondamental résume les relations des secteurs entre eux : c'est le *tableau économique d'ensemble.*

Le tableau économique d'ensemble rassemble les ressources dont chaque secteur a pu disposer dans l'année et ce qu'il en a fait. Les comptes de chaque secteur sont donc en équilibre, ainsi que l'ensemble du tableau. En outre, pour chaque catégorie d'opération, le total des sommes reçues par les uns est égal au total des sommes versées par les autres. Le tableau économique permet ainsi de lire facilement la circulation des valeurs dans le circuit économique.

Parmi les égalités nécessaires de l'économie, l'égalité des emplois et des ressources de biens et services est particulièrement importante parce qu'elle est simple à comprendre, et souvent utilisée pour présenter les perspectives économiques générales. Elle exprime que les biens et services apparus dans l'économie ont été entièrement utilisés par toutes les parties prenantes.

Les biens et services apparus dans l'économie ont deux origines : la production nationale (le PIB) et les produits importés. A quoi peuvent-ils être employés ? En premier lieu à la consommation nationale. Les biens consommés disparaissent ainsi du circuit économique pour être détruits (consommer, c'est utiliser les biens, c'est-à-dire les faire disparaître du circuit économique). Une autre partie est investie : achat de machines, de bâtiments, de logements. Enfin, une part de la production nationale est exportée vers l'étranger.

Un écart peut subsister entre les ressources et les emplois correspond aux marchandises en cours de fabrication ou aux produits finis qui ne sont pas encore vendus. Si les ressources sont supérieures aux emplois précédents, une partie de la production ou des importations correspond à une augmentation des stocks. C'est en général le cas car le montant des stocks augmente avec la production. La variation de stocks est donc placée du côté des emplois de sorte que l'équilibre des emplois et des ressources de biens et services est un équilibre parfait.

4) Les soldes significatifs des comptes nationaux

Nous avons déjà rencontré un solde très important : la valeur ajoutée, différence entre la valeur créée par l'entreprise (sa production), et la valeur détruite pour produire (ses consommations intermédiaires).

Pour une entreprise, l'autofinancement est une autre grandeur clé. L'autofinancement représente la part de la valeur ajoutée qui n'est pas distribuée en salaires, impôts, charges ou dividendes, et reste par conséquent dans l'entreprise. C'est en somme *l'épargne* de l'entreprise.

Comment établir pour l'ensemble de la nation l'équilibre entre épargne et investissement ? Dans la représentation simpliste du graphique B (page 107), nous avons directement relié l'épargne des ménages et les besoins d'investissement des entreprises. La réalité est plus complexe. Les ménages investissent eux-mêmes et ne peuvent prêter qu'une partie de leur épargne. Inversement, ils empruntent auprès des banques et disposent donc en fait de sommes supérieures à leur épargne. Les entreprises empruntent auprès des banques ou de l'étranger. Les administrations ont aussi des besoins financiers et empruntent. Bref, le mécanisme du financement passe par les canaux multiples du marché financier et du crédit bancaire. Nous y reviendrons au chapitre 9.

L'investissement dans le circuit économique

L'investissement a deux visages, comme le dieu Janus. L'entreprise qui investit fait travailler d'autres entreprises, elle stimule la demande et l'activité économique. En même temps, elle développe les capacités de production installées et l'offre de biens possible.

La consommation et l'exportation font partie de la demande. Lorsqu'elles s'accroissent, elles entraînent la production. Mais les capacités d'expansion sont limitées par le nombre d'usines et de machines disponibles. En revanche, lorsque l'investissement augmente, d'une part il entraîne la production, et de l'autre, il augmente le nombre d'usines et de machines. Il recule donc la limite de la production possible. *L'investissement joue ainsi un rôle unique et central dans la croissance économique : il agit à la fois sur la demande et sur l'offre de biens.*

1) Voyons d'abord le côté de la demande

Que se passe-t-il lorsque les chefs d'entreprises, confiants dans l'amélioration du climat des affaires, décident d'accroître leurs projets d'investissements, par exemple de 100 francs ? Les entreprises qui investissent s'adressent aux fabricants de machines. Deux situations se présentent :

1er cas : ces fabricants sont à l'étranger. Dans ce cas, les producteurs étrangers augmentent leurs ventes, notre balance commerciale se détériore, et les effets d'entraînement de l'investissement s'arrêtent là pour nous.

2e cas : si, en revanche, les fabricants d'équipements sont des fabricants nationaux, la décision d'investir déclenche une série de mouvements favorables. Le chiffre d'affaires des fournisseurs d'équipement augmente, ainsi que les salaires qu'ils distribuent, les impôts qu'ils paient et les profits qu'ils réalisent. Leurs salariés, éventuellement en nombre accru, consomment plus. Les producteurs de produits alimentaires, de vêtements, de télévision, d'automobiles voient leurs ventes et leurs recettes augmenter. Ils accroissent leur production, leur embauche, leurs salaires, leurs commandes à leurs fournisseurs. C'est un peu le mécanisme des chaînes d'amitié. J'écris à dix de mes amis et je leur demande d'écrire chacun à dix de leurs amis, et ainsi de suite. Au total, il résulte de tout cela que *l'investissement initial a un effet multiplicateur sur l'activité économique.* C'est le célèbre multiplicateur d'investissement de Keynes à la base des politiques de relance.

Cette explication, qui paraît évidente aujourd'hui, a constitué il y a un demi-siècle une avancée capitale de la politique économique. D'après le multiplicateur, quand les affaires vont mal, on peut les relancer en stimulant des programmes d'investissement. On voit aussi les limites du raisonnement. Si les fournisseurs d'équipement sont à l'étranger, il y aura une « fuite » des commandes et des effets multiplicateurs vers l'étranger. Cette fuite détériore à la fois l'équilibre financier des entreprises et celui de la nation sans provoquer la relance d'activité espérée. Aujourd'hui avec l'ouverture des frontières et le développement des échanges extérieurs, on sait que toute relance dans un pays isolé se dilue pour une grande partie chez les producteurs étrangers. La relance s'étouffe d'elle-même rapidement. L'effet multiplicateur n'est plus ce qu'il était.

2) Tournons-nous maintenant du côté de l'offre

L'investissement apporte une nouvelle capacité de production.

- Si la machine se substitue à une machine ancienne devenue hors d'usage, c'est un *investissement de renouvellement*. Par exemple on renouvelle une rotative quadrichromie par une autre identique.
- La machine nouvelle peut aussi s'ajouter aux anciennes machines : c'est l'*investissement d'extension ou de capacité*. Par exemple, on construit une deuxième chaîne de montage ou d'assemblage pour faire face à la demande.
- Enfin la machine peut aussi se substituer à du travail humain. C'est l'*investissement de rationalisation ou de productivité*. Si le coût de la main-d'œuvre paraît trop élevé aux chefs d'entreprises, ces derniers préfèrent installer plus de machines que d'embaucher du personnel.

Dans la pratique, la distinction est loin d'être toujours claire. L'entreprise investit tout à la fois pour répondre à la demande, pour conserver ou accroître sa part de marché, pour réduire les délais de fabrication, pour améliorer la qualité des produits et en lancer de nouveaux et pour réduire ses coûts unitaires en utilisant, pour une même production, moins de facteurs : moins de salariés, moins de matières ou moins d'énergie. Les trois raisons d'investir sont toujours présentes, mais elles se combinent avec des poids divers selon les moments.

La question est donc moins de savoir pourquoi on investit en général que de sélectionner parmi tous les projets possibles le bon projet d'investissement. Pour cela, il faut utiliser au mieux l'argent dont on peut disposer. La dépense d'investissement est immédiate, les profits ne viendront que plus tard et le crédit coûte cher : il faut payer un intérêt, et, bien entendu, rembourser le capital emprunté. *Avant de décider un investissement il faut donc comparer les différents projets, choisir ceux qui ont la meilleure rentabilité, et en toutes hypothèses rejeter ceux dont le taux de rentabilité serait inférieur au taux d'intérêt puisqu'ils rapporteront moins qu'ils ne coûtent.*

Prenons un exemple simple : un investissement de 1.000 qui rapportera 20 % par an. L'investisseur emprunte à 10 %. Comme l'investissement rapporte 20 % et les charges d'intérêt sont de 10 %, il reste un bénéfice annuel de 10 % soit 100 par an. Tant que le profit net est positif, il est intéressant de s'endetter pour investir. Le crédit bon marché sert ainsi de « levier » à la croissance puisqu'il permet d'investir avec profit et de gagner la différence entre la rentabilité et l'intérêt. Pendant la grande expansion de l'après-guerre, les entreprises se sont endettées et elles ont largement utilisé cet « effet de levier » pour accroître leur capacité de production et développer le marché.

Mais les retournements de conjoncture sont brutaux. Si la rentabilité du capital tombe à 8 %, il faudra bien continuer à verser des intérêts de 10 % alors que l'on n'obtient plus qu'une rentabilité de 8 %. Les bénéfices font place à des pertes, même dans des entreprises généralement considérées comme des entreprises bien gérées. L'effet de levier se transforme en « effet boomerang ».

Pourquoi ne pas investir plus ?

L'investissement a tant de vertus que l'on comprend mal qu'il ait stagné de longues années dans de nombreux pays. Comment se fait-il qu'il y ait eu tant de travailleurs inoccupés et que l'on ne parvenait pas à relancer l'investissement et à stimuler ainsi l'ensemble de l'activité économique ?

De tous les variables de l'économie, l'investissement est peut-être l'une des plus difficiles à comprendre. Dans une économie décentralisée, l'investissement total dépend de décisions nombreuses des chefs d'entreprises. Investir, c'est prendre un pari sur l'avenir. Or, on est d'autant moins enclin à parier que les chances de réussir sont faibles.

1) La décision d'investir est une décision irréversible, au moins pour quelques années. Si par la suite la conjoncture économique s'avère moins favorable que prévu, les recettes espérées ne se réalisent pas alors que les charges d'intérêt et de remboursement continuent de courir. L'entreprise se trouve en difficulté avec son banquier et ses fournisseurs, et peut même être conduite à la faillite. Pour éviter de trop emprunter et risquer ainsi de perdre leur indépendance, les sociétés préfèrent s'autofinancer pour une large part. Elles ne distribuent aux actionnaires qu'une partie de leurs bénéfices et elles réinvestissent le reste. L'autofinancement représente selon les années 60 à 80 de l'investissement, et même 100 % aux Etats-Unis. Des profits élevés contribuent ainsi largement à l'essor de l'investissement. *Faute d'une rentabilité suffisante les entreprises ne peuvent pas saisir les occasions d'investissements, participer à la recherche technologique et en définitive développer l'emploi.*

2) Un obstacle à l'investissement vient de l'existence de machines sous-employées. L'entreprise qui n'utilise pas à pleine capacité ses machines est prête à répondre à tout supplément de commandes sans machines supplémentaires, c'est-à-dire sans investir. Elle dispose d'une marge de capacité inutilisée. Tant que cette marge n'est pas résorbée, elle n'a pas de raison d'investir.

3) Enfin la clé de l'investissement, c'est la confiance dans l'avenir. « *L'Etat de la confiance*, comme disent les hommes d'affaires, est une chose à laquelle ils prêtent toujours l'attention la plus stricte et la plus vigilante... Le fait marquant en la matière est l'extrême précarité des données à l'aide desquelles nous sommes obligés d'effectuer nos évaluations des rendements escomptés. Notre connaissance des facteurs qui gouverneront le rendement d'un investissement quelques années plus tard est en général très limitée et souvent négligeable... Si la nature humaine n'avait pas le goût du risque, si elle n'éprouvait aucune satisfaction (autre que pécuniaire) à construire une usine ou un chemin de fer, à exploiter une mine ou une ferme, les seuls investissements suscités par un calcul froidement établi ne prendraient sans doute pas une grande extension » écrit J.M. Keynes.* Ni la confiance, ni le goût du risque ne se commandent par décrets. Ils dépendent de nombreux facteurs économiques, financiers, sociaux, voire politiques, nationaux et internationaux. Et il est beaucoup plus facile de faire disparaître la confiance que de la restaurer.

Ces observations permettent de comprendre pourquoi il est si difficile de sortir d'une crise. Quand l'activité économique chute, le capital installé (machines, usines, outillages, infrastructures) reste en place. Des capacités inutilisées apparaissent. Il devient donc momentanément superflu d'investir. L'investissement diminue, et cette baisse vient encore aggraver la chute d'activité. Comme il est difficile de réaliser autant de profits en vendant moins, les sommes disponibles pour l'autofinancement sont plus faibles. Enfin, les chefs d'entreprises prennent moins de risques tant que l'horizon ne s'est pas éclairci et que la confiance n'est pas clairement rétablie. L'ensemble de ces comportements, qui sont tous logiques et rationnels, jouent comme des freins à la reprise. Il est plus facile d'entrer dans une crise que d'en sortir.

On peut se demander s'il ne reviendrait pas alors à l'Etat d'inverser le processus de crise en se substituant au secteur privé défaillant et en investissant directement. C'est une solution qui se heurte à plusieurs obstacles.

La première difficulté vient du mécanisme de la « fuite », mécanisme déjà décrit, qui conduit à reporter sur l'étranger les effets d'entraînement de l'investissement. La relance perd beaucoup de son intérêt puisqu'elle consiste à relancer l'activité dans les pays voisins.

La deuxième difficulté vient de l'articulation des décisions d'investissement et des autres choix de la collectivité. Un investissement implique toujours un effort : investir c'est travailler tout de suite sans consommer immédiatement. Un pays qui investit 20 % de sa

Le double cercle vicieux de la stagnation...

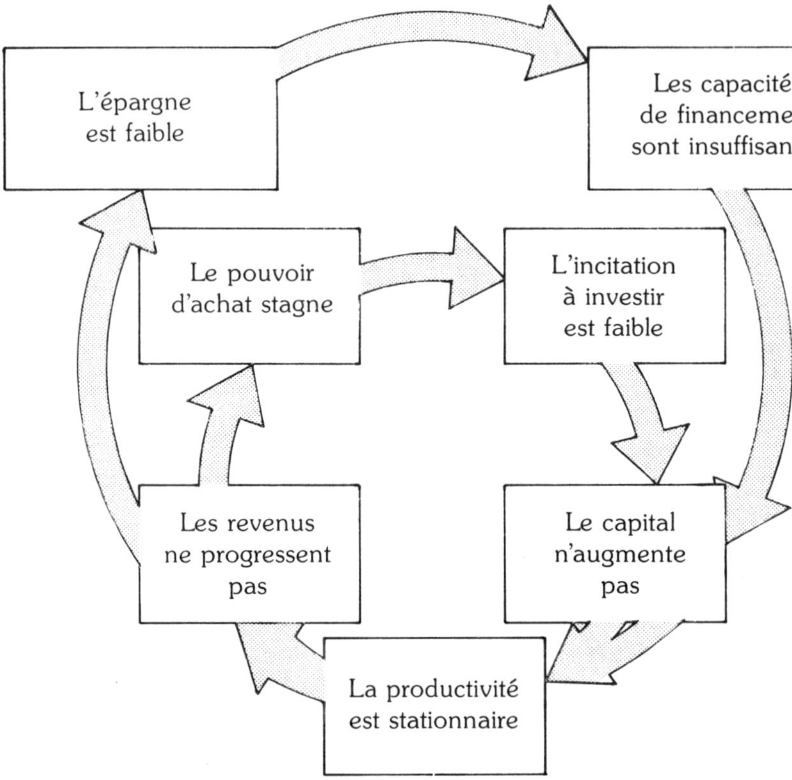

production renonce à consommer un cinquième de ce qu'il produit. Sans doute attend-il de son investissement une production plus abondante. Mais les surplus viendront plus tard. En attendant, il faut se serrer la ceinture. Un proverbe dit : « Si vous pêchez un poisson pour votre voisin, il se nourrira un jour, si vous lui apprenez à faire un filet, il se nourrira toute sa vie ». Mais pour faire un filet, il faut du temps, et pendant ce temps il faut vivre. Il faut donc que d'autres pêcheurs partagent leurs poissons avec le fabricant de filet et lui prêtent (sans doute avec intérêt) assez de poissons pour qu'il puisse nouer son filet jusqu'à la dernière maille. Si notre filet est bien tissé et bien posé, notre pêcheur n'aura aucun mal à rembourser tant sa pêche sera bonne, mais si le temps lui a manqué pour terminer son filet, ou s'il a mal fait son travail, il pourra avoir du mal à rembourser.

Cet exemple nous éclaire sur deux questions.

1) Sur la difficulté du démarrage de la croissance dans les pays pauvres : en effet, pour assurer ce démarrage avec les technologies que nous connaissons il faudrait d'énormes investissements ; or, les pays pauvres ont aussi un besoin vital de consommation.

2) Sur la nécessité d'épargner pour investir. Si aucun pêcheur ne veut prêter un peu de poisson, on ne peut mettre en chantier aucun filet. Si personne ne veut épargner, on ne peut pas investir. Or ce ne sont pas les mêmes qui épargnent et qui investissent. Il y a donc un problème de correspondance entre ce que le pays veut bien épargner et ce que les entreprises souhaitent investir. Un taux d'intérêt élevé encourage l'épargne mais il décourage l'investissement. En revanche, un taux d'intérêt artificiellement bas incite les entreprises à investir, mais l'investissement se trouve alors bloqué faute d'épargne pour le financer.

Souhaite-t-on faire intervenir l'Etat ? Il faut de l'argent, donc des impôts supplémentaires. *Mais si les impôts viennent diminuer les profits des entreprises privées ou diminuer l'épargne des particuliers, le résultat sera peut-être un transfert d'investissements du secteur privé vers le secteur public et non un accroissement de l'investissement total.*

Plusieurs rouages contribuent aux mécanismes de l'investissement et en définitive, à l'expansion dont l'investissement est le principal moteur : le volume de l'épargne, le coût du crédit, l'essor de la demande, la rentabilité des entreprises et naturellement la confiance en l'avenir. Il suffit que l'un des rouages soit grippé pour que l'investissement cahote et s'étouffe. C'est alors l'ensemble de l'économie qui est en panne. Et si la panne dure longtemps, c'est le risque du déclin. Car le progrès technique dépend des équipements nouveaux. Pour les nations, les choix d'investissement sont des enjeux vitaux.

CHAPITRE 7

Les pouvoirs publics et les impôts

Les pouvoirs publics ne sont pas des observateurs neutres de l'économie. Les administrations passent des marchés, paient des salaires, perçoivent des impôts. Elles règlementent dans tous les domaines. Dès que le prix du café noir s'emballe ou qu'une usine ferme ses portes, la presse demande ce que fait le gouvernement. Le public réclame des mesures énergiques pour soutenir l'activité ou réprimer les abus. Bref, le gouvernement sait qu'il sera rendu responsable de tout ce qui ne va pas et s'efforce, par ses déclarations et par ses décisions, de convaincre l'opinion qu'il tient la situation bien en main. Les moyens dont disposent les pouvoirs publics pour agir sur l'économie ne sont pas négligeables : le budget, les impôts, la monnaie, le crédit. Au total, les prélèvements des administrations représentent aujourd'hui entre 30 % et 50 % de la production nationale dans la plupart des pays développés.

Néanmoins, les marges effectives de l'Etat sont limitées. Les lois fiscales et sociales, l'organisation des services publics résultent d'une longue tradition et surtout d'un fragile équilibre entre des intérêts divergents. On s'en aperçoit dès qu'on veut y toucher, qu'il s'agisse de taxer les motocyclettes, de déplacer un arrêt d'autobus ou d'augmenter le ticket modérateur de la sécurité sociale. De plus, dans l'économie de marché, l'équilibre d'ensemble résulte de l'addition de milliards de décisions individuelles indépendantes que personne ne peut dicter, et avec lesquelles il faut compter. Enfin, les « pouvoirs publics » sont multiples et dispersés : ministères, conseils généraux, caisses de sécurité sociale, conseils municipaux. Autant de centres de décision plus ou moins autonomes et non coordonnés.

Pour la commodité du raisonnement nous admettrons cependant que tout cet ensemble peut être considéré comme un agent économique unique : l'Administration, ou l'Etat. Et nous nous interrogeons dans ce chapitre et dans les suivants sur les relations économiques entre l'Administration et le reste de l'économie : quelle influence l'Etat peut-il exercer sur la production, la consommation, les prix, l'emploi ?

On pourrait résumer les réponses en disant qu'il n'y a pas a priori de mauvaise dépense publique, mais qu'il n'y a pas d'impôt parfait. On est alors tenté de poser la question : existe-t-il un bon déficit ?

La diversité des dépenses publiques

Le paradoxe de l'administration, c'est qu'il est de bon ton de la critiquer, et qu'on lui demande cependant toujours plus d'aide, d'assistance ou de réglementation. Les dépenses publiques sont souvent considérées comme des « charges » improductives pour la nation, comme s'il était productif de fabriquer des caramels mous, mais improductif d'entretenir des routes ou de faire des rondes de police. On se plaint du nombre (trop élevé) d'élèves par classe, du niveau (trop bas) du minimum vieillesse, ou de l'encombrement (trop fréquent) des routes et en même temps du taux (insupportable) des impôts et des charges sociales. Pour mieux comprendre ce dilemme, voyons ce que font de leur argent, c'est-à-dire de notre argent, les collectivités locales, la Sécurité Sociale et l'Etat.

Les *collectivités locales* sont les régions, les départements et surtout les communes. Il y en a 36 000 en France, ce qui constitue un record parmi les pays comparables. Chacune de ces collectivités dispose d'un budget. Le budget de la commune est voté chaque année par le Conseil municipal. Il permet d'assurer les services qui relèvent de la responsabilité du maire : justice de paix, registre d'état civil (naissance, mariage, décès), listes électorales, aide sociale, voirie vicinale, défense contre l'incendie, police municipale. Le Conseil municipal peut aussi organiser lui-même et gérer ou bien concéder certains services publics : transports communaux, adduction d'eau, pompes funèbres.

La *Sécurité Sociale* est un ensemble de caisses (plusieurs milliers) qui versent des prestations à leurs cotisants. Au départ, il s'agissait d'organiser officiellement et de rendre obligatoires les secours mutuels, notamment en cas de maladie, entre travailleurs d'une même profession. La sécurité sociale s'est ainsi constituée dans sa forme actuelle, après la dernière guerre mondiale, en se substituant aux vieilles sociétés mutuelles ouvrières. Voici par exemple la 30e règle de la charte des jolis compagnons tourneurs* « Tout compagnon qui sera malade en donnera ou fera donner connaissance au rôleur et au premier compagnon, et il lui sera accordé, pour un compagnon fini 15 sols par jour, pour un compagnon non fini 10 sols par jour ; et si le malade veut entrer à l'hôpital, le rôleur sera obligé de faire les démarches nécessaires pour le faire entrer, et à lui sera accordée la même indemnité, et recevra la visite d'un compagnon tous les deux jours... » Cette règle préfigure les indemnités journalières de maladie et le remboursement des soins mis en place dans nos régimes de sécurité sociale. Mais il n'est plus question aujourd'hui d'aide pour les démarches, ni de visites des collègues de travail.

Depuis ses débuts, le système de sécurité sociale s'est profondément transformé. Il ne s'agit plus seulement d'assurer un risque comme la maladie, l'accident de travail ou le chômage. Par les cotisations et les prestations sociales, la collectivité a cherché de plus en plus à compenser les inégalités de revenus entre les citoyens, à obliger chacun à se constituer une retraite, à aider les foyers à élever leurs enfants. Ainsi généralisée à tout le monde et à tous les domaines, la sécurité sociale est devenue une gigantesque machine à distribuer de l'argent, ou plutôt à le redistribuer, car bien entendu les caisses de sécurité sociale n'ont jamais créé un seul centime. Elles ne font que restituer en prestations ce qu'elles ont prélevé en cotisations. Et lorsqu'elles ne peuvent plus faire face à leurs engagements, toujours croissants, il ne reste plus qu'à augmenter les cotisations ou bien à se tourner vers l'ultime recours, le contribuable, par l'intermédiaire du budget de l'Etat. Aujourd'hui, sur chaque semaine de travail, un jour sert à payer les charges sociales.

Pour payer les impôts, il faut une deuxième journée de travail. Le *budget de l'Etat* décrit l'utilisation des impôts nationaux. A l'automne, le Parlement discute et vote le projet de loi de finances proposé par le gouvernement. La loi de finances comprend d'une part les changements qu'il faut apporter au code des impôts, impôts nouveaux ou aménagement d'impôts existants, d'autre part la liste complète des crédits que chaque ministre est autorisé à dépenser. De nombreux ménages ont pratiqué et connaissent le « système des enveloppes ». En début de mois on répartit son salaire entre plusieurs enveloppes : nourriture, sorties, habillement, etc. Lorsqu'une enveloppe est vide avant la fin du mois, on s'efforce de reporter la dépense au mois suivant pour tenir son budget. Le parlement procède exactement de la même manière. Il distribue les crédits entre 2 000 « chapitres budgétaires », ce sont les enveloppes attribuées aux différents ministres.

Il serait fastidieux d'énumérer tous les services et tous les domaines d'intervention de l'Etat. Les dépenses de l'Etat sont classées en trois grandes catégories : les dépenses de fonctionnement courant (frais de personnel, dépenses de matériels, de loyers, d'électricité), les dépenses d'intervention (interventions à caractère social, subventions économiques et culturelles, etc.) et les dépenses d'investissement (routes, armées, écoles, etc.). A titre d'exemples citons quelques-uns des plus gros chapitres budgétaires (autres que les rémunérations des fonctionnaires) pour le budget français. La plus grosse dépense est constituée par les « Intérêts des Bons du Trésor à court terme », suivie d'assez près par le Fonds National du Chômage, le Fonds National de Solidarité (Minimum Vieillesse), et l'Aide Sociale. Viennent ensuite les subventions à la SNCF (charges de retraites exclues), les études spéciales militaires (la bombe atomique), les fabrications d'armement pour l'Armée de Terre, les subventions au régime de protection sociale des agriculteurs, etc.

Ces exemples montrent la diversité des dépenses publiques et soulignent les deux rôles du budget de l'Etat : faire fonctionner les services publics (par exemple les écoles) et distribuer de l'argent (par exemple des aides ou des subventions).

Comme les services publics sont gratuits, on oublie quelquefois qu'ils ont un coût. Et s'il est légitime de souhaiter une augmentation des effectifs de police pour une meilleure sécurité publique, on oublie cette évidence que pour chaque emploi de policier créé, il faut collecter en impôt supplémentaire au moins de quoi faire vivre un ménage de policier. Comme le revenu d'un policier correspond à peu près au revenu moyen de la population, il faut que 100 ménages d'employés, d'ouvriers ou de commerçants apportent chacun une cotisation de un pour cent de leur revenu.

Il serait aussi souhaitable qu'il y ait plus de juges pour que les procès ne traînent pas en longueur, plus d'enseignants pour que les classes soient moins nombreuses. Mais sait-on que le coût annuel d'un élève correspond à un mois et demi de salaire d'un ménage moyen, un peu moins dans le premier degré, un peu plus au lycée ? Que le coût moyen de l'étudiant d'un institut universitaire de technologie est d'environ trois mois de salaire ? On imagine à partir de ces exemples l'investissement que représente pour la collectivité nationale la formation d'un médecin ou d'un ingénieur et on comprend pourquoi les dépenses publiques sont si élevées.

L'inexorable montée des dépenses publiques

Dans les pays européens, une personne sur cinq est occupée dans une administration publique. C'est à peu près deux fois plus qu'au début de ce siècle. On a constaté dans tous les pays une forte montée des dépenses publiques. Les périodes de guerre sont particulièrement propices à cette augmentation. L'Etat est amené à accroître dans d'énormes proportions le budget militaire, puis à prendre en charge les pensions d'anciens combattants et les dépenses de reconstruction. Lorsqu'au fil des années ces charges s'allègent, d'autres dépenses viennent prendre le relais. De même, au cours des crises économiques l'Etat intervient plus massivement en développant l'assistance au chômage et le soutien des activités menacées.

La montée des dépenses publiques s'explique aussi par l'évolution même de notre société. Avec le développement, et peut-être aussi les excès de la société industrielle, les communautés naturelles ont été remises en cause, l'organisation familiale bouleversée, le domicile déserté, l'emploi dispersé. A cela répond le besoin de crèches, de halte-garderies, de maisons de vieille, d'autoroutes urbaines, de transports en commun, et pour protéger la société contre ses enfants perdus, la nécessités de policiers, de juges et de prisons.

Voici une histoire banale relevée dans un quotidien.

> « Camille L..., le père de la petite Jessica, trois ans et demi, a enfin pu, dimanche dernier, passer pour la première fois depuis dix-neuf mois une journée avec sa fille. Le 14 décembre 19.., sa mère Chantal, vingt-six ans, s'était une fois encore opposée à l'exercice du droit de visite. Le procureur de la République s'était alors déplacé au domicile de la mère pour constater un flagrant délit. Quatre jours plus tard, Gérard G..., un sculpteur de trente-deux ans, était écroué pour complicité de non-représentation d'enfant par le tribunal correctionnel de Dijon ».

Au-delà du drame humain, on constate qu'une simple dispute familiale va nécessiter plusieurs interventions de l'administration : le procureur de la République, les gendarmes, les gardiens de prison.

Le système est en pleine perversion lorsqu'une catégorie de dépense publique, légitime dans son principe, s'auto-alimente sans frein parce que la collectivité ne parvient plus à en maîtriser les mécanismes. « La solidarité mécanique ne produit pas seulement des effets pervers... Elle apparaît également de plus en plus inefficace économiquement parce que inadaptée sociologiquement. La perte d'autonomie, l'isolement croissant des individus dont l'Etat est le principal recours alimentant la crise de l'Etat-Providence » écrit justement Pierre Rosanvallon.* La sécurité sociale, l'hôpital, les caisses d'allocations multiples ne sont plus seulement le moyen de soigner, d'apporter un réconfort ou de corriger une inégalité flagrante. Ce sont les différents visages de la vaste institution sociale de gratification et de sollicitude mise en place par les Etats dans toutes les sociétés modernes, institutions dont chacun attend toujours plus, mais dont personne ne se sent responsable. Comme le dit J. Baudrillard* : « Le salarié est bien content de recevoir sous les apparences du don ou de la prestation « gratuite » une partie de ce dont il a été auparavant dessaisi ».

De plus en plus, les besoins apparaissent comme des droits qu'il revient à l'Etat de garantir et de réglementer et dont les agents publics prescrivent directement ou indirectement la consommation : « Lorsque tous les étudiants en droit actuellement inscrits dans les facultés américaines auront obtenu leur diplôme, le nombre de juristes augmentera de 50 % aux Etats-Unis. La prise en charge légale complètera la prise en charge médicale, et l'« assistance judiciaire » deviendra le même genre de nécessité qu'est aujourd'hui l'« assurance maladie ». Lorsque le droit du citoyen aux prestations d'un avocat aura été institué, il sera aussi obscurantiste et associal de vider une querelle entre particuliers qu'aujourd'hui d'accoucher dans son propre lit » ironise Ivan Illich.*

N'est-ce pas déjà la situation dans bien des domaines ? Soins médicaux, analyses, convalescence, éducation, formation des adultes, et mêmes loisirs avec les chèques vacances ? Or, la socialisation des besoins pèse sur la dépense publique. Elle implique des charges et des impôts nouveaux sur l'activité économique et les revenus. A cela les contribuables ont du mal à se résoudre.

Il n'y a pas d'impôt parfait

Chaque impôt présente des avantages et des inconvénients. Un système fiscal est toujours un compromis. Compromis entre la nécessité du rendement, faire entrer assez d'argent dans les caisses publiques, et le souci de l'équité, proportionner la contribution à la capacité de chacun. Pour le rendement, il faut préserver l'efficacité de l'économie et répartir largement l'impôt en appelant toute la population à payer, riches et moins riches. Pour l'équité, il faut multiplier les exonérations et finalement faire reposer l'impôt sur un petit nombre de contribuables, ce qui limite son rendement.

C'est en particulier le cas pour l'impôt sur le revenu. Chaque année, tout chef de famille doit payer l'impôt sur ses revenus personnels, sur ceux de son conjoint et de ses enfants à charge. Le revenu imposable comprend tous les revenus, quelle qu'en soit l'origine (salaires, pensions et rentes, revenus des placements, revenus fonciers, agricoles, industriels et commerciaux, bénéfices non commerciaux et le cas échéant les plus-values). C'est un impôt général puisqu'aucun revenu n'y échappe. L'impôt sur le revenu est aussi un impôt personnalisé qui tient compte de la situation de famille. A égalité de revenus, une famille avec deux enfants paie moins d'impôt qu'un ménage sans enfant. Enfin, l'impôt sur le revenu est un impôt progressif par le système des tranches. Progressivité signifie qu'un ménage aisé paie en proportion plus qu'un foyer à revenu plus faible.

Le mécanisme est très simple. Le barème de l'impôt prévoit plusieurs tranches. La fraction du revenu située dans la première tranche n'est pas imposée, que le revenu total soit faible ou très élevé. La fraction du revenu située dans la deuxième tranche est imposée à 5 % pour tout le monde. Ainsi tous les contribuables se trouvent à égalité. Naturellement, un petit contribuable reste dans les tranches basses. Un gros contribuable peut aller jusqu'à 58 % (ce taux était monté au début des années quatre-vingt jusqu'à 65 %). Cela ne veut pas dire qu'il paie 58 % de son revenu en impôts, mais que ce qu'il gagne au-dessus d'un certain seuil (voisin de trois fois le salaire moyen) est imposé à 58 %. S'il envisage de travailler un peu plus pour gagner un peu plus d'argent, c'est le supplément de revenu imposable qui supportera en totalité un prélèvement de 58 %.

En définitive, compte tenu des exonérations diverses, plus d'une famille sur quatre n'est pas concernée par l'impôt sur le revenu. En outre, avec la progression de l'impôt et l'inégalité des revenus plus de la moitié de l'impôt est payée par moins de 10 % des contribuables. Cela explique sans doute que l'on ne puisse pas trop « tirer » sur l'impôt sur le revenu, et que celui-ci ne représente en France que moins d'un cinquième des recettes de l'Etat (contre la moitié aux Etats-Unis ou en Allemagne). On peut se demander s'il est sain dans une démocratie qu'un quart des foyers ne soit pas directement concerné par les décisions budgétaires du gouvernement.

Personne, en revanche, n'échappe à l'impôt sur la consommation. Sur 100 francs d'impôt d'Etat, 45 francs viennent de la taxe sur la valeur ajoutée. En apparence, la TVA présente tous les avantages. Impôt simple : chaque entreprise peut calculer elle-même ce qu'elle doit payer. Lorsqu'elle vend un produit à un prix hors taxe de 100 F, la TVA brute au taux normal est de 18,60 F, et le prix total de vente de 118,60 F. Mais l'entreprise ne paie pas 18,60 francs au fisc. Car une partie des 18,60 francs a déjà été payée. En effet, pour fabriquer son produit, l'entreprise a acheté des matières premières et des équipements pour un montant que nous fixons dans notre exemple à 60 francs, TVA comprise. Dans les 60 francs payés aux fournisseurs, il y avait 9,40 francs que les fournisseurs avaient déjà réglés au fisc et qu'ils ont répercutés sur notre entreprise. Celle-ci ne paiera donc que 18,60 F – 9,40 F = 9,20 francs. En définitive, toutes les entreprises qui interviennent successivement dans la fabrication et la commercialisation d'un produit règlent une partie de la TVA. De sorte qu'au total les 18,60 francs d'impôts sur le prix de vente final sont bien reconstitués et supportés par le consommateur qui achète toutes taxes comprises. Le mécanisme est très commode pour le fisc puisque deux millions et demi d'entreprises l'aident à collecter la taxe sans que le consommateur réalise véritablement qu'il paie un impôt. C'est l'impôt indolore. La part de la TVA dans le prix d'achat est importante. Bien peu d'automobilistes savent par exemple que lorsqu'ils achètent une automobile neuve 40 000 francs, ils ont payé plus de 8 000 francs de TVA. C'est aussi précisément l'inconvénient de la TVA. La TVA pèse directement sur les prix et pour 100 francs d'achats, pauvre ou riche, célibataire ou père de quatre enfants, la somme payée est identique. La TVA n'est ni personnalisée, ni progressive. Enfin toute augmentation du taux de la TVA se traduit immédiatement par une hausse des prix.

L'impôt sur la fortune est séduisant dans son principe : faire payer ceux qui possèdent beaucoup, les inciter à faire travailler leur capital plutôt qu'à le laisser dormir. Cet impôt trouve cependant des limites pratiques auxquels sont confrontés tous les pays qui l'ont institué : comment évaluer correctement des hectares de terre, un logement de famille, du mobilier, l'entreprise ou le fonds de commerce que l'on exploite ? Comment éviter le risque de fuite des capitaux ? Comment combiner l'impôt sur la fortune avec les autres impôts sur le capital (droits de succession, impôt foncier...) ? Compte tenu de ces difficultés auxquelles il n'y a pas de bonne réponse, l'impôt sur la fortune ne touche en général qu'un petit nombre de contribuables et n'a qu'un faible rendement.

L'impôt sur les sociétés est fixé à un taux voisin de 40 %. Près d'un jour sur deux, une société commerciale travaille pour l'Etat. Et pourtant le résultat est décevant. L'impôt sur les sociétés ne rapporte même pas le dixième des recettes fiscales de l'Etat. C'est la base de l'impôt qui est une peau de chagrin, surtout en période de crise économique. Une société sur trois est fiscalement déficitaire.

En définitive, lorsqu'il faut boucler le budget de l'Etat, l'embarras est grand. A trop augmenter les taux d'imposition on risque de tarir les sources de l'impôt, de tuer la poule aux œufs d'or. C'est tout le débat sur les limites de la pression fiscale, limites qui pour certains seraient déjà franchies.

Les limites de la pression fiscale

Les impôts et les charges sociales financent les services publics et les prestations sociales souhaités par les citoyens. Leur accroissement est décidé par le gouvernement et la représentation nationale après un débat démocratique. S'il y a accroissement, c'est que le pays est apparemment prêt à renoncer à une partie de sa consommation privée pour une extension des services publics. Et si le pays y est prêt, au nom de quoi le gouvernement devrait-il l'en empêcher ? C'est la thèse exprimée par exemple dans ce discours officiel de 1981 « Il n'y a de limite au financement de la protection sociale que celle que la collectivité nationale se donne. Que veulent les Français ? Veulent-ils améliorer la situation faite aux personnes âgées ? Ils doivent accepter un prélèvement plus important sur leurs revenus. Souhaitent-ils le maintien d'une couverture générale des dépenses de santé ? Les cotisations sociales s'en ressentiront ».* On ne peut qu'être d'accord avec l'idée de bon sens et pourtant si souvent oubliée qu'à toute charge nouvelle doit correspondre un financement.

Biens publics ou biens privés ?

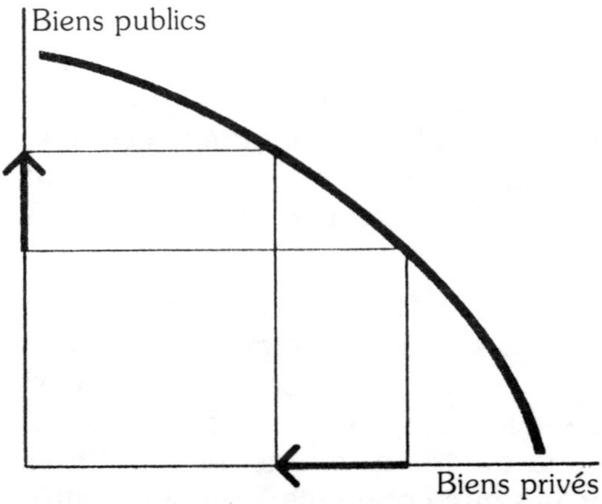

La frontière des possibilités de production limite le champ des productions possibles. Elle montre qu'il faut choisir entre biens publics et biens privés.
Plus de bien publics = moins de biens privés. Ainsi, par exemple, en choisissant de produire beaucoup d'armement, l'URSS a dû limiter la consommation privée.

Ce qui est contesté par certains, c'est que n'importe quelle augmentation des prélèvements obligatoires, de la « pression fiscale », serait possible. *Certains économistes pensent qu'au-delà d'un seuil de pression fiscale, toute imposition supplémentaire est nuisible à l'économie sans apporter de recettes à l'Etat.* A leurs yeux, l'augmentation des taux d'imposition casse le goût du travail, décourage l'épargne et l'investissement, prolonge la crise. En définitive, passé un certain niveau, l'augmentation du taux d'imposition dégrade la situation économique, les bases de l'impôt diminuent et cette diminution annule les gains attendus de l'accroissement du taux d'imposition. L'Etat ne retire aucun avantage, c'est-à-dire pas le moindre sou supplémentaire, du tour de vis fiscal. Empruntons à Milton Friedman,* prix Nobel d'économie, un exemple qui illustre ce mécanisme : « L'une des choses qui frappe toujours comme un paradoxe les visiteurs étrangers en Grande-Bretagne, dit-il, c'est le grand nombre de Rolls-Royce dans un pays au bord du désastre et où le Gouvernement est voué depuis de nombreuses années à l'égalitarisme. Comment se fait-il qu'il y ait toutes ces Rolls-Royce ? La réponse est très simple. C'est la façon la moins coûteuse pour quelqu'un qui possède une fortune d'essayer de la conserver tout en assurant son transport ». Le raisonnement est le suivant.

En achetant une Rolls, je fais une grosse dépense, disons 300 000 francs, mais je suis transporté agréablement pour un bon moment. Si je ne l'achète pas, je peux placer mon argent à 15 %. J'aurai un revenu annuel de 45 000 francs. Comme je suis riche, je serai fortement imposé. De sorte qu'il me restera peut-être 10 à 15 000 francs par an. Tout juste de quoi louer une 2 chevaux ! Sans compter que l'inflation rongera rapidement la valeur de mon placement. J'achète donc une Rolls ! Sous une forme amusante mais à peine exagérée, l'anecdote illustre une réalité. Un impôt progressif et trop lourd sur le revenu ou le capital n'encourage ni l'effort, ni l'épargne, ni l'esprit d'entreprise.

S'il existe une limite à la pression fiscale, la question cruciale est de savoir si le seuil de l'excès d'impôts est dépassé ou pas. Si l'on pense que oui, le meilleur moyen de relancer l'économie est de la libérer du carcan fiscal. C'est le sens des réformes fiscales qui sont mises en œuvre, aux Etats-Unis en Allemagne et qui s'étendent à plusieurs pays.

L'histoire n'a pas encore tranché le débat sur le bon niveau de la pression fiscale. Cependant, le discours gouvernemental a toujours prêché une stabilisation des prélèvements obligatoires. Ainsi peut-on lire dans le huitième plan français, plan mort-né qui couvrait la période 1981-1985 : « Il faudra de grands efforts pour maîtriser la dépense si nous ne voulons pas être contraints à une forte augmentation des prélèvements obligatoires ». Le huitième plan ne fait que répéter ce que disaient le septième, le sixième et le cinquième plan, l'engagement de stabiliser la pression fiscale qui a été confirmé encore plusieurs fois depuis. La stabilisation de la pression fiscale rappelle l'histoire de cet homme qui disait à ses voisins : « s'arrêter de fumer ? Rien de plus facile, je l'ai déjà fait plusieurs fois ». Stabiliser la pression fiscale ? Rien de plus facile, on l'a déjà décidé plusieurs fois. Jusqu'ici l'appétit de dépense l'a emporté sur les bonnes intentions et la pression fiscale n'a cessé d'augmenter : + 8 points de 1950 à 1960, + 4 points de 1960 à 1970, encore + 7 points à 1970 à 1980, déjà 5 points depuis 1980, mais les dernières années marquent une rupture.

L'augmentation de la pression fiscale n'a pas laissé l'opinion publique indifférente. Les taux d'imposition et de cotisations sociales ont été relevés. Aujourd'hui, dans tous les grands pays, sauf les Etats-Unis, au-delà d'un salaire de quatre à cinq fois le salaire moyen, lorsque l'employeur dépense 100 francs de plus, environ 60 francs vont à l'Etat et il reste 40 francs disponible pour le salarié.

Un tel écart nourrit l'incompréhension entre l'employeur et le salarié qui reçoit peu. C'est une source de conflit et de démotivation. L'alourdissement de l'impôt et des charges encourage le travail au noir et la fraude qui prennent des proportions nouvelles. Dans plusieurs pays développés, le chiffre de un sur cinq est l'ordre de grandeur actuel. Ainsi, en Espagne, trois millions de personnes gagneraient leur vie sans le moindre contrat de travail légal et sans cotiser à la sécurité sociale. Dans le textile, la proportion atteindrait plus de 40 %, dans la chaussure 30 %. L'Italie a dû corriger en hausse son PIB pour incorporer le travail clandestin qui ne figurait pas dans les statistiques. D'après les nouveaux chiffres, celui-ci concerne deux millions et demi de personnes. De plus, plusieurs millions d'Italiens s'organisent pour avoir un deuxième emploi, voire un troisième : un emploi de salarié, plus ou moins bien payé, pour assurer une base ; et un emploi à son compte pour améliorer les fins de mois. En Israël, où le taux d'imposition atteint des sommets, « de véritables entreprises n'ayant aucune existence légale construisent et rénovent dans tout le pays. Plus original : l'entrepreneur peut très bien se révéler être un fonctionnaire ».*

Ces réactions à l'impôt ne sont pas nécessairement mauvaises, car elles révèlent l'esprit d'entreprise. Mais le travail clandestin et le manque d'incitation au travail sont dangereux pour l'équilibre et pour le dynamisme de la société. C'est pour l'éviter que plusieurs pays ont entrepris d'alléger les impôts.

A l'origine se trouve la « révolte fiscale » des contribuables américains de Californie, qui ne sont pourtant pas les plus imposés. Cette révolte a gagné plusieurs Etats et elle a abouti à la « révolution fiscale » décidée par l'administration Reagan en 1986.

Cette réforme est d'abord une remise en ordre. Elle supprime un grand nombre d'exonérations particulières qui avaient rétréci la base de la pyramide fiscale. Elle devrait aussi simplifier la tâche des 140 millions de contribuables américains qui ont à remplir chaque année une déclaration de revenu n° 1040 de 32 pages ! Après avoir lu une notice de 48 pages (y compris le lexique de 138 mots) ! Environ un cinquième des contribuables voient leur cotisation augmenter. Mais pour les quatre cinquièmes, c'est une diminution. Au total les particuliers paieront moins et les entreprises 10 % de plus. Pour les entreprises aussi, la manière de payer sera différente. Beaucoup moins d'allègements et d'exemptions, mais un taux de l'impôt sur les sociétés ramené de 46 % à 34 %. Dans la bataille commerciale et financière que se livrent les pays industriels, peu d'impôt à payer sur les bénéfices est un atout.

Partie des Etats-Unis, la baisse des impôts s'est étendue sous des formes diverses à de nombreux pays : l'Angleterre, l'Allemagne, la France, la Nouvelle Zélande, la Suède. Mais elle n'a pris l'allure d'un bouleversement législatif qu'aux Etats-Unis, et dans une moindre mesure en Allemagne et en Angleterre. On peut donc s'attendre dans les années prochaines à ce que le vent de la réforme fiscale souffle plus fort sur les pays encore en arrière, et dans un sens qui est généralement le même : élargir les bases de l'impôt, pour diminuer les taux d'imposition sans priver le budget de l'Etat de recettes dont il a tant besoin.

L'Etat dans le circuit de l'économie

Chaque année, ministre des finances, ministre de la sécurité sociale, Parlement, élus locaux sont devant le même dilemme : comment faire face à tous les nouveaux projets en augmentant le moins possible les impôts ? Et bien sûr de songer au déficit, qui résoud le problème immédiat en le reportant sur les successeurs. En fait le déficit concerne principalement l'Etat, car les conseils municipaux n'ont qu'une marge étroite, et la Sécurité sociale doit impérativement équilibrer ses comptes. Seul l'Etat peut pratiquer le déficit à grande échelle en dépensant plus qu'il reçoit. Quelles en sont alors les conséquences pour l'activité économique, pour l'emploi, pour la hausse des prix ? A ces questions nous ne pourrons répondre complètement qu'après avoir compris les mécanismes de la monnaie et des échanges extérieurs. Nous pouvons toutefois montrer comment les recettes et les dépenses des administrations s'insèrent dans le circuit de l'économie.

Nous avons déjà décrit sous sa forme la plus simple le circuit économique au chapitre 6. Que se passe-t-il si on ajoute les recettes et les dépenses des administrations dans ce schéma ?

Les administrations prélèvent des recettes sur les entreprises (TVA, cotisations sociales et impôts sur les sociétés) et sur les ménages (impôts sur le revenu, impôts locaux, etc.). Ces impôts servent à payer des achats de fournitures et d'équipement aux entreprises, à verser des salaires aux fonctionnaires et des prestations sociales à l'ensemble de la population.

Si le total des recettes est égal au total des dépenses des administrations, les comptes publics sont équilibrés. On peut penser que la politique budgétaire a un effet neutre puisque tout ce qui est prélevé est reversé.

Si le total des dépenses l'emporte sur le total des recettes, les comptes publics sont déséquilibrés. Pour financier le déficit, l'Etat peut emprunter. Il est aussi amené à créer de la monnaie. L'accroissement du déficit budgétaire a un effet de relance sur l'activité économique car le passage de l'équilibre au déséquilibre s'accompagne d'une distribution de pouvoir d'achat supplémentaire. Ce pouvoir d'achat va entraîner un supplément de consommation. Pour répondre à cette demande, les entreprises vont embaucher et distribuer des salaires, ce qui va une nouvelle fois augmenter la consommation. On retrouve ici le mécanisme du multiplicateur keynesien : l'accroissement du déficit budgétaire augmente le rythme de l'activité économique, c'est la relance par la dépense publique. Nous verrons que cet effet peut se trouver contrarié par le déficit extérieur ou la hausse des prix, ou les deux. Il nous faut pour cela comprendre les mécanismes de la monnaie et des échanges extérieurs.

CHAPITRE 8

Les banques et la monnaie

Nous travaillons pour gagner de l'argent et nous cherchons à gagner de l'argent pour avoir à notre disposition un logement, une automobile et tout ce dont nous avons besoin pour vivre. Pour tout cela il faut de l'argent. Des billets de banque pour payer en liquide ou bien un compte en banque pour payer par chèque.

Les comptes en banque constituent de la monnaie, comme les billets de banque. Avec un compte en banque, on peut régler ses achats immédiatement sur une simple signature. On peut indifféremment, sauf pour de toutes petites sommes, payer en argent liquide, par chèque ou par carte de paiement. Comme il est plus commode de donner une signature que de transporter ou d'expédier une quantité importante de billets, les paiements par chèque et par carte se sont beaucoup développés dans tous les pays, grâce à l'initiative des banques.

Les banques rassemblent en un lieu sûr l'argent de leurs clients. Elles exécutent leurs ordres et tiennent leurs comptes. Dans les agences de banques, on peut faire virer son salaire, déposer et retirer son argent, bénéficier d'un prêt pour se loger, obtenir des devises pour un voyage, acheter des obligations, ouvrir un compte sur livret, et faire encore toutes sortes d'opérations et de placements.

Les banques sont des rouages essentiels de nos économies. Leur rôle est cependant mal connu. On comprend généralement les contraintes de la production : ce sont des contraintes physiques qui portent sur de la matière et des heures de travail. On comprend beaucoup moins, et souvent pas du tout, les contraintes de la monnaie. Il faut travailler plusieurs mois pour gagner cinquante ou cent mille francs ; il suffit de quelques minutes pour virer cinquante ou cent millions de francs. Cet écart entre le monde réel et le monde financier peut laisser l'impression que la finance est un monde irréel, qui ne traite pas des « vraies » valeurs économiques, mais de simples jeux d'écritures comptables. Et on imagine par conséquent que tout y est possible. Ce sentiment est une illusion.

Pendant longtemps, les économistes ont cru pouvoir ramener la monnaie à un instrument commode permettant les échanges. Dans cette conception, la monnaie serait comme l'huile dans les rouages de l'économie réelle : elle faciliterait leur fonctionnement mais n'y jouerait qu'un rôle secondaire. Aujourd'hui on a pris conscience de ce que les banques et la monnaie constituent des éléments importants du mécanisme de l'économie. Notre vie quotidienne dépend directement du fonctionnement du système bancaire et de la manière dont le pays et les pays voisins gèrent leur monnaie. Et la gestion de la monnaie est une question difficile.

Dans l'économie, les billets de la Banque de France et les comptes en banque ont exactement le même rôle : payer les achats. *La monnaie, c'est l'ensemble des moyens de paiement directement utilisables pour effectuer des règlements. La masse monétaire est la quantité de monnaie en circulation sous toutes ses formes, billets ou dépôts en comptes bancaires.* Elle représente environ la moitié de la production nationale d'une année, dont un cinquième en billets et le reste en comptes bancaires.

Bien que la monnaie ne rapporte rien et qu'elle perde de son pouvoir d'achat à cause de l'inflation, les particuliers conservent en permanence une part importante de leurs économies sous forme de monnaie. Cette constatation montre clairement que nous souhaitons détenir la monnaie pour elle-même, et que nous sommes prêts à perdre (un peu de pouvoir d'achat) pour conserver de la monnaie. Elle fait ainsi apparaître le premier rôle des banques dans l'économie. Les banques gardent l'argent des particuliers pour assurer les règlements dans les conditions les plus commodes : chèques, virements, prélèvements. Les banques ont aussi un deuxième rôle peut-être plus important que le premier, celui de créer de la monnaie. Voyons cela de plus près en répondant aux deux questions : comment et pourquoi la monnaie est-elle créée ? Comment est-elle gérée ?

D'où vient la monnaie ? (Acte 1)

Pour les billets de la Banque Centrale, la réponse est simple : ils viennent de la « planche à billets ». En France, la planche à billets est situé à Chamalières (Puy-de-Dôme). C'est une imprimerie spécialisée dans la fabrication des billets de banque, qui produit 600 à 700 millions de billets français par an, c'est-à-dire de coupures légales, bien imprimées et avec le bon filigrane. Elle est, on s'en doute, étroitement surveillée et contrôlée. Le dessin est réalisé par un artiste et doit être difficile à imiter. L'impression est faite selon le procédé de la « taille douce », pour rendre la reproduction moins aisée. Pour plus de sécurité, la Banque de France fabrique elle-même le papier de ses billets dans lequel elle insère un filigrane que l'on peut voir par transparence. Les billets doivent être soigneusement vérifiés pour éliminer tous ceux qui pourraient présenter un défaut. Les billets anciens sont triés chaque fois qu'ils repassent à la Banque de France. Plus de deux milliards de billets sont ainsi vérifiés chaque année, dont un quart est détruit.

Mais un billet de banque n'est qu'un bout de papier tant qu'il n'est pas mis en circulation. La question est donc moins de savoir comment les billets sont fabriqués que comment ils sortent de l'imprimerie de la Banque Centrale. La monnaie ne commence à exister économiquement que lorsque elle sort des coffres de la Banque Centrale. Or, *les billets ne peuvent sortir que dans trois cas bien précis :*

— *Pour alimenter les besoins de l'État.* Dans la pratique cette alimentation se passe principalement de la manière suivante : lorsque le budget de l'Etat est en déficit, le Trésor Public émet des bons du Trésor pour couvrir ses besoins. Il propose aux banques de souscrire ces bons. Lorsque les banques revendent tout ou partie de ces bons à la Banque Centrale, celle-ci sort des billets ou bien, ce qui est plus pratique, crédite le compte des banques concernées dans ses livres. Et les banques viennent retirer des billets sur leur compte quand elles en ont besoin.

— *Pour payer les devises étrangères (dollars, marks, etc) procurées au pays par les exportations.* Lorsqu'une entreprise française exporte en Allemagne, elle reçoit des marks dont elle n'a en principe pas l'usage. Elle les cède immédiatement sur le marché des changes par l'intermédiaire de sa banque. Nous examinerons au chapitre suivant le fonctionnement des changes. Pour l'instant, retenons que si la Banque de France reçoit des marks, qui s'ajoutent à ses réserves de change, elle crédite le compte de la banque qui a servi d'intermédiaire. Il y a donc injection de francs supplémentaires.

— *Lorsqu'une banque commerciale a besoin de billets pour les retraits de sa clientèle* (les banques commerciales sont les banques autres que la Banque Centrale). Voyons de plus près ce troisième cas, qui représente quatre-vingts à quatre-vingt-dix pour cent de la quantité de monnaie créée chaque année.

On ne paie pas tout par chèque. Pour les dépenses courantes, on préfère les billets. Les agences des banques doivent donc être à tout moment en mesure de fournir des billets aux clients qui le demandent. Leur stock de billets ne représente qu'environ dix pour cent du total des dépôts des clients. Lorsque ce stock risque de diminuer, en particulier à l'approche des fins de mois, des vacances et des fêtes de fin d'année, elles doivent se procurer des billets. Pour cela, il faut que leur compte à la Banque Centrale soit approvisionné.

La Banque Centrale gère, à son siège et dans ses comptoirs de province (il y en a environ 200) un compte au nom de chacun des établissements bancaires de la place. A ce compte sont inscrites toutes les opérations de dépôts et de retraits de billets et les opérations de compensation avec les autres banques. Mais si tout peut s'acheter avec des billets de banque, comment payer les billets eux-mêmes ? Que peut-on donner en échange de billets ? Eh bien rien ! Ou du moins rien tout de suite. On ne peut que remettre des promesses de rembourser plus tard. La banque commerciale demande donc du crédit soit à des collègues mieux pourvus, soit à la Banque Centrale. Et comme le crédit n'est jamais gratuit, la banque payera un intérêt sur l'argent qu'elle aura emprunté.

Les banquiers ont mis au point plusieurs techniques pour se faire du crédit. La méthode de l'escompte a été longtemps la plus habituelle, simple dans son principe et assez coûteuse dans son application. Pour se procurer des billets, la banque commerciale « vend » à la Banque Centrale des traites sur ses clients, c'est-à-dire des titres qui matérialisent un crédit qu'elle a consenti elle-même à des clients. La traite est une promesse de payer, généralement dans quatre-vingt-dix jours, signée par un acheteur de l'entreprise. La Banque Centrale ne paiera pas 100 francs une traite de 100 francs. Elle ne versera que 100 francs diminués du taux de l'escompte. Elle fera son bénéfice trois mois plus tard lorsque, à l'échéance, la traite sera remboursée pour 100 francs.

Aujourd'hui la pratique la plus répandue est l'appel au « marché monétaire » ou « marché interbancaire ». Sur le marché interbancaire on trouve un représentant des grands organismes financiers : le Trésor Public, les banques (Société Générale, BNP, Crédit Lyonnais, etc.), des établissements comme le Crédit Foncier ou le Crédit National, bref des grands brasseurs d'argent qui peuvent avoir selon les moments un excédent ou un besoin d'argent. Et naturellement, la Banque de France intervient quand elle le juge bon.

Tous ces spécialistes sont en contact permanent par télex ou par téléphone, car tout va très vite. Qu'une grosse somme d'argent dorme vingt-quatre heures, et des centaines de milliers de francs sont perdus. Chacun doit donc connaître sa position à chaque instant, prêter s'il dispose d'excédents, emprunter s'il risque de se trouver à découvert (car il serait impensable qu'une banque soit à découvert). Comme sur tous les marchés, si l'offre est supérieure à la demande, le prix baisse. Si la demande est supérieure à l'offre, le prix augmente. *Le taux du marché monétaire, qui est le prix de l'argent à court terme, diminue ainsi en période d'abondance de monnaie. Il augmente en période de pénurie de monnaie, lorsque les banques ont beaucoup prêté et doivent se procurer des billets de la Banque Centrale.*

La Banque Centrale peut décider d'intervenir sur le marché monétaire pour éviter des à-coups qui désorienteraient inutilement l'économie. Pour les fêtes de fin d'année, par exemple, tout le monde va chercher de l'argent à la banque pour faire des courses. Les banques ont toutes besoin de billets. Le taux du marché monétaire pourrait augmenter brutalement, pour retomber aussi brutalement quelques jours plus tard lorsque les magasins dont les caisses se sont bien garnies à l'occasion des achats, portent à leur banque les billets encaissés. Il est plus simple pour tous que la Banque Centrale prête l'argent nécessaire pour passer sans encombres les derniers jours de l'année. La Banque Centrale régularise ainsi le marché.

Mais la Banque peut aussi décider de faire monter le taux d'intérêt. Pour cela, il lui suffit de refuser de prêter et d'« assécher » le marché monétaire. Les banques commerciales qui ont besoin d'argent devront le payer plus cher et le taux d'intérêt montera.

Revenons maintenant à nos questions de départ : d'où vient la monnaie ? Comment et pourquoi est-elle créée ? Comment disparaît-elle ?

D'où vient la monnaie (Acte 2) ?

Nous avons répondu à cette question pour les billets de la Banque Centrale. Nous n'avons pas encore répondu pour les comptes en banque.

Si je dépose 1.000 francs sur mon compte bancaire pour ensuite faire des chèques, il n'y a aucune création de monnaie. La banque est gardienne d'une quantité de monnaie qui préexistait et qu'elle me restitue à mesure de mes besoins. C'est généralement ainsi que procède la banque avec les particuliers.

Les choses sont différentes avec les entreprises. Comment créer une activité, la développer, financer des stocks sans pouvoir régler des fournisseurs, des salariés, des charges *avant de vendre ?* Pour cela il faut du crédit et pour avoir du crédit, l'entreprise fait appel à son banquier. Le banquier consent un crédit à son client et lui ouvre un compte avec une provision. *En même temps qu'il fait du crédit, il crée de la monnaie.*

Pour faire du crédit aux entreprises, le banquier peut prêter son propre argent (le capital de ses actionnaires), ou de l'argent qui lui a été prêté. Dans ce cas, c'est de l'argent existant qui circule. Mais s'il s'en tenait à cela, le banquier ne pourrait pas beaucoup développer son activité. C'est pourquoi il va plus loin. Il ouvre un compte à son client et l'autorise à tirer des chèques sur ce compte : c'est le découvert bancaire. S'il est sûr de son client, il ne demande aucune contrepartie, sauf bien entendu un taux d'intérêt. S'il est un peu moins sûr de son client, il lui demande, en plus du taux d'intérêt, de lui remettre des garanties de remboursement sous forme de traites (c'est l'escompte des traites commerciales) ou même d'hypothèques sur ses biens personnels. Mais quelle que soit la technique, c'est dans tous les cas de l'argent nouveau qui est créé à partir de rien. Il n'est pas facile de comprendre que de la monnaie puisse être créée à partir de rien, puis qu'elle se mette à circuler dans l'économie. Et pourtant rien n'est plus simple, montrons-le sur un exemple avant d'en voir les conséquences.

Le Crédit Immobilier de l'Ouest, banque commerciale, a autorisé un découvert de 8 millions de francs à l'Entreprise Immobilière de l'Ouest pour construire un immeuble de bureaux. L'entreprise peut donc faire des chèques pour 8 millions de francs. Elle rémunère l'architecte, achète les matériaux, paie les ouvriers par virement bancaire. Tout cela lui coûte 8 millions de francs. C'est précisément pour régler ses salariés et ses fournisseurs qu'elle avait emprunté. Au bout d'une année, elle a vendu son immeuble 12 millions de francs. Elle rembourse les 8 millions. Elle règle des intérêts à son banquier, soit 1 million de francs. Celui-ci n'est pas un philanthrope, il ne prête qu'à intérêt. Mais l'intérêt n'arrête pas notre entrepreneur puisqu'il reste au bout du compte un bénéfice de 3 millions de francs.

	Produit de la vente		12 millions
Moins :	charges	–	8 millions
	intérêts bancaires	–	1 million
Egale :	Bénéfice	=	3 millions

Que s'est-il passé ? Le banquier a créé de la monnaie supplémentaire (8 millions de francs) pendant un an. Cette monnaie est allée de l'entrepreneur aux fournisseurs et aux salariés, de ces derniers à des commerçants, etc. Elle a circulé. Au bout d'un an, l'entreprise a vendu ses bureaux. Elle a remboursé sa banque. Le découvert a été annulé. Les 8 millions de monnaie créés depuis un an ont donc été détruits. Le banquier a touché un intérêt. L'entreprise a fait des profits. Un immeuble a été construit. Bref, grâce au banquier et à son idée de faire du crédit et de créer de la monnaie, les affaires ont bien marché. Alors peut-on recommencer ? Et pourquoi pas à plus grande échelle ?

La réponse à ces deux questions est oui. On peut recommencer et à plus grande échelle. La plus grande part de l'activité des banquiers est précisément consacrée à créer de la monnaie en consentant des crédits à leurs clients. Cette monnaie n'existera qu'un temps, pendant la durée du crédit, elle disparaîtra ensuite. Mais comme de nouveaux prêts viennent sans cesse relayer les anciens pour lancer de nouvelles affaires ou de nouveaux produits, la masse monétaire ne cesse d'augmenter.

L'exemple précédent permet de comprendre que la quantité de monnaie qui circule dans une économie n'est pas le simple résultat d'un caprice du gouverneur de la Banque Centrale. C'est d'abord la contrepartie des affaires en cours. Ainsi s'explique qu'une politique « monétariste » rigoureuse, qui limiterait aveuglément l'augmentation de la masse monétaire et du même coup la distribution de crédit, pourrait conduire à la stagnation économique et au chômage. Cependant, il serait tout aussi dangereux d'ouvrir en grand les robinets du crédit sous prétexte de relancer les affaires car tout crédit ne sert pas à développer l'activité. Nous devons maintenant comprendre comment fonctionne la machine bancaire dans son ensemble et en particulier quelles sont les limites à la création de monnaie.

La machine bancaire

Les banques offrent à leur clientèle une très grande variété de services. Elles gèrent les comptes de dépôt, passent les ordres de bourse, proposent des comptes ou des plans d'épargne logement, des livrets d'épargne populaire, des comptes d'épargne en actions, des placements variés (Sicav, Codevi, fonds communs de placement, parts de sociétés immobilières, etc.). Elles changent les devises, font du crédit aux particuliers et aux entreprises, instruisent des dossiers pour différentes caisses spécialisées, disposent de coffre-forts, etc. L'activité bancaire correspond à de nombreux besoins des particuliers et des entreprises. Cette activité exige beaucoup de main-d'œuvre et de bureautique. A titre de comparaison, dans un pays comme la France, les banques emploient à peu près autant de personnes que la construction automobile.

Nous ne pouvons pas décrire ici chacune des activités bancaires. On y découvrirait sans doute des mondes insoupçonnés, tout aussi utiles au fonctionnement de l'économie que le tissage du coton, mais qui n'apparaissent pas aux yeux des particuliers. A titre d'exemple, nous soulèverons le voile sur un seul aspect de l'activité bancaire, le traitement des chèques.

Si vous recevez un chèque d'un correspondant, vous pouvez vous présenter à sa banque pour demander le paiement en billets de banque ou le virement à votre compte bancaire. Cependant, en général, les chèques circulent par correspondance. Lorsqu'il reçoit un chèque, le bénéficiaire le remet à sa propre banque pour qu'elle fasse le nécessaire et l'encaisse en son nom. Pour obtenir le paiement, le banquier du bénéficiaire (celui qui a reçu le chèque) doit le présenter au banquier du tireur (celui qui a signé le chèque). Ainsi, quotidiennement, les banquiers sont porteurs de chèques dont ils doivent encaisser le montant auprès de leurs confrères en les présentant matériellement à leurs agences. Pour éviter les va-et-vient permanents, les garçons de recette londoniens avaient pris l'habitude de se réunir et d'échanger les chèques. Cette habitude s'est généralisée et sur chaque place existent désormais des chambres de compensation. A titre d'exemple, la chambre de compensation des banquiers de Paris rassemble les chèques provenant d'environ 3.000 guichets de Paris et trois millions de chèques y sont échangés chaque jour.

Pour donner un aperçu de ce circuit, voyons comment la Banque de France le décrit dans une note d'information :

> « Dans une exploitation traditionnelle, le traitement des chèques fait largement appel à des procédés manuels. La création par les banques de réseaux de plus en plus denses d'agences, l'augmentation du nombre des comptes et le développement spectaculaire de la circulation des chèques, ont incité les banques à rechercher des procédés automatiques de traitement, à la faveur de l'introduction des ordinateurs dans la gestion administrative et, notamment, dans la tenue des comptes.
>
> La « ligne d'écriture magnétique » que tous les titulaires de compte ont remarqué au bas de leurs formules de chèques, répond à cette préoccupation.
>
> Cette ligne d'écriture est composée de caractères spéciaux, imprimés avec une encre comportant des particules d'oxyde de fer magnétisables. Leur graphisme comporte 7 bâtonnets verticaux qui déterminent entre eux 4 espacements étroits et 2 larges. Chaque caractère correspond à une combinaison particulière de ces divers espacements. Ce procédé est appelé CMC 7 (Caractères Magnétiques Collés à 7 bâtonnets).
>
> Lorsque les chèques ainsi marqués passent dans une trieuse-lectrice reliée à un ordinateur, les caractères sont d'abord magnétisés par l'action d'un champ magnétique, et lus ensuite de droite à gauche par une « tête de lecture » qui reconnaît les espacements entre les bâtonnets représentant chaque caractère. »

L'organisation générale des mouvements de fonds (règlement d'un client A à un client B)

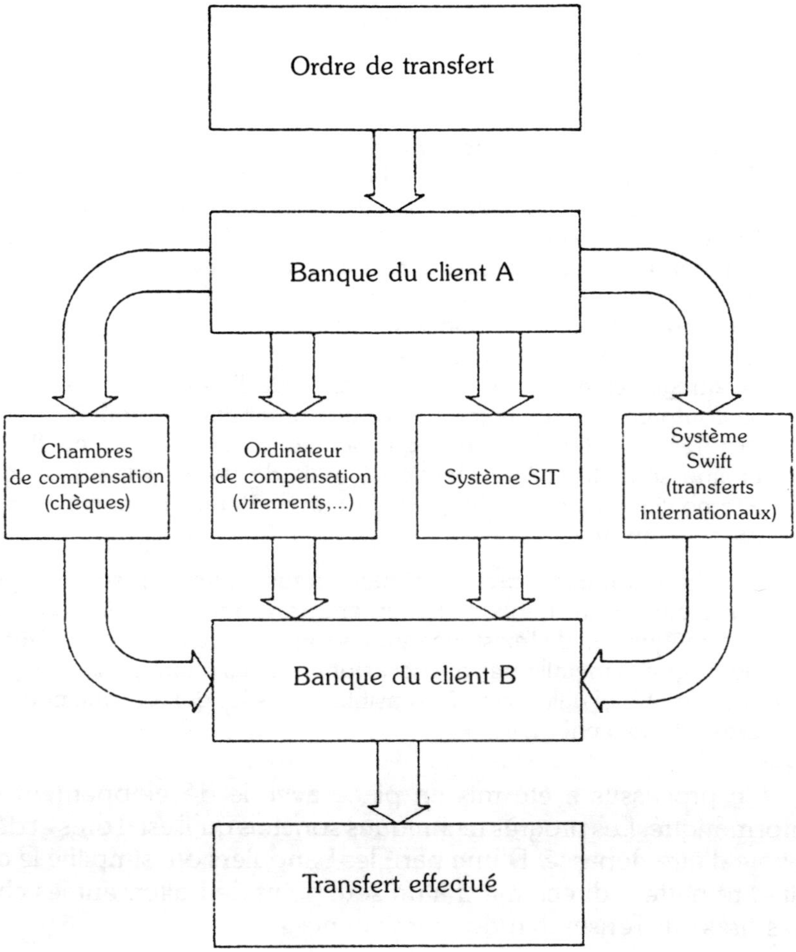

Le système SIT (Système Interbancaire de Compensation) s'insère dans le vaste circuit de la communication entre les banques.
A gauche, les échanges de papiers, principalement les chèques. Au centre gauche, les ordinateurs de compensations prennent en compte les échanges de supports magnétiques (bandes magnétiques d'ordinateurs).

Le système SIT fait appel à la télématique. Les ordinateurs se « parlent » entre eux par le réseau des PTT. Ce système prend en compte les virements, les prélèvements automatiques, les titres universels de paiement (par exemple la redevance télévision), les paiements par carte bancaire. Il permettra un jour d'échanger les *images* des chèques sans faire bouger les chèques.

Le marquage des chèques a lieu en deux temps : le « prémarquage » par le banquier avant la remise du carnet de chèques. C'est ce qui figure sur votre carnet de chèque. Le « post marquage » est effectué par le banquier à qui le bénéficiaire remet son chèque. Il consiste à ajouter le montant du chèque.

> « La mise en œuvre d'une technique de lecture directe des chèques a nécessité une définition très rigoureuse de la somme dont le respect conditionne le bon fonctionnement du traitement automatique : ... le papier à employer dans la fabrication des formules doit être dépourvu de toute particule métallique qui, magnétisée comme les caractères eux-mêmes, perturberait la lecture des composants de la ligne d'écriture magnétique ; il doit, d'autre part, présenter une résistance suffisante... Les opérations se déroulent à très grande vitesse : 700 à 1.000 chèques sont lus, triés et enregistrés à la minute. L'ambiance de l'atelier peut tout à fait se comparer à une chaîne de conditionnement de produits manufacturés, à cette différence que les séries constituées en fin de chaîne sont de calibre identique, mais de valeur variable et que « l'emballage » final de chaque lot est un bordereau comptable ajusté au centime près.
>
> Le rythme de travail est malheureusement trop souvent perturbé par des incidents de traitement provenant de la détérioration des chèques ou de l'existence sur les formules de fiches de référence ou d'agrafes métalliques qui occasionnent des pannes ou des rejets, car le matériel utilisé est très sensible à tous les défauts que peuvent présenter les chèques... ».

Ce processus a été mis en place avec le développement de l'informatique. Les progrès techniques sont tels qu'il est d'ores et déjà en voie d'être dépassé. D'une part, les banquiers ont simplifié le circuit et remettent directement à un seul point de traitement les chèques tirés sur l'ensemble de leurs agences.

D'autre part, ils cherchent à développer des moyens de paiement entièrement automatisables. On voit apparaître la carte à mémoire. Cette carte, qui ressemble aux banales cartes de crédit, peut disposer de « zones » de dépense débitées automatiquement par un terminal. Ceci signifie que vous achetez une carte chargée. A chaque achat, le montant de la somme dépensée est déduit automatiquement jusqu'à ce que la carte soit déchargée. C'est ce qui se passe avec les cartes de téléphone utilisables dans les cabines publiques. Le système qui a sans doute plus d'avenir est celui des « terminaux-points de vente ». Chaque commerçant a un terminal qui reconnaît votre carte, stocke en mémoire le montant de vos achats, puis envoie les informations recueillies à la banque pour débiter votre compte.

C'est un changement d'une grande ampleur qui se profile ainsi dans l'organisation du système de paiement. Ce changement exige des investissements et implique des coûts d'exploitation. Une bataille est engagée entre la banque et le commerce pour savoir qui va supporter ces coûts, étant entendu qu'en dernier ressort ils seront répercutés sur le consommateur.

L'informatique est entrée dans la banque comme elle est entrée partout. Mais les bouleversements qu'elle provoque sont peut-être plus importants qu'ailleurs parce que l'activité bancaire est une activité de conservation et de communication d'informations. Informatique et télématique sont donc au cœur de l'activité des banques. Bien plus que des auxiliaires de la gestion, ce sont de plus en plus des outils de production.

L'une des principales activités d'une banque est de faire communiquer ses agences entre elles et de communiquer avec d'autres banques. La plupart des banques disposent maintenant de réseaux de communication qui relient le siège et les agences. Pour communiquer entre elles, les banques s'associent pour constituer des réseaux. Par exemple, le réseau SWIFT permet aux banques du monde entier d'échanger entre elles des messages et des informations.

A l'intérieur des frontières, le Système Interbancaire de Télécompensation (SIT) se met en place pour assurer plusieurs millions de transferts de fonds par an par l'intermédiaire du réseau Transpac, le même que celui des messageries roses. Cependant, on ne risque pas de découvrir un message tendre sur son relevé de banque. Le téléphone peut servir à conclure des affaires comme à faire des déclarations d'amour. De même les réseaux de télécommunication publique sont des autoroutes électroniques sur lesquelles peuvent circuler des milliards ou des pseudonymes.

L'ordinateur a d'abord servi à tenir les comptes des clients et la comptabilité générale de la banque. Il devient aujourd'hui, connecté avec d'autres ordinateurs par des réseaux de télécommunication, le moyen de conserver les fonds et de les transférer. L'informatique devient ainsi la structure de base du système de circulation monétaire. A la grande informatique de masse s'ajoute aussi la nouvelle couche des micro-ordinateurs et de leurs logiciels sophistiqués. Ces logiciels peuvent traiter la question particulière que se pose chaque client, comparer plusieurs hypothèses d'investissements ou de placements, l'aider à la décision, voire même prochainement, avec l'apparition des « systèmes experts », y participer.

Ces aperçus montrent que l'activité bancaire est une activité industrielle. Les coûts de production sont élevés et le banquier doit, comme tout chef d'entreprise, les surveiller attentivement. L'affaire des « chèques payants » illustre le problème de la compression des coûts et de la réaction des consommateurs. Neuf personnes sur dix sont opposées au chèque payant. Il est pourtant facile de comprendre que la fabrication des carnets de chèque, leur expédition, leur traitement dans l'ordinateur de compensation emploie du personnel et des machines. Signer un petit chèque c'est déclencher un coût peut-être équivalent à la somme à payer. Qu'importe, peut-on penser, c'est le banquier qui paie ! Certes, mais le banquier a un compte d'exploitation à surveiller. Les charges qu'il ne fait pas payer d'un côté, il les récupère de l'autre, sur le coût du crédit, sur les commissions bancaires. La question n'est pas de savoir si les chèques sont gratuits ou payants. Le coût des chèques est toujours payé. La question est *par qui ?*

Les mécanismes du marché et de la concurrence s'appliquent aux banques comme à toutes les entreprises. Mais il faut admettre que la concurrence dans le secteur est traditionnellement moins forte que dans l'industrie. Le secteur bancaire est très réglementé et concentré. La tutelle de la Banque Centrale est forte et les usages de bonne conduite y sont anciens. Les banques sont en position de force puisque toutes les activités économiques ont besoin d'elles. Dans ces conditions, l'incitation à serrer les prix de revient peut sembler modérée, car il est toujours possible de répercuter sur les clients les frais de personnel ou les frais de fonctionnement. Cela a été longtemps vrai, mais la concurrence de l'étranger, la guerre financière internationale bouleversent désormais l'ordre bancaire. Nous y reviendrons.

Les limites à la création de monnaie

Les banques sont des entreprises. Elles ont comme les entreprises industrielles des recettes et des charges, un compte d'exploitation à équilibrer, le risque d'insolvabilité et de faillite, et la nécessité de faire face à la concurrence.

Quatre mécanismes spontanés contribuent à limiter la création de monnaie par les banques. Un cinquième vient d'en haut, c'est la politique monétaire imposée par la Banque Centrale et le Ministre des Finances. Dans ce paragraphe nous examinerons les mécanismes spontanés, et de quelle manière ils limitent la création de monnaie.

Première limite : la demande de crédit

Pour que la banque développe le crédit, il faut que des clients lui en demandent. La demande de crédit dépend du rythme des affaires et du taux d'intérêt. Les affaires ne sont pas toujours bonnes. Lorsque les perspectives sont mauvaises, les entreprises hésitent à se risquer à de nouveaux projets, surtout si le taux d'intérêt est élevé. La demande de crédit stagne. Les banques pourraient prêter, mais ce sont les clients qui manquent.

Deuxième limite : la « fuite »

Lorsqu'un compte est ouvert à une entreprise, celle-ci va payer d'autres entreprises, clientes d'autres banques. C'est la « fuite ». Reprenons notre exemple. Le Crédit Immobilier de l'Ouest a ouvert un compte avec 8 millions de francs à l'Entreprise Immobilière de l'Ouest. Celle-ci paie ses fournisseurs et ses salariés par chèque ou virement à leur compte bancaire. Si les fournisseurs et salariés sont tous au Crédit Immobilier, tout va bien. Mais que se passe-t-il si certains d'entre eux sont au Crédit Mutuel ? Le Crédit Immobilier va devoir virer une somme au Crédit Mutuel. Il ne peut pas le faire par un chèque sur lui-même car le Crédit Mutuel ne pourrait rien en faire et ne l'accepterait pas. Les banques ne peuvent se régler entre elles que dans une monnaie acceptable par toutes, et cette monnaie, c'est la monnaie de la Banque Centrale. Dans toutes les grandes villes, des représentants des banques se réunissent chaque jour avec tous les chèques remis par leurs clients pour une séance de compensation. Si le Crédit Immobilier doit 3 au Crédit Mutuel et le Crédit Mutuel doit 2 au Crédit Immobilier, il ne restera que 1 à virer. Si le compte du Crédit Immobilier à la Banque Centrale est approvisionné, il lui suffira de donner un ordre de virement de 1 million au profit du Crédit Mutuel. Si, en revanche, le solde du Crédit Immobilier à la Banque Centrale était insuffisant, le Crédit Immobilier devrait se procurer de l'argent par tous les moyens, escompte ou marché monétaire, ce qui lui coûterait un intérêt.

Il y a donc des « fuites » dans la distribution de crédit par une banque. Plus la banque a une clientèle importante, plus elle récupèrera les virements qui s'opèrent entre ses clients et évitera ainsi de recourir à la Banque Centrale ou au marché monétaire. En revanche, plus les fuites sont nombreuses, plus la banque aura besoin de faire elle-même appel à d'autres, et moins en définitive elle fera de bénéfices. Une banque a donc plus que toute autre entreprise intérêt à avoir une large part du marché. Plus le nombre de déposants et de clients est élevé, plus les chances que les paiements se fassent entre eux sont grandes. Ce souhait de conquérir des parts de marchés explique que dans les belles années d'expansion tant de boutiques bien placées aient fait place à des agences de banques. Il s'agissait de s'implanter largement, de développer la clientèle et d'éviter ainsi des fuites vers les réseaux concurrents.

Le Trésor Public lui-même n'échappe pas à ce mécanisme. Le Trésor crée de la monnaie en réglant par chèque postal les

La masse monétaire : de M1 à L

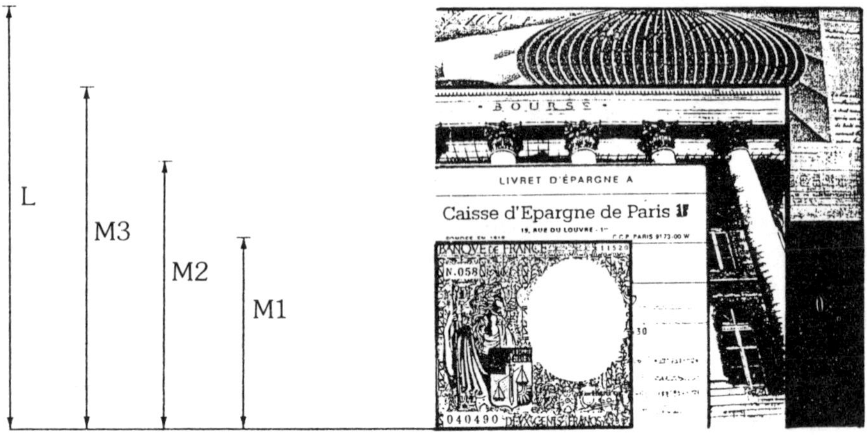

Billets de banque,
monnaie et
dépôts à vue
(comptes en banque)
= M1

⊕ comptes d'épargne et
comptes sur livrets à la banque
= M2

⊕ dépôts à terme et bons de caisse
et certificats de dépôts (nouveau produit)
= M3

⊕ bons du Trésor et papier
commercial (émis par des entreprises)
= L

La masse monétaire est l'ensemble des moyens de paiement qui existent dans l'économie. Elle comprend bien sûr les billets et les pièces, mais aussi les dépôts en banque qui permettent de payer par chèque ou par carte. On peut aussi conserver son argent disponible en comptes d'épargne ou sous d'autres formes. Il y a plusieurs définitions de la masse monétaire, donc plusieurs masses monétaires qui s'emboîtent les unes dans les autres comme des poupées russes, selon qu'on retient des placements de moins en moins liquides.

fonctionnaires et les fournisseurs de l'Etat. Une partie de cette monnaie reste sur des comptes chèques postaux en circulant de l'un à l'autre. Mais le circuit monétaire du Trésor n'est pas fermé. Il ne pourrait l'être que dans une économie où il n'y aurait que des fonctionnaires et des magasins d'Etat. Les fonctionnaires seraient alors payés à leur compte postal. Et celui-ci serait débité à l'occasion de leurs achats dans les magasins d'Etat. Dans cette économie, le Trésor n'aurait pas besoin de faire appel à la Banque Centrale. Ce serait pour lui une grande commodité. Mais les économies de marché ne fonctionnent pas ainsi. Les magasins sont à des patrons privés qui se font concurrence. Le crédit est distribué par des banques qui se font concurrence. Le système est plus décentralisé, il est donc plus complexe. Car les règles d'équilibre ne viennent pas d'en haut mais de la concurrence entre les banques. Ce qui en est attendu, c'est plus de souplesse et plus d'efficacité.

Troisième limite : le risque

Il ne suffit pas de demander un crédit pour l'obtenir. Les banquiers sont des gens prudents. Pour prêter, ils demandent des garanties, ils veulent des explications. Ils analysent des bilans. Bref il faut démontrer que l'affaire est saine et que leur argent leur sera rendu. Reprenons une fois encore notre exemple. Que se passe-t-il si l'Entreprise Immobilière fait de mauvaises affaires ? Son immeuble ne peut se vendre que 7 millions. Les coûts sont toujours de 8 et les intérêts de 1, soit au total 9 millions. Il y a une perte de 2 millions. L'entreprise ne peut pas rembourser son banquier ni faire face à ses échéances, elle est mise en faillite. L'entrepreneur perd son capital, mais le grand perdant c'est le banquier qui, sur les 8 millions prêtés, ne reverra jamais 2 millions (1 million sur le capital prêté, et 1 million d'intérêt).

Dans les périodes difficiles, où les faillites sont nombreuses, les banquiers redoublent de prudence. Si leurs clients tombent en faillite, c'est une perte sèche pour la banque, et à la limite, la banque elle-même peut se trouver en difficulté.

Quatrième limite : le profit

Le profit fait la synthèse des autres limites. La banque est faite, comme toutes les entreprises, pour gagner de l'argent. Elle doit donc conduire sa gestion de manière telle que les intérêts reçus sur ses crédits laissent un bénéfice après déduction 1) des intérêts qu'elle-même doit verser pour se refinancer auprès de la Banque Centrale ou sur le marché monétaire et 2) de ses coûts de fonctionnement. Lorsque le taux du marché monétaire et le taux d'escompte augmentent, les banques augmentent leur propre taux. Mais elles ne peuvent le faire que pour les crédits nouveaux. Si l'augmentation est brutale, les banques peuvent alors se trouver en difficulté. C'est arrivé, après la première crise du pétrole, à d'excellentes banques. De nos jours, les banques font rarement faillite. Elles sont gérées avec prudence, surveillées et encadrées par la Banque Centrale qui limite leur action par la « politique monétaire ».

La cinquième limite est la « politique monétaire »

La politique monétaire c'est l'ensemble des réglementations que la Banque Centrale impose aux autres banques. Il s'agit d'assurer la sécurité des déposants en vérifiant la bonne gestion des banques, en surveillant les chèques sans provision, en imposant à tous des règles de prudence. Il s'agit aussi d'harmoniser la création de monnaie avec la politique économique d'ensemble. C'est le rôle de la Banque Centrale.

La politique monétaire et l'équilibre économique

Dans l'ensemble du système bancaire, la Banque Centrale n'a ni les mêmes problèmes, ni les mêmes limites que les banques. Elle n'a que les limites qu'elle se donne. Ces limites sont celles de sa fonction. Au sommet de l'édifice bancaire, la Banque Centrale doit veiller au bon fonctionnement de l'économie, et en particulier de la monnaie.

Or la monnaie repose sur la confiance. Le papier-monnaie, c'est du papier-confiance. Et la confiance dans la monnaie ne va pas de soi. C'est une acquisition récente de la société moderne. Elle s'est faite au prix de nombreux essais et de plusieurs échecs. Pendant presque toute l'histoire de l'humanité, la monnaie était constituée par des espèces sonnantes et trébuchantes, et la confiance qu'elle inspirait était proportionnelle à son poids d'or et d'argent, garantie par celui qui avait conquis le privilège de battre la monnaie : le Sénat de Rome, l'Empereur, les princes, les monarques, puis les Etats. Ce système avait sa simplicité et ses sécurités.

Il avait aussi ses inconvénients, car la monnaie dépendait directement du souverrain. Et de tous temps, la monnaie a été manipulée : par exemple, le livre tournois, unité de monnaie sous l'Ancien Régime, est passée de 80,84 grammes d'argent sous le règne de Saint-Louis à 4,50 grammes à la veille de la Révolution Française. Cette tradition, vieille comme l'impôt, montre bien que la monnaie n'a jamais résisté aux besoins de l'économie et des gouvernants.

Le système de la monnaie liée à un métal précieux (or ou argent) était rigide. La quantité de monnaie était fixée par la quantité de métal disponible. Elle ne pouvait pas s'adapter facilement aux besoins de moyens de paiement nécessaires au développement économique. La monnaie-or n'a pas pu résister à la grande croissance du dix-neuvième et vingtième siècle, et à l'appétit de crédit qu'elle a suscité. La monnaie-métal a progressivement fait place à la monnaie-papier. Le dernier avatar de cette séparation de corps entre l'or et la monnaie est au demeurant récente puisqu'elle date du 15 août 1971. Jusqu'à cette date, le dollar était convertible en or au prix de 35 dollars l'once d'or. Les pays qui disposaient de dollars pouvaient présenter ces dollars à la Réserve Fédérale des Etats-Unis et obtenir de l'or. Les autres pays avaient renoncé à la convertibilité en or de leurs billets depuis bien longtemps. Lorsque le 15 août 1971, les Etats-Unis ont renoncé à la convertibilité-or du dollar, le monde entier est arrivé progressivement au système de la monnaie-papier.

Le système de la monnaie-papier n'a pas d'autre sécurité que la sagesse des banquiers. Est-il assuré de fonctionner correctement ? Risque-t-il de se dérégler ? Nous avons montré que monnaie et crédit sont le côté pile et le côté face d'une même pièce. Cela montre aussi où est le risque. Pour que le système fonctionne bien, il faut que les crédits qui sont à l'origine de la création de monnaie soient bien utilisés et régulièrement remboursés. Et pour cela, il faut que les entreprises fassent des bénéfices, que les affaires soient bonnes et rentables.

La création de monnaie est nécessaire au développement de l'activité économique et, à trop limiter la monnaie, on peut mettre en péril l'économie toute entière. Mais la création de monnaie peut aussi être dévoyée et ne servir en définitive qu'à alimenter l'inflation. Reprenons une nouvelle fois notre exemple d'immeubles de bureaux pour montrer comment.

L'entreprise Immobilière de l'Ouest souhaite construire un deuxième immeuble, identique au précédent. Elle se contente donc de maintenir son activité, sans diminution ni extension. Cependant, depuis le premier immeuble, les salariés ont réclamé des augmentation de salaires, les prix des matériaux ont augmenté, les charges sociales et les impôts sont plus lourds. L'entreprise refait son budget sur de nouvelles bases.

Charges	10 millions
Intérêts bancaires	2,5 millions
Bénéfice attendu	2,5 millions
Prix de vente du nouvel immeuble	15 millions

Le crédit nécessaire pour la réalisation du nouvel immeuble est de 10 millions, et le prix de vente de cet immeuble de 15 millions. L'expansion de 8 millions à 10 millions du crédit et de la création de monnaie équivalente ne sert qu'à financer la hausse des prix et des salaires ! L'accroissement du crédit n'est pas la cause de l'inflation. Cette cause est l'augmentation des éléments du prix de revient et de la marge bénéficiaire, mais on peut dire que le crédit a *permis* la hausse des prix. Ce n'est pas le banquier qui fait les prix, c'est le chef d'entreprise. Ce dernier constate que tout augmente et qu'il doit donc ajuster ses prix pour ne pas prendre du retard. On voit aussi par cet exemple que personne n'est responsable de l'inflation, mais que tout le monde y contribue. Nous y reviendrons.

Pour les banquiers, et pour les responsables de la politique monétaire, le choix est difficile. En renouvelant les crédits, on se fait d'une certaine manière complice de l'inflation. En les refusant, on risque de provoquer la chute brutale de l'activité économique. Un jour ou l'autre, l'entreprise qui perd de l'argent ne peut plus faire face à ses échéances, elle se trouve en cessation de paiements. Elle peut entraîner dans sa faillite certains fournisseurs et sous-traitants, privés des rentrées attendus. Elle risque de mettre en difficulté les banques qui lui ont fait crédit.

Dans le passé, les crises économiques entraînaient avec elles une succession de faillites, y compris le cas échéant des faillites de banques. Les banques étaient nombreuses et de taille réduite, ce qui limitait les effets de ces faillites. Les porteurs d'actions, mais aussi des déposants anonymes perdaient une partie ou la totalité de leur bien. Au bout d'un certain temps, les « excédents » de crédit (et de monnaie) étant en quelque sorte résorbés, l'économie pouvait repartir d'un bon pied.

Dans la période actuelle, on tolère mal les disparitions d'entreprises, en particulier des grands entreprises. Pour éviter les faillites, ce qui dans certains cas ne fait que les reporter, il est tentant de renouveler et de prolonger les crédits aux entreprises en difficulté, et de gonfler ainsi la masse de monnaie. Pour la petite entreprise locale, le banquier est souvent sévère. Si cette entreprise disparaît, il n'y a pas de gros titres dans les journaux. En revanche, c'est une lourde responsabilité sociale de mettre en liquidation une entreprise qui emploie des milliers de salariés. Le banquier hésite à prendre cette responsabilité. Tant qu'il est lui-même couvert par la Banque Centrale, il renouvelle ses crédits avec l'espoir que l'entreprise se rétablira. Dans les années de crise, les banques ont ainsi été amenées à faire de gros crédits pour financer des déficits d'exploitation. En procédant ainsi, on ne fait que reporter les échéances. Un jour ou l'autre, il faut bien une issue. Ou bien l'Etat (c'est-à-dire le contribuable) intervient et prend en charge le déficit cumulé et le répartit entre les contribuables, comme ce fut le cas pour la sidérurgie. Ou bien la banque met ses clients en demeure de rétablir leur situation. Pour sortir de l'impasse et retrouver une rentabilité suffisante, les entreprises en difficultés licencient et augmentent leurs prix. Cela explique que l'on ait connu à la fois le chômage, la hausse des prix et le gonflement de la monnaie.

La Banque Centrale et les banques commerciales

Le rêve de tous les pouvoirs est de soumettre l'économie aux décisions politiques. Plus d'une fois, ce rêve a cherché sa concrétisation au travers de la monnaie. Les banques jouent en effet un rôle stratégique dans l'économie, et il est tentant pour l'Etat d'étendre son pouvoir en les annexant. Pour contrôler l'économie soviétique, Lénine ne voulait qu'une seule banque aux ordres du Parti Communiste.

Cette philosophie traduit une vision naïve et partielle du rôle des banques, du fonctionnement réel de l'ensemble du système bancaire et de la nature de la monnaie dans l'économie moderne. Pour mieux comprendre ce rôle, il est utile de rappeler sommairement comment les banques et la monnaie actuelles sont apparues.

Pendant de nombreux siècles, la monnaie utilisée au sein d'une communauté humaine s'est identifiée avec une matière physique, en général l'or ou l'argent. La quantité de monnaie en circulation dans la communauté était fixée par la masse de métal disponible, extraite du sol national ou importée de l'étranger. L'« importation » de métal pouvait résulter de la vente de poteries, d'armes ou d'esclaves . Elle pouvait aussi provenir de la conquête de territoires miniers, de la rapine ou de tributs versés par les populations soumises.

Tant que la monnaie s'identifiait avec un métal, le rôle des banquiers était limité. Ils pouvaient *garder* en lieu sûr la monnaie de leurs clients, et éventuellement *prêter* leur propre argent. Mais *ils ne pouvaient pas créer de la monnaie supplémentaire.*

Progressivement, au cours des dix-neuvième et vingtième siècle, la monnaie s'est séparée de tout support matériel. Elle a pris les formes de simples billets ou de comptes tenus par les banques, formes que nous lui connaissons aujourd'hui. Les banques ont alors découvert qu'elles avaient le pouvoir de créer de la monnaie en prêtant à leurs clients non pas leur propre argent, non par l'argent de leurs déposants, mais de l'argent créé par elles selon un mécanisme que nous avons déjà décrit. La responsabilité des banques s'est donc largement étendue. Elles ont bien conservé leur rôle traditionnel en gérant des opérations matérielles de paiement : tenue des comptes, virements de compte à compte, délivrances des billets pour les petites opérations courantes. Mais elles ont conquis un deuxième rôle essentiel dans l'économie moderne : celui de prêter ou de ne pas prêter, d'accepter ou de refuser un crédit. Et comme le crédit sert généralement à créer ou à développer une activité de production ou de commerce, les banquiers ont acquis un pouvoir de fait qui est de *choisir les projets ou les activités à soutenir et les projets ou les activités à bloquer.*

Dans une économie en mouvement, où de la monnaie est sans cesse créée et sans cesse détruite, cette fonction de choix et d'orientation économique est inséparable de la fonction de banque. Et c'est pour cela que les régimes socialistes ont généralement souhaité contrôler, voire étatiser les banques.

Comment le crédit peut-il être organisé dans un pays? Une solution extrême est celle de Lénine : une banque unique nationale, disposant bien sûr de nombreuses agences, mais entièrement soumise à un pouvoir politique central.

A l'autre extrême, on peut concevoir une décentralisation complète de l'activité de banquier, chacun pouvant ouvrir à sa guise un guichet de crédit et de dépôt avec comme seule contrainte la solvabilité... ou la disparition. Le problème est que la disparition d'une banque pose plus de problèmes que la disparition d'une entreprise commerciale quelconque.

Lorsqu'un fabricant de chemise tombe en faillite, c'est une marque de chemises qui disparaît des rayons des magasins et quelques salariés qui sont au chômage. Lorsqu'une banque ferme ses portes, c'est beaucoup de déposants qui peuvent se trouver ruinés, et les déposants des autres banques qui peuvent s'affoler. L'ordre social est donc directement mis en cause. C'est pourquoi les Etats réglementent, organisent et contrôlent toujours la profession bancaire. Plusieurs méthodes existent : surveillance de la moralité des candidats banquiers ; déclaration pour connaître leurs activités professionnelles antérieures ; obligation de disposer d'un capital de départ conséquent ; multiples comptes rendus d'activité ; assurance mutuelle des déposants contre le risque de faillite de leur banque (c'est le cas aux États-Unis) ; enfin possibilité pour les banques qui ont un besoin de trésorerie de se retourner vers la Banque Centrale, qui joue le rôle de « prêteur en dernier ressort ». La Banque Centrale peut toujours jouer ce rôle puisqu'elle peut faire du crédit sans aucune contrainte.

En résumé, le secteur bancaire est généralement plus organisé et plus administré que la plupart des autres secteurs d'activité. Il convient néanmoins de ne pas oublier qu'il obéit aux mêmes règles de solvabilité, de rentabilité et de productivité que les autres entreprises. Dans nos pays où la règle est la liberté de l'entreprise, on perçoit surtout l'aspect réglementé de l'activité bancaire, et on tend à oublier que les moteurs des banques, le moteur monétaire et le moteur du crédit, sont comme ailleurs la concurrence et la rentabilité. On le redécouvre avec force dans les pays qui ont prétendu remplacer le marché par l'Etat. Voici par exemple comment La Tribune de l'Economie rendait compte récemment des tentatives de réforme bancaire en Chine, pour retrouver le marché perdu* :

> « La réforme bancaire, qui a scindé les banques en une banque centrale (Banque Populaire de Chine) et quatre banques spécialisées

(Banque de Chine, Banque pour la Construction, Banque Agricole, Banque Industrielle et Commerciale) en 1983, n'a abouti « qu'à mettre le vieux vin dans de nouvelles bouteilles », a déclaré M. Qian Jiaju dans un quotidien procommuniste de Hong Kong, le Ta Kung Pao.

Appelant à une séparation sans équivoque des banques d'Etat et de l'appareil bureaucratique ainsi qu'à leur émancipation au rang de « véritables entités financières indépendantes », il rappelle l'esprit des réformes telles que les conçoit Deng Xiaoping lui-même.

Indépendantes, elles devraient aussi être responsables de leurs pertes et profits, tandis que la Banque Populaire resterait confinée dans son rôle de « supervision ». Mais accuse M. Qian, les entreprises, profitables ou non, continuent de s'alimenter aux banques qui, pour faire face, font rouler la planche à billets. L'inflation record en 1984 en a été la conséquence, suivie par le resserrement du crédit par en haut, une pratique administrative, selon M. Qian. Si la Chine n'abandonne pas ces méthodes anciennes, il deviendra de plus en plus difficile de tenir les rênes de l'économie, et d'éviter notamment un surinvestissement dans la construction. A l'heure actuelle, explique-t-il, les projets de construction sont tous décidés à l'échelle gouvernementale sans considération de rentabilité. Les banques se contentent de distribuer les fonds. C'est le gouvernement et non les banques ou les entreprises, qui endosse les risques.

M. Qian propose que la banque centrale réponde de ses activités auprès du Congrès national du peuple (Assemblée nationale) et non plus du Conseil d'Etat. Il est logique, explique-t-il, que ce soit les banques spécialisées, études de faisabilité en main, qui décident de la viabilité des projets. Pour devenir performantes, elles doivent « casser le bol de riz en fer » et assumer leurs responsabilités économiques et légales, y compris le risque de faillite. »

En cherchant l'efficacité économique, la Chine redécouvre les règles fondamentales de la banque qui ne sont autres que les règles du marché.

— avec une centralisation excessive du pouvoir financier, les projets sont tous décidés à l'échelle gouvernementale *sans considération de rentabilité ;*

— c'est alors le gouvernement, et non les banques ou les entreprises, qui endosse les *risques ;*

— les banques se contentent de *distribuer les fonds* et de faire rouler la planche à billets, et *d'alimenter l'inflation ;*

— la *viabilité des projets* n'est pas étudiée par des spécialistes, et l'investissement est mal réparti.

Pour que l'économie fonctionne correctement, il faut que les banques soient de véritables entités financières indépendantes, qu'elles étudient la viabilité des projets et qu'elles assument leurs responsabilités économiques et légales, y compris le risque de faillite.

Les banques ont ainsi deux fonctions économiques fondamentales : la gestion des paiements, qui règle le fonctionnement d'une économie d'échanges, et la sélection des projets, qui détermine les choix de production de l'économie. Ces rôles doivent maintenant être replacés dans les mécanismes plus vastes du marché des capitaux.

CHAPITRE 9

La bourse et le marché des capitaux

Pour se développer, l'économie d'échanges et de division du travail doit s'appuyer sur un vaste secteur financier. La dissociation de la production et de la consommation, et plus généralement du revenu et de la dépense, pose en effet le problème du financement de l'économie. Certaines unités économiques ont momentanément ou durablement un revenu supérieur à leurs dépenses. Elles disposent d'un excédent dont elles recherchent l'emploi. D'autres unités souhaitent dépenser plus que leur revenu. Elles sont en quête de capitaux. La principale fonction économique des intermédiaires financiers, pris dans leur sens le plus large, est de rapprocher les besoins de financement des unités déficitaires et les besoins de placement des unités en excédent.

Dans une vision très schématique, on pourrait admettre que les entreprises ont besoin de capitaux pour investir et que les ménages ont une épargne à placer. Le rôle des intermédiaires financiers serait de collecter l'épargne des ménages pour financer les entreprises. La réalité des circuits financiers est beaucoup plus complexe. Tout le monde peut avoir besoin d'argent. Et tout le monde peut avoir de l'argent à placer. Et — pourquoi pas ? — en même temps. Ainsi on emprunte pour se loger. Mais en même temps on conserve des disponibilités sur un livret de caisse d'épargne et on effectue des versements sur un plan d'épargne-retraite. Une entreprise peut émettre des actions pour augmenter son capital, en acheter d'autres pour prendre une participation dans une autre entreprise, et faire divers placements financiers pour gérer sa trésorerie en fonction de ses échéances.

Comment s'organise ce vaste mouvement de capitaux entre de nombreux partenaires ? Comment s'articule-t-il avec la création de monnaie, décrite au précédent chapitre ? Quel est le rôle des « intermédiaires financiers » dans la circulation de l'argent ? Enfin, que se passe-t-il donc aujourd'hui pour qu'après avoir découvert les « nouveaux philosophes » et la « nouvelle cuisine », on parle maintenant de plus en plus de « nouveaux produits » et de « nouveaux marchés » financiers ?

Les placements, ou que faire de son argent ?

On ne dépense généralement pas tout ce qu'on gagne. Une partie est épargnée et placée pour recevoir des revenus de placement ou pour disposer d'un capital plus tard. La question se pose alors : que faire de son argent ?

Il est toujours possible de le laisser dormir en billets ou sur un compte bancaire. On peut alors en disposer à tout moment. L'argent est *disponible*, ou *liquide*. Il peut circuler immédiatement. Mais cela ne rapporte rien. Au-delà d'une certaine somme, il est recommandé de faire travailler son argent.

Plusieurs solutions sont possibles, chacune comportant des avantages et des inconvénients : l'immobilier ? C'est un placement sûr et il rapporte un loyer. Mais comme le nom l'indique, l'argent est immobilisé pour un bon moment. La Bourse ? Les valeurs mobilières rapportent des dividendes ou des intérêts. On peut les revendre rapidement, mais avec un risque de perte qui peut être important. Les plans et comptes d'épargne ? Ce sont des placements sûrs et disponibles, mais de faible rendement.

Plusieurs critères interviennent dans le choix : 1) la *disponiblité* ou *liquidité*, c'est-à-dire le délai dans lequel on peut récupérer son argent, 2) la *rentabilité*, ou revenu obtenu pour 100 francs de capital, 3) le *risque*, qui mesure les chances de retrouver exactement la somme placée, 4) la *plus-value* ou *moins-value*, différence entre la somme placée et ce que l'on récupère en cas de revente. Il faut enfin tenir compte du prélèvement de *la fiscalité*, qui diminue généralement la rentabilité et écorne la plus-value.

Le placement idéal serait un placement sûr, fortement rémunérateur et immédiatement disponible en cas de besoin. Mais ce placement n'existe pas. La raison en est simple. Pourquoi votre argent est-il rémunéré ? 1) Ou bien parce que la personne qui en a besoin souhaite en disposer assez de temps (de un jour à quinze ans), et généralement pour une durée convenue à l'avance, 2) Ou bien parce que vous prenez un risque avec elle. La disponibilité et la rentabilité sont donc relativement contradictoire. Un placement disponible à tout moment sera généralement moins rémunéré qu'un placement durablement indisponible. Lorsqu'il n'est pas disponible pour le prêteur, l'argent est disponible pour l'emprunteur, et c'est bien cela que ce dernier rémunère par des intérêts. De même, un placement absolument sûr sera moins rémunéré qu'un placement risqué. Par exemple des actions peuvent rapporter plus que la caisse d'épargne. Mais l'action peut baisser alors que l'on peut toujours retirer son argent, au franc près, de la caisse d'épargne. Inversement, une action peut rapporter moins que la caisse d'épargne si elle offre une belle perspective de plus-value.

C'est parce qu'aucun placement ne peut réunir à la fois toutes les qualités que la sagesse populaire conseille généralement de ne pas « mettre tous ses œufs dans le même panier ». La prudence est de diversifier son capital : un peu de placements disponibles pour faire face à des dépenses imprévues car la vie réserve toujours des surprises, un peu de placements rémunérateurs pour ne pas laisser dormir tout son argent, et pas trop de placements risqués, même s'ils procurent en contrepartie des espoirs de plus-values, parce qu'on risque de perdre gros. Le partage dépend des goûts, des besoins et de la situation de chacun.

La gamme des besoins des épargnants est ainsi la première cause de diversité des produits financiers. Mais il faut aussi tenir compte des souhaits des emprunteurs, en dehors desquels il ne peut pas y avoir de produits financiers.

De l'argent, pour quoi faire ?

Si l'on excepte l'héritage et la loterie nationale, il n'y a que deux manières de se procurer de l'argent : le gagner ou l'emprunter. La différence est essentielle. L'argent gagné est effectivement acquis et il peut être définitivement dépensé. *L'argent emprunté doit être rémunéré, et il doit être rendu.* Par exemple, un emprunt de 10 000 francs à 9,20 % sur 25 ans pourra « coûter » en somme à reverser, intérêts et capital, presque 30 000 francs ! C'est dire qu'il faut être attentif au coût de l'argent, et aux caractéristiques du prêt !

Qui a besoin d'argent ? Et pour quoi en faire ?

D'abord vous et mois, principalement pour acquérir un logement. Se loger est une nécessité de la vie et on ne peut pas attendre d'avoir économisé toute sa vie pour se loger. Si on souhaite être propriétaire rapidement, il faut généralement emprunter à long terme. Les remboursements, capital et intérêts, seront par la suite prélevés sur les revenus du ménage ? Pour apprécier l'intérêt économique de l'opération, il faut comparer le coût de l'argent et le loyer courant des logements pour la période présente et pour la période future.

Enfin, il faut se demander ce que l'on ferait de ses économies si on choisissait de louer. Le bilan d'ensemble conduit le plus souvent à choisir l'achat, quand il est possible.

Les collectivités publiques, au premier rang desquelles l'Etat, sont aussi consommatrices de capitaux. Ce qu'elles prélèvent par l'impôt ne suffit pas pour assurer leurs dépenses courantes et leurs investissements. Elles empruntent auprès du public et auprès des organismes financiers. La justification économique de l'emprunt public est controversée. En s'endettant, une collectivité peut dépenser plus. Mais le coût de la dette pèsera sur les générations futures. S'il s'agit de financer une route, un pont, des hôpitaux, générateurs de recettes futures, ou au moins d'un accroissement de la productivité nationale, on peut mettre un avantage économique en face du coût de l'emprunt. Mais s'il s'agit de financer des dépenses de fonctionnement courant des administrations, l'emprunt revient à faire payer par les futurs contribuables ce que les contribuables d'aujourd'hui refusent de payer. Or, rien ne permet de garantir que les contribuables de demain seront plus riches et apprécieront d'avoir eu ainsi la main forcée.

Les entreprises industrielles et commerciales ont généralement des besoins financiers importants. Les financiers distinguent souvent les besoins de capitaux permanents et les besoins de capitaux circulants.

Les besoins permanents correspondent aux investissements et au fonds de roulement nécessaire à la sécurité de l'entreprise. Ils doivent normalement être couverts par des capitaux permanents : fonds propres apportés par les actionnaires, autofinancement dégagé sur les profits passés, prêts à long terme des épargnants (obligations), ou crédits à long terme des organismes financiers (prêts aux investissements).

Les besoins de capitaux circulants correspondent au cycle d'exploitation de l'entreprise. Il faut produire avant de vendre. Il faut donc avancer de l'argent que l'on récupérera un peu plus tard et, à moins d'en disposer soi-même, l'emprunter auprès des banques pour une durée de quelques semaines ou de quelques mois, éventuellement renouvelables.

Au total, les entreprises font donc largement appel aux différentes sources de financement. Elles sont parties prenantes dans le circuit financier dans lequel il convient maintenant de rentrer.

Le circuit financier

A tout instant, des unités économiques disposent d'excédents financiers à placer. D'autres, et quelquefois les mêmes, ont des besoins de capitaux. Comme toujours dans l'économie, l'existence d'un besoin suscite une offre et l'apparition d'intermédiaires pour rapprocher offreurs et demandeurs. Dans le domaine de l'argent, ces intermédiaires sont les intermédiaires financiers. Le circuit économique décrit au chapitre 6 montrait comment s'articulaient ensemble la production, les revenus et l'épargne. La distribution des capitaux, à laquelle nous nous intéressons ici, est complexe, et peut emprunter plusieurs canaux.

1) Un premier canal rapproche *directement* les épargnants et les emprunteurs. Les transactions se nouent directement entre eux. C'est par exemple le cas pour les actions et les obligations émises

La circulation des capitaux

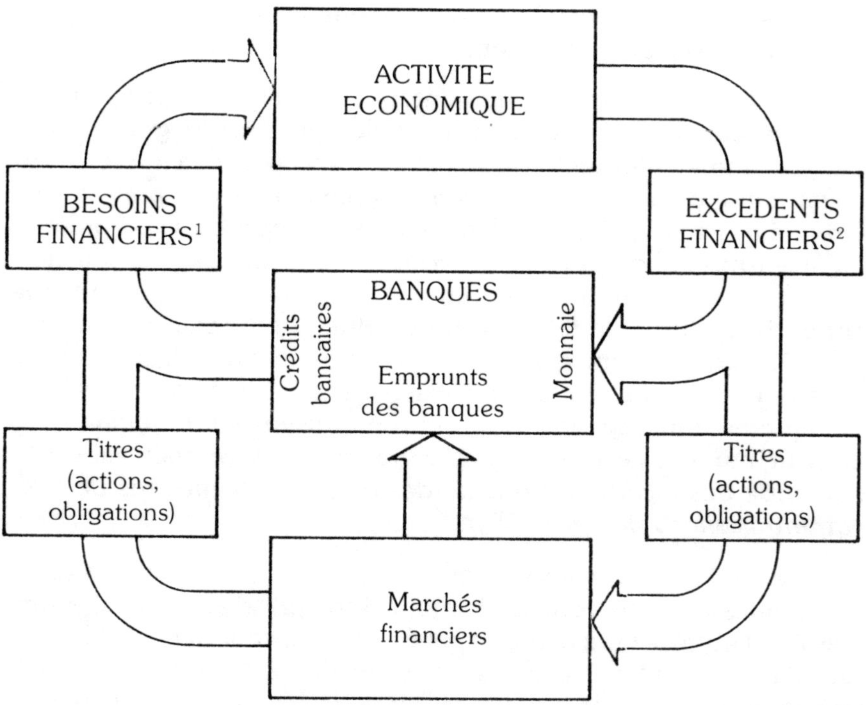

Les banques s'interposent entre les unités qui ont des excédents financiers et celles qui ont des besoins. C'est l'*intermédiation bancaire.* Mais il faut rappeler que : 1) en augmentant leurs crédits, les banques alimentent l'ensemble du circuit, 2) tous les excédents ne passent pas par les banques.

1. Entreprises, administrations.
2. Ménages, compagnies d'assurance, caisse de retraite, ...

directement dans le public par des entreprises ou des collectivités. Les banques contribuent au placement des titres dans le public, mais c'est le public et non les banques qui souscrivent aux émissions de titres. Le marché financier désigne l'ensemble des institutions et des pratiques qui règlent ces transactions.

2) Un deuxième canal distribue les capitaux des épargnants *au travers d'organismes financiers* qui jouent un double rôle de collecteurs de capitaux, puis de répartiteurs de ces capitaux auprès des unités qui en ont besoin. C'est par exemple le cas des caisses d'épargne qui rassemblent les fonds déposés en comptes d'épargne et, après un transit par d'autres organismes spécialisés, les prêtent aux collectivités locales. C'est aussi le cas d'établissements financiers qui recueillent des fonds par augmentations de capital ou par émissions d'obligations, et se spécialisent dans le financement de l'investissement ou les prêts au logement.

Tous ces intermédiaires s'interposent entre l'épargnant et l'emprunteur. Le titulaire d'un livret de caisse d'épargne dispose d'argent immédiatement disponible qui lui rapporte un intérêt, *alors qu'en fait, il détient sans le savoir des parts dans des prêts à long terme à des collectivités locales ou à des entreprises.* C'est précisément le rôle économique des intermédiaires spécialisés de *transformer* un produit financier en un autre, exactement comme une entreprise industrielle fabrique un produit fini à partir de matières premières, ou une entreprise de distribution met à la disposition du consommateur un produit qui existait matériellement, mais était pratiquement inaccessible pour lui. *La transformation financière a un coût, comme ses homologues productives et commerciales. Elle demande des locaux, du travail, des études, des moyens de télécommunication, des frais de publicité.*

Le coût de la transformation financière est couvert par la différence entre le prix de vente de l'argent et son prix d'achat, c'est-à-dire par l'écart entre le taux d'intérêt payé par l'emprunteur final et le taux servi à l'épargnant. Cet écart est de l'ordre de 2 à 3 points. Cela paraît peu mais 3 pour cent de 500 milliards de francs, cela fait tout de même 15 milliards de francs par an. De quoi faire fonctionner plusieurs institutions financières et pas des moindres !

3) Un troisième canal doit être envisagé car les entreprises et les particuliers, et pas seulement eux, y ont régulièrement recours : c'est *le crédit bancaire*. Nous avons déjà montré que l'argent prêté par les banques était de l'argent créé par elles, et non pas de l'argent emprunté par elles pour être ensuite prêté. Les banques jouent donc un rôle spécifique et central dans le circuit financier. Elles gèrent les moyens de paiement utilisés dans l'ensemble des achats, des ventes,

et des opérations financières. Elles créent ou détruisent la monnaie en circulation.

Une question se pose. Les intermédiaires financiers redistributeurs d'épargne ont un bilan simple et facile à comprendre : à l'actif, les prêts consentis aux emprunteurs ; au passif, les dépôts ou les prêts des épargnants. Et bien sûr, l'égalité actif = passif. Que devient cette égalité pour les banques ? A l'actif on trouve les crédits bancaires. Que trouve-t-on au passif ? La réponse est simple : les dépôts de la clientèle. L'actif est-il égal au passif ? Oui, car précisément l'actif indique comment a été créée la monnaie et le passif indique où elle est. Actif et passif des banques sont deux façons de regarder la même réalité : la masse monétaire.

Les intermédiaires financiers

Parmi les plus anciennes activités d'intermédiaires, figurent les activités de négoce et de placement financier, redécouvertes récemment par les banques comme une innovation alors qu'elles sont à l'origine même des métiers de la finance. Dans nos économies la fonction d'intermédiaire est allée bien au-delà, afin de mieux répondre au double besoin de placement et de financement.

Les demandeurs de capitaux recherchent généralement la durée. Les offreurs de capitaux souhaitent la liquidité, c'est-à-dire la disponibilité de leur avoir, et bien entendu, la rémunération la plus élevée possible. Il existe souvent un antagonisme profond entre les désirs des épargnants et les réalités des demandeurs de capitaux. Les détenteurs de capitaux veulent de la sécurité et de la liquidité. Or, la réalité des entreprises, c'est l'indisponibilité et le risque. *Les intermédiaires financiers ont une double fonction de sélection des risques et de transformation des échéances.*

1) Une fonction de sélection — mutualisation des risques

Les intermédiaires financiers ne peuvent pas éliminer le risque, qui est inhérent à la vie de l'entreprise. Mais ils peuvent :

a) d'une part *sélectionner* les risques en ne prêtant qu'aux clients solvables et pour des projets valables. C'est l'activité de crédit aux entreprises. La valeur ajoutée de l'intermédiaire (banque ou établissement de crédit) est son expertise dans la sélection des clients.

b) D'autre part, *mutualiser* les risques. Quelle que soit la perspicacité du département du crédit, il subsiste en effet un risque inéliminable. Or aucun client n'accepterait de prêter ou déposer des fonds auprès d'un intermédiaire, s'il devait lui-même assumer ce risque. En substituant une créance sur lui-même à une créance sur une entreprise emprunteur isolé, l'intermédiaire financier répartit le risque résiduel entre l'ensemble de ses déposants. En intégrant la prime de risque dans le coût des crédits qu'il consent, il fait même disparaître le risque aux yeux des déposants. Un peu comme une compagnie d'assurance prend en charge les coûts d'un accident ou d'un incendie éventuels.

Cela permet de drainer vers les entreprises, des fonds qui refuseraient de s'y investir directement, mais sont prêts à s'investir en créances sur des intermédiaires financiers sous des formes diverses : obligations à long terme, dépôts à vue ou à terme, ou autres.

2) Une fonction de transformation des échéances

Comment orienter vers l'investissement, et par conséquent immobiliser pour plusieurs années des capitaux qui souhaitent rester disponibles à tout moment? Les banques ont trouvé la réponse depuis longtemps. Il suffit pour cela d'observer que lorsqu'une multitude de clients ont individuellement la possibilité de déposer et de retirer des fonds à leur guise, collectivement la masse globale des fonds déposés reste à peu près stable. Elle peut donc être immobilisée durablement.

C'est le principe de la transformation des échéances. L'application extrême est le crédit bancaire, dont la contrepartie est une création de monnaie, c'est-à-dire l'injection dans l'économie d'une créance totalement liquide. Tout au bout de la gamme des biens financiers, la monnaie est le seul actif totalement liquide et presque totalement sûr. La liquidité de la monnaie se fonde sur la garantie légale d'être acceptée partout dans l'économie nationale comme moyen de paiement pour sa valeur nominale. Quant à la sécurité de la monanie, elle vient de ce qu'elle ne peut être émise que par des entreprises financières particulièrement contrôlées, et le cas échéant soutenues par les autorités publiques. C'est toute la question de la politique monétaire, dont nous avons déjà parlé. C'est pour compenser cet avantage de liquidité et de sécurité et pour maintenir un certain équilibre entre la monnaie et les autres placements qu'il est en général interdit de rémunérer les dépôts à vue.

La bourse des valeurs mobilières

L'action est une participation au capital d'une société, qui vous donne droit à une participation aux bénéfices. Si vous avez mis de l'argent dans une société nouvelle créée avec quelques amis, votre argent est totalement indisponible. Si cette société fait de bonnes affaires, embauche des salariés, se développe et se stabilise, elle peut envisager d'aller en bourse, au « second marché » d'abord, puis au « marché principal ». L'avantage de l'épargnant est qu'il pourra plus facilement vendre ses actions s'il a besoin d'argent. Le marché boursier permet de vendre des actions rapidement par l'intermédiaire d'une banque. Quand à la société elle pourra plus largement faire appel à l'épargne par des augmentations de capital ou bien par l'émission d'obligations.

A la différence des actions, les obligations ne sont pas une participation au capital. Elle ne donnent pas droit à une part de bénéfice mais à un intérêt régulier pour toute leur durée. Elles peuvent être vendues ou achetées en bourse comme les obligations.

Actions et obligations sont des *titres* ou *valeurs mobilières*. Les actions sont émises par les sociétés privées. Les obligations peuvent être émises par des sociétés privées, par les collectivités publiques ou par l'Etat. La bourse des valeurs est le marché de ces titres. C'est un marché organisé et contrôlé afin de faire fonctionner efficacement les échanges, de permettre des transactions rapides, sur la base de règles de cotation claires, et de garantir une information suffisante aux épargnants. Il existe une bourse des valeurs dans les plus grandes villes du pays et dans les villes importantes du monde.

Les banques jouent un rôle crucial dans le fonctionnement du marché : elles assurent le lancement et le placement des nouvelles opérations, elles collectent les ordres de la clientèle. Elles suivent le remboursement et l'encaissement des coupons des titres.

Le cours des actions dépend principalement des profits des entreprises. Les profits élevés attirent les épargnants et les pertes les repoussent. C'est pourquoi on calcule traditionnellement le « Price-Earning-Ratio » (PER) qui mesure le cours d'une action en nombre d'années de profits. Le PER peut aller de 10 à 50, et même plus. En effet le profit qui figure au dénominateur est le profit actuel. Or les entreprises en développement laissent espérer des perspectives d'accroissement important des bénéfices. Le prix de l'action en tient alors compte et les « valeurs de croissance » peuvent avoir des PER très élevés.

Mais, les cours dépendent aussi des appréciations personnelles des épargnants. Les mouvements psychologiques y jouent un grand rôle. Aussi les variations des cours des actions sont-elles fréquemment de grande ampleur. Le marché des actions est un marché sur lequel gains et pertes peuvent être élevés.

Les mouvements sont beaucoup plus limités sur le marché des obligations. Le principal émetteur du marché des obligations est l'Etat pour financer le déficit budgétaire. Les autres sont les collectivités locales, les entreprises publiques, et les banques. Seules quelques grandes entreprises industrielles et commerciales privées peuvent s'adresser au marché obligataire.

Les investisseurs sont les particuliers pour environ la moitié des souscriptions. Les SICAV (Sociétés d'Investissement à Capital

Variable) drainent une partie importante de l'épargne des particuliers en les déchargeant du souci de gérer directement leur portefeuille. Elles assurent ainsi une répartition du risque de placement. Les épargnants souscrivent chacun des parts de SICAV et la SICAV achète un portefeuille diversifié. Aussi chacun peut-il répartir ses risques sans investir des sommes considérables. Les « investisseurs institutionnels » regroupent les grands organismes financiers comme les compagnies d'assurances et les caisses de retraites qui diposent toujours d'excédents financiers importants.

Les obligations ont longtemps été matérialisées par une feuille de papier comportant la référence de l'émetteur, les caractéristiques de l'émission, et une série de coupons numérotés détachés à l'échéance contre paiement de l'intérêt. Les porteurs ont pris l'habitude de déposer leurs titres auprès de leurs banques qui les déposaient auprès d'un organisme centralisateur. Ainsi, les titres gardaient-ils une forme matérielle, mais la plupart des mouvements de titres s'opéraient par jeux d'écritures de compte à compte. Le point d'aboutissement de cette évolution a été, il y a quelques années, la dématérialisation des titres. Ceux-ci ne sont plus désormais que des inscriptions en compte auprès d'établissements financiers.

Quelques paramètres définissent un titre obligataire : le *montant* de la coupure ; le *prix d'émission*, montant à verser pour souscrire ; *l'intérêt* ou rémunération versée au souscripteur ; la *date de jouissance,* date à partir de laquelle l'intérêt court ; *la durée,* temps qui sépare la date d'émission et la date de remboursement des dernières obligations. Enfin, le *prix de remboursement*, montant qui sera versé au porteur à l'échéance de l'obligation.

La possibilité de combiner ces différents paramètres à permis, face à une demande de titres plus importantes de la part des épargnants, de multiplier les formules. C'est l'un des aspects de la révolution financière en cours avec l'apparition de nouveaux produits et de nouveaux marchés.

Les origines de la « révolution financière »

Trois causes profondes ont provoqué de grands changements dans le domaine financier au cours des années récentes : — la mondialisation des activités financières, — l'instabilité des marchés, — la montée des taux d'intérêt*

a) La mondialisation des activités financières

Depuis le début du capitalisme moderne, opérations de change et de compensation internationales ont fait partie du métier de banquier. Les guerres mondiales et la grande crise de 1929 avaient fait reculer les échanges mondiaux et la finance internationale. Il était naturel, avec la reconstruction, que reprenne le mouvement d'internationalisation des échanges commerciaux et des activités financières.

Dans un premier temps, les banquiers ont développé des bureaux à l'étranger. Par la suite, le relais a été pris à la fin des années soixante avec l'essor des eurodollars et des euromarchés. Le développement du marché international a formé le point de départ du mouvement d'intégration des places financières qui s'accélère aujourd'hui en bousculant les institutions, les habitudes et les réglementations de chacun des marchés nationaux.

On assiste désormais à l'émergence d'un véritable marché mondial des capitaux fonctionnant en continu sur toute la planète. Les grandes places sont reliées entre elles par de multiples réseaux de communication et elles prennent sans cesse le relais de manière à permettre à tout instant des transactions financières. Dans un monde ouvert aux échanges, auxquels chaque pays souhaite participer, des réglementations contraignantes feraient fuir les capitaux. C'est pourquoi, sous la pression de la concurrence entre banques, mais aussi entre nations, une vague de déréglementation financière s'étend aujourd'hui aux principales places financières. La suppression des obstacles réglementaires à la circulation des capitaux renforce l'internationalisation et l'intégration des marchés nationaux et internationaux des capitaux.

b) L'incertitude croissante

La mondialisation des mouvements de capitaux ne supprime pas pour autant les Etats et les monnaies nationales. L'histoire financière d'après-guerre est aussi celle d'un antagonisme entre les forces profondes du marché mondial en voie de constitution, et des situations politiques et monétaires propres à chaque nation.

Cet antagonisme s'exacerbe périodiquement en crises financières. L'ordre défini à la fin de la deuxième guerre mondiale à Bretton-Woods comportait l'engagement pour les pays signataires, sauf les Etats-Unis, d'intervenir sur le marché des changes pour maintenir la parité de leur monnaie en dollars, et l'engagement pour les Etats-Unis de maintenir la parité du dollar en or (35 dollars l'once d'or). Jusqu'à la fin des années soixante, les crises financières pouvaient rester locales, elles concernaient une monnaie, et elles se résolvaient par la dévaluation ou la réévaluation d'une monnaie.

Lorsqu'au début des années soixante-dix, les Etats-Unis ont renoncé à défendre la parité or-dollar, puis les autres pays à défendre la parité de leurs monnaies en dollar, les taux de change « fixes » — c'est-à-dire révisables périodiquement — ont cédé la place aux taux de change flottants — c'est-à-dire résultant plus ou moins du libre jeu du marché.

Ce système fonctionne. Il a permis d'assurer les conversions de monnaie nécessaires au commerce mondial et aux mouvements financiers internationaux. Il s'est cependant avéré instable, avec des fluctuations fortes, imprévisibles et d'ampleur sans doute bien supérieure à celle qui résulterait des déséquilibres économiques à corriger.

L'incertitude est apparue d'abord sur les prix relatifs des monnaies entre elles. Elle s'est ensuite transmise au prix de l'argent, c'est-à-dire au taux d'intérêt et par conséquent aux cours des actifs financiers. C'est l'ensemble du marché des capitaux qui, en se mondialisant, est devenu plus imprévisible. La mondialisation des activités financières, les progrès des techniques de l'information, le décloisonnement des circuits financiers, ont accentué la rapidité et l'ampleur des réactions des marchés aux événements nouveaux, et ont contribué à la généralisation de la hausse des taux d'intérêt réels.

c) La montée des taux d'intérêt

Une brutale montée des taux d'intérêt à des niveaux historiques exceptionnels intervient partout dans le monde au début des années 1980. Quelles en sont les causes ?

La première cause est la forte croissance des besoins de capitaux sur les marchés nationaux comme sur le marché international. Le premier choc pétrolier casse la croissance économique, il fait apparaître un peu partout du capital physique en excédent, des pertes financières et des déficits publics. Etats et entreprises cherchent donc de l'argent pour financer leurs déficits. En outre, le choc pétrolier joue comme un prélèvement de revenu des pays non pétroliers (pauvres ou riches) vers les pays pétroliers. Il entraîne un déficit des paiements courants des pays importateurs et un accroissement de leurs besoins en capitaux extérieurs. *Au total, au cours des années soixante-dix, le monde a faim d'argent. La demande de capitaux s'accroît considérablement sur les marchés intérieurs comme sur le marché international.*

Face à cette demande croissante, deux réponses étaient possibles. La première était d'augmenter les quantités de capitaux mis en circulation par les systèmes bancaires, c'est-à-dire la création monétaire. La deuxième était d'attirer en quantité plus abondante une épargne préexistante, en acceptant d'en augmenter la rémunération, c'est-à-dire le taux d'intérêt.

Dans la première partie des années 1970, les politiques monétaires ont choisi la première réponse. Elles se sont efforcées de contrecarrer la pression à la hausse sur les taux d'intérêt, en acceptant pour cela une forte création monétaire et une bonne dose d'inflation. C'est l'époque des taux d'intérêt réels voisins de zéro, voire négatifs, du moins aux Etats-Unis comme en France.

Lorsque survient la deuxième crise pétrolière, la philosophie économique a complètement changé. Plutôt que de contenir les taux et de laisser filer la monnaie et l'inflation, on s'efforce de tenir la monnaie. Et, il faut pour cela libérer les taux d'intérêt. L'inflation est cassée, mais une formidable hausse des taux d'intérêts réels (taux d'intérêt diminué du taux d'inflation) est déclenchée.

Mondialisation, incertitude, hausse des taux : la loi du marché tend à s'imposer, le coup d'envoi de la mutation financière est donné.

En quoi consiste la mutation financière ?

Au-delà des anecdotes assurées du succès, comme tout ce qui touche à l'argent, il y a derrière les transformations en cours une logique profonde, qui peut être analysée et interprétée avec les outils classiques de l'analyse stratégique.

Premier temps : les données d'environnement du secteur financier changent : mondialisation des marchés financiers avec ses corollaires — unification des marchés de capitaux et dérégulation financière — rationnement monétaire et hausse des taux d'intérêt ; instabilité des marchés : trois changements économiques qui bouleversent le paysage financier.

Deuxième temps : sous l'effet de ces chocs, le secteur financier réagit, dans toutes ses composantes avec une étonnante plasticité. Il développe des stratégies mi-offensives, mi-défensives autour des axes classiques : diversification de l'offre, économies dans les coûts de production.

a) Diversification de l'offre de produits financiers

La diversification de l'offre de produits financiers est la partie la plus spectaculaire de la mutation financière parce qu'elle concerne en partie le public, comporte un côté ésotérique et s'affiche tous les jours dans les journaux.

La logique en est simple. L'accroissement des taux d'intérêt et la restriction des politiques monétaires raréfient les ressources gratuites pour les banques et par conséquent leurs capacités de crédits rentables, et ils augmentent le volume d'épargne à la recherche de placements rémunérés. Une part importante de l'épargne ne transite donc plus par les bilans des banques, mais elle s'investit directement sur le marché des titres. C'est l'« explosion » de la bourse du début des années quatre-vingt.

Les intermédiaires financiers développent des activités de conseils en création et en placement de produits adaptés à des segments particuliers de la clientèle et aux problèmes nouveaux posés par l'instabilité des taux. Ainsi apparaissent les innombrables formules de titres qui ont donné le sentiment d'innovation. Le croisement des critères de durée, de taux, d'options, voire de monnaie permet de multiplier à l'infini les formules.

L'innovation de produit a encore été stimulé par l'instabilité des marchés financiers, avec des mouvements brusques et imprévisibles des parités monétaires et des taux d'intérêt, et par conséquent des risques de pertes ou de gains en capital contre lesquels certains souhaitent se prémunir et dont d'autres souhaitent profiter. Les intermédiaires financiers ne pouvaient certes pas supprimer ces risques inhérents aux aléas économiques et au fonctionnement des marchés. En revanche, ils ont multiplié les techniques financières permettant à chacun de leurs clients de prendre les risques qu'il souhaite prendre, et « d'acheter » ou de « vendre » les risques excédentaires à d'autres qui souhaitent les porter. Tel est l'objet des couvertures à terme des marchés des changes qui permettent d'assurer immédiatement le prix de devises livrables ultérieurement. Tel est aussi l'objet des marchés à termes d'instruments financiers grâce auxquels il est possible de se prémunir contre le risque de taux, c'est-à-dire d'assurer immédiatement le taux annuel on pourra ultérieurement prêter ou emprunter de l'argent. Nouveaux produits, nouveaux marchés, cette créativité révèle un courant d'innovation financière probablement sans précédent.

b) La concurrence par les coûts

Une autre manière de préserver les profits face à une concurrence plus vive est de réduire les coûts. Les économies de gestion sont d'autant plus nécessaires que, malgré les efforts de différenciation des produits, l'activité de banque est une activité relativement banale. L'argent est le même partout. Les nouveaux produits peuvent être copiés. Un désavantage de coût risque donc de se traduire par un recul dans la compétition. Dans un environnement plus concurrentiel, la compression des coûts devient une nécessité.

La voie la plus fructueuse est comme partout le progrès technique et l'automatisation de la production. Le département informatique est devenu dans la plupart des grandes banques l'outil central autour duquel s'ordonnent l'ensemble des activités. L'informatique permet à tout moment de connaître les positions, de créditer les comptes, de traiter les ordres, d'évaluer les portefeuilles. Elle se prolonge jusqu'au domicile des clients par la télématique. Elle envahit tout le domaine des relations interbancaires et du fonctionnement des marchés financiers. Des réseaux de compensation et de règlements interbancaires se mettent en place. Les marchés s'organisent autour d'ordinateurs. Aucun secteur n'aura sans doute absorbé autant d'informatique en aussi peu de temps. Pour l'instant, l'accroissement de la capacité de production autorisée par l'informatisation a permis d'absorber l'explosion du volume d'activité. Au-delà, et probablement à brève échéance, l'informatisation impliquera une réduction des effectifs.

Nouveaux produits, nouveaux marchés

De mémoire de financiers, nous n'avions jamais connu dans notre passé de changements aussi rapides et aussi brutaux. Comment se fait-il que le monde de la finance, réputé pour sa prudence, soit tout à coup entré en ébullition au point d'avoir quelquefois du mal à suivre ses propres innovations. S'il fallait donner une cause première, ce serait l'instabilité de l'économie mondiale qui s'est installée depuis le début des années soixante-dix. Instabilité des taux de change, instabilité des taux d'intérêt. Nous consacrerons tout un chapitre à la compétition mondiale qui entraîne chaque nation et la met en demeure de s'adapter. Nous examinerons ici comment ses effets se propagent dans le système financier.

Traditionnellement, un portefeuille d'obligations était considéré comme un placement de père de famille, avec un encaissement de revenus réguliers et la garantie d'un capital stable. Tout change lorsque les taux d'intérêt peuvent varier de façon inattendue. En quelques semaines, plus d'une année de revenus peut être perdue. Il est facile de comprendre pourquoi.

Si vous avez en portefeuille des titres d'une valeur faciale de 1000 francs portant un taux de 10 % pendant 15 ans. Vous avez droit à un revenu de 100 francs pendant 10 ans. Ce contrat sera appliqué quelles que soient les conditions économiques par la suite.

Si un mois plus tard, le taux d'intérêt courant a grimpé à 11 %, votre voisin qui dispose de 1000 francs a tout intérêt à souscrire une émission nouvelle, qui lui rapportera 110 francs par an pendant 10 ans, plutôt que d'acheter en bourse votre obligation. Le cours des obligations anciennes chute donc à peu près dans les mêmes proportions que la hausse du taux d'intérêt. En sens inverse, la baisse des taux d'intérêt dope les cours des titres. De façon qu'il soit équivalent de souscrire des obligations nouvelles à 11 % ou d'acheter à un cours de 905 francs des obligations qui rapporteront 100 francs par an (100 : 905 = 11 %).

Hausse des taux ⇒ Chute des cours
Baisse des taux ⇒ Hausse des cours

Au total, les mouvements de taux transforment la nature des obligations en placements risqués. Cela peut attirer les spéculateurs, mais cela inquiète les épargnants. Pour rassurer les épargnants, tous ceux qui avaient besoin d'emprunter ont fait un effort d'imagination pour proposer des produits acceptables. C'est ainsi que sont nés ou se sont développés les SICAV (qui permettent de répartir les risques entre un grand nombre de placements divers), les obligations à fenêtre (qui permettent de « sortir » du contrat à certaines échéances, et par conséquent de récupérer sa mise), les titres à taux variables (qui évitent la chute des cours en cas de hausse des taux d'intérêt). En croisant de multiples manières les critères, les durées, les bases d'indexation des taux, les options possibles, les financiers se sont mis à « fabriquer » des produits financiers en grand nombre en cherchant la combinaison originale qui peut attirer l'attention des journaux financiers et des épargnants.

C'est pour des raisons analogues qu'a été institué le « matif ». Un néologisme qui désigne un lieu où l'on peut faire fortune et assuré du succès. C'est un peu pourquoi le matif, contraction de Marché à Terme d'Instruments Financiers, a connu le succès. Au-delà des mots, ce qui est important, c'est que ce nouveau marché répondait à un réel besoin des opérateurs en période d'instabilité des taux. Ce marché financier, qui existait déjà aux Etats-Unis sous une forme différente, est un marché nouveau en France. Il répond au besoin de se prémunir contre des variations de taux d'intérêt.

Dans une période de fluctuations brusques des taux d'intérêt, il existe un risque important de perte (ou de gain) sur tout placement financier : *c'est le risque de taux*.

Sans entrer dans le détail de techniques financières qui dépassent le cadre de cet ouvrage, donnons quelques indications simples pour comprendre le mécanisme des marchés à terme.

Si vous allez chez un concessionnaire Renault et repartez avec une R5, vous avez acheté *au comptant*. Même si vous avez demandé un crédit, vous avez signé pour une livraison immédiate, et d'ailleurs le crédit ne concerne pas le vendeur qui encaisse le prix immédiatement, il ne concerne que vous et votre organisme de crédit (même si celui-ci vous est recommandé par le vendeur).

Si en revanche la voiture de vos rêves n'est pas disponible, vous pouvez attendre et revenir plus tard. Vous pouvez aussi *signer immédiatement un contrat d'achat, à un prix fixé, pour une livraison dans six mois. Cette transaction est un contrat à terme.* Elle peut donner lieu à un paiement immédiat ou à un paiement échelonné, elle peut être payée avec des économies disponibles ou grâce à un crédit. Cela ne change rien à la nature de la transaction : un contrat qui définit immédiatement les conditions d'une livraison ultérieure est un contrat à terme.

C'est d'abord sur le marché des matières premières que la pratique des contrats à terme s'est développée. Il s'agissait pour les producteurs de vendre immédiatement une récolte encore sur pied ou au port d'embarquement, et pour les acheteurs de s'assurer immédiatement une quantité de marchandises à un prix déterminé. En concluant à terme, acheteur et vendeur rendent certaine la transaction future, puisque les deux savent exactement lorsqu'ils signent quelle quantité doit être livrée et à quel prix. Par sa nature, une transaction à terme élimine donc l'attente et l'incertitude. C'est bien pour cette raison que les marchés financiers à termes se sont développés en période d'incertitude financière croissante. Les marchés sur lesquels s'échangent des créances à terme sont des marchés à terme d'instruments financiers. Ces marchés permettent d'assurer l'avenir et de réduire l'incertitude.

Comment se fait-il alors que l'opinion ait plutôt le sentiment inverse ? Et qu'elle retienne de la période récente l'idée d'un développement de la spéculation, de pertes et de gains retentissants ? D'abord parce que la presse et l'opinion s'intéressent toujours plus aux exceptions qu'à la normale. D'autre part parce que lorsque sur un marché, les fluctuations de prix sont fréquentes, ce marché attire les spéculateurs.

Si vous achetez une R5 pour promener votre famille, vous êtes un automobiliste. Si vous achetez dix R5 à terme en espérant que les prix montent pour les revendre plus cher, vous êtes un spéculateur. Vous pouvez gagner, et vous pouvez perdre. De même, l'industriel qui achète de l'argent à terme sur le matif élimine une incertitude. Le financier qui s'engage à lui livrer de l'argent à terme prend un risque. Si entre-temps le taux d'intérêt a augmenté, l'argent lui coûtera plus cher qu'il ne lui rapportera. On entrevoit ici la nature des marchés à terme : marchés sur lesquels l'incertitude peut être transférée de ceux qui n'en veulent pas vers ceux qui ont les moyens de l'assumer, et bien entendu font payer leur service. Les aubomobilistes ne souhaitent pas supporter les risques financiers d'une collision et s'assurent pour cela auprès d'une compagnie. En s'assurant, ils n'éliminent pas les collisions. Ils en répartissent seulement le coût entre l'ensemble des assurés. De même, par des transactions sur le matif, les industriels « assurent » le prix de l'argent futur en

QUESTIONS-REPONSES SUR LE MATIF

1. Qui peut acheter ou vendre sur le matif?

A peu près tout le monde, à condition de passer par un intermédiaire agréé, qui a acheté un siège dans la salle du matif, et de déposer en compte une somme de cinq pour cent de la transaction envisagée ?

2. Qu'appelle-t-on exactement matif?

Le marché à terme d'instruments financiers ou matif, est un marché très organisé, structuré et surveillé. Une société commerciale créée à cet effet (la Chambre de Compensation des Instruments Financers de Paris, CCIFP) est chargée de sa gestion. Elle fixe les règles des transactions. Elle est le seul partenaire de toutes les transactions. Acheter ou vendre sur le matif, c'est donc acheter ou vendre à la CCIFP.

3. Qu'achète-t-on et que vend-on sur le matif?

On achète et on vend de l'argent livrable plus tard, à une date et à un taux fixés d'avance. On pourrait laisser chacun fixer librement son contrat et se chercher un partenaire. Une telle organisation aurait peu de chances de fonctionner.

C'est pourquoi les « produits » achetés ou vendus sur le matif sont des produits standards. Par exemple, l'un de ces produits est une oligation d'Etat de 500 000 francs, à dix pour cent, remboursable à la fin des dix ans, livrable au dernier jour de chaque trimestre civil (fin mars, fin juin, fin septembre et fin décembre).

Acheter un « contrat-septembre » sur le matif, c'est s'engager à souscrire *fin septembre* une obligation d'Etat de 500 000 francs, qui rapportera 10 % par an (taux fixe) et sera remboursée à la fin septembre de la dixième année. C'est bien un contrat *à terme* puisque la souscription n'est pas immédiate, mais l'engagement de souscrire est immédiat, ferme et définitif.

4. Que faut-il payer ?

Pour acheter ou vendre, il suffit de verser un dépôt (ou « deposit » en américain) égal à 5 % de la valeur du contrat. Pour acheter, ou vendre en mars, 8 contrats-septembre, il faut verser 8 fois × 5 % × 500 000 = 200 000 francs. Cette somme est bloquée.

Par la suite, tous les jours, les contrats seront cotés en fonction de l'offre et de la demande. Si fin avril les taux d'intérêt ont augmenté, le cours de chaque contrat a baissé, par exemple, à 490 000 francs. La perte est de 10 000 francs par contrat, à multiplier par 8 contrats. Cette somme doit être payée. A qui ? A la CCIFP. En fait, à un autre opérateur qui a vendu le même jour 8 contrats, et sera donc crédité de 80 000 francs par la CCIFP. Chaque jour, contrats vendus = contrats achetés. La CCIFP ne prend aucun risque. Les comptes sont soldés.

5. Peut-on gagner sur le matif ?

Il y a deux façons de gagner sur le matif. La première est d'acheter des contrats et de les revendre quand leur cours a augmenté ; ce qui se produit si le taux d'intérêt courant diminue. La seconde est de vendre des contrats (que l'on n'a pas) et de les racheter quand leur valeurs a diminué, ce qui se produit si le taux d'intérêt courant augmente. La première méthode est simple à comprendre, la deuxième l'est moins. Comment vendre quelque chose que l'on n'a pas ? Vendre un contrat, c'est s'engager à livrer *à l'échéance convenue* (par exemple fin septembre prochain) une obligation standard du matif. Rien n'empêche de prendre cet engagement. Mais il faudra l'honorer. Il suffira pour cela d'acheter un peu avant l'échéance un contrat au cours qui prévaudra alors. Si le taux d'intérêt a effectivement monté, le cours aura baissé. L'achat aura lieu à un cours *inférieur* au cours de la vente et l'opération sera bénéficiaire. Si en revanche le taux d'intérêt a baissé, le cours des contrats aura augmenté et l'opération sera perdante.

Comme tout achat correspond à une vente, face à des gains sur le matif il y a toujours des pertes équivalentes. On peut gagner sur le matif, mais le matif est un jeu à somme nulle.

transférant le risque sur les spéculateurs. Ceux-ci n'éliminent pas le risque de variation future des taux d'intérêt car ce risque est inéliminable. Simplement, ils intègrent le coût de ce risque apprécié par eux — c'est en somme la « prime d'assurance » — dans le montant des transactions. De même qu'une compagnie d'assurance qui aurait mal évalué ses risques peut se trouver en difficulté, les spéculateurs qui se tromperaient sur l'évolution des taux peuvent se trouver pris à contre-pied, voire même ruinés.

Il y a cependant des différences à souligner. L'incertitude sur les marchés financiers est par nature plus difficile à cerner que pour les accidents d'automobiles ou les dégâts des eaux. Les risques spéculatifs, c'est-à-dire les chances de gains et de pertes sont donc plus grands et moins mesurables. D'autre part, tout le monde, à condition d'avoir un minimum, d'ailleurs faible, peut acheter ou vendre sur le matif. Tout le monde peut donc être tenté de jouer au spéculateur sur le marché financier, et se laisser entraîner à des risques qu'il n'est ni en mesure d'apprécier, ni en mesure de supporter. C'est ce qui a fait dire à certains que les excès de la finance risquaient de tuer l'industrie et que notre société était devenue un véritable casino. Comparaison forte qui a le mérite de mettre en garde contre les excès, même si elle est elle-même excessive.

La finance contre l'industrie ?

La cotation en bourse permet aux sociétés de faire largement appel à l'épargne en procédant à des augmentations de capital placées auprès du public. Ainsi les grandes sociétés ont-elles plusieurs dizaines, voire plusieurs centaines de milliers d'actionnaires, et quelques-unes dépassent le million. Cette position permet d'envisager de vastes projets d'investissements. Cependant, la dispersion des actions dans le public expose au risque d'une Offre Publique d'Achat (OPA) et de la prise de contrôle par une autre société. Les transactions en bourse sont libres. Il suffit donc pour prendre le contrôle d'acheter la moitié des actions plus une. C'est la méthode, apparemment la plus simple, du « ramassage » en Bourse. Mais cette méthode est longue. Si en temps ordinaires quelques milliers de titres s'échangent chaque jour, une demande de plusieurs dizaines de milliers ferait bondir les cours à des niveaux incotables. Le ramassage est donc long et généralement visible. Il laisse aux dirigeants de l'entreprise-cible tout le loisir de s'organiser.

Les Offres Publiques d'Achat (ou OPA) visent à acquérir rapidement le contrôle d'une société par une offre permettant aux actionnaires du moment de se déterminer en toute clarté. Pour cela, une procédure doit être conduite par la société acheteuse.

1) L'acheteur doit déposer son offre aux autorités boursières, en précisant le nombre minimum des titres qui doivent lui être proposés en tout, le nombre de titres qu'il s'engage à acheter et bien entendu le prix qu'il paiera pour ces titres, prix aussi attractif que possible pour décider les actionnaires à se présenter.

2) Lorsqu'une OPA a été déposée, la cotation du titre est suspendue jusqu'à ce que les autorités boursières aient vérifié le sérieux de l'offre (en particulier la capacité de payer de l'acheteur). Mais aucun jugement n'est porté par les autorités de la bourse sur le fond de l'OPA. Puis la cotation reprend.

3) A tout moment une offre concurrente peut alors être déposée par un autre acheteur à un prix supérieur. Si une surenchère a été faite, tous les ordres de vente précédents sont annulés afin de laisser un choix aux actionnaires.

4) A l'expiration du délai de l'offre, les autorités boursières « dépouillent » les résultats. Si le nombre de titres présentés à l'OPA est inférieur au seuil fixé par l'acheteur, l'opération est déclarée sans suite et chacun reprend ses titres. Si le seuil est atteint, les ventes deviennent effectives (avec éventuellement une réduction des offres proportionnellement au nombre des titres présentés).

5) Si l'OPA visait à prendre la majorité et si elle a réussi, l'acheteur est désormais le maître de la société achetée, sous réserve naturellement du droit habituel des actionnaires minoritaires. Il peut désigner un nouveau conseil d'administration et de nouveaux dirigeants, et modifier ainsi la stratégie de l'entreprise.

Certaines configurations de l'économie sont favorables à la multiplication des OPA. Ce sont les situations dans lesquelles certaines entreprises ont accumulé de grandes masses de liquidités alors que les cours boursiers sont déprimés, ce qui rend les acquisitions attractives et possibles.

Une OPA est « amicale » lorsqu'elle est préparée et lancée en accord avec les dirigeants de l'entreprise achetée. Dans le cas contraire, elle est « inamicale » et on peut s'attendre à des réactions de leur part. En effet, des parades anti-OPA existent. Avant le déclenchement d'une OPA, il est par exemple possible de prévoir dans les statuts un droit de vote double pour les actions qui n'ont pas changé de main depuis plus de deux ans (ou plus), afin de diminuer le poids de nouveaux arrivants éventuels. A chaud, il est possible de susciter une surenchère de la part d'une entreprise amie, souvent baptisée « chevalier blanc ». Les américains appliquent quelquefois la méthode du « parachute doré », qui consiste à prévoir des indemnités très élevées pour les dirigeants en place en cas d'éviction. Cette méthode, qui est un véritable abus de droit des dirigeants en place, révèle l'ambiguïté des parades anti-OPA. Car après tout, le maintien dans les lieux d'une équipe dirigeante n'est pas le but d'une société et un changement de majorité et de direction peut s'avérer une excellente chose pour l'entreprise, pour ses actionnaires comme pour l'économie dans son ensemble. Les arguments dans ce sens ne manquent pas. Si l'entreprise est sous-cotée, c'est que l'entreprise n'a pas su se structurer, dégager des profits et rémunérer les actionnaires. Certains affirment que la recrudescence des OPA aux Etats-Unis dans les années récentes tient d'abord au manque de dynamisme de nombreux dirigeants en place. Face à des actionnaires nombreux et dispersés, les dirigeants ne rendent compte à personne, cooptent leurs amis et s'endorment dans une luxueuse bureaucratie. Le risque d'OPA constitue alors un aiguillon pour les équipes en place, et une protection pour les actionnaires des compagnies reprises, qui peuvent être ainsi débarrassées de leurs anciens dirigeants. Les OPA traduisent en somme la loi de l'offre et de la demande appliquée à un produit très particulier : l'entreprise. Celle-ci s'achète et se vend en bloc par une OPA.

La meilleure protection contre l'OPA est la réussite, le profit et la fidélité des actionnaires. La « trahison des actionnaires » est souvent la conséquence des mauvais résultats de l'entreprise et du dédain dans lequel ils ont été tenus. En ce sens les OPA sont utiles. Mais on peut aussi s'interroger sur certains excès.

Est-il bon qu'un homme d'affaires emprunte massivement pour réussir une OPA, et entraîne ainsi dans le risque une multitude de prêteurs ? qu'un autre s'empare par un montage financier astucieux, d'une entreprise pour laquelle il ne dispose d'aucune compétence ? qu'un troisième prenne le contrôle d'une société lentement constituée pour la revendre par morceaux et dégager de solides plus-values pour lui-même ? qu'un quatrième enfin réussisse une opération à coups de surenchères sans tenir aucun compte de l'avis du personnel de la société acquise ? Le développement des OPA ne risque-t-il pas de détourner les meilleurs esprits de l'effort et de l'industrie pour les perdre dans les jeux dangereux de la finance ?

Ces craintes légitimes, et quelquefois justifiées par les faits, ne doivent pas faire oublier que le développement du marché des capitaux était une nécessité économique. Les financiers ont su répondre aux besoins d'une économie mondiale en profondes transformations, sans en bloquer la croissance et le progrès.

CHAPITRE 10

Le progrès technique

En 1780, il fallait 200 heures de travail pour récolter un quintal de blé. Ce nombre était de 72 en 1900 et de 30 en 1950. En 1980, il suffit de 7 heures. En 1950, une heure de travail d'un cheminot permettait de transporter un passager sur 67 kilomètres. En 1980, la même heure de travail permet de transporter un passager sur 120 kilomètres.

Nous sommes aujourd'hui en moyenne trois fois plus productifs que nos parents, ce qui nous permet de consommer trois fois plus qu'eux. Cela signifie qu'en moyenne, à travail égal, nous produisons trois fois plus qu'il y a trente ans, grâce à une meilleure formation, à une meilleure organisation du travail, à une automatisation plus poussée de la production, à de meilleurs outillages et à un effort d'équipement sans précédent.

Actuellement, on investit chaque année trois à quatre fois plus qu'il y a trente ans et huit à neuf fois plus qu'au début du siècle. Chaque heure de travail s'applique ainsi à une quantité d'outillages et de matériels bien plus considérable. Comme les machines sont plus rapides et plus performantes, le résultat est une meilleure productivité et une production plus élevée.

Dans ce chapitre, nous étudierons les mécanismes de la productivité, de l'innovation et du progrès technique. Innovation et progrès technique constituent les conditions du progrès économique. Ce sont les clés de l'avenir.

La productivité du travail

Nous vivons un moment privilégié de l'histoire du monde. Notre niveau de vie s'est accru de façon telle que nos exigences peuvent se détourner de l'accumulation supplémentaire de biens matériels pour rechercher une meilleure qualité de la vie. D'après les calculs de Jean Fourastié,* le revenu réel par français a été multiplié par dix depuis 1789, alors que les français travaillent deux fois moins qu'il y a deux siècles. Ce formidable essor du pouvoir d'achat moyen, nous le devons à l'augmentation de la productivité.

La productivité du travail est la quantité de biens et de services que l'on peut obtenir en une heure de travail. En deux cents ans, la productivité d'une heure de travail a été multipliée par vingt : une moitié a permis d'augmenter la quantité de biens disponibles pour chaque français, et l'autre moitié de travailler moins longtemps.

Regardons maintenant non plus derrière nous, mais autour de nous. Nous observons de grandes différentes dans les niveaux de vie des habitants. Nous vivons non seulement à un moment privilégié de l'histoire, mais aussi en un lieu privilégié de la planète. Les différences de consommation entre les pays du monde s'expliquent aussi par la productivité. Un paysan chinois nourrit difficilement trois personnes, alors qu'un agriculteur américain produit de quoi nourrir plus de 80 personnes. Il est facile d'imaginer lequel des deux peut s'acheter plus d'automobiles et plus de télévisions. Les différences de productivité sont aussi considérables dans l'industrie. Le japonais fabrique un téléviseur en douze fois moins de temps que le russe. Cela explique qu'en Russie les rayons des magasins sont le plus souvent vides alors que le Japon exporte ses produits dans le monde entier.

La productivité est une des clefs de la réussite économique. Elle permet de comprendre le progrès du niveau de vie, les inégalités de revenus entre les nations. Elle explique aussi la redistribution des travailleurs entre les différents secteurs d'activité. On peut en effet écrire pour chaque famille de produits la formule de la productivité :

Production = Productivité × Quantité de travail

L'augmentation de la productivité peut ainsi avoir deux conséquences, mais doit avoir nécessairement l'une des deux :

1) Ou bien la consommation et la production augmentent et, malgré les gains de productivité, l'emploi peut être maintenu, voire accru. C'est ce qui s'est passé dans la plupart des secteurs industriels pendant la période de grande croissance ;

2) Ou bien la consommation stagne et la quantité de travail doit diminuer : moins de durée du travail et moins de travailleurs. C'est le mécanisme qui explique la dépopulation des campagnes

depuis des décennies, et qui atteint depuis les années soixante-dix les industries traditionnelles.

La loi des trois secteurs de Fourastié traduit ces observations :

1) *dans les secteurs primaires,* — agriculture, production d'énergie et de minerais — la productivité augmente lentement et la consommation stagne ou régresse. L'emploi recule.
2) *Dans le secteur secondaire* — industrie et bâtiment — les gains de productivité sont élevés. L'emploi dépend des progrès de la consommation. Tant que la consommation est en expansion forte, l'industrie absorbe des travailleurs. Mais le ralentissement de la consommation refoule des travailleurs. C'est la phase dans laquelle nous sommes entrés depuis la fin des années soixante, sans doute de façon durable.
3) *Dans le secteur tertiaire,* qui regroupe l'ensemble des services, des loisirs et de la distribution, les progrès de la productivité sont faibles, voire inexistants ; mais la demande est forte et sans limite apparente. C'est pourquoi les créations d'emplois restent nombreuses.

La loi des trois secteurs de J. Fourastié

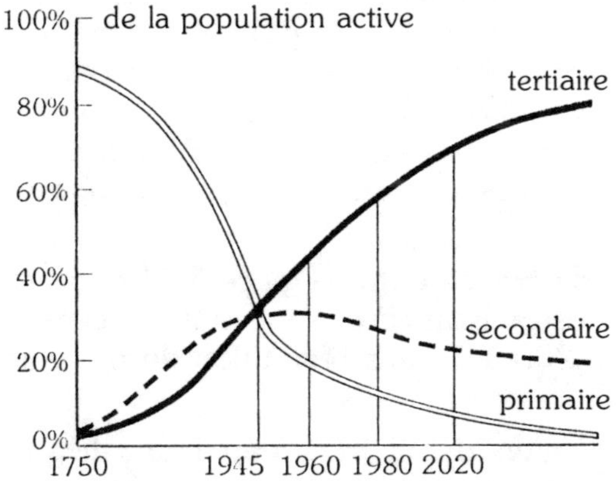

La population active française est décomposée entre les trois secteurs primaire, secondaire et tertiaire.
On observe le recul du secteur primaire et la montée du tertiaire.

Comme toutes les « lois » économiques générales, la loi des trois secteurs ne doit pas être prise comme une vérité absolue et de tous les instants. L'économie suit un chemin incertain et aucune activité ne se laisse enfermer dans une catégorie prédéterminée. L'histoire de la pomme de terre n'est pas celle du blé, et celle du téléphone ne sera pas celle de l'automobile. D'ailleurs le téléphone appartient-il au secteur secondaire ou au secteur tertiaire ?

La loi des trois secteurs propose une explication des tendances profondes de l'emploi. Elle met aussi en lumière le rôle fondamental de la productivité dans l'évolution des prix des biens. Mais comment comparer le prix du pain ou d'une maison entre aujourd'hui et il y a un siècle ? Il faut pour cela une même unité de prix. L'unité de mesure qui vient spontanément à l'esprit est le salaire d'une heure de travail banale (par exemple celle du manœuvre sans qualification particulière). On définit alors le prix de chaque bien en nombre d'heures de travail de manœuvre. Cela ne veut pas dire que tous les biens peuvent être fabriqués par des manœuvres sans qualification. Mais que si une automobile vaut 40.000 francs et le salaire d'un manœuvre est de 50 francs de l'heure, le « prix réel » d'une automobile est équivalent à 200 heures de manœuvre. Les prix réels des biens ont suivi des courbes très différentes.

L'apologue du coiffeur et de la glace de 4 m^2 résume l'essentiel de cette découverte à la fois élémentaire et fondamentale. La coupe de cheveux est, en effet, un exemple simple d'une consommation usuelle connue de chacun d'entre nous et dont la « production » exige le même temps depuis des siècles dans les différents pays. En rapprochant le prix de la coupe de cheveux du salaire horaire moyen du manœuvre, on constate que, dans tous les pays, et depuis de longs siècles, le rapport de ces deux prix reste à peu près constant ; le prix de la coupe de cheveux est toujours voisin du salaire horaire du manœuvre dans la ville ou le pays considéré. Ainsi, il n'y a eu aucune amélioration du pouvoir d'achat du salaire pour cette consommation. Au contraire, les miroirs ont vu leurs prix baisser dans une proportion considérable par rapport au salaire. Pour les glaces de grandes dimensions (2 m × 2 m), le pouvoir d'achat du manœuvre actuel est deux cent fois plus élevé que sous Louis XIV.

Pourquoi cette énorme différence entre la glace de 4 m^2 et la coupe de cheveux ? Quelle cause agissant là et n'agissant pas ici peut expliquer cette différence de 200 à 1 dans l'évolution du pouvoir d'achat ?*

A cette question étudiée en détail par Jean Fourastié, la réponse est simple. Des changements techniques considérables sont intervenus dans les procédés de fabrication de la glace, qui permettent de produire d'énormes quantités de verre plat avec très peu de personnels, alors que la technique du coiffeur a peu variée. Les prix réels reflètent la productivité, la productivité mesure le progrès technique et le progrès technique atteint inégalement les secteurs économiques.

La productivité globale

Chaque soir, après chaque journée de production, on peut faire le point de la production, et comparer celle-ci au bilan du temps de travail qui s'est écoulé, des matières premières qui ont été transformées, de l'usure des outillages. *Un progrès technique, c'est une nouvelle organisation des facteurs de production qui permet : 1) soit de produire plus avec les mêmes quantités de facteurs ; 2) soit de produire autant en économisant l'un des facteurs : moins d'heures, moins de barils de pétrole, moins de minerais ou moins d'usure des machines.*

Le progrès technique se manifeste généralement à l'occasion du changement ou de l'amélioration de l'outillage ; par exemple lorsqu'un imprimeur remplace une rotative par une autre plus rapide. Certains progrès de la technique ont des effets très largement diffusés dans l'ensemble de l'économie. Ainsi toutes les entreprises bénéficient des progrès de l'informatique. En remplaçant le matériel de première génération par du matériel de deuxième et de troisième génération, ou par des micro-ordinateurs, elles ont pu augmenter massivement la puissance de traitement pour chaque franc dépensé en informatique. De même, les entreprises de transport ont largement bénéficié d'économies d'énergie lorsque les fabricants de camions ont utilisé des moteurs plus sobres en carburant.

Temps de travail et utilisation des équipements

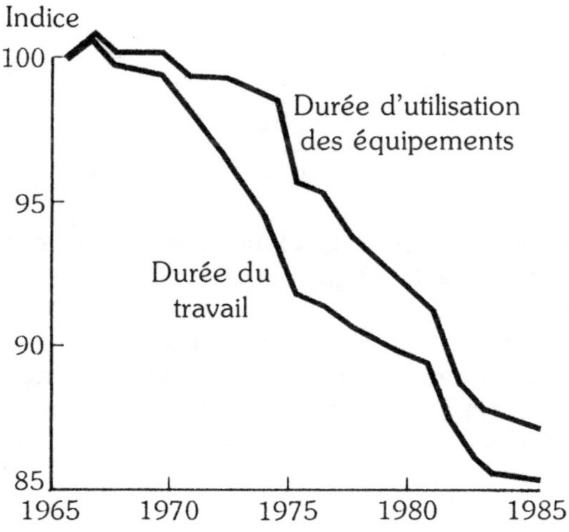

Depuis la fin des années soixante, la durée du travail a diminué de 15 %. L'organisation du travail ayant peu changé, la durée d'utilisation des équipements a diminué dans des proportions voisines. Le capital productif est moins utilisé. La productivité effective a diminué. Faute d'une réorganisation appropriée de la production, la baisse de la durée du travail gaspille du capital.

Ces exemples nous rappellent deux faits d'expérience.

1) La productivité est un phénomène diffus dans l'ensemble de l'économie. Les améliorations techniques mises en œuvres chez les uns peuvent bénéficier à beaucoup d'autres.

2) La productivité ne concerne pas que le travail. Elle résulte de l'ensemble des facteurs de production. C'est le résultat d'une

combinaison des facteurs de production et non du seul travail. Mais que dire alors si la production augmente pour chaque heure travaillée, mais si cela est obtenu au prix de matériels coûteux à l'achat et à l'entretien ? Peut-on encore parler de gains de productivité ? La productivité du travail est un indicateur important mais partiel. Pour prendre en compte les deux observations précédentes, on calcule la *productivité globale** pour l'entreprise ou pour la nation toute entière. Celle-ci mesure la performance d'ensemble ou l'efficacité globale des facteurs de production. La productivité globale permet aussi d'analyser ce qu'il est advenu des gains de productivité, c'est-à-dire, du surplus de biens dégagé par la meilleure efficacité productive. A-t-il été distribué en pouvoir d'achat aux salariés ? A-t-il été retenu en profits ou — pourquoi pas ? — transmis aux clients par une baisse des prix ?

Voici comment peut être mesurée la productivité globale des facteurs.* Nous prendrons l'exemple d'une entreprise dont les comptes d'exploitation sont particulièrement simples.

Comptes d'exploitation de l'entreprise (en francs)

	Année 1	Année 2	Indice d'accroissement
Produits	1.000	1.150	115
Coûts			
• achats	300	320	107
• frais de personnel	500	530	106
• Amortissements	200	300	150
Total	1.000	1.150	115

Le chiffre d'affaires a augmenté de 15 %. Les frais de personnel ont été comprimés (ils n'augmentent que de 6 %) grâce à une modernisation des équipements. Celle-ci se traduit en contrepartie par un accroissement de 50 % des charges d'amortissement. L'exploitation est juste à l'équilibre les deux années. Cette entreprise est-elle plus efficace la deuxième année que la première ? On ne peut pas répondre à cette question sans savoir pourquoi les produits et les charges d'exploitation ont varié. Comparons les trois cas suivants :

a) Premier cas

Imaginons d'abord que le prix des matières achetées ait augmenté de 7 %, le taux de salaire de 6 % et le prix des équipements (et des amortissements) de 50 %, et que l'entreprise ait augmenté ses propres prix de 15 %. Le compte d'exploitation serait exactement celui de la deuxième année, alors que *rien n'a réellement changé dans l'entreprise. Celle-ci n'est ni plus, ni moins efficace puisqu'elle fait exactement la même chose qu'avant.*

b) Deuxième cas

Supposons maintenant que le prix de vente n'ait pas changé et que la production ait augmenté de 15 %. Cela donne encore le même compte d'exploitation, mais traduit une réalité très différente. *L'entreprise a en effet réussi à accroître la production de 15 % avec les mêmes facteurs de production. Elle a donc été plus efficace. On peut dire que sa productivité globale a augmenté de 15 %.* La productivité est un rapport entre des quantités produites et des quantités consommées. Pour la mesurer il faut éliminer l'effet des prix. De là vient l'idée de décomposer chacune des variations du compte d'exploitation entre ce qui est dû aux mouvements de prix, et ce qui est changement réel des quantités. On établit alors un compte intermédiaire qui serait le compte d'exploitation de l'entreprise si aucun prix n'avait changé. Ce compte exprime le changement des seules quantités de produits et de facteurs. Il mesure donc les déformations de l'entreprise *à prix constants,* et n'enregistre donc que les mouvements des quantités.

c) Troisième cas

Reprenons notre exemple en le complétant par des hypothèses complémentaires.

	Année 1	Année 2	
		Compte intermédiaire (à prix constants)	Rappel du compte (à prix courants)
Produits	1.000	1.150	1.150
Coûts :			
• Achats	300	330	320
• Frais de personnel	500	475	530
• Amortissements	200	300	300
Total	1.000	1.105	1.150

Les données sont les suivantes :

le prix de vente n'a pas varié ;

le prix des achats a diminué de 3 % (baisse des prix de l'énergie). La consommation réelle a donc augmenté de 10 % (de 300 à 330), et la hausse des quantités a été compensée en partie par la baisse des prix de 3 %, ce qui ramène la dépense de 330 à 320 ;

les frais de personnel auraient diminué de 5 % (de 500 à 475) si le salaire n'avait pas changé, ce qui traduit une baisse des effectifs. L'augmentation finale (de 500 à 530) résulte donc de l'accroissement des salaires, malgré la réduction de 5 % des effectifs.

La consommation de capital (amortissement) a augmenté de 50 % en quantité physique, le prix des biens d'équipements étant inchangé.

Que peut-on dire de l'efficacité globale de l'entreprise ? On ne peut pas additionner des barils de pétrole, des journées de travail et des heures-machines. *Mais on peut totaliser leurs coûts à prix constants, et mesurer ainsi la consommation réelle globale des facteurs de production.* Celle-ci représente une réalité physique multiforme, mais une réalité économique qui peut se ramener à un seul chiffre : 1.105. On peut dire ainsi que la consommation globale de facteurs de production a augmenté de 10,5 %. Or, la quantité produite s'est accrue de 15 %. On peut donc considérer que l'entreprise a été plus efficace. La productivité globale a *augmenté* de 15 % – 10,5 % = 4,5 %.

Les chiffres précédents donnent encore d'autres indications. En comparant la deuxième et la troisième colonne, il est possible de dire ce qu'est devenu dans les comptes de l'entreprise le surplus économique dégagé par les gains de productivité. Dans notre exemple, l'entreprise a dégagé un surplus de 45 (égal à 1.150 – 1.105). A ce surplus, s'ajoute la baisse des prix des matières premières pour 10 (égal à 330 – 320). Les 55 ainsi obtenus ont été entièrement versés en hausse de salaires (égales à 530 – 475 = 55).

L'exemple précédent est simpliste. La réalité de l'entreprise est beaucoup plus complexe. Il faudrait faire intervenir l'ensemble des productions et des charges de l'entreprise, ce qui pose des problèmes nouveaux de décomposition entre prix et quantités. Cependant, le principe demeure et l'on peut écrire l'égalité générale :

Gains de productivité + Apports reçus = Avantages répartis

Les apports reçus peuvent venir d'une hausse des prix de vente, d'une baisse du prix des matières premières (comme dans notre exemple), d'une baisse des salaires, d'un allègement du taux des cotisations sociales. Les avantages peuvent être répartis aux salariés (comme dans l'exemple), mais aussi aux clients sous forme de baisse des prix, ou aux actionnaires si le profit augmente (pour simplifier, l'exemple supposait l'exploitation tout juste équilibrée).

On retrouve toujours la contrainte économique fondamentale. On ne peut répartir que ce que l'on a reçu. Mais on observe qu'il y a beaucoup de façons de recevoir et beaucoup de façons de répartir. Et que l'équilibre tient compte d'un « gain sur la nature », qui est le *surplus de productivité globale.*

Le même raisonnement peut être étendu à la nation toute entière. Le produit national est le PIB et la productivité globale est l'accroissement du volume du PIB, au-delà de la consommation totale de facteurs de production à prix constants. L'égalité Productivité + Avantages reçus = Avantages répartis reste valable. Elle permet de comprendre par exemple pourquoi une baisse du prix de l'énergie joue favorablement sur la consommation nationale. Cette baisse est un apport reçu sous forme de baisse des prix de nos fournisseurs. Elle s'ajoute aux gains de productivité intérieurs pour augmenter la masse à répartir.

En résumé, le progrès technique est l'ensemble des mécanismes par lesquels une entreprise, ou l'économie nationale toute entière, devient plus efficace. Sa mesure est la productivité. Celle-ci doit tenir compte de l'ensemble des facteurs de production. Les gains de productivité permettent la croissance du pouvoir d'achat de la population.

Innovation et changement technique

Les chemins du changement technique sont multiples.

Le progrès peut résulter de petites améliorations de la vie de travail : meilleure circulation des pièces sur les chaînes de fabrication, approvisionnement plus rapide, suppression de déplacements inutiles. Cette forme de progrès a joué un grand rôle avec l'organisation scientifique du travail immortalisée par Charlot dans son film fameux « Les Temps Modernes ». Il s'agit moins d'un progrès d'une technique que d'une meilleure utilisation des techniques existantes.

Le progrès peut aussi venir de ces créations de l'esprit humain que l'on appelle des innovations. Certes, tout existe dans la nature. L'homme a toujours les mêmes besoins fondamentaux, et son génie ne peut que recomposer la matière. Cependant, certains assemblages ne peuvent relever que de l'invention humaine, qu'elle porte sur un produit totalement nouveau, qu'elle bouleverse un procédé de fabrication, ou les deux à la fois.

Les *innovations de produit* ont profondément transformé nos conditions d'existence depuis un peu plus d'un siècle. Electricité, téléphone, automobile, avion à réaction, antibiotique, ordinateur, télévision, etc. Nous connaissons les plus spectaculaires, nous oublions les mille autres avec lesquelles nous vivons quotidiennement et qui font désormais totalement partie de la vie de tous les jours. Nous ignorons aussi toutes celles qui sont mortes dès leur naissance, parce qu'elles n'ont pas trouvé de marché, sans doute les plus nombreuses. L'innovation est souvent longue à déboucher sur des applications commerciales. Les débuts de la photocopie illustrent ce délai : « L'Américain Carlson eut dès 1934 l'idée d'utiliser l'électrostatique pour la reproduction des documents, il se documenta pendant trois ans à la bibliothèque centrale de New York et déposa ses premiers brevets. Mais la mise au point de son invention ne commença que lorsqu'il eut convaincu l'Institut Batelle de l'intérêt de ses brevets et trouvé une société, de taille modeste d'ailleurs, qui décida de se saisir de son invention. La première machine Xérox ne fut commercialisée qu'en 1950 montrant ainsi que même lorsque l'idée initiale possède un fondement scientifique, de longues périodes de tâtonnement sont nécessaires pour lui trouver un marché ».

Les innovations ne concernent pas toujours des produits nouveaux. Le plus grand nombre s'applique à des produits existants, souvent anciens, qui ne cessent de se renouveler et de se transformer. L'exemple de l'automobile est particulièrement illustratif du renouvellement technique d'un produit déjà « vieux », et du foisonnement encore bien plus grand des idées en réserve qui seront incorporées lentement dans les futurs modèles.

Un rapport du Massachusetts Institute of Technology (MIT), qui est la première Université technologique du monde, note ainsi : « Le monde automobile n'a jamais manqué "d'idées brillantes". Des projets de voiture à vapeur et même de voitures volantes ont vu le jour depuis de nombreuses années et des prototypes de ces projets et de centaines d'autres ont déjà été construits. Dans le domaine des composants — moteurs en céramique, carrosseries à base de fibre carbone, pneumatique en plastique — encore plus d'idées brillantes existent sous forme de prototypes. Cependant, seule une fraction des nombreuses idées proposées à jamais pu atteindre le stade de la production de grande série ».*

Selon le MIT, cette sélection sévère, par laquelle les idées deviennent réalité, est opérée de deux façons : soit avant le lancement d'un nouveau modèle, lorsque les ingénieurs de la construction automobile passent en revue le « placard » des techniques disponibles, soit dans l'autre sens lorsque les bureaux d'études imaginent de nouvelles fonctions et cherchent des fournisseurs pour mettre au point les composants correspondants. Tout cela prend beaucoup de temps. En outre, pour incorporer un nouvel élément lui-même entièrement testé et mis au point, il faut encore en moyenne quatre ans. Il faut en effet ménager le client, beaucoup plus enclin à critiquer ce qui ne va pas qu'à apprécier les nouveautés, souvent testées d'abord sur des modèles périphériques, destinés à une clientèle limitée, éprise de performances ou de luxe. Chaque constructeur a sa méthode. Ford par exemple applique depuis l'origine une stratégie d'assemblage prudent et harmonieux de systèmes et de procédés connus, et cette stratégie lui réussit. L'histoire de l'automobile est aussi pavée d'initiatives spectaculaires à la pointe technologique dont les techniciens chantent les louanges mais qui n'apportent pas la récompense financière espérée. Bristish Motor Corporation en est un exemple avec sa Mini techniquement réussie mais trop coûteuse pour son marché. Citroën, finalement absorbé par Peugeot, a sans doute souffert de son excès d'innovation.

Pendant une longue période, les progrès des techniques automobiles ont visé la vitesse et le confort. Depuis une quinzaine d'années, la nécessité de changement est venue du besoin de sécurité, des limitations de la pollution et des économies d'énergie. L'incitation à rechercher des améliorations techniques vient de la forte concurrence qui règne sur le marché automobile. Pour rester dans la course, il faut sans cesse différencier les modèles et améliorer les systèmes de fabrication, et cela implique un effort technologique permanent. C'est pourquoi, bien que les automobiles d'aujourd'hui nous paraissent presque parfaites, les dépenses de recherche et de développement et le nombre des brevets nouveaux augmentent partout dans le monde.

Des innovations sont attendues dans les années à venir dans plusieurs domaines. La généralisation de microprocesseurs devrait diminuer, voire supprimer, les risques de dérapages au freinage, à l'accélération ou dans les virages. Les matériaux nouveaux, notamment toutes les variétés de plastiques, les verres travaillés et autres, permettront d'assurer une meilleure protection des passagers. Les recherches d'aérodynamique sur les carrosseries des véhicules procureront des économies de carburant. Ces recherches bénéficieront elles-mêmes du développement des logiciels de conception assisté par ordinateur. Un meilleur aérodynamisme peut faire gagner un quart du carburant à performances égales. Des économies supplémentaires peuvent encore être obtenues par l'allégement des véhicules grâce aux nouveaux matériaux. La nouvelle Golf de Volkswagen utilise par exemple un réservoir d'essence en plastique. Des économies de carburant peuvent être attendues d'un meilleur rendement du moteur, où l'on retrouve encore nouvelles matières et contrôle électronique.

Enfin, des gains de productivité importants restent à obtenir par une meilleure organisation de la fabrication. Les composants automobiles comme les alternateurs ou les pompes de direction assistée, réunissent des dizaines de pièces détachées, souvent minuscules. Des ateliers flexibles contrôlés par microprocesseurs permettent d'usiner de larges gammes de pièces différentes, de changer d'outillages, de s'approvisionner aux stocks sans intervention humaine. Pour l'assemblage des véhicules sur les chaînes de production, des robots de plus en plus sophistiqués, capables de « voir », de « toucher », permettront de réduire les coûts. Un contrôle plus systématique de la qualité à plusieurs étapes de la chaîne devrait réduire les défauts.

Bref, le progrès technique n'est pas prêt de s'arrêter dans l'automobile. De quoi dépendra son rythme ? Le rythme du progrès dépendra certes des nouvelles avancées techniques, mais aussi du contexte économique général.

• Par exemple, le prix du pétrole dans les années à venir commandera directement les efforts pour incorporer dans les nouveaux véhicules des améliorations économisant l'énergie. Le « placard » à idées est largement fourni, mais en sortir des idées pour les traduire dans les modèles est coûteux. On le fera plus ou moins rapidement selon les avantages économiques attendus.

• Une autre incitation aux progrès techniques viendra de l'intensité de la concurrence entre les grands fabricants d'automobiles. La gamme et le catalogue des modèles et des caractéristiques des véhicules devrait s'élargir ; cela poussera à rechercher des systèmes de conception et de production plus flexibles. En outre, pour battre le voisin, il faudra offrir des options multiples et augmenter les possibilités des véhicules.

Cette incursion dans l'industrie automobile illustre plusieurs réalités économiques générales. Le progrès technique emprunte des chemins variés, qui ont tous le même objectif : augmenter la valeur du produit, diminuer la valeur des facteurs consommés. La productivité est ainsi une composante essentielle de la rentabilité. Elle en est en somme la composante physique. Ainsi s'explique que si le rythme des inventions dépend des investissements universitaires et de la qualité et du nombre des chercheurs, le rythme du progrès technique industriel, celui qui est finalement incorporé dans les produits que nous achetons dépend aussi de la situation économique, de la concurrence sur les marchés et de la capacité du tissu social à l'accueillir, à l'assimiler et à l'utiliser.

Les résistances sociales au progrès technique

Le progrès technique dérange les habitudes. Il suscite des résistances. Plusieurs forces s'opposent au progrès technique : la peur du changement, l'absence de motivation et le manque d'imagination.

a) La peur du changement

Un rapport de la Fédération de la métallurgie du syndicat de la CFDT donne un exemple des changements qui résultent du remplacement d'un train de laminoir par un autre à la Société Métallurgique de Normandie. « Les vitesses de laminage ont augmenté. De 27 mètres par seconde, elles sont passées à 60 mètres par seconde. Le poids des bobines de fil est passé de 250 kg à 1000 et 1200 kg, ce qui entraîne la mécanisation des manutentions. Désormais, la manutention des billettes se fait par électro-aimant, l'approvisionnement du four est mécanisé, la machine de défournement est télécommandée ».* Le rapport poursuit : « la qualité s'est améliorée... le produit est mieux calibré, l'aspect de surface est meilleur, on obtient une chauffe plus précise des billettes, une maîtrise du refroidissement du fil, etc. ». Le même rapport souligne aussi que « d'une façon générale les travailleurs, moins nombreux, ont été éloignés de l'outil et du produit, ils interviennent ou surveillent par l'intermédiaire de nombreux mécanismes ». Dans le travail, de nouvelles contraintes sont apparues : monotonie, sédentarisation, charge élevée du travail, isolement, bruit, et une réduction des effectifs de plus d'un tiers.

On pourrait donner bien d'autres exemples de bouleversements technologiques, dans l'industrie comme dans les services et le travail de bureau. Le cas du laminoir résume bien ce que les travailleurs ressentent ou constatent souvent face à ces changements.

1) La course au gigantisme est posée presque comme un principe au départ. On recherche d'emblée la solution technique la plus sophistiquée, qui est aussi la plus automatisée et la plus centralisée. Les solutions alternatives qui préserveraient l'emploi ou, à performance égale, utiliseraient des techniques plus humaines ne sont pas sérieusement examinées.

2) L'organisation devient si complexe que la compréhension du processus de fabrication échappe de plus en plus aux travailleurs. Ceux-ci savent plus ou moins ce qu'ils ont à faire mais ils ne voient plus comment ils se situent dans l'ensemble du processus. Ils perdent toute possibilité d'autonomie et d'initiative. C'est vrai pour les ouvriers avec l'automatisation industrielle et pour les employés avec les grandes chaînes informatiques.

3) L'ouvrier de fabrication perd le contact avec les outils. Il surveille, il contrôle mais il intervient moins directement sur ses outils. La qualité du produit devient de plus en plus indépendante de son travail et de son effort personnel.

4) L'automatisation fait éclater les relations personnelles dans l'entreprise. Alors qu'on discutait avec ses collègues, on ne discute pas avec un robot. Le travail est plus cloisonné. Il est plus monotone et de plus en plus soumis au rythme de la machine.

5) Les changements de technologie s'accompagnent de suppressions de postes de travail. L'aspect le plus spectaculaire et le plus controversé du progrès technique est le remplacement de l'homme par la machine.

6) Enfin, le progrès technique fait disparaître les tâches les plus pénibles. Les ouvriers au sens de Zola sont apparus avec la Révolution industrielle, il y a deux siècles. Aujourd'hui, la Révolution industrielle les supprime. Des millions d'hommes ont eu des tâches salissantes, pénibles et dangereuses. Les robots les remplacent progressivement. Il ne faut pas s'en plaindre, mais on comprend que

ceux dont la seule perspective est de perdre leur travail s'opposent vigoureusement au changement.

b) L'absence de motivation

L'absence de motivation individuelle retarde le progrès. Un exemple dans le secteur agricole, donné par Sylvie Brunel,* montre comment les structures foncières peuvent constituer dans les premières étapes du développement économique un obstacle à la productivité et au progrès économique.

> « Les structures foncières jouent un rôle essentiel dans l'absence ou, au contraire, la formation d'une classe rurale dynamique, dégageant un surplus agricole pouvant servir à l'alimentation des villes et, en retour, constituant un débouché intérieur pour les productions issues du milieu urbain.
>
> C'est pourquoi l'existence de la petite et moyenne propriété privée des terres est essentiel : l'agriculteur doit être motivé pour investir durablement dans sa terre, l'améliorer et en tirer des gains de production, donc des gains financiers. A cet égard, trois types de structures foncières semblent également néfastes pour le développement de la production agricole, et donc l'apparition d'une bourgeoisie rurale dynamique :
>
> — Les régimes latifundiaires de type extensif, qui caractérisent une grande partie de l'Amérique latine. Le métayer n'a aucun intérêt à investir dans l'amélioration de sa terre alors que le produit de l'investissement bénéficiera au propriétaire. Quant au propriétaire foncier, il ne se soucie guère de réinvestir les sommes issues du travail agricole dans son exploitation. La terre est avant tout un instrument de prestige social et de pouvoir politique. L'argent gagné est affecté à des fins purement spéculatives, le plus souvent à la ville ou sa périphérie, ou bien à l'achat de biens de consommation non productifs. Cependant, le latifundisme de type extensif, tel qu'il est apparu au Brésil avec la culture du soja par exemple, suscite l'apparition de richesses et d'un surplus agricole. Mais l'exclusion des métayers, le grossissement des sans travail et sans terres lié à une mécanisation accrue fait que le développement laisse de côté une importante population d'ex-ruraux venus grossir les bidonvilles.
>
> — La collectivisation des terres, pratiquée par la majeure partie des pays socialistes. Percevant un salaire, le petit agriculteur ne se soucie guère d'améliorer ses rendements, et... se préoccupe avant tout des résultats de son lopin personnel quand il lui en reste un. Les fermes d'Etat, de même (à un moindre degré) que les coopératives de production, ont toujours et partout, donné des résultats déplorables tout en absorbant une grande partie des investissements nationaux alloués à l'agriculture. Dans les pays socialistes, ce sont des lopins privés que provient la majeure partie de la production agricole. Pour travailler « dur », il faut y être motivé par la perspective de gains

proportionnels à l'effort développé. La forte hausse de production qui a suivi le retour en Chine à l'exploitation agricole privée le montre.

— L'absence de propriété individuelle du sol, particularité africaine. Disposant uniquement d'un droit d'usage sur la terre, qui retombe dans la collectivité villageoise une fois la récolte effectuée ou périodiquement, l'agriculteur africain n'accorde aucune attention au maintien de sa fertilité, à la construction de banquettes anti-érosives (celles que les Belges avaient construites au Burundi et au Rwanda sont tombées en désuétudes à l'indépendance), et à tout autre procédé visant à préserver l'avenir de la terre... L'évolution vers des appropriations définitives est cependant en cours dans un grand nombre de pays avec la plantation permanente de cultures arbustives (thé, café, palmier à huile...) et l'apparition de cadastres (dont certains existaient en partie au moment de la colonisation européenne). Le problème est que cette naissance de la propriété privée s'accompagne de l'apparition d'inégalités foncières — constitution de grands domaines, par exemple autour d'Abidjan — et coïncide avec la diminution des travaux collectifs dans le cadre de la communauté villageoise au profit du salariat. Or ce sens communautaire des paysans noirs avait aussi sa valeur. »

Certaines structures économiques ou sociales s'opposent à l'innovation et à l'effort de productivité. L'analyse précédente le montre clairement. Il y a aussi des obstacles qui tiennent à l'« état d'esprit » d'une société, à ses structures de pouvoir ou à son aptitude au changement.

c) Le manque d'imagination

Voici un exemple dont s'est fait l'écho le journal *Le Point** :

« Depuis vingt-ans, les Etats-Unis considèrent le Français Louis Moyroud comme le Gutenberg du XXe siècle. Son nom et son portrait figurent aux côtés de ceux d'Edison, de Marconi, de Fermi, des frères Wright, de Pasteur et de Ford dans la grande salle de la Fondation américaine des grands inventeurs.

Mais la France n'a pas su le retenir. Les raisons : « Bureaucratie et manque d'argent », explique cet ingénieur des Arts et Métiers, inventeur, avec René Higonnet, décédé en 1984, de la photocomposition automatique, qui permet aujourd'hui une vitesse de composition de plusieurs millions de caractère à l'heure...

Ce manque de discernement est un mal bien français. Arago écrivait déjà, en 1848 : « Au point de perfection qu'atteint aujourd'hui la science, il est peu probable que de grandes découvertes restent à faire. » Le journal *Le Monde* qualifiait en 1954, la photocomposition de « procédé admirable mais dangereux... moyen d'une culture égalitaire au bas niveau ».

A trois reprises, Louis Moyroud va tenter de monter des sociétés en France pour produire des lumitypes pour le marché européen. Les appuis financiers, publics ou privés, lui sont refusés. L'exemple n'est pas isolé. En voici un autre à méditer. La France est le berceau de l'aviation. Le premier voyage aérien remonte à 1883 lorsque Pilâtre de Rozier se rend en ballon en vingt minutes des Jardins de la Muette à la Butte-aux-Cailles, dans le treizième arrondissement de Paris. L'Eole, premier avion, vole avec Ader en 1890. Et pourtant, à partir de 1940 et pour des décennies, aucun matériel de construction française ne traverse plus l'océan, sur une ligne régulière. Avons-nous manqué d'idées ? Non. Dès 1927, un inconnu de vingt-trois ans, René Couzinet, avait conçu l'avion transatlantique. « Les journaux ont disséqué le nouvel avion et applaudi son apparition. Le public, prompt à s'enflammer, s'enthousiasme aussitôt, plusieurs parlementaires aussi. Les services techniques officiels applaudissent beaucoup moins et les difficultés administratives s'ajoutent aux difficultés financières ».*

Le 8 août 1928, c'est la catastrophe, le prototype de l'Arc en Ciel, c'est le nom du nouvel avion, prend de la hauteur. Puis il pique vers le sol pour éblouir les spectateurs. Les ailes se mettent à vibrer et au moment où il se redresse, l'avion heurte un hangar militaire et s'écrase.

Malgré l'accident, le Ministre du Commerce et de l'Industrie, M. Maurice Bokanowski, conscient de l'importance de l'enjeu, donne l'ordre de commander trois appareils. Le 2 septembre 1928, il se tue lui-même dans un accident d'avion. Lorsque Couzinet se rend au Ministère, la réponse est claire : « Avez-vous un marché signé ? Non. Alors, rappelez-vous bien, Monsieur Couzinet, les ministres passent, les fonctionnaires restent ».

Des voix s'élèvent : celle de Paul Painlevé, Président du Conservatoire National des Arts et Métiers. Elle s'éteint en 1933, avant d'avoir été entendue. Des soutiens s'organisent. La ville de Biarritz ouvre une souscription privée dans les hôtels, chez les commerçants, à la Mairie. Le 15 décembre 1934, le journal Le Jour titre sur trois colonnes « Couzinet, depuis sept ans méconnu et sacrifié en France sera-t-il obligé de s'expatrier pour vivre et construire des avions ? ». Rien n'y fait. Les avions transatlantiques ne seront pas français... jusqu'au Concorde ! Mais cela est une autre histoire.

On pourrait encore parler des ordinateurs et de la Compagnie des Machines Bull (Les fonctionnaires veillaient, et l'avance des années soixante sera perdue !) ; du langage informatique ADA, inventé en France par Jean Ichbiah et qui sera adopté par le Pentagone bien avant notre Ministère des Armées. Et de mille autres exemples significatifs, qui font conclure à Robert Lattès* : « Nous disposons d'atouts souvent exceptionnels. Avec des scientifiques du plus haut niveau, avec des instituts de recherche capable du meilleur, avec une administration d'une compétence et d'une intégrité peut être sans égales. Mais qui trop souvent gaspillent leur énergie et leur temps dans des combats franco-français ou des arguties d'un autre âge, alors que les courses de plus en plus effrénées que certains pays nous imposent exigeraient beaucoup plus de souplesse, adaptabilité et réactions parfois beaucoup plus rapides... Ne risque-t-on pas de décourager les bonnes volontés, poussant certains à aller faire au profit d'autres pays ce qu'ils peuvent faire — et remarquablement — ici ? N'oublions pas que la science et la technologie sont internationales et que les Américains, par exemple, reconnaissent et savent de plus en plus nos potentialités et que le meilleur des investissements aujourd'hui, la plus grande richesse de demain, c'est l'accroissement et le renouvellement des élites... ».

L'innovation dérange. Et les français n'aiment pas être dérangés. A vrai dire, personne n'aime être dérangé. C'est pourquoi l'innovation est lente à germer. Pour prendre et se développer, il faut un terrain fertilisé. L'histoire de Silicon Valley en Californie est particulièrement intéressante à cet égard. Le phénomène Silicon Valley n'a pas surgi de façon subite et artificielle. Il est le résultat d'une longue évolution qui remonte en fait à un siècle, à la création de l'université privée de Stanford en Californie et du Stanford Industrial Park, en 1951, avec trois sociétés. La mode des parcs industriels, qui atteint l'Europe, dans les années quatre vingt a donc démarré dans la Silicon Valley il y a plus d'un tiers de siècle ! Les conditions de cette exceptionnelle créativité électronique et informatique, qui fait envie au monde entier, ont été réunies lentement par la synergie entre une université à dominante technologique et les entreprises environnantes (qui la soutiennent financièrement), des contrats de recherche du gouvernement américain, une grande liberté d'initiative et la volonté de développer l'esprit d'entreprise.

Le progrès technique contre l'emploi ?

Face au progrès technique, les inquiétudes ne manquent pas. Lorsqu'un progrès nouveau apparaît, il se manifeste presque toujours par des suppressions de postes de travail. Cette réalité, connue depuis longtemps dans l'industrie, s'étend aujourd'hui aux services. Prenons l'exemple des machines de traitement de texte. Ces machines permettent d'emmagasiner une grande quantité de formules toutes prêtes (Cher Monsieur, j'ai l'honneur de vous faire savoir que...), des barèmes de calcul, des prix, etc. Il suffit d'appuyer sur quelques touches pour taper une lettre impeccable, sans erreurs ni omissions, le tout en quelques secondes. Avons-nous un remord sur la formule de politesse ? La nouvelle lettre sera retapée dans quelques secondes.

Voilà qui permet de gagner un temps fou... et d'économiser les secrétaires. Le Comité d'Action pour la Productivité dans l'Assurance a montré qu'il était possible en partant de 120 dactylos, de ramener en deux ans cet effectif à la moitié, et en même temps de faire passer le nombre de lettres adressées aux clients de 2.000 par jour à plus de 4.000. Le secteur des emplois de bureau n'est plus à l'abri du progrès technique.

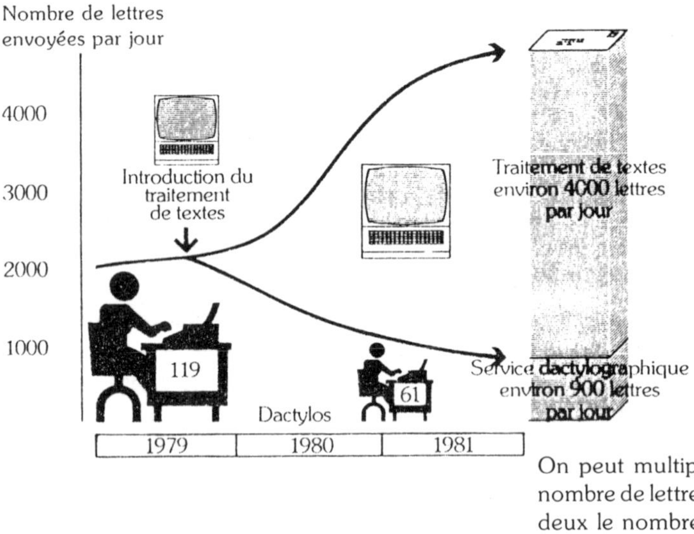

La productivité dans les bureaux

Source : Documents du Comité d'Action pour la Productivité dans l'Assurance 17, rue La Fayette, 75009 PARIS.

Le progrès technique a toujours fait peur. Sismondi, l'un des premiers économistes socialistes écrivait par exemple il y a un peu plus d'un siècle : « Si aujourd'hui, une découverte nouvelle faisait faire avec un seul métier ce qu'on faisait il y a dix ans avec cent, cette découverte serait un malheur national ».* Ce pronostic s'est avéré totalement faux comme la plupart des pronostics sur les conséquences du progrès technique. L'industrie textile s'est développée, malgré les améliorations permanentes qui ont été apportées aux méthodes de filage, de tissage et à la manière des fibres.

Karl Marx était très favorable au progrès technique permis par les machines. Sa critique ne portait pas sur le machinisme, mais sur le système capitaliste, qui permet d'accumuler du capital productif entre les mains de propriétaires capitalistes, et d'exploiter ainsi le travail des prolétaires. Le progrès technique était, à ses yeux, dévoyé par l'ordre social capitaliste. Au lieu d'être un progrès pour l'homme, la machine ne faisait à ses yeux progresser que la richesse des capitalistes.

Ces points de vue illustrent les hésitations des économistes de la tradition socialiste face au progrès technique. Dans la ligne de Marx, ils militent en faveur de l'innovation et de l'industrialisation poussée. Mais, proches des syndicats et méfiants devant le capital, ils ont du mal à se résoudre aux changements qu'impose la technique.

Les économistes libéraux sont en général optimistes face au progrès technique. Ils font confiance aux mécanismes du marché en rappelant que jusqu'ici le fonctionnement du marché a absorbé tous les chocs. Ils ne contestent pas qu'au début la machine prend la place des travailleurs puisqu'elle est faite précisément pour cela. Mais pour eux, il faut voir plus loin :

1) premièrement, il faut fabriquer les machines. Pour mettre au point et produire des machines, il faut des hommes et des femmes : ingénieurs, dessinateurs, ouvriers qualifiés. Dans les effets de l'automatisation sur l'emploi, en face des emplois supprimés dans les secteurs qui s'automatisent, il faut compter les emplois créés pour concevoir et construire les automatismes et les robots.

2) deuxièmement, la mécanisation plus poussée permet de fabriquer des grandes séries. Les études de produit, les frais de lancement, le matériel sont ainsi amortis sur une grande quantité. Les produits peuvent être soigneusement testées, les prix de revient serrés. Bref la production de masse permet de baisser les prix et de généraliser la consommation à toutes les catégories de la population. La plupart des produits industriels ont connu cette évolution : prix élevé dans leur début, puis baisse du prix grâce au progrès technique et au développement de la consommation. Au total l'accroissement des ventes compense largement l'effet de la mécanisation : il faut moins d'heures de travail pour fabriquer un objet, mais on fabrique plus d'objets. L'emploi est alors sauvegardé et le développement assuré.

3) enfin, dernier argument : le progrès technique donne en permanence naissance à de nouveaux produits. De nouvelles activités apparaissent pour répondre à de nouveaux besoins. L'emploi se développe ainsi grâce au progrès technique.

Il n'est pas possible de départager de manière définitive les pessimistes et les optimistes. Les pessimistes invoqueront toujours les licenciements, les optimistes rappelleront sans cesse les vieilles frayeurs qu'ont inspiré la navette volante, les métiers à tisser, la machine à vapeur, ou l'informatique. On peut néanmoins proposer quelques conclusions générales et quelques points de repère :

1) Dans le passé et jusqu'à l'époque actuelle, le progrès technique a plus contribué à augmenter l'emploi. Pour Alfred Sauvy ; « l'opinion quasi-unanime, de tout temps et en tous lieux, a accusé la machine et plus généralement le progrès technique, de créer du chômage en supprimant des emplois. L'observation des faits, dans les pays industriels, montre qu'il y a beaucoup plus d'emplois qu'avant la machine, beaucoup plus d'emplois aussi que dans les pays sans machines ».* Autrement dit, le témoignage de l'histoire penche en faveur du progrès technique créateur d'emploi. Une partie de l'emploi supplémentaire est allée à la fabrication des équipements, mais la plus grande partie vient du développement des marchés de consommation et de la foule des produits nouveaux inventés pour rendre la vie plus facile.

2) Le progrès ne s'épuisera pas avant longtemps. On peut être optimiste sur les conséquences du progrès technique et craindre cependant que le progrès technique lui-même ne s'essouffle progressivement. L'ère des grandes découvertes n'est-elle pas dernière nous : électricité, moteur à explosion, automobile, aviation, radio, pénicilline, télévision, atome ? Peut-on à l'avenir espérer de nouvelles découvertes aussi importantes pour l'économie et la vie des hommes ?

Il semble que oui, au moins pour un bon moment. D'ores et déjà on peut prévoir des avancées technologiques : dans le développement de nombreux matériaux nouveaux, plus résistants, plus durables ; dans la production d'énergie : bio-énergie (l'énergie produite par des organismes vivants), énergie solaire, énergie géothermique (la chaleur emmagasinée sous la croûte terrestre) ; dans les technologies de l'information : reproduire les fonctions de notre système nerveux par des systèmes électroniques (écouter, sentir, déduire, classer, réagir — C'est la « robotique » et la « bureautique ») ; dans les sciences de la vie. Des progrès importants ont été accumulés en biologie moléculaire (comment apparaît et se reproduit la vie ?), sur le « code génétique » (comment se transmettent aux enfants les caractéristiques de leurs parents ?). Ces progrès offrent des espérances de retombées concrètes pour plusieurs décennies. Par exemple, la recherche biologique permettra d'ici dix à vingt ans de fixer des micro-organismes qui permettront d'augmenter considérablement la production de blé ou de riz. A cette liste, il faudrait encore ajouter l'exploitation des océans (culture marine, réserves de minerais métalliques et de pétrole), l'espace, les télécommunications, etc.

Bref, ce n'est pas d'idées et d'applications nouvelles que l'on risque de manquer dans les années prochaines !

De ce point de vue, la persistance de la crise n'est pas un facteur d'immobilisme. Au contraire, pour F. Braudel, la technique serait comme stimulée par les difficultés de l'économie : « tant que la vie quotidienne tourne sans trop de difficulté sur ses lancées, dans le cadre de ses structures héritées, tant que la société se contente de son habit, qu'elle s'y trouve à l'aise, aucune motivation économique ne pousse à l'effort et au changement. Les projets des inventeurs (il y en a toujours) restent dans leurs cartons. C'est quand rien ne va plus, quand la société se heurte au plafond du possible que le recours à la technique s'impose de lui-même, que l'intérêt s'éveille pour les mille et une inventions latentes entre lesquelles il faudra reconnaître la meilleure, celle qui va rompre les obstacles, ouvrir un avenir différent ».*

3) On ne peut pas démontrer qu'à l'avenir, le progrès technique continuera d'augmenter l'emploi. Jusqu'ici le progrès technique a augmenté l'emploi. Cette constatation vérifiée depuis des siècles dans tous nos pays est une présomption favorable pour l'avenir. Mais elle n'est pas une preuve. Dans le passé, le progrès technique a créé des emplois parce que les hommes qu'il refoulait de certains secteurs trouvaient à se réemployer, soit dans le même secteur d'activité grâce à l'extension du marché, soit dans un autre secteur tourné vers de nouveaux produits. Prenons l'exemple de l'imprimerie. Il y a beaucoup plus de monde aujourd'hui dans le secteur de l'édition et de la presse qu'il n'y en avait avant Guttenberg. L'invention de l'imprimerie a refoulé quelques enlumineurs et copistes, mais elle a créé et développé le besoin de lire et permis l'essor de plusieurs branches d'activité : l'imprimerie elle-même, mais aussi l'industrie du papier en amont, le livre et les journaux en aval, et elle a permis le développement de l'éducation et de la connaissance. Le progrès technique crée souvent des emplois *autour* de l'activité où il s'est manifesté. On ne peut pas juger en isolant un morceau de l'économie, il faut juger globalement.

L'exemple de l'imprimerie est intéressant parce qu'une révolution technique vient de s'opérer avec la photocomposition. Pendant des siècles, on a composé les pages en plaçant à la main les caractères l'un après l'autre. Dans la variante, plus moderne, de la linotypie les caractères sont tapés sur un clavier de machine à écrire. La frappe déclenche un mécanisme qui envoie du plomb en fusion dans un moule. Les caractères sont fabriqués au fur et à mesure que la page de texte est composée. Naturellement, il faut plusieurs allers et retours entre l'imprimeur et l'auteur, les corrections coûtent du temps et du travail, un changement de caractères nécessite une nouvelle composition donc des coûts de fabrication. La photocomposition supprime cela en grande partie. Le texte est tapé sur un clavier d'ordinateur et il est conservé en mémoire. Les corrections d'auteur viennent se substituer immédiatement au texte ancien. La mise en page se recompose automatiquement. Il suffit d'une indication pour choisir ses caractères, etc. Les instructions de mise en page sont données à l'ordinateur qui fait le nécessaire et fournit directement la plaque qui passera sur les rotatives. Dans les quotidiens de la presse écrite, les journalistes peuvent taper directement leur article sur des terminaux, l'ordinateur compose les pages. En outre, une fois composé, le journal peut être transféré par télétransmission sur plusieurs ordinateurs et imprimé dans plusieurs villes au même moment. Gain de temps, économie de transport. Tout cela peut être fait avec trois ou quatre fois moins de monde. Ces nouvelles techniques créeront-elles en définitive autant d'emplois qu'elles en suppriment ? Il est difficile de le dire. La révolution électronique diffusent des innovations qui bouleversent les conditions de travail partout et supprime des emplois, mais elle en crée par ailleurs et le bilan global ne peut pas encore être établi.

4) Le refus du progrès technique conduirait au déclin économique. L'attitude à l'égard des investissements et du progrès technique est ambiguë. Personne ne se déclare ouvertement contre le progrès, mais en s'opposant à ses « excès » ou à ses « perversions » n'est-ce pas le progrès lui-même que l'on refuse ? Ce qui est certain, c'est qu'un pays qui refuserait de digérer rapidement le progrès technique s'orienterait vers le déclin économique. Dans la concurrence internationale, d'autres pays saisiraient les premiers les occasions d'investissement et prendraient des positions dominantes sur les marchés d'avenir. Pour les pays industrialisés qui disposent d'une main-d'œuvre formée, qualifiée et bien payée, l'utilisation des techniques les plus productives est le seul moyen de garder une place dans la concurrence mondiale.

Le changement technique redessine en permanence la carte des activités économiques. Il entraîne des reconversions d'activité qui déplacent les emplois et les hommes. Ces crises d'adaptation s'accompagnent de reclassement et de chômage. Elles constituent des traumatismes pour les travailleurs concernés. Ces travailleurs paient de leur emploi, de leur argent et quelquefois de leur santé pour que la société devienne plus productive et que d'autres travailleurs, dans les secteurs de pointe, en recueillent les bénéfices. C'est pourquoi la solidarité à l'égard des victimes des reconversions n'est pas seulement un devoir de solidarité. C'est aussi une nécessité économique si l'on souhaite éviter un blocage social du progrès technique.

Mais au-delà des adaptations économiques, c'est tout le système social et culturel qui est interpellé par le progrès technique. « En règle générale, le changement social ne progresse pas du même pas que le changement technologique et ce dernier s'impose en dérangeant : les habitudes, les institutions, les rapports de force établis. La crise aggrave encore ce décalage car d'un côté elle rend nécessaire l'accélération du progrès technique et de l'autre elle incite les groupes sociaux à se replier frileusement sur leurs avantages acquis et leurs corporatismes » écrit Marc Guillaume.* Nous avons dit dès le premier chapitre que l'un des aspects de la crise économique était le décalage entre de nouvelles aspirations culturelles et une forme dépassée mais encore dominante de la société technicienne. Il serait dangereux d'oublier que la technique est d'abord faite pour l'homme. Nous travaillons pour produire des biens et des services qui rendent notre existence plus agréable. Mais notre existence n'est pas faite uniquement de biens et de services.

Par ses excès et ses déviations, la société technicienne nous avait conduit à considérer le travail comme un mal nécessaire, comme un mauvais moment à passer pour gagner ses congés et consommer le plus possible. On s'aperçoit maintenant que la réalité est autre. La montée du chômage sous toutes ses formes montre que des millions d'heures de travail sont en quelque sorte refoulées par l'économie. Or, le travail reste une valeur centrale de nos sociétés qui structure notre vie personnelle et cimente notre cohésion sociale. Notre travail est un élément de satisfaction ou de frustration fondamental pour notre équilibre individuel. C'est surtout dans notre travail que nous exerçons ou que nous perfectionnons nos aptitudes et que nous entretenons des relations avec d'autres personnes. Le moment est venu de rechercher des formes de travail plus humaines, plus « accomplissantes », plus adaptées à nos besoins profonds, qui concilient le travail facteur de production et le travail facteur d'épanouissement. Mais on ne peut oublier que le monde est ouvert, que la compétition est vive entre les pays et que l'effort et la productivité restent les premiers facteurs de la réussite.

CHAPITRE 11

La compétitivité

Sur une voie de la ligne de chemin de fer Paris-Lyon, des trains chargés de Renault s'en vont vers l'Italie. Sur l'autre voie, d'autres trains, tout aussi chargés que les premiers, remontent des Fiat de Turin vers Paris, Bruxelles et Londres. Dans les champs, les vaches qui contemplent ce va-et-vient de wagons d'automobiles doivent penser que les voitures actuelles ne sont sans doute pas utilisables avant d'avoir beaucoup circulé en train, et que nous sommes des êtres bien curieux d'aller chercher chez le voisin ce que nous pouvons trouver chez nous.

Dans la plupart des pays, en particulier dans les pays du Marché commun, le « taux d'ouverture » de l'économie augmente depuis la guerre. Ce taux, mesuré par la moyenne des exportations et des importations rapportée au produit national, est actuellement de l'ordre du quart pour les grands pays européens, de la moitié pour la Belgique et les Pays-Bas. Il n'est que de 10 % à 15 % pour les Etats-Unis, qui ont un immense marché intérieur. Il est aussi de l'ordre de 10 % pour le Japon. Le Japon exporte dans une proportion comparable aux autres pays, mais importe beaucoup moins qu'eux.

Les pays développés sont tous très engagés dans le marché mondial, tant pour leurs achats que pour les ventes. Comment s'explique que tant de produits circulent à travers le monde et soient achetés et revendus plusieurs fois avant d'être consommés, souvent à des milliers de kilomètres de l'usine où ils ont été fabriqués ? Quelles sont les enjeux des batailles économiques entre les nations ? Comment fonctionne le marché des changes qui permet de payer les échanges entre pays ? Quelles sont les conséquences financières de ces mouvements mondiaux ? Dans ce chapitre et dans le suivant, nous répondrons à ces questions.

Pourquoi les pays échangent-ils leurs produits ?

Au moment du « big bang » de la création du monde, puis dans les milliards d'années qui se sont écoulées depuis, la nature a réparti les richesses sur notre planète selon les lois de la géologie et sans lien direct avec les frontières politiques fixées par les batailles et les traités entre les nations. L'Angleterre s'est ainsi trouvée pourvue d'énormes couches de charbon, mais pas de minerais de cuivre. L'Afrique du Sud a de l'or, mais pas de pétrole. Aucun pays ne dispose de tous les minerais, et beaucoup sont démunis de la plupart d'entre eux. Dans les ressources naturelles, il faut aussi compter la fertilité du sol et les bienfaits du climat. Les climats tempérés ou chauds sont plus favorables à la culture que les climats froids ou brûlants et certains pays qui ont trop peu de terres, de mauvais rendements agricoles ou un climat défavorable, doivent importer leur nourriture.

Les dons de la nature sont inégalement répartis entre les hommes. La guerre a longtemps permis aux uns d'aller prendre chez les voisins ce qui manquait chez eux. Dans les échanges commerciaux, les rapports de force et même une certaine forme de violence ne sont jamais absents. Cependant l'échange reste encore le plus pacifique des rapports entre les nations. Il permet de corriger librement les inégalités naturelles.

Si l'on comprend sans peine la nécessité des échanges pour les ressources naturelles et les produits de la terre, peut-on aussi l'expliquer pour les produits industriels ? N'est-il pas surprenant que ces produits représentent couramment les trois quarts du commerce extérieur alors que leur fabrication ne dépend nullement de la qualité du sol et de la température extérieure ? A première vue, ces produits pourraient être fabriqués à peu près n'importe où. Cependant l'échange est avantageux aussi pour les produits manufacturés.

Nous reprendrons ici l'exemple célèbre proposé par l'un des pères fondateurs de l'économie politique, David Ricardo,* en l'actualisant un peu.

1) Deux pays, le Nord et le Sud, sont tous les deux capables de fabriquer deux produits : des machines et des vêtements. Mais l'état des techniques et la formation des hommes sont plus avancés au Nord qu'au Sud. Aussi, pour fabriquer une machine, il faut 80 heures de travail au Nord, et 120 heures au Sud ; et pour tailler et coudre un lot de vêtements, 90 heures au Nord et 100 heures au Sud. Le Nord, qui bénéficie d'une tradition industrielle et

d'ouvriers qualifiés, est meilleur que le Sud en tout. Il est plus efficace pour la fabrication des machines comme pour celle des vêtements. Le Sud est-il pour autant condamné ? Doit-il renoncer à l'effort et se laisser envahir par les produits du Nord ? Faut-il couper les ponts et interdire les échanges commerciaux entre le Nord et le Sud ? Nous allons voir que non. L'intérêt général est que le Nord fabrique les machines, le Sud les vêtements, et que le Nord et le Sud échangent librement une partie de leur production.

2) Plaçons-nous d'abord au Nord. Le pays dispose de 8 000 heures de travail. Il peut décider de les répartir de bien des manières.

Solution 1 : 100 machines (100 × 80 heures = 8 000 heures) et 0 vêtement.

Solution 2 : 90 machines (90 × 80 = 7 200 heures) et 8,8 lots de vêtements (il reste en effet 8 000 – 7 200 = 800 heures et chaque lot de vêtements demande 90 heures, ce qui permet de fabriquer 800 : 90 = 8,8 lots de vêtements.

Solution 3 : 80 machines, etc.

Or, la solution 2 est moins bonne pour lui que la 1. En effet, s'il choisit la solution 2, le Nord renonce à 10 machines pour obtenir 8,8 lots de vêtements. Il vaudrait mieux pour lui qu'il fabrique ces 10 machines, les exporte au Sud et les échange contre des vêtements. En effet, au Sud, les 10 machines représentent 1 200 heures de travail et 1 200 heures de travail permettent aussi de fabriquer 12 lots de vêtements. En choisissant la solution 1, le Nord peut gagner 12 – 8,8 = 3,2 lots de vêtements. L'intérêt du Nord est de ne fabriquer que des machines et d'importer ses vêtements.

Vérifions le raisonnement du point de vue du Sud. Le Sud dispose de 10 000 heures de travail qu'il peut répartir de plusieurs façons :

Solution 1 : 100 lots de vêtements (100 × 100 heures = 10 000 heures) et 0 machine.

Solution 2 : 90 lots de vêtements (90 × 100 = 9 000 heures) et 8,3 machines (il reste en effet 1 000 heures et chaque machine coûte 120 heures de travail. Les 1 000 heures de travail vont permettre de fabriquer 1 000 : 120 = 8,3 machines).

etc.

Or, la solution 2 est moins bonne pour le Sud que la solution 1. Car le Sud renonce à 10 lots de vêtements pour obtenir 8,3 machines. Il vaudrait mieux pour lui qu'il fabrique ces 10 lots et les échange contre des machines. Car au Nord 10 lots de vêtements représentent 900 heures de travail soit un peu plus de 11,2 machines.

4) En conclusion la meilleure solution pour le Nord comme pour le Sud est que le Nord fabrique des machines et que le Sud

fabrique des vêtements. Chacun se spécialise dans une des deux productions, puis conclut des échanges avec ses voisins. C'est le mécanisme de la division internationale du travail. L'échange est donc justifié, même pour les produits que tout le monde sait faire, même pour les bonbons à la menthe, les crayons de couleur ou les bassines en plastique.

5) Cependant, nous ne savons pas encore quelles quantités de machines et de vêtements seront finalement échangées entre le Nord et le Sud. Et nous ne pouvons pas le savoir sans connaître les besoins et les goûts des gens du Nord et des gens du Sud. Ces préférences indiquent d'une part la quantité de machines que le Nord est prêt à céder pour chaque quantité de vêtements qu'il obtiendra, et la quantité de vêtements que le Sud est prêt à céder en échange de machines. Supposons par exemple qu'après négociation commerciale 46 machines du Nord aient été échangées contre 52 lots de vêtements du Sud. Au départ, le Nord possédait 100 machines, le Sud 100 lots de vêtements. Après l'échange, la situation est la suivante :

Le Nord dispose de 54 machines et 52 lots de vêtements pour 8 000 heures de travail. Le Sud dispose de 46 machines et 48 lots de vêtements pour 10 000 heures de travail.

On constate que la différence d'efficacité économique conduit à une inégalité des richesses, au bénéfice du Nord. La productivité du travail est plus élevée au Nord, et il en résulte plus de pouvoir d'achat. Cependant, si le Sud voulait fermer ses frontières et produire lui-même les 46 machines, il serait perdant de 3,2 lots de vêtements. Il devrait en effet affecter $46 \times 120 = 5\,520$ heures de travail à la production des machines, et il ne lui resterait que 4 480 heures pour fabriquer des vêtements. Il n'obtiendrait donc que 44,8 lots de vêtements au lieu de 48.

De même, on peut vérifier que s'il voulait fabriquer lui-même 52 lots de vêtements, le Nord ne pourrait plus obtenir que 41,5 machines au lieu de 54.

En conclusion, le Nord et le Sud seraient perdants si l'un ou l'autre adoptaient une attitude protectionniste. L'échange international est donc le seul moyen pour chaque pays, non seulement de se procurer pacifiquement ce dont il ne dispose pas, mais aussi d'obtenir le maximum de biens compte tenu de ses préférences et des techniques de production.

Ceci explique que depuis quarante ans le taux de croissance du commerce mondial dépasse sensiblement celui de l'accroissement annuel des richesses. Dans la production des pays une part de plus en plus importante est destinée à être échangée avec d'autres. Pour l'an 2000 on prévoit qu'environ un tiers de la production du monde sera engagé dans l'échange international, c'est-à-dire moitié plus qu'actuellement. Les états socialistes eux-mêmes n'échappent pas à ce mouvement. Dans une communication au septième congrès mondial d'économie, le Professeur soviétique Bogomolov* s'interrogeait ainsi : « n'est-ce pas l'incompatibilité avec les lois économiques qui fit rater les essais d'isoler le socialisme dans l'économie mondiale, d'entourer les états socialistes d'un cordon technologique, de les soumettre à un blocage économique ? » De ce propos il faut clairement conclure que même dans les pays de l'Est, entre la volonté d'isolement et les lois économiques, ce sont nécessairement les lois économiques qui l'emportent.

Le monde est devenu multipolaire. Les Etats-Unis demeurent une formidable puissance économique. Mais dans certains créneaux le Japon et, malgré ses faiblesses, la Communauté Economique Européenne, constituent de redoutables concurrents. Dans le tiers-monde les pays pétroliers ont acquis une puissance financière avec laquelle il faut compter, et de nouveaux pays industriels, comme la Corée ou le Brésil, se sont affirmés. *Désormais, aucune économie nationale ne peut se considérer comme indépendante de l'environnement mondial, et cet environnement résulte d'une multiplicité de comportements qui échappe à chacune des nations prise isolément.*

Dans les états-nations, l'homogénéité économique a été assurée au fil des siècles par l'impôt et par la monnaie. Les deux supposent une confiance, plus ou moins contrainte, dans des institutions régulatrices centrales. Nous sommes loin, économiquement, politiquement et psychologiquement d'un processus du même type à l'échelle mondiale. Les institutions internationales, avec les moyens dont elles disposent, ne sont pas en état de dominer les tensions actuelles et d'esquisser de nouvelles règles du jeu. Chacun doit donc veiller à maintenir sa place dans la compétition commerciale et l'équilibre des échanges extérieurs est aujourd'hui une contrainte incontournable.

Les causes du déficit extérieur

En poursuivant le raisonnement de Ricardo, on peut montrer que les échanges extérieurs devraient être équilibrés.

> Supposons par exemple que le prix d'une machine soit de 1 000 dollars (au Nord), et le prix d'un lot de vêtements de 15 000 roupies (au Sud). Comme 46 machines sont échangées contre 52 lots de vêtements, on peut conclure qu'une machine est équivalente à 52 : 46 = 1,13 lot de vêtements ou encore qu'elle « vaut » 1,13 lot de vêtements, que son prix est de 1,13 fois celui d'un vêtement. Cela est

vrai dans les échanges entre les pays, mais nécessairement aussi dans les échanges à l'intérieur de chaque pays. Sinon des commerçants astucieux profiteraient des écarts de prix entre le marché intérieur et le marché international pour gagner de l'argent et la concurrence entre eux ferait disparaître les distorsions de prix. Les quantités échangées ne seraient plus 46 machines contre 52 vêtements et le taux d'échange se modifierait jusqu'à supprimer les écarts de prix initiaux. Dans une économie ouverte, les rapports des prix des biens s'harmonisent nécessairement avec ceux du marché mondial sous l'effet de la concurrence.

En conclusion, le prix d'un lot de vêtements au Nord devrait être de 1 000 : 1,13 = 885 dollars. Et le prix d'une machine au Sud de 15 000 × 1,13 = 17 000 roupies.

Voici le tableau des prix des marchandises au Nord et au Sud :

	au Nord (en dollars)	au Sud (en roupies)
Prix d'une machine	1 000	17 000
Prix d'un vêtement	885	15 000

Quel peut être le taux de change entre le dollar et la roupie ?

Prenons par exemple 1 dollar = 20 roupies. Avec 10 000 dollars en poche on pourrait acheter 100 machines au Nord ; ou bien les convertir contre 2 millions de roupies sur le marché des changes, puis acheter au Sud 2 000 000 : 17 000 = 117 machines ! On pourrait donc gagner 17 machines simplement avec un télex ! Le télex étant désormais très répandu, le Nord achèterait des machines au sud, et les échanges ne se maintiendraient pas à 46 machines contre 52 vêtements, ou bien le taux de change du dollar baisserait. En diminuant ce taux jusqu'à 17 roupies, on observe alors qu'à ce taux de change :

1) le prix d'une machine au Sud (en roupies) est égal à 17 fois le prix d'une machine au Nord (en dollars),
2) le prix d'un vêtement au Sud (15 000 roupies) est égal à 17 fois le prix d'un vêtement au Nord (885 dollars).

En outre, les 46 machines vendues par le Nord représentent 46 000 dollars ; les 52 vêtements vendus par le Sud représentent 52 × 15 000 = 780 000 roupies. Or 780 000 roupies peuvent être tout justement échangées sur le marché des changes contre 46 000 dollars car 780 000 : 17 = 46 000.

Si le taux de change entre dollar et roupie s'établit à 1 pour 17, les quantités échangées peuvent se maintenir et le commerce extérieur de chaque pays est équilibré. Si, en revanche, pour une raison quelconque, le dollar ne s'établissait qu'à 15 roupies, le commerce serait déséquilibré, le Nord aurait un excédent commercial, le Sud un déficit commercial. L'équilibre devrait être rétabli soit par un réexamen des quantités échangées, soit par une dévaluation de la roupie ou une réévaluation du dollar.

Dans la réalité, les mécanismes de retour à l'équilibre ne fonctionnent pas immédiatement. On constate aujourd'hui 1) que certains pays ont un déficit extérieur chronique, 2) que la dévaluation de la monnaie ne permet pas de résorber leur déficit.

Les causes du déficit extérieur sont multiples. Nous ne pourrons les étudier complètement qu'après avoir compris le fonctionnement du marché des changes et des mouvements de capitaux. Dans ce paragraphe, nous examinons les causes du déséquilibre des échanges de biens, indépendamment des problèmes monétaires que peuvent poser ces déséquilibres.

1) Un pays importe et exporte des centaines de milliers de produits différents. La demande de ces produits est plus ou moins sensible au prix. Par exemple, la demande de café est assez peu sensible au prix du café. Nous n'entendons pas nous priver de notre café quotidien, et celui-ci ne représente qu'une faible part de notre budget. En revanche, la demande d'automobiles françaises en Belgique est très sensible à leur prix. Le marché des automobiles est très concurrentiel et l'acheteur compare les modèles français, italiens, allemands, avant d'acheter. Au total, la sensibilité des exportations et des importations glables (les économistes parlent d'*élasticité*) joue un rôle important dans le maintien ou la disparition des déséquilibres. Ainsi, par exemple, la hausse du prix du pétrole a-t-elle déséquilibré fortement la balance commerciale parce qu'on ne pouvait se passer de pétrole, même à un prix cinq fois plus élevé. L'« élasticité » de la demande de pétrole à son prix est faible à courte échéance. A moyen terme, cette élasticité a joué et elle a permis de diminuer les importations de pétrole.

2) *La plupart des pays proclament le libre-échange mais s'efforcent de le contourner discrètement.* Les pratiques discriminatoires sont nombreuses et quelquefois efficaces. En principe, les commandes publiques font l'objet d'une mise en concurrence. Cependant, il est toujours possible d'éliminer les entreprises étrangères et de choisir une entreprise nationale. Il suffit d'invoquer des « raisons techniques » ou d'exiger un label de qualité que l'on accorde rarement aux firmes étrangères.

La discrimination par les normes industrielles, les labels et les certificats de qualification est peut-être la plus répandue. Voici par exemple un extrait d'une étude du Ministère du Commerce Extérieur* : « Tout en proclamant bien haut son attachement aux principes du libre-échange, la République Fédérale d'Allemagne utilise avec une grande habileté son système dense et cohérent de normes de laboratoires d'essais et de certificats de qualité pour freiner les importations ». Les étranges se heurtent sur le marché allemand à plusieurs types de difficultés :

— l'obligation d'adapter leurs produits aux normes allemandes particulièrement nombreuses (environ 30 000 normes privées DIN, VDE, UVV, etc.). Le coût des modifications est parfois tel qu'il condamne économiquement l'exportation du produit.

— Les procédures d'homologation sont gérées par des organismes techiques privées sous l'influence plus ou moins directe de professionnels allemands. Ces procédures sont coûteuses, longues et sans appel. Les délais imposés laissent aux concurrents locaux le temps de copier le matériel étranger et de développer un matériel équivalent. L'un des enjeux de l'Europe est d'harmoniser ces normes pour parvenir à un marché unique.

Pour vendre une bicyclette aux Etats-Unis, il faut se conformer à un cahier des charges de 150 pages. On imagine aussi la difficulté de l'exportateur lorientais ou stéphanois qui, pour s'attaquer au marché nippon, doit respecter un cahier de normes rédigé en japonais. Aucune trace de protectionnisme, l'obstacle culturel suffit.

3) *Les différences d'inflation* entre pays remettent en cause en permanence l'équilibre de leurs échanges. Dans l'exemple des machines et des vêtements, imaginons que les prix soient stables au Nord, et qu'ils augmentent de 20 % au Sud. Arithmétiquement, l'équilibre semble pouvoir être maintenu en dévaluant la roupie de 20 %. Dans la réalité, les choses ne se passent pas aussi simplement. Les écarts d'inflation sont irréguliers, ils alimentent périodiquement des attaques sur la monnaie. Celles-ci entretiennent les déséquilibres, relacent l'inflation et retardent le retour à la normale.

4) *Enfin, les causes les plus profondes de déséquilibres commerciaux sont les causes structurelles*, celles qui tiennent aux différences de capacité industrielle entre les pays.

Pourquoi les Japonais ont-ils envahi le monde de magnétoscopes, de montres à quartz, et demain de vidéo-disques et de vidéophotos ? Y a-t-il quelque chose, dans leurs cerveaux ou dans leurs mains qui les prédisposaient à cela ? Bien évidemment non. L'explication est simple. Lorsqu'on produit 10 millions de magnétoscopes, le prix de revient du magnétoscope est beaucoup plus bas que lorsqu'on en produit 1 million, car on divise par dix tous les frais d'étude, de recherche et d'installation. Or, d'emblée les Japonais se sont mis en état de fabriquer des magnétoscopes et bien d'autres produits pour la terre entière. Comme le marché des magnétoscopes n'est pas infini, les autres producteurs ont du mal à entrer sur le marché car les magnétoscopes qu'ils produiraient seraient trop chers. Les Japonais ont pris le risque d'investir des sommes considérables sur des marchés futurs. C'est une stratégie payante à condition de démarrer les premiers, de choisir des créneaux porteurs et d'entrer dans le marché massivement. Dans l'électronique, la suprématie japonaise sur le marché mondial ne s'explique par aucune réglementation protectionniste, mais plutôt par les barrières économiques qui s'opposent désormais à d'éventuels concurrents. Cependant, cette stratégie de conquête a des limites. Elle nécessite de concentrer de gros moyens financiers sur quelques secteurs. Si l'on peut conquérir certains marchés, on ne peut pas les occuper tous. Les Japonais n'ont par exemple la première place ni dans l'aéronautique ou le nucléaire que les Etats-Unis et l'Europe occupaient avant eux, ni dans le textile ou même dans les calculettes électroniques qu'ils abandonnent à la Corée, à Taiwan ou aux Philippines. Ainsi revient-on à la loi de Ricardo, chacun se spécialisant dans les productions où il est le meilleur.

C'est ainsi que les français sont parmi les meilleurs pour les gaz industriels avec l'Air Liquide, le matériel ferroviaire avec Alsthom, le bâtiment avec Bouygues, les verres de lunettes avec Essilor, les vaccins avec Mérieux, les télex à écran avec Sagem. Mais nos champions du monde ne sont pas tous connus. A l'échelle mondiale, des créneaux très professionnels ou très spécialisés ouvrent des perspectives de réussite suffisantes. Plus de cent petites ou moyennes entreprises françaises figurent parmi les champions du monde dans des domaines aussi variés que les logiciels de compilation (Alsys), les cadres de bicyclette de compétition (Bador), les cordes d'alpinisme (Beal), les travaux sous-marins (Comex), la luzerne deshydratée (France Luzerne), les skis et fixation (Rossignol et Salomon), les bateaux pneumatisques (Zodiac), et encore par exemple pour le boyau de raquette, le mobilier urbain, les feux d'artifice. Des entreprises moyennes de pays moyens peuvent dominer le marché mondial.

A la conquête du marché mondial

Dans ses mémoires, Akio Morita, fondateur de Sony, raconte comment la décision de vendre au monde entier fut prise dès les débuts de Sony, dans les années cinquante : « Notre compagnie était encore modeste et le Japon nous apparaissait comme un marché vaste et potentiellement prometteur. Mais il existait un consensus entre les industriels japonais, en faveur d'une exportation de biens de consommation qui assurerait notre survie, aussi nous paraissait-il naturel d'explorer les marchés étrangers ».* On connaît la suite.

Les échanges commerciaux entre les nations ne sont pas nouveaux. Cependant, il y a un siècle, beaucoup d'entreprises travaillaient pour un marché local et pouvaient ignorer ce qui se passait en dehors de leur pays, et même de leur région. Depuis la fin du dix-neuvième siècle, la production de masse de produits standardisés comme l'automobile, le matériel électrique ou l'électroménager, le développement et l'implantation de réseaux nationaux d'agences bancaires, ont unifié les marchés au sein de chaque pays. On peut trouver les mêmes produits, le même genre de magasins et les mêmes habitudes commerciales, d'un bout à l'autre de la France. Naturellement, dans cette construction lente des marchés nationaux, l'Etat a joué un rôle crucial : le même droit s'applique partout, la même monnaie a cours partout, et souvent, mais pas toujours, la même langue est parlée partout. L'unification d'un marché, c'est la mise en commun d'un ensemble de traditions, de règles et d'attitudes qui font que les échanges se nouent et se multiplient au sein d'un même territoire.

Nous assistons aujourd'hui dans le monde, ou au moins dans de larges zones du monde, à un mouvement à la fois spontané et organisé qui ressemble aux débuts des marchés intérieurs nationaux. Mais cette fois, ce sont les marchés nationaux qui tendent à s'unifier dans un marché mondial. Cette marche en avant est, comme dans l'étape antérieure, particulièrement avancée dans certains secteurs économiques. Il s'agit, selon l'analyse de Porter, des secteurs pour lesquels « les positions stratégiques des concurrents sur les grands marchés géographiques ou nationaux sont fondamentalement commandées par leurs positions d'ensemble au niveau mondial ».*

La plupart des secteurs économiques participent aux échangent mondiaux, mais l'enjeu de la mondialisation n'est pas identique pour toutes les entreprises. Nestlé est une très grande multinationale, et elle est présente dans de très nombreux pays. Mais la concurrence pour garnir les rayons des supermarchés est surtout une concurrence nationale, voire locale. En revanche, IBM ne peut pas concevoir sa stratégie autrement que pour la planète entière. Pour certains produits comme les grands calculateurs, les centraux téléphoniques, les avions, le marché ne peut être d'emblée que le monde entier. Les firmes de ces secteurs jouent un rôle de pionniers dans la construction du marché mondial. Mais aujourd'hui, la vision mondiale du marché ne se limite pas aux grands équipements. Des enquêtes auprès des dirigeants de petites ou moyennes entreprises ont montré que beaucoup d'entre eux considèrent que leur marché est au minimum l'Europe, et souvent le monde. Les magazines, la télévision répandent partout l'information, les gens voyagent, et il n'est pas beaucoup plus difficile de passer une commande à dix mille kilomètres qu'en province. C'est ainsi que les acheteurs de nos grands magasins parcourent la terre pour approvisionner leurs rayons, ou que les japonais mangent des gâteaux bretons et des petits beurres lorientais. Plus étonnant. Les deux plus importants magazines féminins de France, *Prima* et *Femme actuelle* sont édités par un groupe de presse... allemand ! Et cette réussite excite la concurrence d'un autre groupe de presse, allemand aussi, qui met sur le marché *Maxi*, un autre magazine féminin populaire et pratique. Comme l'indiquait le journal *les Echos** :

> « Il semble donc que les recettes de la presse allemande soient au goût de toutes les ménagères du monde. Des recettes de marketing et d'organisation, et surtout des capacités d'adaptation, car tant *Prima* que *Femme actuelle* ou *Maxi* sont réalisés par des équipes françaises dont seuls les dirigeants sont allemands. Les éditeurs français ont fait la cruelle découverte de cette efficacité germanique. Après un bon démarrage, en 1984, *Sept jours madame* lancé par Daniel Filipacchi n'a pas atteint ses objectifs, et même après une fusion de la dernière chance avec *Confidences* a du s'arrêter définitivement cette année.
>
> Pendant ce temps la machine allemande continue. Bauer, l'éditeur de *Maxi* a créé une filiale en Espagne il y a quatre mois, et teste le marché ».

La concurrence dans un secteur prend une dimension mondiale lorsqu'une ou plusieurs firmes trouvent des avantages à développer des activités coordonnées sur plusieurs marchés. Plusieurs facteurs sont à l'origine de ces avantages. Le premier est l'avantage relatif exposé au début de ce chapitre. Si le Nord est relativement mieux placé que le Sud pour la fabrication des automobiles, les fabricants d'automobiles du Nord prendront des positions mondiales dominantes. Mais ce n'est pas la seule raison.

Les économies d'échelle constituent un deuxième facteur puissant de concentration et de domination mondiale du marché. Si le point mort de la production dépasse la taille d'un marché national, l'entreprise ne pourra vivre qu'en visant le marché international. La présence dans plusieurs pays peut être un facteur d'accélération de l'expérience de production. Elle peut permettre d'alléger les coûts logistiques en les répartissant sur de plus grandes quantités. Elle peut aussi permettre d'accroître le rapport coût-efficacité des services commerciaux. Par exemple, pour des gros matériels d'imprimerie, un service d'entretien spécialisé pourra couvrir l'ensemble de l'Europe. Ou bien de bénéficier sur plusieurs marchés d'un savoir-faire commercial, comme le montre l'exemple de la presse féminine.

Enfin, il ne faut pas oublier la solidité financière que confère la taille mondiale ainsi que la capacité d'intervention sur des marchés financiers eux-mêmes mondialisés.

Répartition géographique de la production mondiale de véhicules à moteur

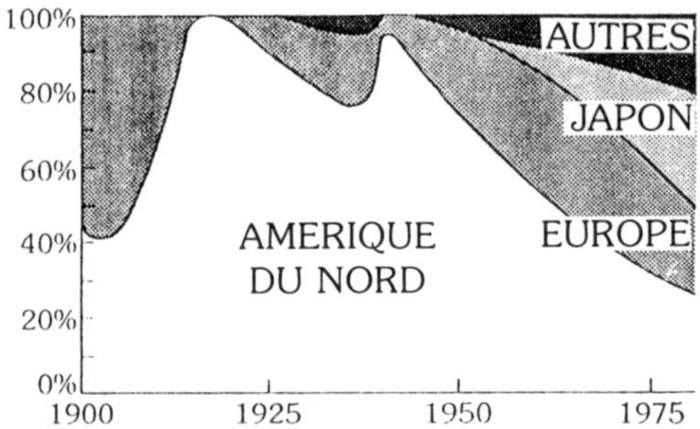

Les données portent sur les véhicules à moteur et comprennent les voitures particulières, les camions et les autobus. Les Etats-Unis diminuent de 100 % à 30 %. Mais une partie des voitures de marque américaine est fabriquée en Europe.

Dans de nombreux secteurs, l'accès au marché mondial passe par une présence significative sur le marché américain. Le marché des États-Unis est de loin le plus vaste du monde et il représente à lui seul dans certains domaines de pointe, entre un tiers et la moitié du marché mondial. Outre sa masse, le marché des Etats-Unis a valeur de référence. Tout chef d'entreprise sait bien qu'il est crucial d'avoir quelques grands noms parmi ses clients. Cette réalité élémentaire est vraie aussi dans le domaine international. De surcroît, par leur poids économique, par leur avance technique, les fabricants américains définissent plus ou moins les standards et les normes mondiales. Les enjeux attachés à une présence sur le marché américain expliquent les efforts des entreprises européennes ou japonaises pour s'y implanter. Mais la concurrence veille, la pénétration est difficile et l'implantation coûteuse. Tous les candidats ne réussissent pas.

Le premier moteur de l'économie est la concurrence. Dans une économie ouverte aux échanges, chaque entreprise est en compétition avec les autres entreprises du même pays, et avec les entreprises étrangères de la même activité. Il y a cependant une différence fondamentale entre la compétition intérieure et la compétition internationale.

Lorsqu'une entreprise cède une part de marché à une entreprise concurrente du pays, on peut penser que le meilleur a gagné, mais que la collectivité nationale n'a rien perdu puisque ce qui ne sera pas produit par l'un le sera par l'autre. Lorsqu'en revanche une entreprise française se fait prendre un marché par un concurrent étranger, que le client perdu soit français ou étranger, c'est de l'emploi en moins pour les français, et des devises en moins pour payer d'autres importations. Les résultats de la compétition intérieure affectent les unités économiques en concurrence, mais pas la position relative de la nation dans le monde. La compétition extérieure affecte cette position, et en particulier la valeur de la monnaie nationale comparée aux autres monnaies. C'est pourquoi la compétition sur le marché mondial prend souvent l'allure d'une véritable guerre économique entre les nations. Nous ne pouvons pas ici en développer tous les aspects. L'importance des enjeux est devenue telle que nous devons au moins montrer au lecteur que la compétition internationale est un jeu complexe dans lequel s'entremêlent les forces fondamentales de l'économie, mais aussi la politique des gouvernements et la résistance des groupes sociaux. Nous le ferons en prenant deux exemples différents : la bataille du blé et la bataille technologique.

La bataille du blé

Trop de blé, trop de lait, trop de viande. Et pour mieux se voler des parts du marché mondial, une surenchère de subventions. Telle est périodiquement l'image des grands marchés agricoles. Comment en arrive-t-on là ? Quels sont les enjeux de la bataille du blé, et plus généralement des batailles du soja, du maïs, du lait que se livrent les Etats-Unis et l'Europe et dans leur ombre l'Argentine, l'Australie, le Canada ?

La guerre du blé illustre plusieurs lois économiques fondamentales que nous avons déjà rencontrées : la loi d'Engel, la loi de la productivité, la loi de l'offre et de la demande. Ces lois sont vraies aux Etats-Unis, en Europe comme dans l'ensemble des pays du monde, et leur jeu combiné jette les pays exédentaires dans la lutte pour écouler leurs excédents.

La production agricole est en essor continu depuis la dernière guerre mondiale, à un rythme d'environ deux et demi pour cent par an, deux fois plus élevé qu'auparavant. Si l'on tient compte de l'accroissement de la population mondiale, il subsiste une augmentation de la production agricole par tête de près de un pour cent par an depuis plus d'un quart de siècle. C'est une circonstance qui permet d'éliminer progressivement la faim et la sous-nutrition dans le monde. Mais dans les pays les plus riches, l'accroissement de la production est cause d'excédents importants qui agitent le marché mondial et dépriment le revenu des agriculteurs. En effet, la demande tend à stagner alors que l'offre poursuit son ascension.

La demande alimentaire tend à stagner : On constate généralement que le pouvoir d'achat supplémentaire gagné dans la croissance économique ne va pas vers les produits agricoles, mais vers les biens industriels ou les services. Ainsi l'agriculture qui représente plus d'un tiers de la dépense dans les pays pauvres, tombe à un trentième dans les pays les plus riches. La croissance économique profite peu aux biens agricoles. Il est vrai que la situation est très diverse selon les pays du monde et que certaines zones d'Afrique ou d'Amérique Latine manquent des nourritures les plus élémentaires. Il est vrai aussi qu'une part grandissante des céréales sert à nourrir des animaux et qu'elle est en fait une forme indirecte de la consommation de viandes, qui reste forte. Cependant, globalement, l'offre de produits agricoles tend spontanément à dépasser la demande.

Le progrès technique joue massivement dans l'agriculture : Pendant des siècles, l'accroissement de la production agricole a été obtenu par la culture de terres nouvelles, gagnées sur la friche et sur la forêt. S'il reste encore des terres à exploiter, les capacités en terres nouvelles tendent à s'épuiser. Les nouveaux progrès de la production viennent d'une culture plus intensive, c'est-à-dire d'une augmentation des rendements à l'hectare. Depuis les années cinquante, les agriculteurs européens ont multiplié par trois le rendement de blé à l'hectare. En Asie, les rendements de riz ont doublé. La « révolution verte » et les biotechnologies agricoles ont permis de sélectionner de nouvelles variétés de blé et de riz. Grâce à ces nouvelles semences, des pays comme les Philippines et l'Indonésie sont devenus autosuffisants en riz. Dans les centres de recherche des Fondations Rockefeller et Ford, de nouvelles semences de blé, de maïs, de riz ont été mises au point. Leur introduction au Pakistan et en Inde ont permis de doubler en quelques années la production de blé. L'Inde qui ne pouvait se nourrir qu'en important de l'étranger est devenue autosuffisante. Au Pendjab, les rendements de blé augmentent de 15 % par an.

Cependant, les nouvelles semences ne sont qu'un aspect des progrès de la productivité agricole que l'on pourrait écrire sous une forme générale :

Nouvelles semences
+ engrais
+ pesticides
+ irrigation
+ crédit
= Augmentation des rendements agricoles

Les progrès de l'irrigation expliquent à eux seuls plus de la moitié de l'augmentation de la production des vingt dernières années.

Les effets du progrès technique dans l'agriculture

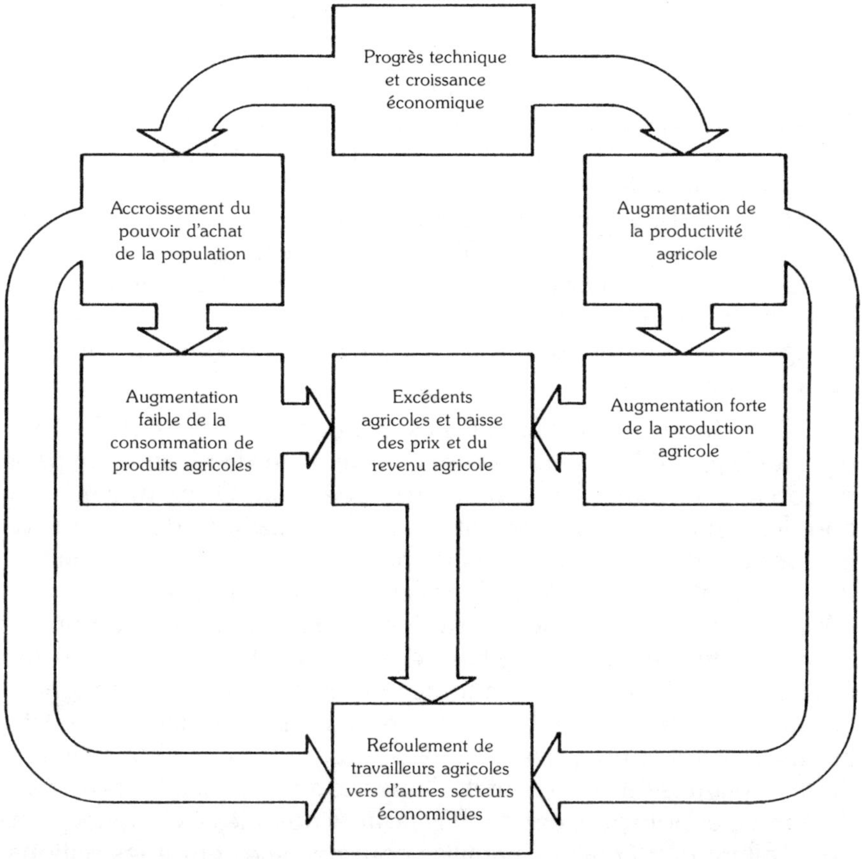

Malgré la croissance générale du niveau de vie, la consommation alimentaire augmente faiblement. Les gains de productivité dans l'agriculture et les excédents agricoles refoulent des travailleurs agricoles vers d'autres activités et vers les villes. Ce mécanisme se produit dans tous les pays du monde.

Or dans les pays en développement, un cinquième à peine des terres cultivées sont irriguées. C'est dire le potentiel de productivité qui subsiste encore au-delà des progrès déjà accomplis.

D'une certaine manière, et depuis fort longtemps, les agriculteurs sont victimes de leur propre réussite. Plus ils sont productifs, et plus ils se condamnent à disparaître. Chaque agriculteur a tout intérêt à mieux cultiver son champ et à en tirer la récolte la plus abondante. Mais tous les agriculteurs raisonnent ainsi, et la récolte devient si abondante que les prix des produits agricoles baissent, que le revenu familial des agriculteurs diminue et que les enfants des agriculteurs doivent quitter la terre. C'est le mécanisme des prés communaux, qui s'applique aux agriculteurs eux-mêmes !

Cet engrenage n'est pas un privilège de l'agriculture. C'est une loi qui s'applique à tous les secteurs de production arrivés à maturité. Mais les conséquences sociales ne sont pas les mêmes dans l'agriculture et dans les autres domaines. Il semble en effet naturel à tout le monde que le fils d'un cadre commercial dans une filature fasse des études de programmeur ou que la fille prenne un emploi d'infirmière. Si l'entreprise textile n'offre plus de perspectives suffisantes, le cadre commercial pourra lui-même trouver un autre emploi dans la vente de produits ménagers ou de cosmétiques. Un changement d'emploi peut être pénible, il n'est pas en règle générale un bouleversement d'existence.

Dans l'agriculture, la famille est centrée sur la terre et le départ de la terre prend l'allure d'une émigration. Dans l'industrie, on parle de conversions dans l'agriculture, *d'exode rural*. Or en une génération, les départs de la terre ont touché des dizaines de millions de personnes dans les pays développés et continuent d'en toucher d'autres dizaines de millions dans le monde entier. Dans les pays en développement, cet exode pose des problèmes d'urbanisation sur lesquels nous reviendrons. Dans les pays développés, les Etats ont multiplié les interventions de toutes natures pour « accompagner » la régression du nombre d'agriculteurs et pour éviter des baisses trop brutales du revenu agricole. Voilà pourquoi les Etats sont directement impliqués dans les conflits d'intérêts entre agriculteurs de pays différents, et pourquoi ces conflits pour écouler les excédents prennent l'allure de véritables batailles commerciales entre les nations.

L'Europe est la deuxième puissance agricole du monde. C'est dans l'agriculture que l'organisation européenne est le plus avancée, de sorte que l'on peut effectivement parler de politique commune. Le système est fondé sur quatre principes : *la libre circulation des produits* entre états membres ; *la préférence communautaire* (qui doit assurer un avantage aux produits européens par rapport aux produits importés) ; *la solidarité financière* (un budget commun pour les interventions agricoles financé par des contributions des états membres) ; *un système de prix garantis* et de subventions pour éviter une chute des revenus des agriculteurs. Les prix européens sont fixés pour assurer la survie d'exploitations peu productives. Ils ont donc été dès le départ des prix élevés, incitant beaucoup d'exploitants à produire davantage et à développer les productions. C'est l'une des raisons des excédents. Ces excédents coûtent cher. Il faut les stocker ou bien s'en débarrasser sur le marché mondial, et au prix mondial, généralement inférieur au prix européen. Il faut pour cela compenser l'écart de prix en versant une subvention, appelée « restitution » dans le langage communautaire. C'est précisément sur ce terrain que s'affrontent périodiquement l'Europe et les Etats-Unis.

L'agriculture américaine est la première du monde, en poids et en efficacité. Les agriculteurs des Etats-Unis produisent un septième du blé, du coton, du tabac récolté dans le monde, près de la moitié du maïs et du soja. Avec une telle productivité, qui ne cesse d'augmenter, les agriculteurs américains ne peuvent se contenter de leur seul marché. Traditionnellement, ils approvisionnent de nombreux pays déficitaires. Le revenu des agriculteurs américains dépend donc largement du marché mondial. En outre, plusieurs secteurs économiques sont solidaires de l'agriculture. Lorsqu'une crise survient, comme entre les deux-guerres ou au début des années quatre-vingt, elle se propage aux matériels et aux fournisseurs. Dans les périodes d'euphorie, les agriculteurs s'endettent lourdement. Avec la mévente et la baisse des prix, de nombreux fermiers se trouvent en cessation de paiement. L'effondrement du prix des terres fait disparaître la garantie des emprunts. Les banques rurales elles-mêmes se trouvent en difficulté menaçant l'équilibre du système bancaire américain.

En résumé, on ne peut pas comprendre le retour périodique de batailles commerciales entre l'Europe, les Etats-Unis, et maintenant de nouveaux groupes de pays sans avoir à l'esprit plusieurs réalités antagonistes :

- la consommation alimentaire augmente moins que le revenu mondial particulièrement dans les pays développés ;
- la production agricole tend à dépasser périodiquement les capacités d'absorption du marché ;
- la conquête de débouchés extérieurs est un impératif permanent de l'agriculture américaine. Les crises agricoles, et de l'ensemble de l'agriculture américaine. Les crises agricoles, et de l'ensemble des secteurs industriels et financiers liés à l'agriculture, sont au premier rang des problèmes économiques aux Etats-Unis ;
- en Europe, le soutien des prix agricoles destiné à accompagner la régression agricole et à atténuer l'exode rural, coûte cher, tend à accroître les excédents, et apparaît comme une « subvention à l'exportation » des produits agricoles ;
- la révolution verte et les progrès des techniques diminuent les capacités d'absorption d'un plus grand nombre de pays. D'acheteurs, certains deviennent exportateurs.

A toutes ces données économiques, il faut encore ajouter un problème d'organisation. La politique économique d'une nation démocratique n'est pas le résultat d'un calcul rationnel. C'est le résultat de rapports de force entre groupes de pression économiques aux intérêts parfois convergents parfois divergents, institutions politiques élues (selon des cycles politiques différents), et des administrations publiques permanentes plus ou moins efficaces selon leurs moyens et leur recrutement. Les décisions d'importance sont souvent le résultat de batailles d'influence dont le sort est incertain, et les issues de batailles successives ne sont pas nécessairement cohérentes. Ainsi par exemple les producteurs de soja américains ont-ils lutté vigoureusement *contre* des projets de loi qui visaient à protéger les viticulteurs américains contre l'entrée de vin européen. Le libéralisme jouait en leur faveur puisque l'Europe est ouverte au soja américain, le risque de mesures protectionnistes en Europe était pour eux plus grand et plus immédiat que les pertes, voire la faillite, de collègues viticulteurs. Traditionnellement, l'administration américaine défend le libéralisme en s'appuyant sur une vision globale des intérêts commerciaux américains. Le congrès est de tendance plus protectionniste car y dominent successivement les intérêts de telle ou telle catégorie de la population.

Des mécanismes du même genre, d'alliances d'intérêts à géométries variables sont à l'œuvre en permanence dans l'économie mondiale. Ainsi voit-on se constituer un « club des exportateurs loyaux » regroupant quatorze pays producteurs de blé développés ou en développement, pour faire front contre les Etats-Unis et l'Europe. Ainsi voit-on encore les Etats-Unis se disputer avec leurs amis l'Australie et le Canada, pour vendre du blé à perte à leur « ennemi » naturel, l'Union Soviétique.

La complexité du système de prise de décision est peut-être à son comble en Europe. Aucun gouvernement fédéral n'existe pour concilier ou faire taire les divergences d'opinion. Les décisions sont prises par douze ministres de pays différents. Un accord entre eux implique toujours des compromis compliqués arrachés après des nuits de négociations. Un tel système est à l'abri des idéologies, mais il est lourd et lent. C'est l'une des difficultés majeures de la politique agricole commune. Faute de pouvoir se mettre d'accord, c'est souvent la non-décision, c'est-à-dire le statu-quo qui l'emporte.

L'exemple agricole est significatif de la complexité des mécanismes et des enjeux de la compétition économique mondiale. Il montre aussi que rien ne peut durablement s'opposer aux deux forces fondamentales de l'économie : le progrès technique et le marché.

La guerre de la technologie

Les technologies nouvelles transforment l'économie mondiale. De nouveaux marchés se créent pour des produits inconnus jusqu'alors et dans les secteurs traditionnels la productivité est bouleversée. On pense bien sûr à l'électronique, à l'informatique et aux télécommunications. Mais aussi aux biotechnologies, encore à leurs débuts mais qui gagnent du terrain. Comme aux nouveaux matériaux que l'ont trouve désormais partout, dans l'équipement industriel, dans la construction, dans l'automobile, dans l'emballage, dans le matériel de sport, etc.

Les produits de haute technologie jouent un rôle crucial dans la compétition internationale pour plusieurs raisons : 1) Une première raison est que *la croissance des industries de haute technologie est forte, deux fois plus forte que la moyenne de l'industrie*. Un pays qui dispose d'une offre de produits, ou de brevets de haute technologie est donc mieux placé dans la compétition mondiale. Il bénéficie, en quelque sorte mécaniquement, de l'expansion de la demande mondiale. Il lui suffit de suivre cette demande pour que ses exportations augmentent plus que les autres. 2) Une seconde raison est que *les industries de haute technologie sont à la fois structurantes et stratégiques*. « Agissant comme moteurs de la croissance économique, ces industries développent les nouveaux produits, les nouvelles techniques de production qui transforment radicalement la structure de l'économie. Pour rester compétitifs, donc pour survivre, les secteurs traditionnels (automobile, textile, sidérurgie, assurance, ou banque par exemple) doivent être capables d'utiliser ces nouveaux produits et procédés ».* On voit ainsi le double enjeu de de la haute technologie du point de vue de la compétition internationale. Savoir produire des ordinateurs donne un avantage de marché, mais savoir utiliser l'informatique dans des secteurs traditionnels donne un avantage de productivité, donc de coût, qui peut s'avérer au moins aussi important pour la balance extérieure.

Mais il ne suffit pas d'inventer. Il faut aussi savoir produire à des coûts acceptables, et il faut savoir vendre. Le développement technologique comporte plusieurs étapes. L'étape de la recherche et des premières applications est essentielle puisque c'est la phase d'avancée technique. Mais elle est plutôt coûteuse et elle a de faibles retombées immédiates pour les exportations. L'étape de la production en masse est moins innovatrice mais elle est commercialement la plus rentable. Réussir la première étape apporte plus de satisfactions intellectuelles que d'excédents commerciaux, si on ne sait pas réussir aussi la seconde étape, ou si d'autres la réussissent mieux que vous. L'exemple de la guerre des composants électroniques entre les Etats-Unis et le Japon illustre bien ce problème.

Les Etats-Unis ont été les promoteurs incontestés de l'industrie de l'informatique et des composants électroniques (puces, microprocesseurs). Leur supériorité se fonde sur la recherche de l'Université et des grandes entreprises, sur les programmes militaires et sur un fourmillement de petites entreprises soutenues par des capitalistes prêts à risquer leur argent (le « venture-capital » américain est le plus dynamique du monde). Et pourtant, les Etats-Unis ont un déficit extérieur pour les produits électroniques. Et ce déficit extérieur a augmenté dans des proportions qui ont fait de la guerre des composants une affaire d'Etat.

Dans la bataille de la microélectronique, les japonais ne sont pas les plus créatifs. Ils ont choisi de fabriquer les composants connus, mais de les faire dans des conditions de qualité et de prix imbattables. En quelques années, ils sont devenus les premiers fournisseurs du monde, y compris les Etats-Unis, en mémoires d'ordinateurs. La méthode Morita, qui avait fait ses preuves pour la hi-fi et le walkman, a été transposée aux semi-conducteurs : un produit de qualité, un prix bas, un puissant réseau commercial.

Il serait naïf de penser que les choses s'arrêteront là. Les américains n'ont pas l'habitude de rester passifs. Et le propre du progrès technique est de redistribuer les cartes en permanence. Les fabricants américains ont commencé à produire eux-mêmes japonais. Motorola, Texas Instruments se sont implantés au Japon. D'autres fabricants ont passé des accords avec des partenaires japonais, les uns apportant leur recherche, les autres leur productivité et leur efficacité commerciale. « Nous devons recruter tous les ans une vingtaine de diplômés japonais » fait observer un responsable de Fairchild Semi-Conductors. « Pour ce faire, nous devons courtiser littéralement les professeurs d'universités dont l'influence sur la carrière de leurs étudiants est immense ».* Les armes de la guerre économique sont aussi variées qu'inattendues !

Et l'Europe, dans tout cela ? Elle est malheureusement distancée dans ce domaine. Cependant le paysage évolue. L'informatique, c'est aussi de plus en plus le logiciel, et, depuis quelques années, les télécommunications. Dans le logiciel, nos positions sont meilleures, et dans les télécommunications, le jeu reste ouvert. Jusqu'à une période récente, les marchés nationaux ne communiquaient pas entre eux, chaque administration ou entreprise nationale d'exploitation du téléphone achetait ses matériels à un petit nombre de fournisseurs nationaux. Avec l'irruption de l'informatique dans les télécommunications, avec les nouveaux moyens de transmission de l'information comme les satellites ou la fibre optique, avec la décision mémorable de la Cour Suprême des Etats-Unis de casser ATT en plusieurs morceaux, la concurrence est là. Dans les télécommunications, les Etats-Unis ont une position dominante, mais l'Europe, la France en particulier, garde des atouts. Cependant, il nous faut méditer ces propos de Morita :

« Je parle dans cet ouvrage de trois types de créativité : en matière de recherche et de développement, de planification de produits, et de marketing. J'ai parfois le sentiment que les français n'accordent pas autant d'attention que les japonais aux deux derniers types de créativité.

Pascal, le « père de la physique », est français, et le système métrique est d'origine française. Des français viennent beaucoup d'idées et d'inventions ; mais peut-être ne vont-ils pas au bout de ces idées pour en faire de véritables produits. Peut-être les industriels sont-ils un peu trop fiers et s'imaginent-ils que tout ce qu'ils produisent est vendable. Au Japon, le consommateur est roi, et nous faisons tout pour produire ce que le client veut ou voudra dans le futur, aussi bien sur le plan du marketing que du planning de la production ou de l'éducation du consommateur ».*

Les effets d'une dévaluation sur la compétitivité

Lorsque les échanges extérieurs sont en déficit, la monnaie se dévalue. Et cette dévaluation, en règle générale subie, quelquefois provoquée, déclenche des mécanismes économiques dont on attend à terme le retour à l'équilibre extérieur. Quels sont ces mécanismes ?

• *Premier temps : le prix des produits importés augmente*

Dévaluer le franc, c'est payer plus cher en francs pour le dollar, le yen ou le mark allemand. Nous verrons au chapitre prochain que dévaluer avait un sens clair lorsque les parités des monnaies étaient « fixes ». Il s'agissait en effet de changer le cours du franc par rapport à l'ensemble des autres monnaies. Il était donc simple de repérer le pays qui dévaluait et de combien il dévaluait. Dans le système des changes flottants qui est le système actuel, les cours des monnaies bougent tous les jours. Une monnaie peut en même temps monter par rapport à une monnaie et baisser par rapport à d'autres. Elle peut en somme s'apprécier par rapport à une monnaie et se dévaluer par rapport à d'autres. Pour repérer si globalement elle s'apprécie ou se dévalue, on peut construire un indice moyen des monnaies, comme on calcule un indice des prix et observer comment évolue l'indice par rapport à chaque monnaie. Cette méthode, dite du « panier de monnaies », consiste à réunir dans un panier fictif dix dollars, quatre marks, huit francs, mille yens, etc. (on choisit si possible des proportions représentatives du poids des monnaies dans le commerce mondial).

Pour étudier les conséquences d'une dévaluation, nous prendrons une hypothèse simple. Nous supposerons que toutes les monnaies étant stables, le franc baisse de 10 %. Si avant la dévaluation, avec un dollar à 6 francs, le pétrole coûtait sur le marché de

Rotterdam 15 dollars le baril, le coût d'un baril de pétrole en francs était de 90 francs. Si huit jours plus tard, le franc a été dévalué et le dollar est passé à 6,60 francs, le coût du baril de pétrole est passé à 99 francs. *La dévaluation augmente donc le prix en francs des produits d'importation.*

Les effets d'une dévaluation sur la balance commerciale

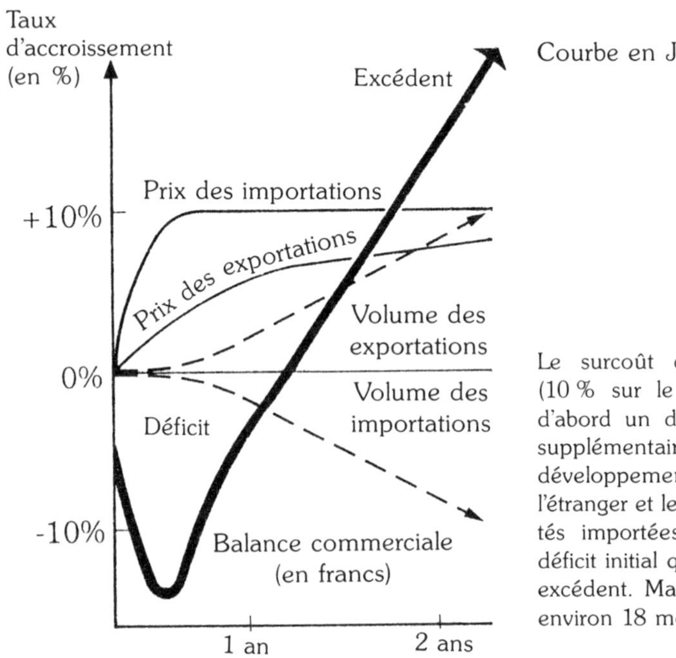

Le surcoût des importations (10 % sur le graphique) crée d'abord un déficit commercial supplémentaire. Par la suite, le développement des ventes à l'étranger et le recul des quantités importées compensent le déficit initial qui fait place à un excédent. Mais il faut attendre environ 18 mois.

- ***Deuxième temps : le prix des produits français à l'étranger diminue***

Un autre effet concerne les exportations françaises vers l'étranger. Prenons l'exemple d'une voiture exportée en Allemagne dont le prix de vente est, avant la dévaluation, de 50 000 francs en France et de 16 670 marks à Francfort (pour un mark = 3 francs). Si le franc est dévalué, le mark passe de 3 francs à 3,30 francs. Le fabricant français n'a pas a priori de raison de changer son prix de vente en francs. Mais pour obtenir 50 000 francs, il lui suffira de vendre la même voiture 15 150 marks (car chaque mark peut désormais être converti contre 3,30 francs et 15 150 × 3,30 = 50 000 francs). Il est donc possible au fabricant français de maintenir intégralement son chiffre d'affaires initial tout en baissant les prix sur les marchés étrangers (ses prix en marks).

Le chiffre d'affaires à l'exportation en francs est donc inchangé, mais le coût des importations a augmenté. Au total le déficit commercial s'est donc accru. *Le premier effet d'une dévaluation de la monnaie est d'augmenter le déficit extérieur.*

On observe que les effets précédents jouent plus ou moins selon que les contrats avec les fournisseurs et les clients étrangers sont passés en dollars (ou dans une autre monnaie étrangère) ou en francs. Si par exemple le contrat d'approvisionnement pétrolier fixait un prix de 90 francs par baril, la dévaluation ne change rien pour les Français. C'est le pays producteur de pétrole qui gagnera moins de dollars pour un même chiffre de ventes en francs. C'est là une situation peu fréquente. En revanche, pour près de la moitié, les prix de nos exportations sont libellés en francs, et pour l'autre en monnaies étrangères (dollars, marks, etc.). Pour cette seconde moitié, la dévaluation ne permet pas de baisser les prix à l'étranger. En contrepartie, l'exportateur encaissera plus de francs. Mais les conséquences ne s'arrêteront pas là.

• ***Troisième temps : les quantités exportées s'accroissent***

En effet, si les prix des voitures étrangères chez les revendeurs français augmentent, les conducteurs français seront sans doute plus hésitants à acheter, ou à racheter, une voiture étrangère la prochaine fois. Les achats de voitures étrangères diminuent et les constructeurs français augmentent leurs parts de marché en France. Sur les marchés étrangers, la baisse de nos prix en marks, lires ou dollars, rendra les voitures françaises plus attractives. Les constructeurs français augmenteront donc aussi leurs parts à l'étranger. En résumé, si le franc est dévalué, *la « compétitivité-prix » des produits français s'améliore et il en résultera plus d'exportations et moins d'importations.*

Quel sera le résultat d'ensemble ? D'abord, le déficit se creuse. Par la suite le ciseau des parts de marché compense le surcoût des importations. L'effet total attendu est une amélioration du solde commercial. C'est la fameuse courbe en J, descente vers le bas (pendant trois à quatre trimestres) puis remontée du solde commercial qui remplace le déficit par un excédent.

Plusieurs facteurs contribuent à la forme du J suivant que les comportements réels se rapprochent ou s'écartent du schéma précédent. Voici quelques exemples de situations possibles :

• les constructeurs étrangers, pour préserver leurs parts du marché français maintiennent leurs prix en France, quitte à sacrifier momentanément leurs marges et à redoubler l'effort de productivité.

• Les constructeurs français maintiennent les prix étrangers pour augmenter leurs profits, plutôt que leurs parts du marché étranger.

• La hausse des prix des produits importés peut rester sans effet, ou de faible effet, sur les achats des français s'il s'agit de produits indispensables pour nous.

• Inversement la baisse des prix sur les marchés extérieurs peut laisser insensibles les consommateurs étrangers s'il s'agit de produits très recherchés par eux.

En conclusion, la sensibilité de la demande aux variations de prix, ou *élasticité-prix*, est un paramètre crucial pour la réussite d'une dévaluation.

• ***Quatrième temps : l'équilibre économique général est perturbé***

Enfin il faut ajouter que les chocs de la dévaluation vont mettre en œuvre des mécanismes qui vont modifier l'équilibre général de l'économie dans le sens suivant : *plus d'inflation, moins de croissance*. Voyons pourquoi.

Le surcoût des produits importés concerne des matières premières et des biens de consommation. Dans les deux cas, il se répercute sur l'indice général des prix. Si les conventions de salaires comportent des clauses d'indexation, une partie de la hausse des prix donnera lieu à une hausse des salaires, qui relance une deuxième vague d'augmentation de prix. L'autre partie, non répercutée en salaires, vient en moins dans le pouvoir d'achat. Au total, cela fait un peu plus d'inflation, et un peu moins de croissance.

L'Organisation Internationale pour la Coopération et le Développement Economique (OCDE) qui dispose de nombreux experts de très haut niveau, et de modèles économiques parmi les plus sophistiqués, a calculé les effets d'une baisse hypothétique du dollar de 10 % sur l'économie américaine, et sur le reste du monde. Les résultats sont instructifs. L'effet est de creuser le déficit américain, puis de le remplacer par un excédent. Mais il faut pour cela près de deux ans ! Quant aux effets sur les partenaires commerciaux, au début le Japon et l'Europe se partagent également les excédents de balance extérieure en compensation du déficit supplémentaire américain. Par la suite, lorsque les Etats-Unis engrangent des excédents, le déficit créé en contrepartie va pour moins du tiers au Japon et plus des deux tiers à l'Europe.

Peut-on supprimer le déficit extérieur ?

Le déficit extérieur est l'écart entre ce que le pays doit payer pour ses importations et les recettes que lui apportent ses exportations. En raisonnant comme s'il n'y avait qu'un seul bien, on peut écrire :

Les effets d'une dévaluation sur l'équilibre économique du pays

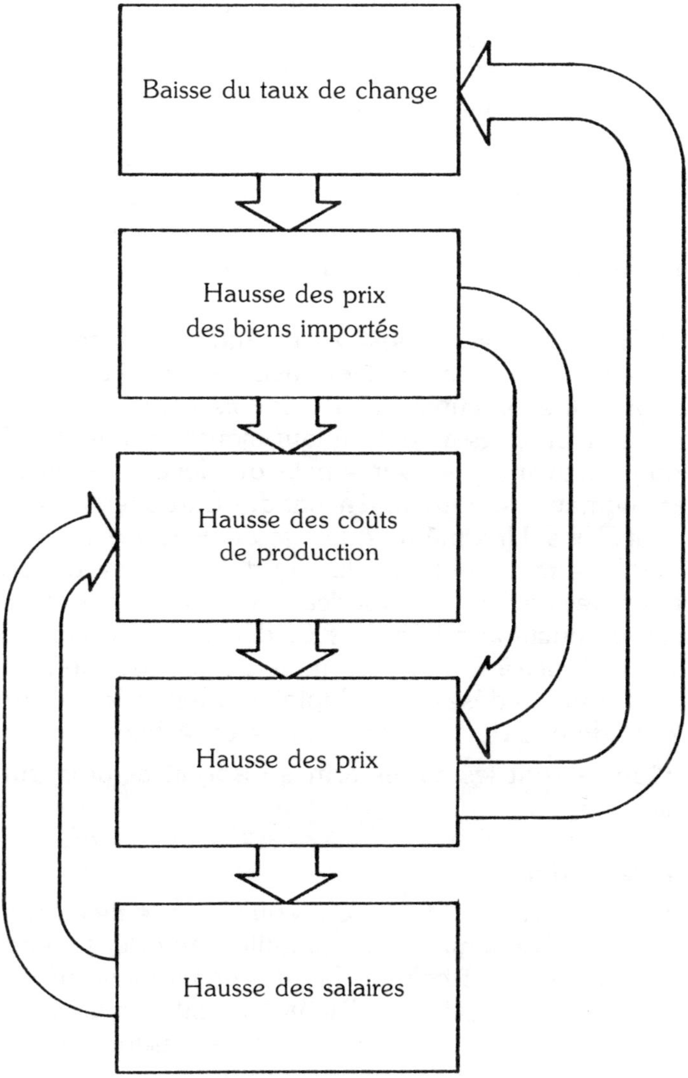

Le surcroît des importations alourdit les coûts de production et déclenche une hausse des prix et des salaires.
Les effets sur l'équilibre économique du pays sont défavorables. Ils sont contraires aux effets favorables (mais longs) attendus sur la balance commerciale. Si la hausse des prix entraîne une nouvelle baisse du taux de change, la chute du change peut être forte.

Déficit extérieur :
Egale quantité importée × prix des importations
Moins quantité exportée × prix des exportations

Pour supprimer le déficit extérieur, il faut toujours modifier d'une manière ou d'une autre l'un des quatre paramètres : quantités importées ou exportées, prix des importations ou des exportations. Il s'avère généralement difficile d'agir directement sur les prix, car ils sont soumis aux contraintes du marché mondial. Aussi les politiques de rééquilibrage extérieur cherchent-elles à diminuer les quantités importées, à augmenter les quantités exportées, ou les deux à la fois. Cinq méthodes sont en général combinées à des degrés divers : la dévaluation, la récession, la protection, la subvention et la compétitivité.

Nous avons déjà exposé au paragraphe précédent les conséquences d'une dévaluation. Nous avons observé que la dévaluation devait à terme procurer des excédents commerciaux, mais que ceux-ci étaient longs à venir. Il faut ajouter que la dévaluation n'a pas que des avantages pour le pays qui dévalue. Ainsi la baisse du dollar augmente le pouvoir d'achat des Européens et des Japonais aux Etats-Unis. Une même quantité de yens, de francs français ou de marks permet d'obtenir plus de dollars. Il est donc plus facile d'acheter des entreprises américaines et de concurrencer de l'intérieur les producteurs américains. La dévaluation est une arme généralement efficace à court terme, mais dangereuse à long terme. C'est un peu l'arme du désespoir. L'opinion publique ne s'y trompe pas. Elle considère la dévaluation comme un échec.

Quelles sont les autres armes disponibles pour supprimer le déficit ?

1) *La récession*

C'est la politique de « rigueur » ou d'« austérité » désormais classique. On espère diminuer les quantités importées en pesant sur la consommation. Pour cela on fait des économies sur le budget de l'Etat, on bloque le pouvoir d'achat des salariés, bref, on limite les revenus pour que les consommateurs dépensent moins et achètent spontanément moins de voitures ou de télévisions étrangères.

La méthode de la récession est de loin la plus rapide et la plus efficace. Il est presqu'impossible de résorber un déficit extérieur important sans casser la croissance à un moment ou à un autre. Mais la méthode est coûteuse. Casser la croissance, c'est renoncer à créer des emplois et accepter une augmentation du chômage. Aussi, certains sont-ils tentés d'intervenir plus directement pour limiter les importations, au-delà de ce qui résulte du comportement spontané des consommateurs. C'est la protection.

2) *La protection*

La tentation du protectionnisme est aussi vieille que l'impôt. Dès lors qu'un groupe prend conscience de son existence de groupe, il cherche à se protéger. Dans le commerce international, la protection nationale consiste à interdire plus ou moins directement aux marchandises étrangères l'accès au marché national. « Dans une réunion de partenaires sociaux et de fonctionnaires », écrit Michel Albert,* « il se trouve toujours quelqu'un pour affirmer que, par ce moyen, on sauvera les entreprises menacées en évitant de surcroît le chômage. C'est vrai à court terme si l'on s'en tient au secteur considéré mais c'est faux à long terme, si l'on considère globalement l'économie nationale. Le protectionnisme, c'est l'idée-piège par excellence. » Il faut bien comprendre que le protectionnisme n'est pas seulement un réflexe de repli ou de mesquinerie économique, c'est un comportement parfaitement rationnel et auquel on ne peut échapper que dans certaines conditions. Pour le voir, nous utiliserons le schéma suivant : le monde est représenté par deux pays A et B. Chacun des deux pays peut être protectionniste ou ne pas l'être, ce que résume le tableau à quatre cases :

		Le pays B est : • protectionniste	Le pays B est : • non protectionniste
Le pays A est :	• protectionniste	– –	+ + +
	• non protectionniste	– – –	+

Raisonnons du point de vue du pays A. Dans chaque case nous mettons la situation économique de A. Si les deux pays sont protectionnistes, la situation de A est médiocre, sans plus (– –), mais si B est protectionniste et A ne l'est pas, la situation de A est catastrophique (– – –). Que se passe-t-il si B n'est pas protectionniste ? Ou bien A ne l'est pas non plus (c'est le libre-échange), et sa situation est à peu près bonne (+). Ou bien A est protectionniste et, comme B ne l'est pas, la situation de A devient excellente (+ + +).

Voyons comment se déroule le débat dans le pays A ? L'opinion se dit : si B est protectionniste, j'ai tout intérêt à l'être aussi pour éviter la catastrophe (– – –). Mais si B n'est pas protectionniste, j'ai aussi intérêt à être protectionniste car ma situation sera alors excellente. Il faut donc être protectionniste.

Ce raisonnement est sans faille. Il explique que l'opinion publique soit spontanément protectionniste, car ce qui est vrai pour le pays A est bien entendu aussi vrai pour le pays B. Comme l'écrit justement Henri Bourguinat dans *Les vertiges de la finance internationale* : « Chacun sait bien que son destin est solidaire de celui des autres mais croit néanmoins, le plus dur de la crise passé, se trouver assez fort sinon assez habile pour de nouveau maîtriser son destin. »*

En fait, ce que masque le raisonnement, c'est qu'il n'y a que deux cases possibles : la case du haut à gauche, à laquelle conduisent les comportements spontanés et qui est médiocre pour tout le monde. Et la case du bas à droite, qui est meilleure pour tout le monde que la précédente, mais qui suppose la loyauté généralisée. C'est pourquoi le libre échange nécessite un accord international, le fameux accord du GATT (Accord Général sur les Tarifs Douaniers et le Commerce) et surtout les moyens de le faire respecter.

Dans la réalité du monde actuel, la plupart des pays adhèrent au GATT (y compris certains pays de l'Est), et s'efforcent subrepticement de protéger leur marché intérieur. Mais n'est pas protectionniste qui veut. Par ses traditions d'isolement, sa discipline, sa culture sa langue, le Japon y parviendrait presque sans le vouloir ; alors que les pays d'Europe sont par leur géographie et leur histoire ouverts à tous les courants extérieurs. C'est une situation qui jusque-là, leur a plutôt réussi, mais le réflexe nationaliste renaît sans cesse.

3) *La subvention et la reconquête du marché intérieur*

C'est la méthode des plans sectoriels aidés par l'Etat pour la reconquête du marché intérieur : plan textile, plan machine-outil, plan chaussures, etc. L'Etat intervient pour sauvegarder des capacités de production nationale menacées de disparaître sous l'effet de la concurrence étrangère. Pour cela, il subventionne les entreprises menacées en espérant qu'elles retrouveront rapidement leur autonomie et s'imposeront sur le marché. La difficulté est de bien choisir les points d'intervention. Faut-il une politique de filières (« La filière, cela consiste à prendre le bois par les coupes en forêts et à le mener jusqu'au papier ou au meuble ») ou une politique de créneaux (« les créneaux, cela consiste à choisir un produit très précis que l'on peut vendre à l'échelle mondiale, même si l'on achète à l'étranger une partie de ses composants ») ? Le mieux est sans doute de raisonner cas par cas. D'un côté, l'absence de producteurs nationaux à certains stades d'une filière rend cette filière dépendante de l'étranger. De l'autre, à vouloir tout faire dans une filière, on risque de le faire mal : « Fred Lip a tué son entreprise et créé le drame social le plus important de la Ve République en voulant fabriquer lui-même les composants de ses montres au lieu de les acheter aux industriels qui les produisaient par millions » rappelle le Nouvel Observateur.*

4) *La compétitivité*

Le fondement de l'équilibre extérieur est la compétitivité du secteur productif. Pour cela, il faut des entreprises qui ont une rentabilité et une initiative économique suffisantes pour investir. En effet, c'est en investissant que l'on remplace les outillages anciens, gaspilleurs d'énergie, par des machines modernes plus économes ; que l'on peut disposer de capacités de production dans les créneaux nouveaux et porteurs du commerce international ; que l'on intègre les technologies les plus récentes et les plus productives à l'appareil industriel. Une telle adaptation prend du temps. Les résistances au progrès technique sont souvent fortes et chaque remise en question est pénible.

Les conditions de la compétitivité sont connues. Elles concernent tous les partenaires : l'Etat, qui doit utiliser au mieux le prélèvement fiscal et social, les travailleurs, sur qui repose en définitive la production, les chefs d'entreprises, qui doivent décider les investissements, gérer les facteurs de production et faire preuve d'initiative. En schématisant, on pourrait écrire l'équation de base de la compétitivité sous la forme suivante :

Compétitivité d'une nation = Initiative et rigueur des chefs d'entreprises + Efficacité de l'administration + Discipline des travailleurs

Nous souhaitons généralement concilier l'internationalisme commercial et le nationalisme politique et monétaire. Cette coexistence n'est possible que si nous acceptons certaines disciplines. Les pays européens disposent d'atouts considérables. Ils ont montré le chemin de la croissance. Ils ont esquissé une société plus juste. Aujourd'hui, la concurrence les invite à poursuivre l'effort pour affronter les nouveaux défis de la technique.

CHAPITRE 12

Le taux de change

Un gérant de portefeuille boursier qui souhaite acheter des actions IBM à Wall Street, une multinationale française qui lance une offre publique d'achat sur une entreprise du Texas, ouvre une succursale à Rio de Janeiro ou envoie tout simplement un représenant commercial à Singapour, doivent convertir des francs dans une autre monnaie. Les entreprises qui achètent et qui vendent sur le marché mondial, ou qui empruntent et qui placent à l'étranger, s'adressent au marché des changes. Soit pour convertir des francs en dollars, deutschmarks ou autres monnaies, soit pour obtenir la contrepartie en francs de leurs recettes en devises.

Depuis la dernière guerre mondiale, les échanges commerciaux et les échanges financiers entre pays se sont développés de façon considérable. Les marchés des changes et des capitaux se sont organisés à l'échelle mondiale. Ils constituent aujourd'hui des rouages essentiels du jeu économique. Comment apprécier les facteurs qui pèsent sur le taux de change ? Comment fonctionne le marché des changes ? Quel est le mécanisme des paiements internationaux ? Quels sont les enjeux et les risques de la mondialisation financière ? Le présent chapitre répond à ces questions, qu'il faut aujourd'hui bien comprendre car notre activité, notre revenu et notre avenir en dépendent, que nous le voulions ou pas.

La balance des paiements

Pour comprendre la situation économique d'un pays, il est utile d'avoir une vue d'ensemble des mouvements que les relations économiques entre ce pays et l'étranger provoquent sur le marché des changes : c'est l'objet de la balance des paiements. La balance des paiements est une synthèse statistique des relations économiques et financières d'un pays avec l'étranger.

Toute entreprise peut établir le compte de ses opérations avec l'étranger, et même pourquoi pas, avec chacun des pays étrangers avec lesquels elle travaille. Un tel compte enregistrerait les ventes de produits des clients étrangers, les achats de matières à des fournisseurs étrangers, les frais de missions, de publicité à l'extérieur, les emprunts ou les placements éventuels auprès de banques étrangères ou sur les marchés financiers étrangers. Si l'ensemble des opérations dans les deux sens s'équilibrent, l'entreprise sera peut-être intervenue plusieurs fois sur le marché des changes, mais au total, ventes et achats de monnaie étrangère étant égaux, l'activité de l'entreprise est globalement neutre sur le cours des monnaies. Si l'entreprise vend plus qu'elle achète à l'étranger, si elle emprunte à l'étranger plus qu'elle y place ou investit, elle accumulera des devises et, en vendant ces devises sur le marché des changes, elle fera monter le cours du franc, ou baisser le cours de la monnaie dont elle se débarrasse. Pour le cours d'une monnaie, c'est le résultat d'ensemble de tous ces mouvements de sens contraires qui importe. L'objet de la balance des paiements est de décrire l'origine et l'importance de ces mouvements.

Voici par exemple comment se présente, sous forme simplifiée, une balance des paiements (par exemple en milliards de francs) :

1. Transactions courantes	+ 26
2. Capitaux à long terme	– 70
3. Capitaux à court terme	+ 5
4. Solde des opérations non monétaires (égal au total de 1 à 3)	– 39

Ces chiffres signifient :

a) Que les exportations de produits et de services ont dépassé les importations de 26, *ce qui conduit à vendre des devises sur le marché des changes* et fait monter le cours de la monnaie nationale.

b) Que les emprunts de longue durée par des français à des étrangers ont été plus faibles que les prêts consentis par des français à des étrangers, ou encore que les investissements faits à l'étranger par des entreprises françaises ont été plus élevés que les investissements des entreprises étrangères dans le pays, ou toute combinaison des deux. Seule une balance des paiements plus détaillée permettrait de connaître cette combinaison. Dans les deux cas, des francs seront convertis contre des dollars ou d'autres monnaies et cela fera baisser le cours du franc.

c) Enfin les emprunts et les prêts à court terme s'équilibrent à peu près. Le résultat de + 5 indique que les emprunts à court terme sont un peu supérieurs aux prêts à court terme, ou encore que les mouvements d'emprunts et de prêts laissent un produit en devises, *qui pourra être vendu sur le marché des changes* et fera monter le franc.

Au total, le solde des transactions de toutes natures, commerciales et financières, avec l'étranger laisse un déficit de 39 (soit + 26 – 70 + 5 = – 39). Cela signifie que le total des devises étrangères détenues par des français (entreprises, banques commerciales ou banque centrale) a diminué de 39, qu'il y a donc eu un excédent de vente de francs contre dollars et par conséquent une pression à la baisse du franc.

Le solde des opérations de la balance des paiements indique donc s'il y a eu plus de conversions de francs en monnaie étrangères ou l'inverse. Un solde positif va dans le sens d'une hausse du franc, un solde négatif dans le sens d'une baisse.

Solde positif de la balance des paiements ⇒ hausse de la monnaie nationale
Solde négatif de la balance des paiements ⇒ Baisse de la monnaie nationale

Le marché des changes

Tous les jours, des millions de transactions ont lieu entre des entreprises ou des particuliers des différents pays du monde. Pour régler les transactions entre partenaires étrangers, il faut échanger les monnaies entre elles. Ces opérations de changes se font par l'intermédiaire des banques. Dans les banques, ce sont les cambistes qui en ont la responsabilité.

Les cambistes ne sont pas des gnomes. Ce sont des gens comme vous et moi, qui font normalement leur métier de 8 h 30 à 17 h 30, et souvent au-delà. La particularité des cambistes est que leur commerce porte sur des devises qu'ils achètent et qu'ils vendent selon les besoins de leur clientèle. Pour exercer ce commerce, il faut bien connaître les règles et les traditions du marché des changes.

Les devises sont des avoirs en compte libellés en monnaie étrangère. La tâche du service des changes d'une banque est de convertir des avoirs libellés en une certaine monnaie en avoirs libellés dans une autre monnaie, par exemple, un dépôt en marks en un dépôt en lires italiennes. Pour que cette conversion soit possible, il faut que les monnaies concernées soient convertibles. Une monnaie est convertible lorsque celui qui la détient peut l'échanger librement en toute autre monnaie. En général, les monnaies recherchées sont convertibles, les monnaies faibles n'ont qu'une convertibilité limitée. Si la convertibilité n'est pas autorisée librement pour les ressortissants du pays, c'est le contrôle des changes, que la France a connu le plus souvent depuis la dernière guerre. La réglementation peut en outre distinguer les avoirs provenant d'échanges courants (achats et ventes) et les avoirs découlant de transactions financières (placements en bourse). C'est le double marché des changes avec la distinction entre la devise-commerciale et la devise-titre. Il est clair que le contrôle des changes dans un pays limite le développement des places financières de ce pays.

Avec le développement des échanges internationaux et des mouvements de capitaux, le marché des devises a connu un essor formidable. Cet essor a été permis et favorisé par la mise en place d'un matériel de communication élaboré. A l'arsenal classique des lignes téléphoniques directes avec les grands établissements et les courtiers et des télescripteurs, les cambistes ont ajouté le terminal vidéo. Ce terminal permet de connaître à tout instant, par affichage sur l'écran, la cotation des devises dans toutes les grandes banques du monde.

Dans les années cinquante, l'habitude s'est prise de coter toutes les monnaies contre dollars et de traiter en dollars. Ainsi, par exemple, verrons-nous apparaître sur le tableau d'affichage de la Chase Manhattan Bank :

US. $/Fr. S.	2.5020	2.5040
US. $/DM	2.4030	2.4050

Ceci veut dire que la Chase Manhattan achète des dollars contre des francs suisses au cours 1 $ = 2.5020 francs suisses, et vend dollars contre francs suisses à 1 $ = 2.5040 francs suisses. L'écart représente sa marge. Si, à ce cours, la Chase Manhattan constate qu'on lui vend beaucoup de francs suisses et qu'elle perd ses dollars, elle décalera son cours vers le haut : 2.5040 2.5060.

Voyons par exemple comment la Société de Banque Suisse décrit la vie quotidienne de sa salle de change.

> « Une séance matinale permet de fixer nos cours d'ouverture et de tenir au courant les cambistes des modifications que nous désirons éventuellement apporter à la « position-risque ». Sur la base des cours d'ouverture en dollars, des jeunes cambistes calculeront le cours des principales monnaies contre francs suisses, qui leur

serviront de point de départ pour les premières opérations qu'ils auront à faire avec leurs contreparties (clients ou petites banques) en Suisse...

Il est maintenant 9 heures et le commerce proprement dit commence. Toute une série de communications téléphoniques s'établissent entre banques suisses ; peu à peu les places financières s'annoncent. De Francfort, des cambistes nous demandent notre cours $/Fr. S. ; à notre tour, nous leur demandons le cours $/DM. De Londres, Bruxelles, Paris et d'autres villes, des banques nous appellent et nous les appelons.

Supposons que nous soyons le 2 octobre 1984. Au cours de la nuit, nous avons appris de source officielle qu'aux Etats-Unis l'inflation avait encore diminué ; de larges milieux pensent par ailleurs que l'ampleur du déficit budgétaire des Etats-Unis pourrait orienter à la hausse les taux d'intérêt servis sur le dollar. De telles informations entraînent évidemment une appréciation du dollar.

Dans ces conditions, nous serons prudents en annonçant notre cours vendeur du dollar. Supposons que, la veille, notre cours de clôture ait été de $/fr. 2,5020/2,5040 et celui de New York 2,5070/2,5090. Si, par exemple, une banque de Francfort nous demande notre cours, nous coterons un peu plus haut, par exemple 2,5075/2,5095. S'il n'en résulte aucune transaction, on pourra supposer que cette banque considère notre cours comme normal à ce moment de la journée (entre cambistes, on parle de « pair » ou de « parité »). Nous pouvons donc maintenir ce cours...

La banque A de Francfort n'a pas donné suite à sa demande à un cours de 2,5075/95 mais, peu après, la banque B nous appelle de Londres. Nous lui donnons les mêmes cours, sur quoi elle nous répond : « Je vous cède 3 millions de $ à 95. » Avant de remplir la fiche d'achat, le cambiste annonce à l'intention de ses collègues : « Nous perdons 3 millions de $ à 95. » Cela va probablement inciter le chef-cambiste à revoir les cours et à les fixer éventuellement à 2,5080/5100. En effet, si nous maintenons nos cours précédents, nous risquons de céder plus de dollars que nous ne le désirons. »*

La première transaction est réalisée. Le cambiste remplit la fiche d'achat, le service « correspondance-changes » établit une confirmation écrite, le service de la comptabilité passe les écritures comptables. Cette opération sera suivie de centaines d'autres. Toutes ces opérations sont des opérations au comptant, c'est-à-dire qu'elles sont exécutées immédiatement.

Le commerce international a constamment besoin d'une autre catégorie d'opérations, les opérations à terme, afin de s'assurer contre les riques de change. Prenons le cas d'un importateur français qui a acheté à Munich de la bière payable à 90 jours, en marks. Il peut attendre et acheter le 88e jour, au comptant, des DM pour régler son fournisseur. Si entretemps, le DM a augmenté de cinq pour cent, les barils de bière reviendront cinq pour cent plus cher à notre importateur. Une affaire normale peut devenir une très mauvaise affaire. Notre importateur n'est pas un spéculateur, il veut vivre de son commerce avec l'étranger sans prendre des risques de change. Pour cela, il achètera immédiatement des marks qui ne seront portés à son compte que dans trois mois. C'est une opération à terme. Pour répondre à ces besoins les banques cotent chaque monnaie à terme (1 mois, 2 mois, 3 mois, 6 mois, 12 mois). Les cours du terme sont en général différents des cours du comptant. Les différences s'expliquent par deux causes : les perspectives de hausse ou de baisse des monnaies entre elles, et les taux d'intérêt sur chaque marché monétaire. Reprenons notre exemple. Si on s'attend à une hausse du mark, il est logique de faire payer plus cher du mark livrable dans trois mois que du mark aujourd'hui. Cependant, des marks encore disponibles pendant trois mois peuvent être placés et rapporter un intérêt. Pour calculer le cours du terme, il faut tenir compte de ces deux éléments.

Les opérations à terme sont encore utilisées par les banques pour placer des capitaux à l'étranger. Une banque suisse, par exemple, dispose d'excédents. La Suisse ne dispose pas d'un marché monétaire développé. Par conséquent, les banques suisses placent leurs excédents à l'étranger. Mais, pas plus que notre importateur de bière, elles ne souhaitent spéculer. Elles vont donc acheter au comptant des dollars contre des francs suisses, et en même temps revendre ces dollars à trois mois contre des francs suisses. Cette opération est une opération « swap ». Pour décider leurs placements, les opérateurs doivent ainsi tenir compte des taux d'intérêt du placement et du taux du swap.

Qu'il s'agisse des échanges commerciaux ou des placements financiers, les montants convertis quotidiennemnt d'une monnaie dans une autre atteignent des sommes fabuleuses. Par exemple, en une seule journée, il s'échange couramment plusieurs milliards de francs contre des dollars. Or, une variation de un pour cent du dollar représente pour chaque milliard échangé une perte ou un gain de 10 millions de francs, soit le salaire annuel de 100 personnes. C'est dire combien il faut être vigilant. Au total, bien qu'il existe plusieurs places sur lesquelles on échange des monnaies, la rapidité des communications et le nombre des opérateurs à l'affût sont tels qu'il s'établit en permanence un cours unique des monnaies. Cependant, le rôle économique des parités monétaires est différent dans le système des changes fixes et dans le système des changes flottants.

Le système des changes fixes

Le système des changes fixes a fonctionné de la dernière guerre jusqu'en 1971. Dans ce système chaque monnaie avait un taux de change fixe par rapport au dollar, et le dollar pouvait être converti en or au prix de 35 dollars l'once d'or. Par exemple, après la dévaluation de 1969, le franc valait 1/5,55 dollar (soit 1 dollar = 5,55 francs).

Naturellement, il n'y avait aucune raison pour que le cours du dollar sur le marché des changes s'établisse spontanément à 5,55 francs. Pour ramener le cours du dollar à la parité officielle convenue, toutes les banques centrales s'étaient engagées par des accords internationaux (les fameux accords de Bretton-Woods) à intervenir sur le marché des changes. Par exemple, si le dollar avait tendance à baisser à Paris, passant à 5,50 F, puis à 5,45 F, la Banque de France devait acheter des dollars contre des francs. Grâce à la loi de l'offre et de la demande, elle faisait remonter le cours du dollar au voisinage de 5,55 F. Si le dollar avait tendance à monter, passant à 5,60 F, la Banque de France devait acheter des francs et vendre des dollars. A condition bien sûr d'en avoir. Il fallait donc des réserves de dollars (ou de bonnes devises) pour les mauvais jours. En intervenant sur le marché des changes, les banques centrales régularisaient les cours.

Mais elles ne pouvaient y parvenir effectivement que pour corriger les déséquilibres provisoires. Qu'un déséquilibre important et durable s'installe, et la banque centrale était désarmée. Même une banque centrale s'épuise vite à lutter contre les forces du marché. Les réserves de dollars fondaient. Elles diminuaient d'autant plus vite que les rumeurs de dévaluation encourageaient la spéculation : chacun se dit que le franc va baisser et se débarrasse temporairement de ses francs. Les importateurs règlent plus rapidement leurs fournisseurs. Les exportateurs traînent les pieds pour rapatrier les devises qu'ils ont gagnées. Tout cela déséquilibre encore un peu plus le marché des changes. Il ne reste plus alors qu'à dévaluer officiellement, c'est-à-dire à choisir une nouvelle parité qui soit défendable, et surtout à faire cesser les causes profondes du déséquilibre par une politique économique appropriée.

Les dévaluations étaient un moment désagréable pour l'opinion et pour le gouvernement, mais elles étaient rares. En effet, dans le système des changes fixes, on connaissait le moyen de corriger les déséquilibres extérieurs et de réussir une dévaluation. Il fallait d'abord une politique de rigueur. En stabilisant ou en diminuant le pouvoir d'achat des ménages et les dépenses publiques, on parvenait à réduire les importations. D'autre part, la dévaluation de la monnaie par rapport aux monnaies étrangères contribuait au redressement des exportations. Nous avons déjà montré comment.

Récapitulons : au départ les importations coûtent plus cher, le déséquilibre extérieur s'aggrave et les prix de détail augmentent ; peu à peu, les importations reculent et les exportations s'accroissent. Le déséquilibre extérieur s'estompe et l'économie peut repartir d'un bon pied. La dévaluation a réussi. Pour cela, il aura fallu plusieurs conditions : que le taux soit bien calculé afin d'éviter que la spéculation reprenne, qu'une politique d'acompagnement rigoureuse réduise la demande intérieure et lutte contre la hausse des prix, enfin que les causes profondes du déficit extérieur soient éliminées.

Le système des changes flottants

Le système des changes fixes pouvait fonctionner tant qu'ont joué les mécanismes de correction des déséquilibres. Toutes les banques centrales maintenaient le cours de leur propre monnaie en achetant ou en vendant des dollars selon les moments. Toutes les banques centrales, sauf une, celle des Etats-Unis. Pourquoi ? Parce que la Réserve Fédérale des Etats-Unis avait un rôle différent de celui des autres banques centrales. Puisque les autres banques centrales devaient défendre la parité de leur propre monnaie avec le dollar, la Réserve Fédérale des Etats-Unis n'avait elle-même aucune parité à défendre. Les autres banques centrales faisaient tout le travail. Quel était dans ce contexte le rôle du dollar ? Le dollar servait de référence, d'étalon pour les autres monnaies, et cela pour deux raisons : la première tenait le rôle prééminent des Etats-Unis dans le Monde. La deuxième venait de ce que le dollar était la seule monnaie au monde qui fût convertible en or. On pouvait présenter des dollars et repartir avec de l'or. Les Etats-Unis s'étaient en effet engagés, un peu au hasard des circonstances, à maintenir la convertibilité du dollar en or, au prix de 35 dollars l'once, au moins vis-à-vis des autres Etats. Et ils ont effectivement tenu leur engagement jusqu'en 1971.

En fait, avec les difficultés économiques de plus en plus grandes, les mécanismes étaient grippés bien avant 1971. Depuis plus de dix ans, la balance des paiements des Etats-Unis était fortement déficitaire, c'est-à-dire qu'il sortait des Etats-Unis plus de dollars qu'il en rentrait. L'Amérique pouvait investir en Europe, créer des filiales, racheter des entreprises. Les dollars étaient automatiquement absorbés par les banques centrales européennes puisque celles-ci devaient acheter du dollar pour soutenir son cours. L'Europe et le reste du monde bénéficiaient de ce flux de dollars qui, depuis le plan Marshall, contribuait à la reconstruction et à l'expansion. Cependant, certains s'inquiétaient de cette inondation de dollars et du déficit permanent de la balance des paiements américains. Puisque le dollar pouvait être converti en or, les partenaires des Etats-Unis ont demandé de l'or (en particulier la France). Jusqu'au jour de 1971 où les Etats-Unis inquiets devant la fuite de l'or ont suspendu la convertibilité du dollar en or. Aussitôt le prix de l'or s'est envolé pour franchir les 100 dollars en 1973, frôler les 200 dollars l'once en 1974, et atteindre des sommets à 800 dollars l'once avant de retomber au voisinage de 400 dollars.

Il était sans doute illusoire de camper sur un prix devenu irréaliste de 35 dollars l'once. Il s'est ainsi passé à l'échelle internationale ce qui s'était passé après la guerre de 1914 dans chacun des pays ou presque. En 1971, la monnaie internationale, le dollar, est devenue du papier-monnaie. C'était d'une certaine manière la revanche du marché, revanche du marché de l'or, et revanche du marché des changes qui a repris tous ses droits. Dans le système des changes flottants qui s'est instauré, c'est le marché des changes qui fait tous les jours les cours des monnaies entre elles. De quoi dépend désormais la valeur d'une monnaie, dans le système des changes flottants ?

Dans ce système, comme sur tous les marchés, c'est l'offre et la demande qui font le prix : 1) Si l'offre de franc est faible et si le dollar est abondant, le cours du franc monte : par exemple s'il fallait 5,50 F pour avoir un dollar, il suffira de 5,30 F ou 5,20 F. Le dollar baisse ou ce qui revient au même, le franc monte. 2) Si l'offre de franc est forte, et le dollar est demandé, le franc baisse et le dollar monte jusqu'à 8 ou 9 francs. Le cours du franc dans chacune des monnaies, dollar, mark, florin, etc. dépend donc de la situation des paiements, et en particulier des échanges commerciaux avec chaque pays. L'offre de franc est forte quand on importe plus qu'on exporte. Il y a en effet dans ce cas un déficit extérieur qu'il faut régler aux fournisseurs étrangers. Ceux-ci veulent être payés en dollars, car le dollar reste la devise internationale, peut se placer facilement et rapporter un intérêt. Il faut donc acheter des dollars et pour cela offrir des francs, ce qui fait baisser le cours du franc.

Un déficit du commerce extérieur pèse sur la monnaie vers le bas, un excédent du commerce extérieur la pousse vers le haut. Dans les échanges, il faut compter les ventes de marchandises à l'étranger, les contrats de construction et de travaux publics dans d'autres pays, et tous les services que peuvent rendre les entreprises à l'extérieur : assurances, transports, services bancaires.

Le solde commercial a donc un rôle moteur sur le marché des changes. Ce rôle peut être compensé jusqu'à un certain point par le crédit. Le mécanisme est simple. Les marchandises importées sont payées en dollars, sans délai, par les consommateurs américains.

Au même moment, le gouvernement américain émet des bons du Trésor qui rapportent un taux d'intérêt rémunérateur. Les dollars sortis pour importer les télévisions, chaînes hi-fi, et autres produits achetés par les consommateurs américains reviennent aussitôt se placer en bons du Trésor. Pour attirer des dollars en quête d'emploi, il faut accepter de payer un taux d'intérêt rémunérateur. Le pays qui a besoin de soutenir sa monnaie fait augmenter le taux d'intérêt. C'est en attirant les capitaux internationaux en quête de placement, par des taux d'intérêt jamais pratiqués, que les Etats-Unis ont fait monter le dollar à plus de 10 francs, malgré un déficit commercial croissant.

Les conséquences du déficit extérieur peuvent être amorties pendant quelque temps en s'endettant à l'étranger. Mais une monnaie ne peut pas être stabilisée si le commerce extérieur est durablement déséquilibré. Pour éviter une baisse constante de la monnaie, avec les soubresauts de la spéculation qui l'accompagnent, il faut éliminer le mal à la racine, il faut rétablir l'équilibre des échanges extérieurs.

Le marché mondial des capitaux

Dans les années cinquante, lorsqu'une voiture américaine stationnait le long d'un trottoir, cela provoquait un attroupement d'admirateurs. Aujourd'hui, la voiture la plus vendue en Europe est une Ford. Les voitures japonaises se taillent la part du lion en Amérique latine et en Afrique, et Peugeot exporte la moitié de sa production. L'explosion des échanges de marchandises est la première cause de l'explosion des échanges de monnaies entre elles, et plus généralement des mouvements de capitaux entre les nations.

Au-delà des mouvements de capitaux, l'internationalisation financière s'est manifestée par une internationalisation des institutions financières. Les banques et organismes financiers qui veulent dépasser une certaine taille doivent aujourd'hui être présents sur les principales places financières — New York, Londres, Tokyo — et peut être même y avoir des partenaires ou des associés étrangers.

L'internationalisation des acteurs et des opérations sur le marché des capitaux a commencé après la guerre et elle a pris un rythme accéléré dans les années récentes. Comment expliquer que les financiers qui sont des gens prudents et traditionnels, s'éloignent de plus en plus de leurs bases nationales et cherchent à s'allier avec des partenaires étrangers ?

Le métier de banquier a toujours comporté des opérations internationales. Les rois de France avaient des banquiers lombards et les Lazard, Rotschild et autres grands de la finance sont autant à Paris, qu'à Londres ou à New York. L'internationalisation n'est donc pas un phénomène nouveau. Après la demi-hibernation de la grande crise des années trente et de la guerre, il était naturel que le retour au libre-échange des marchandises et à la croissance économique s'accompagne d'un retour à un vaste marché libre des capitaux.

Le premier besoin des entreprises a été de *gérer les règlements commerciaux*. Exporter, c'est se faire payer à l'étranger, avec des pratiques souvent différentes d'un pays à l'autre, puis rapatrier son argent. Seul un banquier peut faire cela.

Un second besoin est venu prendre le relais à la fin des années soixante avec l'essor « euromarchés ». A cette époque, le dollar s'est imposé comme monnaie mondiale et les grands pays retrouvent la prospérité. Des entreprises, des Etats, des fonds d'investissement, se trouvent disposer de dollars en grande quantité. Où déposer ces dollars ? Dans les banques de New York ? C'était possible, mais cela présentait deux inconvénients : d'une part, la réglementation bancaire limitait la rémunération des dépôts bancaires aux Etats-Unis, d'autre part, ouvrir un compte aux Etats-Unis, c'était être connu des autorités américaines. Certains déposants notamment dans l'orbite soviétique, n'y tenaient pas du tout.

Les possesseurs de dollars ont donc cherché ailleurs des partenaires susceptibles de leur proposer une meilleure rémunération, et de leur permettre d'échapper à tout contrôle des autorités américaines. Les banques traditionnelles ont créé en Europe des filiales (qui échappaient donc à la réglementation américaine) travaillant en dollars (et échappaient donc aussi à la réglementation du pays d'accueil). Il devenait de cette manière possible de rester anonyme, et d'obtenir une rémunération pour l'argent déposé. Deux bonnes raisons de convertir et de conserver son argent en « eurodollars ». Les eurodollars sont des dollars. Ils montent comme le dollar quand le dollar monte par rapport aux autres monnaies, et inversement. Mais ces dollars sont en compte dans des banques qui échappent à la réglementation américaine, et même à toute réglementation.

A la même époque, dans les années soixante, le déficit croissant de la balance des paiements américaine a conduit les Etats-Unis à aller chercher ailleurs des capitaux, donc à emprunter des dollars. A la suite des eurodollars se sont créés des marchés d'euro-obligations. Les euro-obligations sont des obligations libellées en dollars et souscrites avec des eurodollars. Avec le développement des euro-obligations s'est créé un marché financier en dehors de tous les marchés nationaux. La crise de l'énergie a donné aux euromarchés une nouvelle dimension en offrant des placements plus rémunérateurs. Les euromarchés se sont élargis et diversifiés en proposant des formes nouvelles de placement, de crédit et d'emprunt, et en utilisant d'autres devises que le dollar. L'intensification de la concurrence, sur un marché international très libre, a conduit à une diversification des formules financières, et à une intégration progressive des marchés et des opérateurs nationaux.

La contrainte financière extérieure

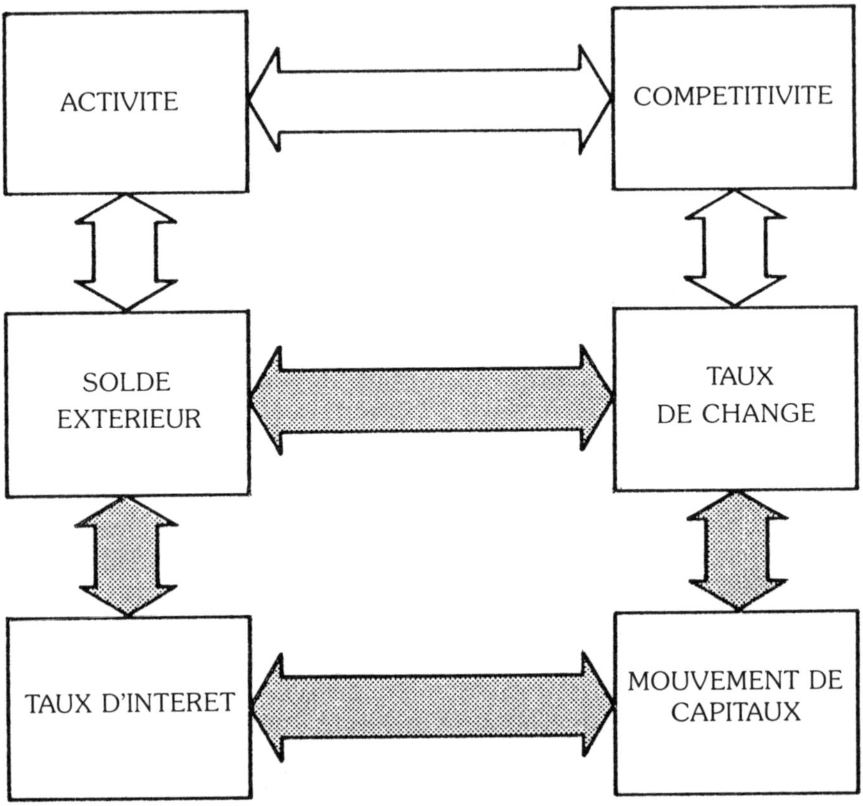

1) A long terme, la compétitivité est le facteur-clé du solde extérieur. A court terme, l'activité peut être déterminante. Une activité intérieure trop forte par rapport à celle des partenaires peut conduire au déficit extérieur. Un ralentissement de l'activité ou une récession diminuent les importations et ramènent à l'équilibre.
2) Le déficit extérieur fait baisser le taux de change. Il fait aussi généralement sortir des capitaux, ce qui provoque une baisse supplémentaire du taux de change.
3) L'augmentation du taux d'intérêt retient les capitaux ou en attire de l'étranger. Elle soutient le taux de change. Mais elle ralentit l'activité. A court terme, activité, taux de change et taux d'intérêt sont reliés entre eux. A plus long terme, une meilleure compétitivité desserre la contrainte financière.

Cet ensemble complexe d'intervenants, de réseaux, de produits et de coutumes n'est pas une construction institutionnelle voulue par les Etats, mais plutôt une création libre et spontanée des opérateurs. Aujourd'hui s'est constitué un véritable marché mondial libre des capitaux, qui fonctionne en continu sur toute la planète. Les grandes places sont reliées entre elles par de multiples réseaux de communication et elles prennent sans cesse le relais de manière à permettre à tout instant des transactions financières dans toutes les grandes monnaies. Le marché des capitaux et le marché des changes sont désormais deux marchés intégrés et solidaires.

Chacun pour soi, le marché pour tous

Nous avons dit, dans les chapitres sur la monnaie et la bourse, comment la loi du marché s'était partout imposée dans la plupart des pays du monde, et pourquoi elle avait imposé de nouveaux produits et de nouveaux comportements. Nous avions laissé entendre que ces transformations des marchés nationaux ne suivaient pas seulement des voies parallèles, mais qu'elles s'accompagnaient aussi d'une interpénétration croissante des marchés de l'argent. Le marché mondial dicte désormais sa loi aux marchés nationaux, qui tendent à s'y dissoudre. Cette domination du marché mondial est telle que les experts de Mac Kinsey ont pu écrire : « En période de très forts mouvements, l'effet de contagion d'une place à l'autre l'emporte totalement sur les caractéristiques propres à chaque marché. Au rythme des fuseaux horaires, les ondes de choc se propagent ».*

L'internationalisation des marchés a de nombreuses raisons : la facilité de communiquer dans le monde entier, le développement des échanges commerciaux, le besoin de partager les risques en ne plaçant pas tout son argent dans un seul pays. Les transactions financières internationales ont explosé depuis la fin des années soixante-dix, avec un coefficient multiplicateur de près de 40 ! Un tel rythme montre que les transactions financières gonflent plus vite que les échanges commerciaux. Certains s'en inquiètent. Ils estiment que cette « globalisation » économique et financière de la planète présente des risques nouveaux.

Le premier risque est l'instabilité des marchés. L'instabilité est apparue en premier lieu sur le marché des changes. Que les cours des monnaies varient sans cesse dans un système de changes flottants, cela paraît naturel. Ce qui pose problème, c'est que l'ampleur des hausses et des baisses paraît sans commune mesure avec ce qui paraît normal pour corriger les écarts économiques sous-jacents. Ainsi, lorsque les prix ont augmenté de 5 ou 6 pour cent de plus dans un pays que dans un autre, le premier pays devient trop cher.

On pourrait s'attendre, pour retrouver la situation de départ à ce que sa monnaie se déprécie de 5 à 6 %. Or, on a pu observer dans des situations de cette nature des dépréciations bien plus importantes ou, plus surprenant... une appréciation ! Ces « anomalies » s'expliquent par les mouvements de capitaux qui sont attirés là où la rémunération de l'argent est la meilleure.

Un article des Echos résume ainsi une étude de Mac Kinsey, qui exprime bien un sentiment répandu aujourd'hui* :

> « La globalisation entraîne une volatilité beaucoup plus grande des marchés, avec une rapidité de propagation des mouvements très accentués. Ainsi par exemple, Tateho, fabricant de produits chimiques japonais annonçait le 2 septembre dernier des pertes colossales de 140 millions de dollars occasionnées par ses spéculations sur le marché obligataire domestique. Dans la mesure où de nombreuses entreprises japonaises jouent abondamment sur les marchés financiers, cette nouvelle provoquait un vent de panique qui se répercutait immédiatement sur le marché obligataire de Tokyo.
>
> Résultat : le jour même, le taux de rendement des obligations japonaises montait de 50 points de base, passant de 4,32 % à 4,85 %. Mais ce n'est pas tout. Ce phénomène déclenchait alors un vent de spéculation internationale qui faisait rapidement le tour de la planète.
>
> Si bien que, le soir même, à New York, le taux de rendement des obligations américaines (apparemment peu concernées par les pertes d'un industriel japonais !) montait de 19 points, de 9,25 % à 9,44 %.
>
> Autre danger pour les institutionnels, relevé par Mac Kinsey : une "opacité accrue" provoquée d'une part par la multiplication des produits et leur complexité et d'autre part par la diversification géographique qui amène des gérants japonais à s'intéresser à des endroits aussi exotiques que les bourses française ou espagnole.
>
> Les gros investisseurs sont donc confrontés à des choix stratégiques difficiles. Comment se procurer l'information ? Faut-il sous-traiter une partie des investissements à des spécialistes ? Faut-il pratiquer une gestion globale, ou bien aller s'installer dans chaque pays important et y gérer sur place ? Faut-il préférer une gestion « mondiale » par secteur d'activité ?
>
> Pour les intermédiaires aussi, cette internationalisation pose des problèmes redoutables. De moyens, de compétences, bien entendu : peut-on devenir un spécialiste de tous les produits et de tous les marchés ? Mais aussi de revenus. Car l'une des conséquences les plus spectaculaires de la globalisation est l'accroissement de la concurrence et la chute des commissions qui en résulte ».
>
> Selon Mac Kinsey, « la marge prélevée sur les opérations de swaps de taux d'intérêt est passée de 75 points de base en 1982, à 25 points en 1984, 10 en 1986 et 8 cette année...

> Phénomène majeur de l'évolution des marchés financiers, la globalisation n'est donc pas facile à appréhender. Elle oblige en fait à une remise en cause complète de tous les intervenants, investisseurs et intermédiaires. Réellement amorcée depuis assez peu de temps, elle est actuellement en phase d'accélération. Et la principale question qui se pose est peut-être de savoir quand et comment ce mouvement s'arrêtera. »*

Comment ce mouvement s'arrêtera-t-il ? Telle est bien l'inquiétude majeure. Après une période de hausses sans précédent, les bourses mondiales ont connu des baisses spectaculaires. A chaque rechute réapparaît le spectre de la dépression. La crainte que les détenteurs de capitaux, constatant la disparition en fumée d'une partie de leur capital, ne réduisent massivement leurs dépenses de consommation et précipitent ainsi toute l'économie dans la récession. Dans les économies d'échanges, la finance, le commerce, la production et les revenus ne font qu'un.

CHAPITRE 13

Le chômage

Quand nous avons de la fièvre, le température monte et le pouls s'accélère. Quand la fièvre tombe, la température diminue et le pouls ralentit. Jusqu'à une époque récente les symptômes de la maladie économique ressemblaient aux symptômes de nos maladies. Quand le pouls de l'économie battait plus fort et plus vite, le thermomètre des prix montait de quelques degrés. Pour lutter contre la surchauffe économique et faire baisser le thermomètre il fallait ralentir les pulsations de l'activité économique. Emploi et inflation allaient de pair.

Or, voici qu'est apparue dans les années soixante-dix une maladie inconnue, la « stagflation ». Un pouls qui bat au ralenti et la fièvre qui monte, une activité qui stagne et des prix qui s'envolent. Que le chômage et l'inflation fassent bon ménage est surprenant et même franchement désagréable. Il n'est plus possible d'expliquer que s'il y a de l'inflation, c'est pour éviter le chômage, ou que s'il y a du chômage, c'est pour venir à bout de la hausse des prix. On a eu les deux à la fois. Puis l'inflation est partie et le chômage est resté. Bref, les réalités actuelles ne rentrent plus dans les cadres anciens.

Dans ce chapitre, nous fixerons notre attention sur le chômage. Nous montrerons comment le mécanisme des crises économiques s'est déréglé et ce qu'est aujourd'hui le chômage. Nous nous demanderons enfin quelle peut être la conduite à tenir pour vaincre le chômage.

Le mécanisme des crises économiques

Depuis fort longtemps, on a remarqué que l'économie ne progresse pas régulièrement mais par avancées successives, avec des périodes d'essor et des périodes de reflux. Ce mécanisme de fluctuations, que l'on a appelé le cycle économique peut être schématisé en trois temps :

Le cycle économique et les fluctuations de la production

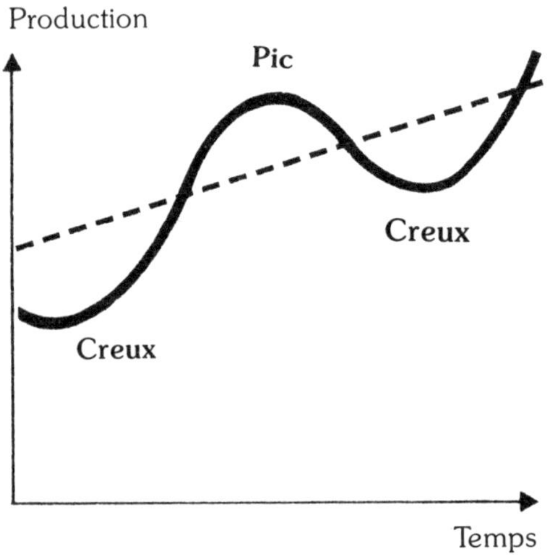

On observe généralement que l'économie traverse en quelques années une succession de situations analogues. Si on caractérise l'économie par l'indice de la production, on distingue trois phases.
1) Après un *creux* ou point bas, l'économie connaît une *reprise* et une période d'*expansion* jusqu'à un *pic*.
2) Puis c'est le *retournement* et la *récession* jusqu'à un nouveau point bas.
3) Enfin, après une période d'assainissement, l'économie connaît une reprise. Les fluctuations de la production s'accompagnent de mouvements périodiques des autres indicateurs économiques : l'inflation, la productivité, l'emploi.

1) Premier temps, l'expansion : c'est l'euphorie des affaires. Les entreprises demandent et obtiennent du crédit pour investir et développer l'activité. On embauche pour produire plus, le chômage diminue. Cependant, il devient plus difficile de trouver les travailleurs qualifiés. Les employeurs sont contraints d'augmenter les salaires. Ils peuvent le faire car le marché est porteur, ce qui permet de répercuter les hausses de salaires dans les prix. Bref, expansion et hausse des prix vont ensemble. Jusqu'au jour où l'expansion s'essouffle : c'est alors la pause, puis le reflux.

2) Deuxième temps, la pause et le reflux : le coup d'arrêt à la croissance a plusieurs origines qui peuvent se conjuguer entre elles : un excès d'investissement qui rend de nouveaux investissements temporairement inutiles (nous avons vu que l'investissement peut alors fortement reculer et entraîner l'activité dans sa chute) ; des hausses de salaires excessives qui laminent progressivement les profits et limitent les possibilités d'investir ; une plus grande prudence des banques qui resserrent les robinets du crédit ; enfin le grain de sel de l'Etat qui peut décider un plan de « refroidissement » pour lutter contre la hausse des prix. Pendant l'essor des affaires c'est l'investissement qui avait été le principal moteur de l'activité. C'est aussi le recul de l'investissement qui provoque la panne de l'économie.

3) Troisième temps, l'« assainissement » et la reprise : dans le schéma traditionnel des crises économiques, le reflux s'accompagne d'une franche diminution de l'activité et des prix. Il entraîne des faillites. Un grand nombre d'épargnants et d'entrepreneurs se trouvent ruinés. Quant aux chômeurs, ils survivent comme ils peuvent. L'allègement des effectifs et des charges de personnel, la disparition des affaires les moins bien gérées permettent alors de reconstituer progressivement les profits. D'autre part, les capacités de production en excédent finissent par s'épuiser, de sorte qu'un jour ou l'autre les conditions d'une reprise de l'investissement se trouvent réunies. L'économie peut repartir pour une nouvelle période d'essor. Dans le passé, le cycle-type, tel qu'on vient de le décrire durait en général quelques années.

En observant cette évolution, pour la Grande-Bretagne, un économiste anglais avait tracé une courbe devenue célèbre, la courbe de Phillips, reliant le chômage et le niveau des salaires. Selon cette relation, les salaires augmentent lorsque le chômage est faible, ils stagnent ou diminuent lorsque le chômage est élevé. La hausse des salaires, et la hausse des prix qui l'accompagne, s'expliquent ainsi en période d'expansion par l'insuffisance du nombre de travailleurs et la concurrence des employeurs pour les embaucher. En période de récession économique, c'est la concurrence entre les travailleurs pour trouver ou retrouver un emploi qui tempère les hausses de salaires, ou provoque des baisses de salaires.

La grande crise des années trente a suivi ce schéma à deux nuances près. Comme dans le modèle, l'activité et les prix ont baissé, et de nombreuses affaires ont fait faillite. Mais le chômage a pris des proportions inhabituelles et l'investissement n'est jamais vraiment reparti spontanément, du moins jusqu'à ce que les préparatifs de la guerre viennent bouleverser le paysage économique.

Depuis la dernière guerre, les « purges » périodiques de l'économie ont disparu. Elles ont fait place à de simples ralentissements d'activité entre deux périodes d'expansion. De même, les prix ont très rarement baissé. Ils augmentent plus ou moins rapidement selon le rythme de l'activité, mais ils augmentent presque toujours.

Nous sommes entrés dans la crise du pétrole avec insouciance et à pleine vapeur. Quand le prix du pétrole a quadruplé, la crainte a été que ce nouvel accès de température ne fasse exploser la chaudière, il fallait d'abord faire tomber la pression. Le premier réflexe, au début de la crise, a été d'utiliser les recettes qui faisaient merveille depuis trente ans. Un peu partout, des plans de « refroidissement » ont été décidés. Il s'agissait de calmer la frénésie de consommation et d'investissement dans une économie à plein régime, et de freiner en même temps les hausses de prix. En fait, on a bien réussi à casser la croissance (qui a fait place à la stagnation), et on a longtemps échoué sur la hausse des prix (qui refusait de revenir spontanément au rythme de départ).

Le chômage est alors rapidement passé sur le devant de la scène. Du « refroidissement », le priorité est passée au « soutien » de l'économie (une première fois en 1975, et une seconde en 1981). Le soutien de l'Etat a porté sur l'investissement (par des aides fiscales ou budgétaires), sur la consommation (par une augmentation des prestations familiales) et sur les commandes publiques (par des crédits budgétaires exceptionnels), toutes décisions qui conduisent à une augmentation des charges de l'Etat et du déficit budgétaire. Les deux fois, la « relance » de l'économie a très bien fonctionné, la stimulation de l'activité s'est produite. Mais elle ne pouvait pas durer. L'Etat ne peut pas stimuler artificiellement et durablement l'économie. Il aurait fallu pour cela accroître d'année en année le déficit budgétaire. Quand un moteur est en panne, on peut le faire démarrer en donnant un bon coup de manivelle. Mais on ne peut pas faire avancer une voiture en tournant la manivelle en permanence. Si l'allumage ne fonctionne pas, le moteur s'arrête après le coup de manivelle. C'est d'une certaine manière ce qui s'est passé. C'est ainsi que nous nous sommes installés dans le chômage.

La montée du chômage

Dans les pays développés (Europe, Amérique du Nord et Japon) il y a plus de 30 millions de chômeurs. Actuellement, un travailleur sur dix est sans emploi au lieu de un sur trente il y a dix ans. La montée du chômage a bousculé les politiques, et quelquefois les gouvernements, qui cherchaient à l'endiguer, comme une marée noire submerge les obstacles dérisoires qu'on lui oppose. Comment le chômage s'est-il développé et pourquoi ?

D'abord, qu'est-ce qu'un chômeur ? Apparemment, c'est simple. *Un chômeur est une personne qui n'a pas d'emploi et qui cherche un emploi salarié. Dans la pratique, on considère comme chômeurs les travailleurs inscrits à l'Agence Nationale pour l'Emploi.* Le Bureau International du Travail est plus restrictif. Il ne compte

Les frontières sont floues entre l'emploi et le chômage, et plus généralement entre emploi, chômage et inactivité

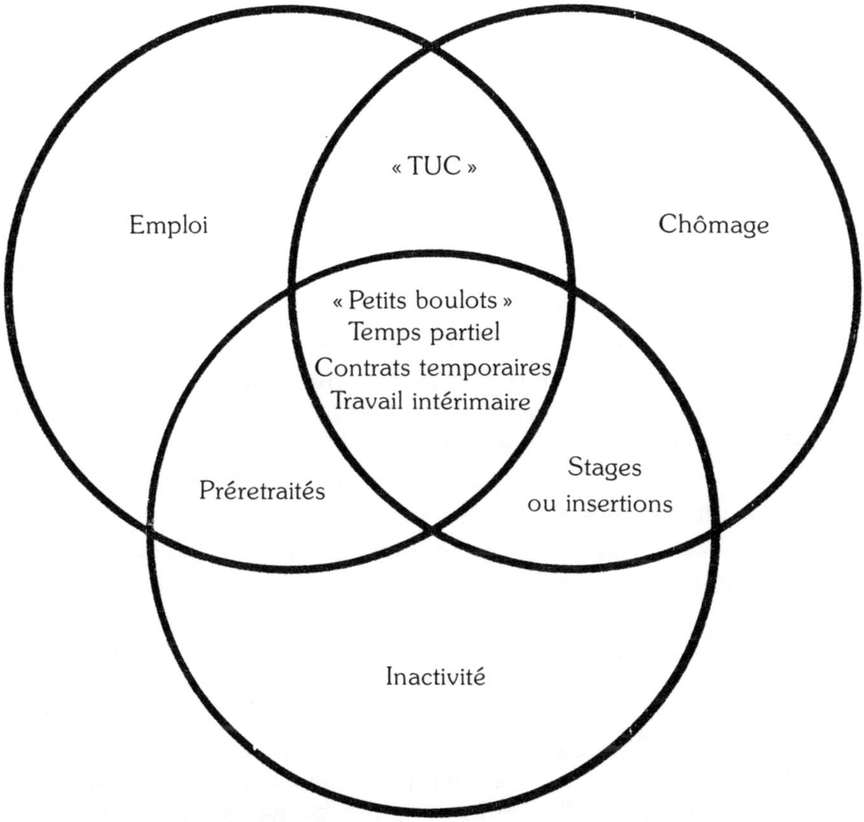

Des personnes passent en permanence d'une situation à une autre, et beaucoup sont dans des situations intermédiaires. De plus, la situation du marché du travail exerce une influence sur les comportements individuels. Par exemple, les difficultés pour trouver du travail incitent des personnes à renoncer et à choisir l'inactivité. C'est le phénomène de la « flexion des taux d'activité ».

pas comme chômeurs les travailleurs sans occupation à la recherche d'un emploi salarié s'ils n'ont pas fait de démarche récente ou s'ils ne sont pas disponibles sous quinze jours. Il s'agit peut-être de nuances, mais de nuances importantes. Une enquête récente montrait par exemple que sur cent personnes inscrites à une agence pour l'emploi, presqu'un quart n'était pas « chômeur » au sens du Bureau International du Travail. Ces demi-chômeurs sont dans des situations très variées : par exemple des personnes à la retraite inscrites à tout hasard, des personnes qui ont un emploi et qui en cherchent un autre. Au total, les situations à la frontière du chômage concernent des centaines de milliers de personnes.

De plus en plus de personnes ont un contrat de travail à temps partiel ou à durée déterminée, ou bien sont intérimaires. C'est une situation que certaines d'entre elles ont souhaitée, et que d'autres subissent. Travailler peu de temps dans la semaine ou pour quelques semaines, ce n'est pas la même chose qu'avoir un emploi durable ou garanti. Mais ce n'est pas non plus la même chose que d'être au chômage total depuis un an. Que faut-il penser de ceux qui, dans la cinquantaine, ont été priés de quitter l'entreprise, mais touchent la plus grande partie de leur salaire ? des jeunes en stage de formation, ou qui acceptent un « travail d'utilité collective » pour presque rien, avec l'espoir de l'embauche au bout ?

Chacune de ces catégories représente plusieurs centaines de milliers de personnes. C'est dire que la frontière entre l'emploi indiscutable et le chômage indiscutable est floue. Entre les deux existe une zone variable selon les moments et selon les points de vue, que l'on peut appeler le « sous-emploi ».

Parmi les chômeurs indiscutables, ceux que toutes les définitions classent comme chômeurs, tout le monde ne se ressemble pas. Il y a des jeunes qui veulent se mettre au travail et qui n'y parviennent pas. Ceux des campagnes ont une attache avec l'économie familiale, ceux des villes ou des banlieues, moins bien enracinés, sont plus vite acculés à la désespérance et à la révolte. Il y a aussi ceux qui travaillottent à l'occasion et s'accommodent d'une demi-oisiveté. Il y a des femmes au foyer qui ont un jour besoin d'un revenu personnel, des mères de famille dont les enfants grandissent et qui souhaitent un deuxième salaire pour le foyer. Certaines ont déjà travaillé, d'autres n'ont aucune qualification et cherchent un premier travail. Il y a aussi des pères de famille parfaitement qualifiés, dont l'entreprise a fermé. Ceux qui ont trente-cinq ans peuvent changer de métier ou de région. Ceux qui ont cinquante ans continuent d'être payés en préretraite à condition qu'ils restent chez eux et ne comptent plus dans les statistiques du chômage. Ils sont exclus à la fois du travail et du chômage !

Il faudrait aussi parler de ceux qui sont prêts à franchir les portes de l'Agence pour l'emploi : travailleurs indépendants, commerçants, artisans, agriculteurs ainsi que leur femme et certains de leurs enfants, prêts à rechercher un emploi salarié si les affaires vont trop mal, femmes au foyer qui se manifesteraient volontiers si des perspectives d'emploi se présentent pas trop loin de leur domicile.

Si l'on rappelle la diversité des situations de chômage, ce n'est pas pour raviver les faux débats sur les vrais (et les faux) chômeurs.

Que quelques filous reçoivent des indemnités de chômage, que la perspective d'indemnités rende les candidats à l'embauche moins impatients et plus exigeants, cela est probable. Mais n'explique pas la montée persistante et massive du chômage.

Les méfaits du chômage

Faut-il insister sur les méfaits du chômage ? Il est injuste de perdre son emploi. Pourquoi moi ? Peut-on me reprocher quelque chose ? Quelle responsabilité avais-je dans la marche de mon entreprise et dans ses échecs ? Au surplus, je n'ai rien su jusqu'au jour où l'atmosphère détestable des licenciements qui se préparent a envahi l'entreprise ou l'atelier. A quoi bon les années de formation ? Quel peut être un avenir sans emploi fixe ?

Comme toujours, les forts s'en tirent mieux que les faibles. Comme souvent, les institutions se prêtent au jeu des déséquilibres naturels et les renforcent. S'il faut licencier, c'est aux derniers embauchés que l'on s'adressera par priorité. C'est ce que prévoient les conventions collectives. D'un côté, cela paraît normal. De l'autre, on fabrique des errants du marché du travail, dernier arrivé, premier parti. Et que penser de la préretraite ? « Tous ces jeunes vieux que d'un commun accord l'Etat, patrons et centrales syndicales envoient à la retraite anticipée dès 56 ans, parfois plus tôt, n'est-ce pas un échec dramatique qui aura de graves répercussions ? » écrit Bernard Brunhes.*

Lorsque la crise s'abat sur une cité totalement dépendante d'une activité en déclin, c'est une catastrophe sans recours. Ainsi, par exemple, à Saint-Quentin, on est passé de 20.000 emplois à 6.400 entre 1960 et 1980. « En dix ans se défait une société qui en avait mis dix fois plus à se faire, cela a de profondes répercussions dans la mentalité collective de la classe ouvrière saint-quentinoise. C'est la rupture d'un processus d'« hérédité industrielle » pour des familles ayant derrière elles plusieurs générations ouvrières. Pour ces « fils et petit-fils d'ouvriers qui étaient toujours restés avec un caractère ouvrier », le travail industriel était une norme imposée socialement, mais surtout acceptée collectivement. « Il définissait la vie, vous positionnait socialement et culturellement », écrit Pierre Maclouf.*

Le chômage n'atteint pas que les individus. Au-delà d'un certain seuil, il ronge la société tout entière. Le travail n'est pas seulement le moyen de gagner sa vie, c'est aussi une façon de s'identifier. Le chômeur peut toujours occuper son temps, mais il n'a plus de place définie dans la société. La victime d'un licenciement économique se considère aussi souvent comme victime d'un licenciement social. La peur du chômage bouleverse nos comportements sociaux et notre attitude à l'égard du travail. En associant le travail à une représentation négative de l'avenir, elle développe des réflexes de crainte, de repli sur soi, de protection des situations acquises et elle accroît encore les rigidités de l'économie qui justement contribuent au chômage.

L'explication du chômage

Parmi les causes du chômage, la première est la moindre croissance de l'économie. Depuis la crise pétrolière, le revenu réel a augmenté en Europe d'un peu plus d'un tiers. Si le rythme d'expansion antérieur à la crise s'était maintenu, le revenu aurait doublé. C'est dire que les quinze années de crise nous ont coûté plus d'un tiers du niveau de vie actuel.

Un raisonnement par simple proportion entre l'emploi et la production conduirait à penser que le taux de chômage aurait dû atteindre six à sept millions de personnes en France. Fort heureusement, entre la production et l'emploi, il y a de solides amortisseurs. Alors que la perte de production a été de 30 % à 40 %, la perte d'emploi n'a été que de l'ordre de 5 %. Mais 5 % de la population qui se retrouvent au chômage, cela fait encore beaucoup de monde. La faiblesse de la croissance est responsable de plus d'un chômeur sur deux.

Parmi les autres causes, on cite souvent les reconversions économiques, l'arrivée de nouveaux demandeurs sur le marché du travail, l'hésitation des entreprises à embaucher.

L'évolution économique impose des reconversions d'activité importantes et une mobilité plus grande des travailleurs. Il faut adapter les techniques de production au nouveau prix de l'énergie, faire face à la concurrence de pays à salaires faibles et s'adapter aux techniques nouvelles. Cela veut dire que plus de salariés changent d'emplois et qu'ils le font plus souvent qu'auparavant. Comme on ne trouve pas un nouveau travail instantanément, il y a en permanence plus de monde entre deux emplois. Si ces travailleurs retrouvaient un emploi après une attente raisonnable, ce « chômage de mobilité » devrait être considéré comme normal. Cependant, et cela est un vrai signe de l'augmentation du chômage, la durée moyenne d'attente entre deux emplois a augmenté. L'ancienneté moyenne des demandes d'emploi a doublé depuis 1974. Un demandeur sur cinq attend du travail pendant plus d'un an.

Les femmes, en particulier les jeunes femmes, sont beaucoup plus touchées que les hommes par le chômage. On a rapproché le chômage des femmes de l'arrivée plus nombreuse de femmes sur le marché du travail, et on a voulu expliquer l'un par l'autre. Sur cent femmes de plus de quinze ans, 36 travaillaient en 1960, 39 en 1970, 43 en 1980. Pour cent femmes, sept de plus qu'il y a vingt ans préfèrent travailler chez un employeur plutôt que rester chez elle. Peut-on pour autant les rendre responsables de l'accroissement du chômage ? Il est vrai que la majorité des jeunes femmes s'inscrivent pour un emploi de bureau ou un emploi commercial et que la croissance des effectifs du secteur tertiaire est insuffisante pour toutes ces candidates. Cependant, ce raisonnement est trop sommaire. Le chômage s'explique toujours par un excès de candidats à l'embauche. Mais imputer l'accroissement du chômage au désir des femmes de travailler n'est pas seulement désobligeant, c'est aussi simpliste. Si les femmes travaillent plus qu'avant, les hommes travaillent moins. Sur cent hommes de plus de quinze ans, 79 travaillent en 1960, 74 en 1970 et 70 en 1980. Le moindre travail des hommes, dont on parle peu (principalement dû à la baisse de l'âge moyen du départ à la retraite) a plus que compensé l'arrivée des femmes au travail.

Au total, s'il y a du chômage, c'est parce que les entreprises ne veulent pas embaucher plus. Mauvaises perspectives de ventes et médiocre rentabilité sont les explications principales du chômage. Le personnel coûte cher en salaires et en charges. Il faut le rémunérer tous les mois. Il faut lui assurer la stabilité de l'emploi. Tant que la croissance paraissait garantie et régulière, l'embauche allait de soi. Mais chat échaudé craint l'eau froide et depuis le début de la crise, les chefs d'entreprises sont devenus plus circonspects, peut-être tout simplement plus rigoureux. Dans l'univers réglementaire actuel et devant les incertitudes de l'avenir, la prudence a remplacé l'initiative. Les projets sortent lentement des cartons. La cause profonde du chômage n'est pas le manque d'ouvrage, c'est le blocage de l'initiative.

Les trois vérités du chômage

Le chômage est comme le cancer, pernicieux, tenace et mortel. Les économistes sont comme les médecins, pour l'instant impuissants à guérir le mal.

On a beaucoup parlé, beaucoup écrit, beaucoup promis à propos du chômage. La triste réalité est qu'aucune stratégie cohérente n'a été proposée pour vaincre le mal. Peut-être le premier pas est-il de bien comprendre les trois vérités du chômage ; car aucune politique ne peut faire fi de trois relations nécessaires entre le taux de croissance de l'économie, la productivité, l'emploi, la durée du travail, les prix et les salaires.

• L'équation Emploi-Croissance

Croissance = Productivité + Nombre d'emplois + Durée du travail

Partons d'un taux de croissance de 5 %. Si la productivité du travail (c'est-à-dire la production par heure de travail) augmente de 4 %, il reste 1 % à partager entre l'emploi et la durée du travail. Si la durée du travail est stable, c'est que l'emploi augmente de 1 %. Si la durée du travail diminue de 1 %, le nombre d'emplois peut augmenter de 2 % (5 = 4 + 2 – 1). Le simple bon sens suggère que l'on ne peut partager que ce qui est produit. Il existe donc un rapport inéluctable entre la croissance, la productivité du travail, l'emploi et la durée du travail.

Naturellement, une croissance forte permet (à productivité fixée) d'augmenter l'emploi. En revanche, une croissance faible impose soit moins d'emploi, soit une baisse de la durée du travail, soit moins de gains de productivité.

• L'équation Offre-Demande d'emploi

Chômage = nombre de demandeurs d'emploi -- nombre d'emplois

S'il y a 23 millions de personnes qui désirent travailler et 21 millions d'emplois, 2 millions de personnes sont au chômage. Cette relation est de la simple arithmétique. Cependant, nous verrons que cette arithmétique peut s'avérer trompeuse.

• L'équation Prix-Salaire

Prix = Salaire -- Productivité

Le taux de salaire et les prix augmentent ensemble, sauf si des gains de productivité permettent de compenser en partie la hausse des salaires.

Ces équations sont approchées. D'autres éléments peuvent venir les perturber. Par exemple, les prix peuvent augmenter encore plus vite que ne le dit l'équation prix-salaires. Si par exemple le cours des matières importées augmente fortement, l'inflation importée s'ajoute à l'inflation interne (crises pétrolières). En revanche, une chute des cours des matières premières permet un recul de l'inflation (ce qui s'est passé en 1985-1986).

Les relations laissent donc subsister des degrés de liberté. Prenons par exemple l'équation n° 1. D'après cette relation, une diminution de la durée du travail peut par exemple être compensée par plus d'emploi. Mais elle peut l'être aussi par plus de productivité à emploi inchangé (c'est en grande partie ce qui s'est passé lors du passage aux 39 heures). Dans les deux cas, la relation emploi-croissance est respectée, mais les conséquences sur l'économie et en particulier sur le chômage sont très différentes.

En définitive, nos relations ne disent pas ce qui va se passer, elles aident à comprendre ce qui peut se passer. C'est déjà beaucoup. Nous nous en servirons pour étudier les politiques anti-chômage. Mais voyons tout de suite les erreurs à éviter.

Les pièges à éviter

Le premier piège serait de croire qu'il suffit de créer des emplois pour résorber le chômage. On a souvent observé que lorsque le nombre d'emplois augmente, le nombre des demandeurs d'emploi augmente en même temps. En conséquence le chômage ne diminue pas ou diminue peu. L'explication tient au comportement des personnes inactives. Sur les millions de personnes en âge de travailler et cependant inactives, toutes n'ont pas renoncé définitivement à travailler. Certaines, notamment des femmes, ne cherchent pas de travail parce qu'elles pensent qu'elles n'en trouveront pas à leur convenance. Elles seraient cependant prêtes à se déclarer dès lors que l'installation d'une activité nouvelle à proximité ferait naître un espoir. Un emploi en plus ne fait donc pas un chômeur en moins. *On a pu calculer que si dix emplois sont créés dans l'industrie, le chômage diminue au plus de 6 à 7 unités. Si 10 emplois sont créés dans les services, le commerce ou dans les bureaux, le chômage ne diminue que de 1 à 2 unités.* La création de 10 nouveaux emplois suscite 10 embauches, mais aussi 8 vocations nouvelles de personnes qui s'inscrivent au chômage et qui y restent. C'est en particulier le « piège des emplois publics ». Les emplois de l'administration sont particulièrement prisés. L'ouverture de concours administratifs attire des personnes qui n'étaient pas présentes sur le marché du travail de sorte que la création d'emplois publics ne diminue que très peu le chômage. Comme il faut en outre prélever des impôts pour rémunérer les nouveaux fonctionnaires et comme les impôts supplémentaires pèsent sur l'activité et sur l'emploi, le bilan économique de la création d'emplois dans l'administration a toutes chances de s'avérer négatif.

La deuxième erreur serait de chercher « à forcer » l'emploi. Erreur commise au début de la crise. Les entreprises, fortement sollicitées par les pouvoirs publics, ont gardé du personnel excédentaire en attendant le « bout du tunnel ». Dans plusieurs industries, l'adaptation des effectifs a été retardée à coup d'aides publiques. Le traitement du déficit inévitable un jour ou l'autre, n'en est que plus difficile et douloureux. En attendant, que se passe-t-il? Dans l'équation Emploi-Croissance, pour une croissance moins forte, si on bloque l'emploi, c'est la productivité qui diminue. Et dans l'équation Prix-Salaires, moins de productivité donne plus de prix. D'où moins de compétitivité, moins d'exportations, et en définitive, moins d'emploi.

La population active, l'emploi et le chômage en France

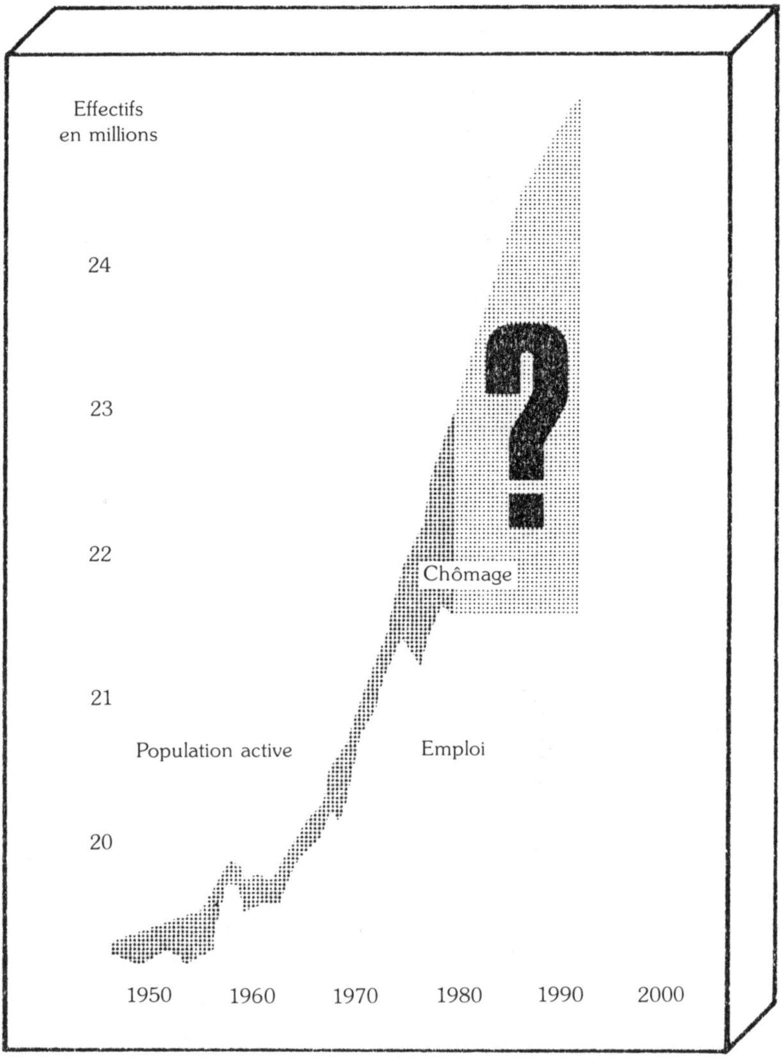

« Il n'y a pas de miracles : on ne peut vendre que ce qui est désiré par les consommateurs, on ne peut partager que ce qui a été préalablement gagné ; on ne peut pas multiplier les emplois improductifs », écrit Vivien Levy-Garboua.*

Comment vaincre le chômage ?

Malgré des années d'affirmations contradictoires et souvent péremptoires, il est difficile de masquer la perplexité des économistes et des politiciens de toutes tendances devant le chômage. Les échecs des tentatives passées exigent un renouvellement des idées.

• *La tentation des pratiques restrictives*

Les partisans des pratiques restrictives s'appuient sur l'équation Offre-Demande d'emploi : s'il y a moins de demandeurs d'emploi, le chômage devrait diminuer. On cherche donc à écarter du marché du travail certains demandeurs, par exemple, en allongeant la scolarité, en abaissant l'âge de la retraite, en encourageant au départ anticipé, en pénalisant le travail des retraités. En période de chômage élevé, la tentation est forte.

Cependant, on voit bien les limites de ces pratiques restrictives. Ces mesures sont souhaitées collectivement, et refusées individuellement. Elles limitent la liberté, nécessitent une surveillance et des contrôles mal tolérés. Elles sont souvent coûteuses, comme l'abaissement de l'âge de la retraite. Il faut toujours rappeler que l'on ne peut faire vivre les inactifs qu'en prélevant sur ceux qui travaillent. Plus d'inactifs, c'est toujours plus de charges à supporter par les actifs.

• Répartir autrement le travail ?

L'idée est séduisante. Si 20 millions de salariés travaillent 40 heures, si chacun abandonne une heure et si ces heures de travail sont attribuées à des chômeurs, cela fait 500.000 chômeurs en moins. Apparente magie de l'arithmétique ! Dans la réalité économique, les choses sont bien différentes.

Pour le comprendre, reprenons l'équation Emploi-Croissance. A croissance donnée, si la diminution de la durée du travail se reportait intégralement sur le nombre d'emplois, le résultat souhaité serait effectivement atteint en nombre d'emplois, mais pas nécessairement en nombre de chômeurs à cause de la deuxième équation. En effet, l'emploi augmentant, le nombre de demandeurs d'emploi augmenterait aussi : de sorte que le chômage ne diminuerait que d'environ la moitié. D'autre part, la baisse de la durée du travail peut aussi se reporter sur la productivité. En regardant autour de soi, on s'aperçoit qu'il y a bien des ateliers, bien des bureaux où l'on pourrait faire la même chose en un peu moins de temps. S'il en est ainsi, c'est alors l'accroissement de productivité qui compenserait la diminution des horaires, et il n'en résulterait aucune création d'emploi.

Faut-il bloquer ce report sur la productivité pour que la diminution des horaires se traduise bien par un nombre d'embauches équivalent. Chaque diminution d'une heure s'accompagnerait par exemple d'une embauche pour 40 salariés, deux embauches pour

80, etc. La question serait alors : comment payer les nouveaux embauchés ? On bute sur le problème de la « compensation salariale ». Pour être créatrice d'emploi sans être inflationniste, la diminution de la durée du travail suppose un sacrifice des salariés qui ont un emploi. C'est une idée qui ne leur sourit pas et à laquelle ils résistent.

Une manière de faire a été proposée. Elle consiste à diminuer brutalement la durée du travail de plusieurs heures (sans compensation salariale naturellement pour éviter le cercle vicieux de l'inflation). Cette proposition repose sur l'idée suivante : pour que la diminution de la durée du travail se traduise par des embauches supplémentaires, il faut une réorganisation fondamentale des ateliers et du travail en usine. Au-dessous d'un certain seuil, la réduction d'horaire se reporterait plutôt sur la productivité. Au-delà de ce seuil, l'embauche deviendrait effective.

Il y a une part de vérité dans ce raisonnement. Mais il y a aussi un danger considérable de désorganiser la production. Ce danger, nous l'avons vu se matérialiser dans les années qui ont suivi 1936. Tous les pays étaient en pleine reprise économique. Seule la France stagnait. Elle avait délibérément bloqué ses capacités de production en fixant brutalement et impérativement la semaine de travail à 40 heures. Dès cette époque, Alfred Sauvy avait montré les conséquences néfastes de cette décision brutale et uniforme. Aujourd'hui, dans la compétition internationale bien plus dure à laquelle nous sommes confrontés, les conséquences seraient pires. Nos économies sont trop complexes et trop diversifiées pour que des décisions autoritaires, brutales et générales puissent réussir. Ce qui peut convenir à telle entreprise ou à tel secteur économique ne convient pas à tel autre. On rapporte même le cas d'une entreprise où l'on a développé l'emploi en *augmentant* la durée du travail : « pour sortir de la crise, Intel, le leader mondial des microprocesseurs, a adopté une solution pour le moins originale : porter les horaires des cadres et des ingénieurs à 50 heures sans hausse de salaires pendant six mois. Objectif : accélérer la sortie de nouveaux produits. Résultats : l'emploi a crû de 17.000 à 20.000 personnes alors que toute la profession licencie. »*

- **Le « traitement social » du chômage**

Faute de trouver des solutions économiques au chômage, les gouvernements ont cherché à diminuer le nombre des chômeurs, surtout des jeunes chômeurs, en les aidant à trouver des occupations, au moins pour un temps : travaux d'utilité collective (c'est-à-dire petit boulot temporaire et mal payé), stages de formation (en entreprise ou dans un organisme de formation. C'est le « traitement social » du chômage. Ce traitement permet d'éviter que trop de jeunes soient désœuvrés et il est socialement utile. Mais il est assez coûteux et trouve vite ses limites.

Jusqu'ici, la plupart des orientations proposées contre le chômage reviennent d'une façon ou d'une autre à détourner du travail : plus de congé, la retraite plus tôt, une semaine moins longue, des formations prolongées, des primes pour partir. Ces mesures peuvent susciter quelque embauche de compensation, mais elles ne créent en aucun cas du travail supplémentaire. Or le recul du chômage suppose aussi de créer du travail légitimé par le marché. Le paradoxe du chômage est que des besoins immenses restent à satisfaire, que des hommes et des femmes qualifiés sont prêts à travailler, et que le rapprochement ne se fait pas. L'explication est à rechercher dans les institutions actuelles, dans les réglementations actuelles, dans les mentalités actuelles, dans les structures de production actuelles. Pour qu'un nouvel équilibre devienne possible, des voies nouvelles devront être explorées.

• **De nouvelles souplesses du marché du travail devront être trouvées**

Un chômeur, ce n'est pas seulement une personne valide qui ne travaille pas. La femme au foyer, le retraité sont aussi dans cette situation. Le chômeur, c'est une personne qui n'a pas de travail officiel et qui cherche un emploi salarié. Un emploi salarié c'est un statut social défini par le code du travail, c'est-à-dire par des centaines de lois et décrets qui posent les droits et les devoirs des employeurs et des salariés.

A considérer le nombre et la complexité des textes qui définissent le « statut » de salarié, il semble miraculeux que jusqu'ici, la quasi-totalité des personnes qui le souhaitaient trouvaient rapidement un emploi de ce statut. Aujourd'hui, cela devient plus difficile. Ce n'est pas que l'ouvrage manque. Mais *dans le cadre des règles du jeu actuelles,* héritées de l'économie de croissance, l'accord entre les employeurs et les candidats à l'embauche s'avère moins facile à trouver.

• **Pour développer l'emploi, la croissance devra être sauvegardée**

Mais pas n'importe quelle croissance. On sait désormais que la croissance artificielle par la dépense publique est sans lendemain. Seule la croissance spontanée, celle qui vient de l'initiative des hommes, est durable. Le rôle de l'Etat n'est donc pas de se substituer aux entreprenants. Il est de rendre leurs initiatives possibles et efficaces.

Une fois encore nous voilà renvoyés aux règles du jeu. Notre société est une société de statuts : les salariés, les employeurs, les travailleurs indépendants, etc. Pour éviter qu'elle ne devienne une société de statues, il faut retrouver le mouvement, repartager les avantages et les risques. *La situation d'entreprenant est sans doute devenue beaucoup trop défavorable par rapport au statut de salarié.* Il nous faudra trouver un meilleur équilibre entre le risque créateur et la garantie protectrice.

L'économie de partage

Selon la thèse de l'économie de partage développé par Martin Weitzman, « un changement fondamental du système de rémunération des travailleurs est nécessaire pour garantir une stabilité raisonnable des prix compatible avec un emploi raisonnablement plein... La guerre contre la stagflation ne peut être gagnée si nous la menons au plan élevé et aseptisé de la gestion macroéconomique pure. Non, la victoire sera remportée dans les tranchées boueuses de la réforme microéconomique fondamentale ».*

Pour trouver la solution, il faut d'abord bien comprendre ce qui fait bouger les entreprises, et leurs règles de comportement. Martin Weitzman propose de raisonner sur un exemple, que nous reprenons ici en le simplifiant.

Supposons que le salaire horaire pour un travailleur moyen de la firme automobile General Motors représente, avec les charges, un coût de 24 dollars. Chaque heure supplémentaire de travail coûte 24 $. Elle est utilisée pour produire plus d'automobiles et celles-ci sont vendues pour augmenter le chiffre d'affaires. Tant que l'accroissement des recettes est supérieur à l'augmentation des coûts, plus de travailleurs seront recrutés. Pour obtenir le maximum de bénéfice, General Motors recrutera (ou licenciera) des travailleurs jusqu'au point où la recette additionnelle d'une heure de travail en plus sera exactement égale au coût additionnel. En tenant compte des frais généraux, des matières premières, des bénéfices et des autres charges, le coût additionnel total s'élevera par exemple à 36 $ (24 $ pour les frais de personnel, et 12 $ pour les autres dépenses de production). Le prix de vente sera donc de 36 $. Nous retrouvons la règle générale, déjà rencontrée au chapitre 3 — recette marginale *égale* coût marginal — qui s'impose à toute entreprise bien gérée.

C'est ici que Weitzman propose son hypothèse originale, et en même temps sa solution. Imaginez, dit-il, que le Syndicat des Travailleurs de l'Automobile (le STA) veuille tenter une expérience peu orthodoxe. Désormais, au lieu de 24 $ par heure, chacun des 500 000 travailleurs de General Motors recevra une rémunération égale aux deux tiers de la recette moyenne par travailleur,

Le rêve américain

En quinze années dites de « crise », les quatre plus grands pays d'Europe ont perdu un million d'emplois. Avec une population active un peu inférieure, les Etats-Unis ont créé près de 28 millions d'emplois. Comment fonctionne cette remarquable machine à créer des emplois, la « Great Job Machine » américaine, qui a absorbé des millions de femmes, de jeunes et d'immigrés, qualifiés et moins qualifiés, et qui paraît même manquer de monde ?

Sur 28 millions d'emplois nouveaux, 27 millions appartiennent au secteur des services, alors que les industries traditionnelles ont été plutôt destructrices d'emplois. Mais la distinction entre industrie et services peut être trompeuse. Une part importante du développement des services s'explique en fait par l'industrie. Une tendance du management américain est de se recentrer sur son métier. Pour faire baisser le coût des organes fonctionnels de l'entreprise (informatique, juridique, marketing, logistique, etc) et obtenir une meilleure qualité de service, les entreprises n'hésitent pas à faire largement appel aux services d'entreprises extérieures. La division du travail dans l'économie américaine est poussée de plus en plus loin. Les entreprises industrielles semblent maigrir et les entreprises de services se multiplient alors que les activités sont en définitive les mêmes, organisées différemment.

D'autre part, de nombreux services doivent tout, jusqu'à leur existence, aux nouveaux produits industriels qu'ils accompagnent : informatique, télécommunications, etc.

L'augmentation de l'emploi n'échappe pas aux Etats-Unis à la deuxième équation du chômage : Croissance = Productivité + Quantité d'emploi. Si l'emploi a augmenté, c'est aussi parce que les gains de productivité ont été modestes, en particulier dans les services. Cette faiblesse de productivité inquiète certains. Mais quelle est sa signification réelle ? Si la vie courante aux Etats-Unis donne souvent l'impression qu'il y a beaucoup de monde pour vous accueillir et vous servir (toujours vite !), n'y a-t-il pas aussi dans cet accueil une forme de qualité du service ?

La « flexibilité » américaine est plus grande que l'européenne. Près de 40 % des salariés ont moins de deux ans d'ancienneté dans l'entreprise ; moitié moins qu'en France. La mobilité géographique est forte. Comme le note aussi un rapport présenté à l'OCDE, « il y a moins d'énergie perdue à se renvoyer les responsabilités et à attendre "des autres" qu'ils agissent à votre place ». Esprit d'entreprise, partenariat, diffusion de l'innovation, prise de risque font partie de la culture américaine. Mais comment démêler ces facteurs ambiants de tout le reste, en particulier du déficit budgétaire, qui gonfle artificiellement l'activité économique et creuse le déficit extérieur ?

deux tiers de 36 $ ou encore... 24 $! Rien de changé en apparence, ni pour les travailleurs ni pour General Motors. Et pourtant, General Motors va maintenant se mettre à embaucher, et le chômage va diminuer dans le pays.

Sous l'ancien contrat de travail, General Motors n'avait aucun intérêt à augmenter les effectifs car le coût d'un travailleur supplémentaire était de 24 $ et n'apportait qu'une recette nette tout juste égale (36 $ moins les autres charges de 12 $, soit 24 $). Sous le nouveau contrat, si General Motors recrute un travailleur, ses recettes vont encore augmenter de 36 $ mais le contrat prévoit que le nouveau travailleur ne recevra que les deux tiers de la recette moyenne *par travailleur*, qui était de 24 $. Le coût du nouveau travailleur n'est donc que 24 $ × 2/3 = 16 $. Une façon de procéder est que la rémunération de tous les 500.000 salariés soit désormais fixée à 23,9999 $, ce qui revient à faire partager par les anciens salariés une partie du coût du nouvel embauché. L'économie ainsi obtenue permettrait de payer le nouveau salarié et de dégager un bénéfice de 8 $. Le nouveau contrat incite donc General Motors à développer sa production. Sans doute faudra-t-il aussi baisser un petit peu le prix des voitures pour en vendre plus, mais la motivation restera suffisante pour que General Motors embauche et augmente la production d'automobiles.

Au départ, le nouveau contrat ne change rien. Mais il crée aussitôt une dynamique qui récompense l'entreprise qui prend de nouveaux travailleurs et vend plus. Si maintenant d'autres syndicats et d'autres entreprises se mettent d'accord pour un nouveau contrat de travail, de plus en plus de travailleurs seront embauchés et l'économie retrouvera le chemin du plein-emploi.

Le système du partage change les règles du jeu capitaliste moderne. Pour Weitzman, nous vivons dans un monde où « l'état normal du marché est un excédent d'offre sur la demande ». Les vendeurs de produits déploient des efforts constants pour trouver et satisfaire le client. Les magasins sont beaux et entretenus. Mais si vous avez vous-même quelque chose à vendre, en particulier si c'est votre travail que vous voulez vendre, on vous fera attendre, vous serez reçu avec beaucoup moins d'égards, à supposer même que l'on vous réponde. « Cette différence entre le traitement des consommateurs et celui des travailleurs n'est pas le fait du hasard ». Les consommateurs apportent l'argent, les travailleurs coûtent. De sorte que lorsque « la demande globale a diminué pour une raison quelconque, la rigidité des salaires signifie que presque toutes les entreprises licencient des travailleurs ». Cette logique de l'exclusion tient au système salarial et c'est elle qu'il convient de renverser. Pour retrouver le plein-emploi, il faut des règles du jeu économique dans lesquelles les entreprises retrouvent l'envie d'embaucher, et pour cela qu'elles y aient intérêt.

Ces réflexions de Weitzman sont importantes. Elles s'inscrivent dans le courant qui s'est développé depuis une dizaine d'années en faveur d'une plus grande « flexibilité » du marché du travail. Mais elles dépassent le simple discours d'intention : Laissez baisser les salaires et l'économie retrouvera l'équilibre. Weitzman propose une alternative au système salarial, une manière de casser la rigidité salariale. Cette alternative a inspiré de nombreuses expériences depuis quelques années, notamment aux Etats-Unis. Il est encore trop tôt pour porter un jugement d'ensemble sur leurs résultats.

Il n'est pas douteux que pour lutter contre le chômage nous devons changer nos modèles mentaux. L'idéologie de la lutte des classes forgée dans le combat ouvrier pour le niveau de vie et la sécurité économique, le discours des « avancées sociales », la « défense des droits acquis », continuent de nous bercer, comme font rêver tous les souvenirs des grands moments du passé. Mais dans un monde ouvert et concurrentiel, lorsque près des neuf-dixièmes de la population sont des salariés, le problème n'est plus de décrocher quelques garanties supplémentaires pour les salariés. Même le statu quo ne peut pas être garanti. C'est pourquoi il devient essentiel de chercher des mécanismes nouveaux pour débloquer les motivations individuelles.

Initiative et création d'emploi

Pour les pays arrivés à maturité, et plus particulièrement pour les pays d'Europe, le véritable enjeu est le suivant : saurons-nous à l'avenir préserver le dynamisme de nos sociétés ? Si la réponse à cette question devait être négative, nous irions à coup sûr vers le déclin. D'autres peuples, plus mobiles et plus innovateurs nous supplanteraient. Si en revanche, nous donnions un nouveau souffle à notre économie, alors le chômage pourrait être terrassé.

A juste titre, notre société ne se résigne pas au chômage. Elle ne veut pas admettre que la quantité d'emploi soit considérée comme une sorte de ration prédéterminée et rigide. Elle n'accepte pas l'idée que le chômage ne reculera qu'en partageant autrement cette ration d'emploi, ou bien providentiellement « grâce » à l'arrivée de générations moins nombreuses. Elle sent confusément que l'ouvrage ne manque pas, que l'homme est encore loin de ses limites, que mille activités utiles pourraient être développées pour rendre notre vie meilleure. Elle attend de ses économistes qu'ils proposent une méthode et de ses dirigeants qu'ils désignent de nouveaux gisements d'emplois.

De nouveaux gisements, on commence à en apercevoir.

Ils ne sont ni dans les administrations, ni dans les grandes structures ankylosées face à un marché en perpétuel mouvement. Ils sont, déjà visibles depuis quinze ans, dans les petites entreprises de l'industrie, du commerce et des services, et demain peut-être dans les grandes entreprises qui auront su trouver dynamisme et mobilité.

Les petits établissements augmentent l'emploi

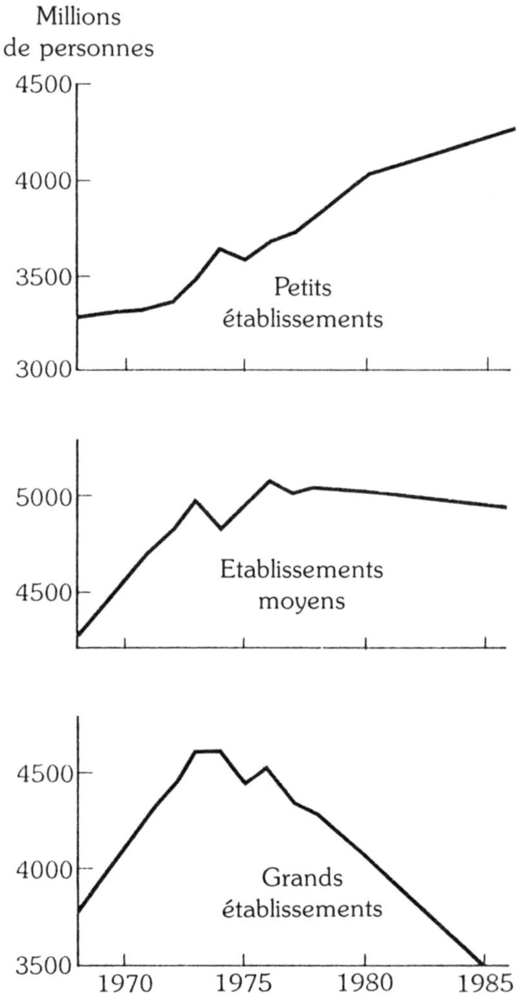

Jusqu'en 1973, les grands établissements (plus de 200 personnes) créaient des emplois. Ils en suppriment depuis. Les petits établissements (moins de 20 personnes) en créent de plus en plus.

Pendant la crise, la création d'emplois a changé de camp. Quand les grandes entreprises supprimaient des emplois, les petites en créaient. Aux Etats-Unis, les deux tiers de la variation nette de l'emploi entre 1969 et 1976 sont le fait de toutes petites entreprises (moins de 20 personnes). En France, de la crise du pétrole au début des années vingt, un demi-million d'emplois ont été perdus dans les établissements de plus de 20 salariés. Ces suppressions ont été heureusement compensées par la création d'un demi-million d'emplois dans les petits établissements de moins de 20 salariés. Ce développement des petites unités de production face à un recul des plus grandes, est un fait général — on l'observe en Grande-Bretagne, en Belgique, aux Pays-Bas, au Japon... La crise a fait des ravages dans les grandes structures industrielles qui se recroquevillent ou s'effondrent. Mais elle n'a pas éteint la flamme d'entreprendre. Le nombre de créations d'entreprises a doublé pendant les années de crise, et si le nombre de faillites a augmenté lui aussi, le solde reste largement positif. Dans l'initiative de milliers de créateurs se trouve une pépinière d'emplois pour l'avenir.

Ainsi que l'écrit Herbert Meyer, dans la *guerre contre le progrès,* « les emplois ne sont pas des phénomènes naturels. On ne les déniche pas au fond des torrents comme les pépites d'or, enfouis dans le sous-sol comme les diamants, et ils ne poussent pas comme du chiendent dans le jardin. Ils sont des produits artificiels puisqu'ils doivent leur existence aux gens qui ont su les créer, et la méthode qui a présidé à leur création est l'une des plus hasardeuses et des plus compliquées qui soit. Elle exige un apport énorme d'intelligence, d'habileté, d'ambition, de bon sens et aussi un peu de cette notion parfaitement démodée, la chance ».* Si au plus fort de la crise, les entreprises petites et nouvelles ont su garder la souplesse d'initiative et de création qui manquait aux plus grandes, il semble aujourd'hui que les grandes aient réappris la souplesse et l'initiative. Si tel est bien le cas, une conjonction nouvelle favorable à l'emploi se présenterait à nous. Il nous reviendrait de savoir saisir cette chance.

Pour sortir du chômage, il ne suffit pas d'une bonne recette de politique économique. Il faudra accepter une révision de nos habitudes mentales, de nos institutions économiques et de nos traditions sociales. Plus d'un signe de ces changements sont déjà perceptibles. Peut-être apercevrons-nous un jour qu'une autre forme de croissance économique est déjà en cours, dans laquelle le travail retrouvera toute sa place ?

CHAPITRE 14

L'inflation

Tous les pays ont connu dans leur histoire des périodes d'inflation. A certaines époques, les prix sont dans leur ensemble à peu près stables. A d'autres époques, on assiste impuissants à la montée d'une vague d'inflation. Pour maintenir sa consommation, il faut plus d'argent. Ou bien, ce qui revient au même, le prix des marchandises augmente et l'argent perd de son pouvoir d'achat. Dans le *Miroir des Français*, publié à Nancy en 1581, on trouve cette description imagée de l'inflation au seizième siècle : « Le désordre des désordres est si grand présentement sur toutes les denrées que, si les choses ne sont pas amendées et ravallées, il est à craindre qu'il ne faille dans peu de temps aussi gros d'or et d'argent pour nourrir un homme qu'il est pesant ». A toutes époques, l'inflation a été perçue comme le « désordre des désordres » de l'économie. Car ce désordre touche la monnaie, qui mesure la valeur de toutes choses.

Aussi, n'est-il pas étonnant que les périodes troublées et les guerres se soient souvent accompagnées de fortes poussées d'inflation. En France, le niveau des prix a été multiplié par 4 de 1914 à 1920 ; et encore par 4 de 1945 à 1948. Il est même arrivé que l'inflation se déchaîne comme une tornade sous les tropiques : c'est l'« hyperinflation ». L'exemple le plus classique est l'hyperinflation allemande du printemps 1922 à la fin 1923. En 1919, les prix sont multipliés par 6. Après dix-huit mois de stabilité ils sont une nouvelle fois multipliés par 2, puis par... 40 en quelques mois ! Les derniers mois de la faillite du mark tournent à la folie collective. Les salaires étaient payés tous les jours. Avec les sacs de billets reçus, chacun se précipitait au marché avant la hausse de l'après-midi. La livre de beurre qui coûtait 3 400 marks en février 1923, était passée à 26 milliards de marks le 29 octobre et à 280 milliards le 5 novembre. Comment l'Allemagne a-t-elle pu en arriver là ? Dans les mêmes années, l'Autriche, la Russie, la Pologne, la Hongrie sont dans la même situation. Et la Hongrie s'y retrouve une nouvelle fois après la deuxième guerre.

Sans entrer ici dans le détail de mécanismes qui restent à élucider on peut faire trois constatations caractéristiques de l'hyperinflation :

1) *Dans les périodes d'hyperinflation, le déficit de l'Etat atteint des sommes colossales.* Les impôts ne couvraient plus que le tiers des dépenses publiques au début de 1923 en Allemagne. Ce taux tombe à 1 % à la fin de l'année. Ceci veut dire que la planche à billets alimentait 99 % du budget de l'Etat ! Dans une telle situation, personne n'accepte plus de prêter à l'Etat. Dans les périodes d'hyperinflation, on constate une perte de confiance dans les institutions nationales les plus respectables : la monnaie et l'Etat.

2) *La quantité de monnaie augmente démesurément. Les imprimeries travaillent jour et nuit pour imprimer des billets et cela ne suffit pas.* La moindre grève dans une imprimerie prend l'allure d'une catastrophe nationale. On observe cependant, malgré le rythme forcené des imprimeurs de billets, que la masse réelle de monnaie n'arrive pas à suivre les prix. Une fois la hausse des prix défalquée, la quantité réelle de monnaie diminue considérablement. Dans l'hyperinflation allemande, elle est *divisée* par 10 en six mois. Cette fuite devant la monnaie s'explique aisément : chacun se débarrasse le plus vite possible de la monnaie qu'il a reçue, la monnaie devient le bien le plus détestable, que personne ne veut garder. La multiplication des billets en circulation masque en réalité une quasi disparition de la monnaie légale qui n'inspire plus aucune confiance. Cette observation semble indiquer que ce n'est pas l'accroissement de la circulation monétaire qui provoque l'inflation, mais plutôt que c'est l'hyper hausse des prix qui permet de se débarrasser de son « encaisse », *malgré* l'accroissement de la quantité de billets.

3) *La monnaie nationale perd toute sa valeur par comparaison aux monnaies étrangères.* Ainsi, au plus fort de l'hyperinflation allemande, il faut donner onze milliards de marks pour avoir un dollar et le taux de change varie à chaque minute. En période d'hyperinflation, la dévaluation de la monnaie nationale par rapport aux autres monnaies prend des proportions vertigineuses et totalement incontrôlables.

La situation actuelle n'est pas comparable aux situations d'après guerre et l'on peut espérer ne plus revivre de telles apocalypses économiques. Mais sommes-nous à l'abri de fortes poussées d'inflation ? Rien n'est moins sûr. Dans les dix dernières années, plusieurs pays du monde ont connu des hausses de prix de plus de 100 % par an (allant même jusqu'au doublement chaque mois). Qu'il s'agisse de pays un peu éloignés comme la Bolivie, le Brésil ou Israël n'est qu'une piètre consolation. En effet, d'une part les mécanismes de l'inflation rappellent en moins accentués ceux de l'hyperinflation (perte de confiance dans la monnaie, déficit budgétaire, dévaluation de la monnaie nationale), d'autre part une caractéristique permanente et générale de l'inflation est qu'elle résiste aux gouvernants. On a quelquefois le sentiment que l'inflation voyage d'elle-même, au rythme qu'elle choisit, selon des mécanismes qui lui sont propres et qu'elle refuse de dévoiler. Nous essaierons dans ce chapitre d'en entrevoir les rouages.

Pourquoi un prix augmente-t-il ?

Revenons sur une question déjà abordée au chapitre sur les échanges et le marché. Nous avons dit que le marché d'un bien permettait aux vendeurs et aux acheteurs de ce bien de se rencontrer. Par exemple, le marché des boîtes de sardines est constitué par l'ensemble des supermarchés et des magasins d'alimentation, et de leurs clients. C'est là que les producteurs de boîtes de sardines, par l'intermédiaire du secteur de la distribution, présentent leur marchandises et affichent leurs prix, et que les consommateurs décident ou non d'acheter des sardines selon leur goût pour les sardines et le prix qui leur est demandé. Si les boîtes de sardines sont bon marché par rapport au saucisson et autres hors-d'œuvre, on en vendra beaucoup ; si leur prix est élevé, on en vendra peu. Chaque producteur de boîtes de sardines est donc obligé, s'il veut en vendre, de fixer un prix raisonnable et de surveiller le prix des concurrents.

Mais le producteur souhaite aussi gagner de l'argent. Or, s'il fixe le prix trop bas, il ne fera pas de marge bénéficiaire et il risque même de faire des pertes. Le prix de vente de chaque bien résulte donc d'un compromis entre deux risques contradictoires : d'un côté le risque de perdre ses clients si on augmente trop le prix, de l'autre celui de perdre sa marge bénéficiaire si on le baisse trop.

• *De quoi se compose un prix ?*

On peut écrire pour chaque produit l'égalité classique :

Prix = coût unitaire + marge bénéficiaire unitaire

Dans cette égalité, le coût de chaque boîte de sardines (y compris les frais de distribution) est constitué de matières (sardine, huile, fer blanc), de salaires (des ouvriers, des cadres, des vendeurs) de charges sociales et d'impôts. *Tout ce qui, toutes choses égales par ailleurs, fait augmenter l'une des composantes du coût entraîne une pression à la hausse sur le prix.*

Lorsque le prix a été fixé par le vendeur, les consommateurs achètent une certaine quantité de boîtes de sardines. Cette relation entre le prix et la quantité achetée est la demande de boîtes de sardines. Le schéma du marché est donc le suivant : 1) le niveau des coûts de production, les bénéfices attendus et la concurrence conduisent les producteurs à fixer leurs prix ; 2) la demande des consommateurs détermine l'équilibre du marché et la quantité vendue. Il faut ajouter que selon la quantité vendue, le point de vue des producteurs peut être révisé. Par exemple si la quantité vendue est trop faible, les producteurs peuvent accepter un sacrifice sur leur marge bénéficiaire et baisser leur prix. Ce schéma permet de comprendre les deux causes des mouvements de prix.

L'équilibre des prix

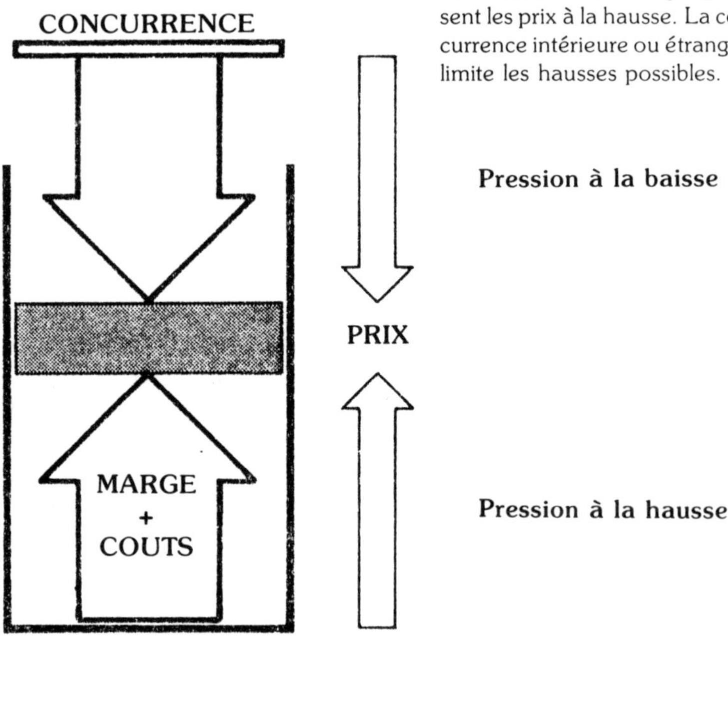

L'augmentation des coûts et la reconstitution des marges poussent les prix à la hausse. La concurrence intérieure ou étrangère limite les hausses possibles.

• ***Les prix dépendent du prix de revient et de la marge unitaire***

Les causes d'augmentation du coût unitaire sont nombreuses : accroissement du taux des charges sociales ou des impôts, prix des matières achetées ou importées, revendications des salariés, crédit facile (exemple de l'immeuble au chapitre 5). Tout ce qui pèse sur les coûts de production contribue à la hausse des prix.

D'autre part, le chef d'entreprise peut être tenté de relever sa marge s'il a besoin d'argent pour investir, ou s'il juge que son taux de marge est tombé trop bas. Une mauvaise situation financière des entreprises est ainsi une cause d'inflation.

Face à ces pressions à la hausse, la concurrence est un frein de la hausse du prix car la concurrence oblige chacun à comprimer les coûts et les bénéfices. Mais le plus grand des freins à la hausse du prix est la productivité. Si en effet pour produire un poste de radio, il faut trente fois moins d'heures de travail (comme cela a été le cas depuis les débuts de la radio), le prix de revient d'une radio peut diminuer.

La « courbe d'expérience »

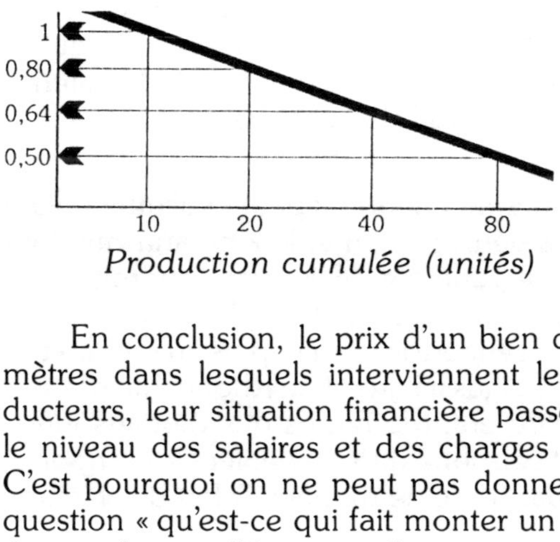

Chaque fois que la production est multipliée par deux, les coûts de production unitaires diminuent de 20 à 30 %.

En conclusion, le prix d'un bien dépend de nombreux paramètres dans lesquels interviennent les comportements des producteurs, leur situation financière passée et la situation souhaitée, le niveau des salaires et des charges sociales, et la productivité. C'est pourquoi on ne peut pas donner une réponse unique à la question « qu'est-ce qui fait monter un prix ? » La réponse dépend de nombreux éléments. *Ce qui est toujours vrai, c'est l'égalité Prix = Coût + Marge.*

• ***Les prix dépendent aussi de la demande***

Voyons maintenant ce qui se passe si la courbe de demande glisse vers le haut, par exemple parce que le revenu des consommateurs augmente. Le vendeur a le choix. Il peut maintenir son prix. Dans ce cas, il vendra plus de boîtes de sardines. Ou bien il se contente de ce qu'il vendait et il peut laisser son prix monter pour reconstituer sa marge bénéficiaire. On peut penser qu'il choisira plutôt cette deuxième solution s'il juge sa marge trop faible. L'observation confirme en effet qu'une reprise de la consommation à un moment où le taux de marge est insuffisant s'accompagne généralement d'une reprise de l'inflation. Les entreprises cherchent en effet à profiter de la meilleure conjoncture pour relever le taux de marge.

Prix d'un bien, prix des biens

La réalité de l'inflation est complexe. Elle ne peut pas être ramenée à une seule explication car l'indice des prix que l'on mesure finalement est le résultat de l'action combinée de plusieurs mécanismes. Cela explique, comme dans beaucoup de domaines de l'économie, que des opinions différentes puissent être formulées, mais qu'elles ne sont pas nécessairement contradictoires. C'est au demeurant une situation qui n'est pas propre à l'économie.

Pour comprendre cet apparent paradoxe prenons l'exemple suivant : Que faut-il répondre à la question « Pourquoi le Rhône coule-t-il ? ». La première réponse, la plus simple, est que le Rhône prend sa source à 1 850 mètres d'altitude et qu'il doit parcourir 812 kilomètres pour arriver jusqu'à la mer. Mais si l'on suit le fil de l'eau, on s'aperçoit que cette réponse est très insuffisante. Il y a des endroits où le Rhône est tumultueux. A Lausanne, on a l'impression qu'il a disparu. En Arles, il se divise avant de se fondre dans la Méditerranée. Si la question était posée pour la Rance, il y aurait même des moments où l'eau remonte le cours de la rivière !

Ainsi beaucoup d'éléments interviennent pour expliquer l'allure momentanée d'un fleuve. La dénivellation et la longueur qui donnent en quelque sorte la pente générale. Mais aussi l'endroit précis où l'on se place le long du cours. L'allure n'est pas la même près de la source ou à l'embouchure. Et encore le terrain, plus ou moins accidenté ; la saison, la fonte des neiges va grossir le Rhône, mais laisser la Seine indifférente. Peut-être enfin le temps des derniers jours, ensoleillés ou pluvieux. Tout cela joue dans le débit et le comportement d'un fleuve, et il n'est pas facile de démêler l'effet de chacune des causes.

Le même genre de difficultés se présente pour expliquer l'écoulement de l'inflation. Par moments, l'inflation grossit et tourbillonne. A d'autres moments, elle s'assagit et semble disparaître. Et ces fluctuations n'ont pas une cause unique.

Quels sont les principaux faits d'expérience concernant l'évolution des prix ?

1) un coup d'œil général sur le rythme des prix au cours du vingtième siècle montre une pente générale à la hausse. Des années

vingt aux années quatre-vingt, l'indicateur de hausse est en moyenne de 280, c'est-à-dire que le niveau initial des prix, en anciens francs naturellement, a été multiplié par 280 (soit par 2,8 si l'on mesure les prix en francs actuels, puisque ceux-ci ont été obtenus en divisant les anciens francs par 100).

2) Cette hausse générale des prix ne signifie pas que nous vivons plus mal. Bien au contraire, car nos revenus ont aussi beaucoup augmenté. Le niveau général des prix réels, c'est-à-dire des prix mesurés en nombre d'heures de salaires, a considérablement baissé malgré l'inflation. Cette baisse est le « négatif » de la hausse de notre pouvoir d'achat.

3) En se demandant *pourquoi les prix baissent*, selon le titre suggestif d'un de ses ouvrages, Jean Fourastié observe d'incroyables disparités entre les prix des biens.* Alors que la moyenne est à l'indice 280, le prix du pain a été multiplié par 300, celui du beurre par 200 et la communication téléphonique par 170. Si l'on ramène l'augmentation moyenne à 100, cela donne 1,07 pour le pain, 0,7 pour le beurre, 0,6 pour le téléphone, les prix *relatifs* des biens sont très dispersés. Le coiffeur est plus de trois fois plus cher, le poste de radio trente fois moins cher !

4) Des différences importantes et durables existent aussi entre les pays. Certains pays connaissent une hausse très faible du niveau général des prix avec de simples dérives épisodiques, vite étouffées. C'est le cas de l'Allemagne. D'autres pays ont une tendance naturelle a une inflation endémique. Certains enfin vivent presque en permanence aux confins de l'hyperinflation, avec des taux annuels à deux et trois chiffres.

5) Enfin, le cours de l'inflation est très changeant d'une période à l'autre, avec des poussées irrésistibles et des eaux dormantes.

Comment rendre compte de tout cela à la fois ?

Les observations précédentes, qui sont des faits d'expérience, suggèrent que le mécanisme d'un prix décrit au paragraphe précédent, ne peut expliquer qu'une partie de l'inflation. Certes la hausse du niveau général des prix est l'addition de décisions individuelles qui suivent chacune ce mécanisme. Et seules ces décisions ont une existence réelle. Mais pourquoi alors des accélérations et des accalmies ? Pourquoi à certaines époques, *l'ensemble des entreprises* augmentent-elles leurs prix plus que d'habitude (ou les baissent moins que d'habitude) ? La réponse à ces questions doit être recherchée dans une cause générale, indépendante de chaque secteur mais agissant sur tous.

Petits et grands rouages de l'inflation

Pour comprendre le mécanisme à court terme de l'inflation, il faut bien voir qu'il y a une différence fondamentale entre le marché d'un seul bien et le fonctionnement d'ensemble de l'économie. Les conditions générales ont une influence directe sur le marché d'un bien, mais les décisions de prix portant sur ce bien ont une influence modeste sur les conditions économiques générales. Par exemple une hausse des salaires de 5 % est très importante pour le prix de l'acier, mais une hausse du prix de l'acier n'a pas d'incidence majeure sur les salaires. Pour comprendre le prix réel de l'acier, il faut donc analyser les conditions de la production dans la sidérurgie et en particulier la productivité. On peut « ignorer » le crédit, la monnaie et beaucoup d'autres indicateurs économiques généraux.

En revanche, l'économie prise dans son ensemble se « boucle » sur elle-même. Elle se compose de nombreux secteurs d'activité et de plusieurs groupes sociaux, qui se renvoient la balle en permanence. Et tout mouvement d'une grandeur économique fait nécessairement bouger toutes les autres. Toute augmentation de prix se diffuse à l'ensemble de l'économie de même qu'une pierre jetée dans une mare fait bouger toute la surface de l'eau. Car les prix des uns sont les coûts des autres. Si, par exemple, le prix de l'acier augmente de 10 %, les industriels qui fabriquent des tôles relèvent leur prix de 2 ou 3 %, les constructeurs de voitures de un demi ou un pour cent, etc. Faut-il s'attendre à ce que progressivement, après une série de vaguelettes, les prix reviennent à la stabilité comme la mare redevient calme après quelques instants d'agitation. Dans l'économie, ce retour au calme n'a pas nécessairement lieu. Les rouages de l'inflation ne se contentent pas d'enregistrer et de transmettre les hausses, ils les entretiennent et les relancent de plusieurs façons.

Nous avons déjà évoqué aux chapitres 5 et 6 le circuit de l'économie. Revenons de plus près sur la question des prix. Le prix de chaque bien est l'addition des coûts de fabrication et de la marge bénéficiaire unitaire. Lorsqu'on passe d'un seul bien à l'ensemble de l'économie, on s'aperçoit que les coûts de production et la marge des producteurs constituent des revenus pour d'autres agents de l'économie. Pour les salaires, c'est évident, ce sont les revenus des salariés. Les charges sociales vont aux caisses de sécurité sociale qui les redistribuent aux salariés. Les impôts vont à l'Etat qui s'en sert pour payer des fonctionnaires, verser des subventions ou acheter des fournitures. Quant à la marge bénéficiaire, c'est le revenu du producteur qui lui est versé en dividende ou réinvesti dans l'entreprise. En conclusion, l'égalité *Valeur de la production nationale = Total des revenus distribués* est toujours vérifiée.

Dans l'inflation, le prix des biens augmente. En contrepartie, les consommateurs voient leur revenu augmenter, par exemple, sous forme d'une augmentation des salaires. Mais, au total, la quantité achetée et par conséquent le niveau de l'activité économique n'ont peut-être pas bougé. Seuls les prix et les revenus ont augmenté, en quelque sorte inutilement, puisque l'activité économique est restée la même. *C'est cet enchaînement des relations prix → revenus et revenus → prix que l'on appelle la spirale inflationniste.*

Ce schéma montre comment l'inflation peut être amorcée et comment elle s'entretient. On retrouve les deux facteurs qui au niveau de chacune des entreprises pèse sur les prix : les coûts, et la demande. S'y ajoutent, pour l'ensemble de l'économie, l'effet en retour des prix sur les salaires et des salaires sur les coûts : c'est la spirale inflationniste. Mais aussi les conditions économiques générales qui activent ou désactivent la boucle de l'inflation. Il résulte de cette boucle :

1) qu'une augmentation des charges sociales ou fiscales sur les entreprises augmente les coûts, provoque une hausse de prix et active la spirale inflationniste ;

2) qu'une flambée des prix des matières importées augmente les coûts, lance la hausse des prix et active la boucle inflationniste ;

3) qu'inversement, une forte chute des prix des matières premières peut être déterminante pour desactiver la boucle inflationniste, comme le montre l'exemple des années 1985-1986 ;

4) qu'une création excessive de monnaie (en raison du déficit budgétaire ou d'un excès du crédit) joue sur la demande, rend possible des hausses de prix et amorce la boucle de l'inflation.

Le même schéma permet de comprendre pourquoi il est difficile d'arrêter la spirale de l'inflation et de stabiliser les prix une bonne fois pour toute, et pourquoi il faut être vigilant pour éviter de mettre un doigt dans l'engrenage de l'inflation.

L'explication de cette enigme tient largement à ce que l'économie n'est pas constituée d'un seul « consommateur-travailleur » et d'un seul producteur, qui pourraient conclure entre eux un armistice portant à la fois sur les prix et sur les salaires. Dans l'économie réelle, il y a des millions de producteurs et de consommateurs. Il y a en outre de nombreux autres rouages intermédiaires : les administrations, les banques, les partenaires étrangers. Or tous ces rouages sont en déséquilibre permanent, ou du moins, ils ont cette impression. Ils constatent des augmentations en amont et ils les répercutent, ils profitent d'une situation favorable pour obtenir qui une augmentation de salaire, qui une augmentation de marge. L'Etat lui-même n'est pas neutre. Pour améliorer les prestations sociales ou pour recruter des enseignants, il augmente le taux de telle cotisation ou de tel impôt. Toutes ces « petites décisions » contribuent à faire monter la pression de l'inflation et, comme elles s'ajoutent, l'inflation est entretenue en permanence. De même que la pression d'un gaz dans un bocal vient de l'agitation des molécules du gaz, la pression de l'inflation vient de l'agitation et du choc des molécules économiques entre elles. Et, il n'est pas plus facile d'arrêter toutes les petites hausses qui font l'inflation que de figer brutalement les molécules gazeuses dans le bocal.

Il y a cependant une différence entre les décisions économiques et les réactions physiques. Ces dernières sont mécaniques et résultent du principe d'égalité de l'action et de la réaction. En revanche, les molécules économiques sont intelligentes, elles ont de la mémoire et elles peuvent ajouter une décision à la simple réaction mécanique. En particulier, lorsque les agents économiques s'attendent à une hausse des prix, ils vont intégrer cette hausse dans leurs prévisions, leurs revendications et leurs calculs. C'est le phénomène des « anticipations autoréalisatrices ». *Si chacun anticipe l'inflation, l'inflation se produit effectivement.* Ancrée dans les mémoires, l'inflation passée pèse sur l'avenir.

On peut se demander si toutes les molécules sont égales, si elles ont toutes la même responsabilité dans l'inflation, ou si certaines molécules (ou groupes de molécules), auraient une responsabilité particulière. Bref, au jeu de l'inflation, y a-t-il un coupable ?

Qui est coupable de l'inflation ?

Pour repérer les causes de l'inflation, on peut procéder comme l'inspecteur Bourrel et chercher le coupable en se demandant à qui profite le crime.

Les gouvernements ne cessent de répéter que l'inflation est un fléau qu'il faut combattre. L'Etat devrait donc être totalement innocent. En fait, l'Etat fait comme les autres joueurs : il anticipe une hausse des prix dans ses calculs de dépenses, il encaisse des recettes fiscales et des cotisations sociales indexées sur les prix. Il n'est donc pas hors jeu. Pire, en augmentant la fiscalité, en relevant le taux des cotisations sociales il relance délibérément la hausse des prix. L'Etat est donc coupable de l'inflation.

Que font les banques ? D'un côté elles prêtent aux entreprises et aux particuliers, de l'autre elles reçoivent les dépôts du public. Les prêts comme les dépôts sont libellés en francs invariables et, avec l'inflation, ils perdent ensemble une part de leur pouvoir d'achat. Mais le taux d'intérêt que les banques reçoivent suit à peu près la hausse des prix. Les banques n'ont pas à souffrir de l'inflation, elles bénéficient même largement de toute augmentation du taux d'intérêt. De ce point de vue, les banques sont aussi coupables de l'inflation.

Parmi les particuliers, l'inflation est bénéfique à ceux qui peuvent s'endetter. Elle défavorise donc les pauvres qui ne peuvent pas emprunter, mais elle ne favorise pas particulièrement les riches car elle grignote leur épargne. Individuellement, les particuliers ne se sentent pas coupables de l'inflation. Pourtant, collectivement, ils y contribuent en réclamant des hausses de salaires qui relancent les prix. Il est bien naturel que les syndicats défendent les salariés puisqu'ils sont faits précisément pour cela. Mais certaines surenchères à courte vue peuvent coûter cher à l'économie. Rappelons-nous l'équation Prix = Salaire *moins* Productivité. Si la productivité augmente de 2 % et le salaire de 12 %, les prix doivent augmenter de 10 %. Lorsqu'ils présentent des revendications excessives, les syndicats se rendent coupables de l'inflation.

Les comptes d'exploitation des entreprises sont, en principe, à l'abri de l'inflation si les augmentations des charges sont répercutées sur les prix de vente. Au niveau du bilan, la valeur de l'actif (bâtiments, machines et stocks) suit la hausse des prix. En revanche, la valeur réelle des dettes à rembourser (libellées en francs invariables) s'allègent chaque année avec la hausse des prix. Les épargnants qui ont prêté à l'entreprise font la contrepartie. L'inflation aboutit donc à un transfert financier des épargnants vers les entreprises. Le grand coupable est donc trouvé : c'est l'ensemble des entreprises.

A vrai dire, M. de la Palice l'aurait deviné tout seul. Ce ne sont pas les consommatmeurs qui changent les étiquettes, mais les producteurs et les commerçants. Si les prix augmentent, c'est que les entreprises trouvent quelque nécessité ou quelqu'intérêt à le faire. La vraie question est donc de savoir si elles pourraient raisonnablement stopper les hausses et rompre le cercle de l'inflation. Là, tous les joueurs se retrouvent car dans l'économie, tout se tient. *Pour que les entreprises puissent bloquer leurs prix, il faudrait qu'au même moment les salaires cessent de grimper, que les taux d'intérêt diminuent, que les impôts et les charges sociales soient stabilisées*. Chercher le coupable de l'inflation, c'est un peu se demander quelle est dans une rivière la goutte d'eau qui pousse les autres.

En fait, un simple coup d'œil autour de soi montre qu'un pays peut supporter durablement une bonne dose d'inflation. Chacun s'y habitue, s'organise pour repasser le « mistigri » au voisin. C'est bien là le danger majeur de l'inflation : elle agit comme une drogue. Avec le temps il devient de plus en plus difficile de s'en passer, mais pour en ressentir de nouveaux bienfaits, il faut ajouter périodiquement une dose supplémentaire.

Au-delà d'un certain seuil, on risque de perdre tout contrôle, non seulement de la hausse des prix, mais aussi de l'ensemble de l'économie. Il est arrivé, pendant les périodes d'hyperinflation, et pas seulement en 1923, que les salariés perdent en un an la moitié de leur pouvoir d'achat, que le chômage monte en flèche, bref que la crise de l'économie se transforme en une folie sociale. Aussi faut-il redouter l'inflation, moins pour ses conséquences économiques immédiates que pour ses effets d'accoutumance et pour le risque d'affolement collectif incontrôlable auquel elle risque un jour ou l'autre de conduire.

C'est bien parce que ce risque est présent dans l'inconscient des peuples que les gouvernements ont toujours inscrit la lutte contre l'inflation à leur programme. A cet égard, les tentatives ne manquent pas : plan de stabilisation (1963), plan de refroidissement (1974), plan Barre (1976), blocage des prix et des salaires (1982). Dans la pratique, la potion contre l'inflation se compose toujours plus ou moins de quatre ingrédients : blocage des prix, blocage de la monnaie, blocage des dépenses publiques, blocage des revenus et des coûts.

Dans le premier cas, on cherche à casser l'enchaînement de l'inflation en pesant directement sur son résultat, la hausse des prix. Dans les autres cas, on chercher à agir sur les paramètres du mécanisme de l'inflation.

Le blocage des prix peut être un remède pire que le mal

De tous les moyens de lutter contre l'inflation, le blocage des prix est le plus tentant. Par le blocage des prix, on supprime la manifestation visible de l'inflation (la hausse des prix) et on brise la chaîne de l'inflation à un maillon crucial (l'indexation des revenus). C'est pourquoi les gouvernements y reviennent périodiquement, que leur philosophie politique soit d'inspiration libérale ou interventionniste.

En principe, les économistes libéraux y sont très opposés : « du Code d'Hammourabi au blocabe Nixon de 1971, en passant par l'édit de Dioclétien ou la loi du maximum de la Révolution Française, il n'existe probablement pas d'autre technique de politique économique pour laquelle, depuis près de quatre millénaires, nous disposions d'une aussi grande variété d'expériences et de témoignages qui tous montrent clairement l'échec constant de ces tentatives », écrit Henri Lepage.*

De fait, dans une économie de marché décentralisée, il est presque impossible de contrôler tous les prix et toutes les transactions de la même manière et la mise en œuvre d'un blocage généralisé s'avère une opération très délicate. Certains prix sont fixés directement. Dans d'autres cas ce sont les marges de distribution. A titre d'illustration citons le début d'un arrêté de blocage de prix pour montrer les difficutlés pratiques de formulation et donc d'application d'un blocage. Il s'agit du blocage de la marge de détail de la viande de bœuf (1982) :

> « Article premier. — Les prix limites de vente au détail de la viande de bœuf sont fixés par mois calendaires. Ils sont obtenus en tenant compte des données suivantes :
>
> 1) Le prix d'achat moyen pondéré hors TVA du boucher : il s'agit d'un prix de demi-carcasse obtenu à partir des achats hors TVA de viande de bœuf réalisés par chaque boucher pendant les trois ou quatre semaines composant le mois précédent la période d'application des prix taxés. La semaine va du lundi inclus au dimanche inclus. Le détail des modalités de calcul du prix d'achat moyen pondéré figure à l'article 3.
>
> 2) Le prix moyen de vente au détail pour chaque boucher détaillant résulte de l'addition des éléments de calcul suivants :
>
> a) Prix mensuel d'achat moyen pondéré hors TVA au kilogramme,
> b) Frais de transport forfaitaire à l'étal de 0,35 F par kilogramme,
> c) Marge de détail hors TVA de 5,65 F par kilogramme dans les départements de Paris, Essonne, Hauts de Seine, Seine Saint-Denis, Val de Marne, Val d'Oise et les Yvelines et telle qu'elle a été fixée dans les autres départements conformément à la délégation de compétence donnée aux commissaires de la République par l'article 4 du présent arrêté ;
> d) Eventuellement, dans le cas des bouchers détaillants abattants, taxe d'usage des abbatoirs.
>
> 3) Le prix moyen de vente au détail, TVA comprise, pour chaque boucher détaillant, s'obtient en multipliant par le coefficient correspondant au taux de TVA en vigueur, le prix total hors TVA au kilogramme résultant du calcul effectué conformément aux dispositions du paragraphe 2° ci-dessus », etc., etc.

Ceci n'était qu'un seul article d'un seul arrêté de blocage de prix. Il y a en tout six articles pour la viande de bœuf, et il faut un arrêté pour le veau, le porc, le jambon cuit avec ou sans os, le poulet, les produits industriels, les services..., bref, pour l'ensemble des produits bloqués. En France, depuis l'ordonnance du 30 juin 1945 qui a instauré le contrôle des prix — et jusqu'à sa suppression en 1986, plusieurs milliers de textes comme celui-ci ont été signés par les Ministres des Finances successifs. Il n'est pas commode de faire appliquer une telle réglementation. Et il faut bien comprendre que l'idée de contrôler les prix, qui est séduisante par elle-même, ne peut pas être mise en œuvre autrement que par des textes compliqués et par des fonctionnaires contrôleurs pour en surveiller l'application.

En outre, le blocage des prix comporte des effets pervers. S'il évite des hausses, il a aussi pour conséquence d'empêcher les baisses. Prenons le cas d'une entreprise qui fabrique deux produits ou plus, ce qui est le cas de la plupart des entreprises. Si l'un des deux produits peut être fabriqué à un moindre coût, l'entreprise se gardera bien d'en baisser le prix, afin de compenser la hausse qui lui est refusée sur l'autre produit. Il arrive même que les industriels soient conduits à changer leurs modèles sans aucune nécessité, simplement pour échapper au blocage des prix.

« De sorte qu'une masse de produits qui, sans contrôle ni blocage, auraient simplement subi une hausse h (hausse normale), sont affectés sous une autre appellation, d'une hausse h (hausse normale) + m (coût de la modification). Il arrive même assez souvent que l'on ajoute, pour faire bonne mesure, une hausse supplémentaire a (hausse d'anticipation) ».* Cette situation se présente en particulier dans le domaine des techniques nouvelles. Paradoxalement, le blocage des prix charge les prix de revient et pousse à la hausse.

Enfin, un blocage fige arbitrairement les prix à un moment donné. Or, les conditions économiques de la demande et les techniques de production évoluent sans cesse. Le blocage ne peut donc pas raisonnablement être maintenu au-delà de quelques mois. le déblocage, inévitable, risque alors non seulement d'effacer le bénéfice du blocage, mais aussi de provoquer des ajustements brutaux, et finalement de relancer l'inflation.

De même qu'il est difficile de contenir le couvercle d'une marmite d'eau qui bout, on ne peut pas bloquer les prix durablement tant que demeure une pression à la hausse. Les pays de l'Est eux-mêmes n'échappent pas à cette loi, bien que tous les tarifs soient fixés par l'administration.

Les politiques de lutte contre l'inflation

A court terme, la lutte contre l'inflation comporte généralement trois autres catégories de politiques : le blocage de la monnaie, le blocage des dépenses publiques et le blocage des revenus. Mais pour venir à bout de l'inflation, c'est à ses causes plus profondes qu'il faut s'attaquer.

1) *Le blocage de la monnaie* paraît naturel. Le raisonnement est simple : puisque la monnaie perd de sa valeur, c'est qu'il y en a trop. Il faut donc éviter d'en créer encore et, pour cela, limiter le crédit ; directement par l'encadrement du crédit, ou indirectement par un taux d'intérêt élevé. Ce raisonnement simple peut aussi

s'avérer simpliste. En effet, lorsqu'une banque refuse un crédit, le chef d'entreprise doit renoncer à un investissement. S'il a des besoins de trésorerie, il peut être amené à déposer son bilan. Le blocage de la monnaie bloque donc l'activité et risque de provoquer la récession et d'augmenter le chômage bien avant de ralentir l'inflation. Cependant, les politiques de rigueur monétaire ont fait la preuve de leur efficacité contre la hausse des prix à condition de les poursuivre assez longtemps et d'accepter un chômage élevé.

2) Le risque est de même nature avec un *blocage des dépenses publiques*. Moins de marchés publics pour les entreprises, c'est moins d'activité et plus de chômage. Mais il n'est pas sûr que le chômage joue contre l'inflation. Les salaires de ceux qui travaillent sont indexés et suivent leur chemin. Quant aux chômeurs, ils continuent de peser sur les coûts par l'augmentation des cotisations à verser à l'assurance-chômage. Dans les crises d'avant-guerre, chaque entreprise *pouvait* alléger ses coûts en licenciant le personnel excédentaire. Actuellement, chaque entreprise *croit* alléger ses coûts par des licenciements, mais l'ensemble des entreprises récupèrent la charge du chômage et, en définitive, chacune d'entre elles.

3) Il reste le *« blocage » des revenus et des coûts*. Ce blocage peut prendre la forme autoritaire d'un blocage des salaires (et simultanément des prix). On dispose dans les pays à économie de marché de trop peu d'expériences de telles politiques pour en tirer un enseignement général. Les politiques des revenus ont conduit à des résultats plutôt favorables à condition de ne pas dégénérer en conflit social généralisé.

4) Enfin, pour avoir des effets durables, la lutte contre l'inflation doit s'attaquer aux causes profondes de la hausse des prix, en *augmentant la productivité et en renforçant la concurence*.

Si en effet beaucoup de comportements poussent à la hausse des prix, il y a aussi un mécanisme puissant de baisse incorporé dans l'économie. Ce mécanisme est la productivité. D'après l'égalité

Prix à la consommation des sept plus grands pays (moyenne)

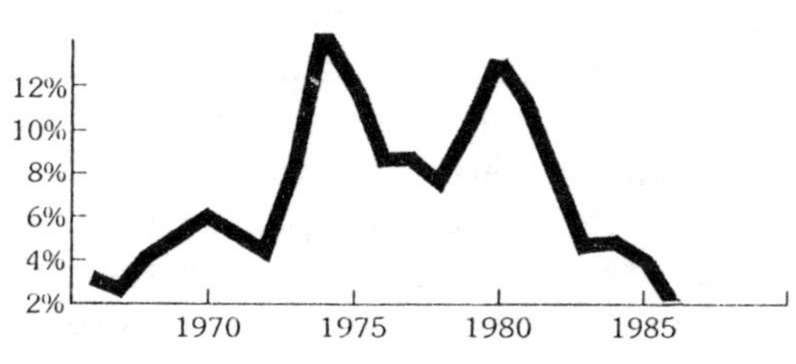

La vague de la « grande inflation » s'est retirée dans les années quatre-vingt. Pour combien de temps ?

prix = marge unitaire + prix de revient, tout ce qui allège le prix de revient permet soit d'augmenter les marges, soit d'abaisser les prix. A court terme, l'accroissement ou la reconstitution des marges peut retarder les effets favorables de la productivité. Mais l'observation montre que la marge représente généralement une part assez stable du prix de vente. A terme les gains de productivité l'emportent sur les mouvements des marges. La productivité explique les fortes disparités entre les prix des biens qui s'observe dans la dispersion des « prix réels ». Si le prix du journal quotidien a été multiplié par 550 (ce qui équivaut avec une inflation générale de 280, à un doublement du prix relatif du quotidien), c'est parce que les gains de productivité sont modestes dans la réalisation et la distribution des quotidiens. En revanche, si le poste de radio coûte trente fois moins cher, c'est que la production de radio est aujourd'hui très automatisée.

Le mécanisme vaut aussi pour la nation tout entière. La productivité allège les coûts de production. Elle compense les augmentations de salaires selon l'égalité Avantages reçus + Productivité globale = Avantages distribués. Il est inutile de chercher à « recevoir » un avantage de prix si la productivité compense tout juste les avantages distribués. En distribuant plus que la productivité on accule les entreprises à augmenter leurs prix. Et cela active la boucle inflationniste. On peut enfin obtenir la stabilité des prix dans le respect de la liberté des partenaires économiques si l'on compense les hausses de coûts par des gains de productivité. C'est la « politique de l'offre ».

La relation Prix-Salaire déjà rencontrée au chapitre précédent, peut être réécrite sous une forme plus générale

Prix = Coût unitaire − productivité.

Si les coûts augmentent de 8 % alors que la productivité n'augmente pas, les prix augmentent de 8 %. Mais si les coûts augmentent de 8 % et la productivité de 5 %, alors la hausse des prix peut être limitée à 3 %. Si par surcroît, les charges qui pèsent sur les entreprises diminuent de 3 %, les prix peuvent rester stables. *Pour vaincre l'inflation, il faut donc alléger les charges des entreprises et favoriser la productivité.* L'allègement des charges peut être obtenu par une réduction des impôts et des cotisations sociales. Si l'on veut éviter de creuser le déficit budgétaire, il faut compenser cette réduction par une économie équivalente sur les dépenses publiques. Pour améliorer la productivité, il faut investir, remplacer les techniques dépassées par de nouvelles plus performantes, et choisir des production pour lesquelles l'état de la recherche laisse espérer des gains technologiques substantiels.

Des remèdes anti-inflation — politique des prix, du budget, de la monnaie, des coûts et de l'offre — aucun ne s'est imposé jusqu'ici comme un remède miracle. En général, les gouvernements prudents les utilisent tous à des degrés divers, sous des formes variées et non sans hésitations. Tel gouvernement libéral n'hésite pas à bloquer les prix pour amorcer la désescalade des hausses. Tel autre qui mise sur la relance limite néanmoins le déficit budgétaire par crainte du dérapage de la monnaie.

En définitive, en matière de lutte contre l'inflation, les discours sur la politique à suivre s'opposent plus que les politiques appliquées, et les politiques appliquées sont généralement moins efficaces que ne l'annoncent les discours. Le bilan de la lutte contre l'inflation est mitigé. La plupart des pays développés ont jusqu'ici échappé à l'hyperinflation, mais ils ont tous subi des poussées d'inflation mal contrôlées. L'inflation rôde, prête à renaître et à surprendre les insouciants.

Notre monde occidental est entré dans une longue période d'inflation chaotique aux lendemains de la guerre 1914-1918. Warsh* a calculé les hausses de prix en Angleterre pendant notre millénaire. Sa conclusion est que les périodes inflationnistes marquent des périodes de transition entre un ordre ancien et de nouveaux systèmes sociaux et économiques plus complexes. Les vagues d'inflation de notre siècle seraient ainsi le signe qu'un ancien ordre économique disparaît alors qu'un nouvel s'établit par étapes. Avec les années quatre-vingt s'achève la troisième grande vague d'inflation du vingtième siècle, du moins dans les pays développés. Après une montée à deux chiffres, l'inflation est revenue à vingt ans en arrière. Signe de retour aux eaux calmes ? A court terme, oui. Mais attention, le cours des fleuves est changeant !

CHAPITRE 15

La justice sociale

La question de l'inégalité économique et de l'injustice sociale est une question difficile. Certains considèrent que le rôle d'un bon système économique est de produire le plus possible et dans les meilleures conditions d'efficacité ; et qu'il revient ensuite aux lois sociales d'assurer la distribution la plus équitable des richesses produites. Cette conception produire d'abord, répartir ensuite est trop sommaire. Dans la réalité sociale, tout se détermine en même temps : l'organisation de la production est l'une des causes des inégalités, et le sentiment d'injustice est un des freins possibles de l'économie. C'est pourquoi, dans un livre sur les mécanismes de l'économie, nous devons faire une large place aux problèmes de la justice sociale.

Il y a déjà plusieurs années, Lionel Stoleru* posait la question de la coexistence de la richesse et de la pauvreté au sein des nations développées, dans un livre intitulé *Vaincre la pauvreté dans les pays riches*. Aujourd'hui, le problème demeure. Comment admettre qu'il y ait toujours des laissés pour compte alors que nous avons fait l'effort de multiplier par trois notre niveau de vie en une génération ?

D'après certains calculs il suffirait de répartir 2 % de la production intérieure pour faire disparaître la misère. Deux pour cent, c'était moins de six mois de croissance dans les années faciles d'avant la crise. On aurait donc pu éliminer la pauvreté en six mois sans porter atteinte au pouvoir d'achat de qui que ce soit. Et en trente ans d'années faciles, on ne l'a pas fait ! Voilà qui est surprenant. Avons-nous totalement manqué d'imagination ? Ou le problème est-il plus compliqué qu'il ne paraît ? La réponse est qu'il y a un peu de la première raison et énormément de la seconde. Rien n'est plus résistant que des structures sociales, et il est infiniment plus facile de beaucoup redistribuer que de bien distribuer.

Que des inégalités existent, tout le monde en convient. Les désaccords apparaissent dès qu'on cherche à les apprécier et, plus encore, à les corriger. L'inégalité ne se confond pas avec l'injustice, et l'opinion admet quelquefois plus facilement les inégalités « naturelles » que les interventions qui les corrigent. Toucher aux résultats de l'économie, c'est toucher au système lui-même, et en définitive bouleverser un certain ordre social.

Les lois de l'inégalité

Les sociétés traditionnelles ont toujours été des sociétés hiérarchiques et inégales. Et l'inégalité reste actuellement la règle dans tous les pays du monde, y compris dans les pays les plus riches.

L'inégalité économique présente plusieurs aspects :

1) Différence entre les *revenus mensuels*. Elle est de l'ordre de 20 entre le smicard et le président de banque. Différence entre les *richesses* détenues, plus grandes encore que les inégalités de revenus. Car si personne ne peut survivre sans un minimum de revenu, il est possible de vivre sans épargner et sans accumuler le moindre patrimoine. C'est le cas de près d'un tiers des ménages, alors que les dix pour cent des ménages les plus riches détiennent 60 % du patrimoine total.

2) Les inégalités économiques se reflètent aussi dans les *modes de vie*. Par exemple, plus de 80 % des professions libérales et cadres supérieurs partent en vacances. Ce n'est le cas que pour un ouvrier sur deux. Inégalités dans les conditions de travail : entre l'ouvrière qui commence à l'usine à six heures du matin après avoir mis sa maison en route et l'instituteur avec ses quatre mois de vacances, il n'y a pas que des différences de rémunérations. Le plus souvent, écarts de salaire, écarts de « sécurité » et écart d'intérêt du travail vont de pair.

3) Inégalité devant la *mort*. A 35 ans, les instituteurs, les membres des professions libérales ont encore 40 ans à vivre ; les salariés agricoles et ouvriers spécialisés cinq ans de moins. Dans certaines professions on vit plus mal et on meurt plus jeune.

4) Les inégalités se cumulent. Pour illustrer l'enchaînement des inégalités, Catherine Blum-Girardeau* compare les destins parallèles d'un fils d'ouvrier qualifié et d'un fils de cadre supérieur, en se fondant sur les réalités observées (les niveaux de salaires sont ceux de 1980) :

« Le départ dans la vie commence plus mal, dès la première année pour le fils d'ouvrier qualifié : il a deux fois plus de chances que le fils de cadre supérieur de mourir avant l'âge d'un an (le taux de mortalité infantile est de 2 pour mille chez les ouvriers qualifiés et 1 pour mille chez les cadres supérieurs et professions libérales).

« Ce premier barrage franchi, les inégalités devant l'école s'amoncellent : redoublement et échecs d'un côté, précocité et études longues de l'autre. Tandis que le fils de cadre supérieur a toutes les chances d'accéder à l'enseignement supérieur (72 %), le fils d'ouvrier en a excessivement peu (4 %). Ses plus grandes chances sont, si tout se passe bien pour lui, de sortir du système éducatif avec un CAP ou d'entrer en apprentissage. Mettant toutes les chances de son côté, imaginons-le titulaire d'un CAP (moins d'un sur deux). Après quelques mois de chômage (cas de 15 % des jeunes ayant un CAP), il trouve un emploi à durée déterminée grâce à un pacte pour l'emploi. A l'issue du pacte, il alterne contrats temporaires et périodes de chômage pour tenter de trouver une place où sa qualification sera reconnue. Il se stabilise dans un emploi qualifié où il acquiert de l'ancienneté.

« Le mariage, à son tour, vient creuser l'écart entre nos deux jeunes gens devenus chefs de famille. S'ils épousent tous les deux des femmes qui travaillent, l'ouvrier qualifié épouse le plus souvent une ouvrière, le cadre supérieur épouse une femme de son milieu (cadre supérieur ou moyen)...

« ... Le revenu disponible du ménage de cadre supérieur dépasse de 30 % environ celui de son homologue ouvrier. Quinze ans plus tard le rapport (compte tenu de la configuration familiale) est de 1 à 2. A la veille de la retraite, le revenu du ménage ouvrier est trois fois moindre que celui du cadre supérieur.

« A ce revenu courant, vient d'ajouter un autre facteur de disparité qui provient de l'aide financière que peuvent accorder les parents. Qu'il s'agisse d'aide, de donations ou d'héritage, les fils d'ouvriers ont entre 2 et 3 fois moins de chance de recevoir quelque chose au cours de la vie. Quand il est héritier ou donataire, la valeur moyenne reçue est entre 2 et 3 fois moindre. Dans notre exemple, le cadre supérieur reçoit après son mariage l'aide moyenne reçue par sa catégorie (160 000 F de 1980) qui lui permet d'accéder à la propriété en empruntant le reste. L'ouvrier, lui, est fréquemment locataire d'une HLM.

« Au moment de leur retraite, ces deux ménages sont dans des situations très différentes. L'ouvrier, toujours locataire, touche (en 1980) une retraite de 3 100 F ; son fils est ouvrier, sa fille employée. En moyenne, il meurt à 70 ans, après avoir touché sa retraite pendant dix années.

« La retraite du cadre supérieur est de 9 100 F, montant auquel s'ajoute le revenu de son patrimoine financier. Il possède une résidence principale voire secondaire ; ses enfants ont de bonnes chances d'être diplômés de l'enseignement supérieur. Il meurt, en moyenne, à 78 ans. »

Cette comparaison illustre comment les inégalités se cumulent selon un mouvement circulaire : à chaque étape de la vie une position sociale moins avantageuse au départ donne des chances de réussite plus faibles et de moindres chances de réussite amenuisent l'espoir de promotion sociale.

C'est une série d'enchaînements de cette nature qui façonnent une société. La dimension du changement social est celle de la vie humaine. Elle ne s'inscrit pas dans l'année, mais dans le siècle.

L'inégalité et l'injustice, des réalités difficiles à mesurer

Le débat sur l'inégalité sociale ressemble à un dialogue de sourds. On s'accorde à reconnaître confusément le fait des inégalités, mais la réalité est si complexe qu'elle échappe dès qu'on cherche à lui donner un contenu précis.

Prenons le cas de l'inégalité des revenus, qui est loin le cas le plus simple : « La difficulté, l'ambiguïté des discussions viennent de ce que l'inégalité des revenus ne se mesure pas par un nombre simple, comme la longueur d'une table » écrit le Centre d'Etude des Revenus et des Coûts, qui en explique les raisons :

1) Une personne reçoit des revenus de plusieurs origines : des salaires, des primes, des intérêts de placements, des loyers, etc. Parle-t-on de l'inégalité d'un type de revenu particulier (les inégalités de salaire par exemple), ou de l'inégalité du total des revenus ?

2) D'autre part, les revenus individuels sont mis en commun dans le budget familial. Entre un célibataire qui gagne 10 000 francs par mois tout seul, un ménage dans lequel chacun gagne 8 000 francs par mois (ce qui donne 16 000 francs de budget familial), et une famille avec deux enfants qui dispose de 23 000 francs par mois, qui est le mieux loti ? On ne peut pas donner une réponse indiscutable à cette question. Il est possible que l'on vive mieux avec 16 000 francs à deux que seul avec 10 000 francs, car la vie commune permet de mettre certaines dépenses en commun. Mais l'économie qui résulte des dépenses communes dépend de l'organisation du ménage, et elle n'est pas la même pour tout le monde.

3) Il faudrait aussi tenir compte de tout le contexte. Avec un même revenu on vit très différemment à la ville ou à la campagne, à Valenciennes ou dans le midi, à trente ans ou à soixante ans. Un jeune ménage a une maison à équiper et son revenu est en quelque sorte « amputé » par ses dépenses d'équipement. A revenu égal, un ménage plus âgé et bien installé jouit d'une marge de consommation bien supérieure.

4) Nous avons montré au chapitre 2 l'écart entre le salaire conventionnel qui sert de base à la feuille de paye et ce que le salarié touche effectivement, compte tenu des primes et après les retenues de sécurité sociale et de retraites. Pour apprécier l'inégalité des revenus on préférera plutôt le résultat final, c'est-à-dire ce qui entre dans le budget familial. Dans cette logique, en allant jusqu'au bout du raisonnement, il conviendrait de calculer le revenu disponible de chacun, donc d'ajouter les prestations sociales familiales reçues, allocations familiales, allocation de logement, etc., puis de retrancher les impôts payés car les impôts sont progressifs et changent l'échelle des revenus.

Cependant, certaines de ces corrections, dont le principe est généralement admis, tordent un peu la réalité. Par exemple, des cotisations de retraites complémentaires élevées diminuent le revenu disponible ; mais elles constituent aussi un à valoir sur l'avenir. A revenu disponible égal, il est bien préférable d'accumuler une meilleure retraite. En prenant comme critère de comparaison le revenu disponible, on gomme cette inégalité.

5) Enfin, en supposant réglés les problèmes de mesure statistique, il subsiste une difficulté de principe et plus fondamentale. La revendication pour une plus grande égalité trouve son fondement et sa force dans le besoin de justice qui est en nous. Mais si Egalité et Justice sont des notions parentes, elles ne se confondent pas. Il y a des inégalités choquantes et scandaleuses, et il y en a d'autres qui sont ressenties comme équitables et d'une certaine manière souhaitées.

En s'attaquant aux inégalités sans discernement, on risque de créer des injustices au nom de la justice. Prenons l'exemple de l'« effet de carrière ». Dans la plupart des professions, on considère comme normal que la rémunération augmente avec l'ancienneté. Dans une comparaison brutale des revenus, cette prime à l'ancienneté est mêlée à tous les autres revenus et elle apparaît comme une inégalité. Or, cette inégalité n'est pas une injustice et elle est généralement réclamée par tous les intéressés. Elle est la contrepartie d'une plus grande expérience dans le métier et d'une meilleure productivité. Que cette inégalité soit considérée comme juste signifie clairement d'une part que l'efficacité et la justice se situent sur des registres différents, d'autre part, que le sentiment de justice est un état de l'opinion lié aux valeurs morales et sociales du moment. Il n'est pas nécessairement le même pour tout le monde. Cette double confrontation d'une part entre efficacité et justice et d'autre part entre différentes conceptions de la justice pose à l'économiste des problèmes redoutables.

Le marché contre la justice ?

Pour les démocraties qui proclament la liberté, le contrat social est un compromis entre deux types de valeurs : les *valeurs matérielles* dont la circulation relève du marché, et des *valeurs sociales* qui sont réglées par la loi et font l'objet de droits.

En théorie, on pourrait concevoir que l'ensemble de l'organisation sociale repose sur des lois et sur une bureaucratie pour les faire appliquer. On sait cependant que les sociétés qui ont appliqué ce principe jusqu'au bout ont toujours été amenées à supprimer toutes les libertés et à sombrer dans la confusion. On pourrait à l'inverse concevoir une société où tout pourrait s'acheter et se vendre librement, les biens économiques, un bulletin de vote, une femme ou un jugement. Outre qu'elle serait franchement intolérable à certains une telle société ne pourrait pas fonctionner sans quelques droits fondamentaux garantis à chacun, au minimum le droit de vivre en paix et d'obtenir le paiement de ses ventes. En fait, nous l'avons dit, tout système social durable combine toujours à des degrés divers la liberté du marché, la contrainte de la loi et l'adhésion à la tradition. En particulier, notre conception de l'ordre et de la justice sociale nous conduit à préserver le domaine des valeurs fondamentales de la toute puissance de l'argent. Le champ des valeurs préservées constitue le domaine des droits.

A la différence des biens, les droits sont distribués également à tout le monde. La répartition des droits n'est pas liée à un mérite ou à un effort personnel ; elle résulte du principe : un homme, une voix. L'exemple type est le droit de vote. Ce qui caractérise un droit, même limité, c'est qu'il ne s'échange pas contre de l'argent et que la règle d'attribution est fixée pour tous.

Dans le Livre Premier du Contrat Social, Jean-Jacques Rousseau* se propose « d'allier toujours dans cette recherche ce que le droit permet avec ce que l'intérêt prescrit, afin que la justice et l'utilité ne se trouvent point divisées ». Ce serait en effet une erreur de considérer que les droits et l'argent sont deux domaines de l'activité humaine étrangers entre eux. Le domaine de l'argent est aussi régi par des lois. Dans une société, il y a plusieurs types de liens entre les hommes : les liens créés par l'échange de biens contre de l'argent motivés par l'intérêt, et les liens imposés par la loi et le droit dans un souci d'équité. L'économie n'est qu'un aspect de la vie en société, et on ne peut la déchiffrer sans la replacer dans l'ensemble des clauses du contrat social.

La question que nous posons est alors la suivante : le fonctionnement spontané du marché est-il en contradiction avec les principes de la justice ? Pour répondre, il faut revenir au mécanisme de la répartition des revenus dans le marché libre. Le point de vue traditionnel est que dans les mécanismes du marché, une « main invisible » donne à chacun ce qui lui revient. Et que la rétribution de chacun est égale à sa contribution à la production. Nous avons déjà montré au chapitre 2 que le salaire devait être normalement égal à la productivité du dernier travailleur embauché. Si en effet, le salaire de M. X... qui vient de trouver du travail, se trouvait plus bas que sa productivité, la présence de M. X... permettrait de faire du profit. Il serait possible d'engager un autre M. X... pour augmenter encore les profits. Si, en revanche, le salaire de M. X... se trouvait plus élevé que sa productivité, la présence de M. X... ferait perdre de l'argent à son employeur et celui-ci aurait tout intérêt à s'en défaire. Plus généralement, dans le marché libre, ce que reçoit chaque individu doit normalement être égal à sa productivité. C'est une des premières découvertes des économistes. *La main invisible du marché applique donc inconsciemment la règle Rétribution = Contribution.*

A première vue, cette règle est conforme à une certaine idée de la justice. La concurrence donne une chance à chacun. N'est-ce pas la première condition d'une société juste ? C'est par exemple le point de vue exprimé par William E. Simon* dans un plaidoyer pour le marché libre : « Nos Pères Fondateurs et les philosophes libéraux, c'est-à-dire pro-capitalistes de l'époque, étaient en authentique rébellion contre une histoire humaine presque ininterrompue de droit divin des rois et de tyrannie légale et sociale enracinée dans les privilèges héréditaires. Lorsqu'ils déclaraient que « tous les hommes naissent égaux », ils voulaient dire quelque chose de profondément révolutionnaire pour l'époque... Ils voulaient dire que les hommes devaient bénéficier de chances égales pour affronter les difficultés de l'existence, chacun étant libre de réaliser ce qu'il pouvait et d'atteindre le niveau qu'il pourrait par sa propre intelligence, son propre effort et son mérite personnel ». Ce qu'exprime implicitement Simon dans ce texte, c'est la loi Rétribution = Contribution. Il semble cependant difficile d'en rester à cette conception de la justice sociale.

Rétributions économiques et justice sociale

Dans son livre *Egalité Vs Efficacité, comment trouver l'équilibre* Arthur M. Okun examine les objections qui s'opposent à la règle Rétribution = Contribution.

Une objection vient de l'imperfection du marché lui-même. Dans la réalité de la lutte économique, chacun essaie de se glisser dans une corporation puissante et de décrocher quelque avantage supplémentaire au-delà de sa contribution. Ce faisant, il augmente sa part au détriment des catégories en position de faiblesse. La règle est donc une loi théorique dont la réalité s'écarte.

Cette observation, qui est en grande partie vraie, n'atteint pas véritablement dans son principe la règle Rétribution = Contribution. Or, le principe est aussi en cause. De quoi résulte en effet la contribution de chacun, et par conséquent sa rétribution ? De son effort personnel, de ses dons naturels, de l'état du marché et de la hiérarchie sociale.

1) Les différences qui récompensent un *effort individuel* passent généralement pour être équitables : celui qui travaille beaucoup ou intensément mérite plus que celui qui se contente de flâner. Bien que le principe du mérite personnel soit rarement contesté, dans la pratique le domaine d'application de ce principe n'a cessé d'être restreint. Les rémunérations à la pièce ou au rendement sont de plus en plus mal supportées par les travailleurs qui, en règle générale, préfèrent les rémunérations régulières et indépendantes de l'effort ou du temps de travail.

2) Les différences liées aux *dons naturels* sont reconnues comme à peu près légitimes. Personne ne prétend que l'inventeur de nouveaux composants électroniques doit s'arrêter d'inventer sous prétexte que son voisin du dessus en est tout à fait incapable. Mais pour être admises comme des causes légitimes d'inégalités, les différences naturelles ne doivent pas heurter un droit économique fondamental comme le droit de survivre ou le droit au travail. La règle Rétribution = Contribution doit donc être corrigée pour les personnes moins douées par la nature. C'est par exemple l'objet des politiques de protection, d'aide et de réinsertion des handicapés.

3) Les différences qui proviennent de l'*état du marché* ont été longtemps une source d'inégalités et de misères. En répartissant le revenu national, la main invisible distribue encouragements et punitions. Or, quand une entreprise reçoit une bonne gifle de la main invisible et qu'elle tombe en faillite, c'est l'ensemble des salariés qui se trouvent punis. Que le mauvais élève soit puni, cela paraît naturel ; mais on ne comprendrait pas que toute la classe soit renvoyée parce que le dernier de la classe n'a pas compris la leçon. C'est pourtant ce qui se passe dans l'économie de marché. Quand une entreprise est mise en liquidation, les salariés sont renvoyés chez eux. Il est choquant d'être victime d'une situation dont on n'est pas responsable, et que l'on voit quelquefois arriver sans aucun droit d'intervenir.

Est-il juste que Pierre perde son emploi parce qu'il travaillait dans la sidérurgie, ou parce que son patron a mal vieilli, alors que Paul poursuit sa carrière tranquillement parce qu'il est électronicien ?

C'est pour remédier à cette injustice, ou au moins en limiter les effets, que s'est imposé le droit à indemnisation du chômage. Le domaine de l'emploi est un des terrains d'affrontement entre l'économie et la justice : la logique de l'argent voudrait que celui qui ne contribue plus à la production ne soit plus rétribué, la logique de la justice rappelle qu'il existe un droit à vivre décemment et que personne ne peut être mis à l'écart de la société. C'est le fondement du Revenu Minimum d'Insertion. Dans les discussions entre le patronat et les syndicats sur l'indemnisation du chômage, l'enjeu n'est pas seulement l'équilibre comptable d'un régime d'assurance, c'est aussi souvent l'affrontement entre deux conceptions de l'organisation sociale en économie de marché. Il est vrai aussi que la nécessité d'équilibrer les comptes est souvent l'incitation la plus forte pour s'asseoir autour d'une table.

4) La dernière objection à la règle Rétribution = Contribution tient à l'*inégalité des chances.* Lorsque les Pères Fondateurs de la démocratie américaine disaient « que les hommes devaient bénéficier de chances égales pour affronter les difficultés de l'existence, chacun étant libre de réaliser ce qu'il pouvait et d'atteindre le niveau qu'il pourrait par sa propre intelligence, son propre effort et son mérite personnel », proposaient-ils de laisser faire quoi qu'il arrive ? Pour que la règle du marché soit conforme à la justice, il faudrait que soit respectée à chaque instant l'égalité des chances. Or, tous les mécanismes sociaux comme tous les comportements individuels s'opposent de toutes leurs forces à l'égalité des chances. Si, par un miracle, cette égalité était un instant réalisée l'inégalité des situations rétablirait immédiatement l'inégalité des chances. Chacun s'efforcerait à nouveau de rechercher pour ses enfants le meilleur lycée, le meilleur métier, le meilleur quartier. Certains y parviendraient, ne serait-ce que de façon infinitésimale. Et ces petits écarts suffiraient à amorcer les enchaînements fatals décrits par C. Blum-Girardeau.

En définitive, l'argent et la justice ne font pas toujours bon ménage. Sur certaines questions, ils s'opposent et paraissent inconciliables. On peut alors se demander pourquoi le « capitalisme libéral tempéré » que nous connaissons subsiste. Pourquoi la population n'impose-t-elle pas par un vote la loi de l'Egalité Générale alors qu'une minorité de la population dispose de la plus grande partie du revenu et de la richesse ? Pourquoi sommes-nous si indulgents à l'égard d'un système économique qui défavorise le plus grand nombre ? La raison est qu'avec la loi de l'Egalité Générale, les défavorisés actuels seraient encore plus perdants. Le système économique que nous connaissons n'est pas parfait. Mais c'est, comme la démocratie, le moins mauvais des systèmes.

Pourquoi le capitalisme subsiste-t-il ?

Il y a plusieurs réponses possibles à cette question. La raison principale est que la collectivité ne souhaite pas payer le prix de l'Egalité Générale. Naturellement ce prix ne se mesure pas en unités de justice car dans cette unité la collectivité serait gagnante. Il se mesure en termes d'efficacité et en termes de liberté, et dans ces unités le prix de l'Egalité Générale serait élevé pour tout le monde.

Le capitalisme libéral a fait la preuve de son efficacité, nous l'avons déjà montré. Le système est assez stimulant pour inciter chacun à tenter sa chance, à créer, à innover. La réussite individuelle ne lèse pas les autres, bien au contraire. Le créateur d'entreprise qui réussit apporte à la collectivité des emplois, des impôts, des cotisations sociales, des investissements. Dans une certaine mesure, le système capitaliste fait concorder l'intérêt individuel et l'intérêt général, ce qui est la meilleure garantie du dynamisme de chacun. Le marché rend compatibles en permanence les millards de décisions économiques prises quotidiennement. Loin de condamner le marché, la crise mondiale en a montré la souplesse et la capacité d'adaptation en évitant toute rupture brutale.

D'autre part, l'expérience passée a largement montré que droit et marché ne s'excluent pas nécessairement. On peut par exemple considérer que la santé est par principe un droit fondamental qui doit être distribué également à chacun (déclaration dont il resterait d'ailleurs à définir les modalités d'application), et rester partisan de la libre entreprise et du marché pour la fabrication et la distribution des yaourts ou des bérets basques. On peut même aller plus loin dans le détail et estimer que l'on doit pouvoir se faire opérer gratuitement de l'appendicite (c'est-à-dire aux frais de la collectivité), mais qu'il revient à chacun de décider s'il veut, à ses frais, prendre une tisane tous les soirs ou se faire refaire le nez.

Toute extension nouvelle du domaine des droits ne porte donc pas condamnation de principe du capitalisme libéral, et ne serait pas nécessairement de nature à en faire diminuer dangereusement l'efficacité. Ce qui compte pour le résultat c'est ce que pensent les individus. Si le droit nouveau est généralement admis, les individus l'accepteront sans changer leur comportement économique. L'efficacité de l'économie sera préservée. Si le droit nouveau est contesté et considéré par certains, à tort ou à raison, comme un enjeu considérable, les individus modifieront leur comportement, généralement dans le sens de la prudence, et l'équilibre de l'économie peut en être bouleversé. Si par exemple un droit nouveau conféré aux locataires paraît très inquiétant aux propriétaires, l'investissement immobilier se trouve durablement déprimé, au-delà même de ce que pourrait justifier une analyse objective. Et lorsqu'on ne construit plus de logements, ni les propriétaires, ni les locataires ne s'en trouvent mieux.

La deuxième objection à la loi d'Egalité Générale est qu'elle n'est pas compatible avec la liberté économique d'entreprendre, de réussir et de posséder, liberté à laquelle nous ne souhaitons pas renoncer, même pour plus de justice sociale. La propriété privée n'a pas toujours joué en faveur de la liberté, et certaines limitations à la propriété privée ont clairement fait progresser la liberté : interdiction de l'esclavage, suppression des charges héréditaires, création de voies de communication publiques. Cependant, la règle de la propriété privée constitue une des rares limites au penchant naturel de tout gouvernement à empiéter toujours plus sur les droits et la vie personnelle des citoyens. Dans une économie où les moyens de production et les biens immobiliers appartiendraient à l'Etat, la liberté individuelle serait en bien mauvaise posture. Quelles que soient les bonnes intentions du pouvoir politique, lorsque la concurrence spontanée des hommes ne peut plus s'exprimer dans la compétition économique, elle se reporte sur les charges publiques et sur tout ce qui permet d'exercer un pouvoir sur autrui. Or aucun appareil bureaucratique ne parvient seul à limiter ses propres pouvoirs. Dans tous les moments de l'histoire, confiscations de biens et perte de liberté sont allés de pair. Et lorsque la propriété n'est plus garantie, c'est le ressort du progrès économique qui se casse. Voici une réflexion d'Alexandre Soljeniststyne, qui parle d'expérience : « L'essentiel dans la vie, tous ses secrets, vous voulez que je vous les dise tout de suite ? Ne courez pas après les fantômes, après les biens, après une situation : pour les amasser — des dizaines d'années à s'user les nerfs ; pour les confisquer — une seule nuit... ». A quoi bon chercher le progrès économique si vous risquez d'être dépouillé en une seule nuit ?

Résumons-nous : *La libre entreprise et le marché sont créateurs d'inégalités. Certaines inégalités sont considérées comme normales, d'autres sont injustes et inacceptables. Mais le capitalisme libéral est aussi créateur de richesses. En le limitant trop, on risque de diminuer les richesses à partager et de rendre tout le monde perdant. Enfin, la liberté économique est l'un des points d'appui de la liberté individuelle.* Toute restriction excessive des libertés économiques rend les individus plus vulnérables et affaiblit la liberté tout court. C'est pourquoi dans les démocraties libérales les Etats interviennent pour maintenir un équilibre entre l'efficacité économique, la liberté individuelle et la justice sociale en cherchant à corriger les inégalités par l'assistance et la redistribution. Le bon équilibre est difficile à trouver, nous allons voir pourquoi.

Peut-on corriger les inégalités ?

En une génération, la production nationale a été multipliée par trois. Les montants prélevés par l'impôt et les charges sociales de toutes natures par six. Sous l'impulsion des nouvelles idées développées par Lord Beveridge dans les années quarante, la protection sociale est devenue l'une des grandes affaires de ce siècle. Après avoir posé dans la Déclaration Universelle des Droits de l'Homme le principe du droit à la protection et à la sécurité économique, les gouvernants ont cherché à mettre ce droit en pratique.

A l'origine, on s'est inspiré du système de l'assurance. Chacun des « assurés sociaux » devait obligatoirement se couvrir contre les grands « risques » : maladie, accident du travail, vieillesse. Ces assurances ont été le plus souvent organisées dans le cadre professionnel avec une forte participation de l'employeur (au moins en France). L'Etat prenait directement en charge certaines prestations comme les allocations de chômage et l'aide sociale aux plus démunis. Cette construction résultait autant de compromis que de critères clairs et logiques. D'un pays à l'autre, on observe ainsi des différences très importantes dans les modes de financement et dans le rôle des administrations d'Etat. Au-delà de ces différences, on peut faire trois observations :

1) Le développement des systèmes de protection sociale a profondément transformé notre vie en garantissant à chacun un haut niveau de sécurité économique ;

2) Les prélèvements sociaux et plus généralement toutes les ressources publiques ont été utilisées de plus en plus pour redistribuer les revenus et corriger les inégalités.

3) Il semble que l'on approche maintenant d'un seuil de tolérance sociale à de nouveaux prélèvements obligatoires.

Pour illustrer les obstacles à une redistribution efficace, on peut reprendre l'« expérience du seau qui fuit » proposée par A. Okun.* Si l'on veut diminuer les écarts de rémunérations, la première idée qui vient à l'esprit est de prendre aux plus riches pour donner aux plus pauvres. Imaginons par exemple un projet de loi qui viserait à augmenter de 1 000 francs par mois (ce n'est pas négligeable) le revenu mensuel des deux millions de familles les plus pauvres. Il faut pour cela collecter deux millions de fois 12 000 francs donc au total 24 milliards de francs. Naturellement ces 24 milliards ne seront demandés qu'aux plus riches.

Cependant, il subsiste « un problème technique non résolu, à savoir que cet argent doit être transvasé des riches aux pauvres, dans un seau percé. Une partie disparaîtra tout simplement pendant le transfert, si bien que les pauvres ne toucheront qu'une partie des sommes prélevées sur les riches ». Voyons quelles sont ces fuites.

1) Les charges administratives. Pour collecter un supplément d'impôt, contrôler les déclarations, vérifier les chèques, etc. il faut un peu plus de fonctionnaires. Pour verser une allocation nouvelle, établir les droits des bénéficiaires, recevoir leurs plaintes, poursuivre les fraudeurs, il faut encore d'autres fonctionnaires. Au total, la nouvelle loi entraînera des charges administratives. Les pauvres ne toucheront que 970 ou 980 francs par mois. Jusque-là, ce n'est pas très grave.

2) L'incitation au moindre effort. Les contribuables aisés, « victimes » de cette nouvelle loi ne manqueront pas de considérer que l'impôt devient décidément trop lourd et que dans ces conditions mieux vaut pour eux prendre le temps de vivre en travaillant moins et en mettant moins d'argent de côté (rappelons-nous l'exemple de la Rolls). En prélevant deux tiers ou les trois quarts des 100 francs que Pierre Le Riche se propose de gagner, on l'incite à renoncer à les gagner. Ces 100 francs disparaissent du circuit économique. Pierre ne les aura plus, mais Paul Le Pauvre ne les aura pas non plus.

3) La fraude. Plus l'impôt augmente, et plus les contribuables s'ingénient à trouver des astuces pour y échapper. On fait passer certaines dépenses personnelles sur les frais de la société. On cherche à décrocher des avantages en nature sous-imposés : logement, voiture, voyage, etc. Bien que le sujet soit tabou, il faut aussi parler de la fraude des « pauvres ». Il est très agréable de recevoir 1 000 francs par mois sans autre effort que montrer sa feuille d'impôt. Pour beaucoup de familles, il sera donc très important de faire disparaître ce qu'il faut pour devenir bénéficiaire de la nouvelle allocation. Le travail noir peut y contribuer.

4) Les effets pervers. Ces effets sont les conséquences néfastes et non recherchées des mesures décidées. L''un des effets pervers est lié au mode de financement des dépenses sociales. Bien qu'il ne concerne pas l'impôt sur le revenu, nous en parlons ici car il illustre bien le problème des fuites dans la redistribution. Voici par exemple ce qu'écrit Jacques Lesourne* à propos du financement de la Sécurité Sociale : « Qu'a-t-on fait en France pour une partie des dépenses sociales de l'Etat-Protecteur ? On a transformé au niveau de l'entreprise en dépenses proportionnelles aux salaires des coûts fixes au niveau de la nation. En effet, en dehors des accidents du travail, le coût de la protection des Français contre la maladie par exemple ne dépend pas en première approximation du niveau d'activité et d'emploi. Autrement dit, on a augmenté le coût marginal du travail au-delà de son niveau pour la société. Le résultat ? Lorsque les entreprises font leurs calculs, qu'elles examinent la rentabilité d'une production nécessitant un supplément d'emploi, qu'elles envisagent un investissement économisant de la main-d'œuvre, elles surestiment le coût de cette main-d'œuvre du point de vue social et créent moins d'emplois qu'il ne serait souhaitable ». Or, moins d'emplois, c'est plus de chômeurs à secourir.

5) ***Les effets de seuil.*** C'est la fuite la plus redoutable. A elle seule, elle peut suffire à faire échouer notre tentative de transvasement, ou à la dénaturer complètement. De quoi s'agit-il ? Lorsqu'on augmente de 1 000 francs par mois le revenu des 2 000 000 de familles les plus pauvres, le revenu de ces derniers fait un saut considérable. Avec l'allocation, leur revenu va dépasser celui des familles qui étaient auparavant juste au-dessus d'elles dans la hiérarchie des revenus. Bien entendu, ces familles, à qui on ne prend rien mais à qui on ne donne rien, trouveront la nouvelle loi détestable. Et la loi est en effet détestable pour elles. Sans l'avoir mérité, ces familles deviennent désormais les plus pauvres. La situation n'est tolérable que si la loi leur donne aussi quelque chose, par exemple 8 à 900 francs par mois. Comme la pyramide des revenus est très aplatie, les familles dans cette position sont peut-être deux ou trois millions. Ce n'est donc plus 24 milliards qu'il faut trouver mais 50, avant même que les familles situées juste au-dessus des nouvelles familles avantagées ne réagissent. Bref de 24 milliards, on passe à 50. De 50 à 75, de 75 à 90, etc. L'effet de contagion est tel qu'il rend le projet de loi irréaliste.

Au total, entre les fuites et les contagions, l'efficacité de la redistribution est beaucoup plus faible qu'on le souhaiterait. La machine à redistribuer broie des sommes de plus en plus fabuleuses sans atteindre tous ses objectifs et en manquant le plus important : éliminer la pauvreté. Comme, par surcroît, la crise économique a rendu les prélèvements plus pénibles, on risque d'assister à des réactions de rejet du système de protection sociale, ce qui provoquerait de graves conflits et pourrait remettre en cause les droits acquis.

Les « droits acquis » sont-ils menacés ?

Dans les années faciles, nous étions habitués à pousser toujours plus loin le domaine des droits : droit à plus d'études, à une meilleure santé, à un emploi stable, à un revenu régulier. Les droits anciens étaient considérés comme acquis. Seul le supplément était en discussion. A petits pas, nous pensions avancer vers une société mieux protégée et plus égalitaire. Aujourd'hui, le charme semble rompu.

Nous ressentons la déception de n'avoir pas mieux réussi sur le terrain de la justice pendant la période faste, nous avons peur d'être acculés à renoncer à des habitudes acquises. Le risque d'une société plus dure, plus conflictuelle, plus inégale nous menace sérieusement.

Prenons deux exemples : l'éducation et la santé.

L'éducation : On a longtemps pensé que le meilleur moyen de réduire les inégalités économiques était d'atténuer l'inégalité des chances scolaires. Si fils d'ouvrier et fils de médecin ont les mêmes chances de progresser dans leurs études, c'est l'effort qui fait la réussite et non la naissance. Le besoin de justice sociale a largement contribué au développement de l'éducation — de la maternelle à l'université — au cours des dernières décennies. Les résultats s'avèrent décevants. L'inégalité des chances scolaires a bien diminué comme prévu. Mais les inégalités économiques restent fortes et la mobilité sociale reste faible. Le mécanisme a été étudié par L. Thurow aux Etats-Unis, R. Boudon en France. Les conclusions sont les mêmes.

Le développement de l'éducation a conduit tous les enfants à prolonger leur scolarité, mais les enfants des classes favorisées continuent d'être les premiers et d'occuper par la suite les meilleurs postes. En outre, les progrès constatés, car il y en a eu, sont derrière nous. L'égalisation par l'éducation a pu jouer avec l'arrivée de générations nombreuses formées de façon plus égalitaires que les générations précédentes. Les générations qui arrivent maintenant ressemblent à leurs aînées, elles remplaçent des générations qui étaient déjà formées, le gain nouveau d'égalisation sociale est donc désormais faible.

La santé : La santé publique est généralement considérée comme un objectif prioritaire. Pendant longtemps, aller à l'hôpital, c'était s'en remettre à la charité publique. Aujourd'hui, se faire soigner est devenu un droit fondamental et il revient à l'Etat d'en garantir l'accès en éliminant les barrières financières. Nous nous apercevons cependant que l'application de ce principe pose de plus en plus de problèmes. Les coûts des soins médicaux augmentent à une telle rapidité que nous nous demandons avec effroi qui va payer tout cela. Deux raisons au moins expliquent cette rapidité.

1) Les progrès technologiques sont spectaculaires. Le scanner permet de déceler une tumeur à l'intérieur du corps humain sans aucune gêne pour le patient. Mais un scanner installé coûte 4 à 5 millions de francs. Et il faut déjà le remplacer par une nouvelle technologie, la résonance magnétique nucléaire. Celle-ci permet

non seulement de déceler la tumeur, mais aussi d'en diagnostiquer la nature. Elle coûte deux fois plus cher.

2) Le droit à la santé n'a pas augmenté le nombre des maladies, mais il a augmenté le nombre des malades. La maladie n'apparaît plus comme une fatalité, mais comme un trouble dont on peut se décharger sur la collectivité, et dont il faut guetter le moindre signe. La peur de la maladie entraîne une médicalisation croissante des troubles mineurs.

Pour l'instant le problème n'est pas dramatique : nous travaillons moins d'une demi-journée par semaine pour assurer notre santé et cela ne paraît pas déraisonnable. Le problème tient moins au niveau des dépenses de santé (6 à 8 % du PIB) qu'au sentiment désagréable qu'on en a perdu le contrôle, ce qui est bien résumé par L. de Kervasdoué* dans un livre intitulé *La Santé rationnée ?* : « ... Les Etats en dépit de tentatives diverses et répétées au cours de la dernière décennie ne sont plus maîtres du mouvement qu'ils ont contribué à créer. Le développement inéluctable des dépenses de santé inquiète ; on ne sait quand et comment il s'arrêtera et quelles en seront les conséquences. L'échec relatif des mesures récentes, la fin d'une forte période de croissance sont deux raisons qui conduisent à penser que l'avenir ne sera pas simplement la prolongation du présent, qu'il y aura des ruptures, des transformations ».

Cette dernière phrase résume les défis posés à notre système social. Il y aura des ruptures, des transformations. Le consensus sur lequel nous vivions est en voie de disparaître face aux nouvelles contraintes de l'économie. L. Thurow* montre par exemple par un raisonnement amusant, comment selon lui, l'inflation a détruit le consensus sur les transferts sociaux : « Au cours de la décennie 1970, aux Etats-Unis, les revenus réels par habitant ont augmenté de 28 % mais les revenus nominaux, eux, ont progressé de 134 %. Supposons que quelqu'un soit sur le point de vous remettre 134 dollars puis change d'avis et en garde 106. Estimeriez-vous que votre situation s'est améliorée ou dégradée ? Objectivement, vous disposez de 28 dollars de plus, mais vous avez vu les 134 dollars et pouvez imaginer ce qu'aurait été votre vie si votre pouvoir d'achat s'était réellement accru de 134 dollars. De là à être persuadé que votre niveau de vie réel a baissé, il n'y a qu'un pas, vite franchi. Et d'un certain point de vue psychologique, votre situation est effectivement moins bonne ». Dans une situation psychologiquement ressentie comme une baisse du niveau de vie réel, les prélèvements sociaux sont moins bien supportés.

Dans un total qui n'augmente plus beaucoup, tout supplément de dépense sociale, pour le chômage, pour la santé ou pour les retraites, doit être économisé sur autre chose. Pour le payer, il faut renoncer à changer de voiture ou à partir en vacances d'hiver. Or cela aussi est considéré comme des droits acquis. Nos sociétés sont plus que jamais tiraillées entre l'économique et le social. Le désir de mieux vivre et l'aspiration à plus de justice et de sécurité restent vivaces l'un et l'autre. Ce qui est en cause, c'est l'immense machine par laquelle on prétend concilier l'économie et la justice sociale.

Pour progresser il semble bien que la meilleure voie ne soit plus l'annexion de nouveaux territoires par la machine à redistribuer. C'est donc directement là où les revenus prennent naissance, dans les entreprises, dans les administrations et surtout dans nos habitudes mentales que se situent les nouvelles solutions. Nous avons déjà dit que l'échelle des salaires et des revenus avait autant à voir avec les lois de l'économie qu'avec nos traditions sociales et nos rapports de valeurs. Si l'on craint, à juste titre, de brutaliser l'économie, il reste à interroger directement notre conscience.

L'économie a ses lois, qui s'imposent autant aux gouvernants qu'aux citoyens. Il vaut mieux les reconnaître que de s'y opposer. Mais ces lois dépendent de nos attitudes individuelles. Elles peuvent évoluer avec ces attitudes. Si les mentalités évoluent spontanément, si, comme cela s'est déjà produit dans le passé, ce qui était refusé hier est accepté librement demain, alors économie et justice sociale pourront se concilier sans heurts et sans conflits. C'est la voie la plus souhaitable. Si en revanche pour progresser dans la voie de la justice sociale, il faut plus de contrainte, il y aura des effets pervers, des réactions de repli, l'économie ne se laissera pas faire, elle souffrira, et nous tous avec.

CHAPITRE 16

Le développement économique

Il est urgent pour nous autres, qui avons eu la chance de naître chez les privilégiés de la planète, de comprendre les mécanismes de la pauvreté et de chercher comment en sortir. Même si nous avions la force de résister, même si nous avions des pierres à la place du cœur, nous ne gagnerions rien à une révolte des pays pauvres. Il y a deux cents ans le peuple de Paris, affamé, ramena de Versailles le boulanger, la boulangère et le petit mitron, c'était le début d'une révolution. Prenons garde que les peuples d'Afrique, d'Asie ou d'Amérique latine ne réclament un jour plus brutalement le pain que nous n'aurions pas su leur procurer à temps.

Dans ce chapitre, après avoir examiné les signes de la pauvreté, nous nous tournerons vers les solutions. Quels sont les mécanismes de la croissance économique ? Comment les mettre en route dans le monde sous-développé ? Devons-nous proposer notre exemple ? Ou faut-il imaginer un autre développement ?

La faim dans le monde

Le 24 juin 1981, cinquante-deux prix Nobel adressaient à l'opinion mondiale un appel solennel « pour que soient rendus à la vie des dizaines de millions d'êtres humains que la faim et le sous-développement font agoniser, victimes qu'ils sont du désordre politique et économique international qui règne. Un holocauste sans précédent, dont l'horreur embrasse en une seule année toute l'horreur des massacres que nos générations ont connu dans la première moitié de ce siècle, est aujourd'hui en cours... » Au cours de l'année 1979, déclarée « année mondiale de l'enfant » trente millions d'enfants de moins de cinq ans sont morts de faim. Chaque jour, plus cent mille personnes meurent d'inanition. A ce rythme, Dijon disparaît en deux jours, la Corse en trois jours, Marseille en dix jours. Au même moment, dans les beaux quartiers des Etats-Unis et d'Europe, les agences de voyage se disputent une clientèle qu'elles emmèneront, par pleins charters et en hôtels climatisés, visiter les pays de la faim où les pauvres font partie du paysage.

Le faim ne tue pas d'un coup. Elle expose d'abord à toutes les maladies classiques, auxquelles un organisme sain, bien nourri et vite soigné résiste sans difficulté, mais qui progressent et se compliquent chez un être affaibli. Il y a aussi les maladies de la faim. Par exemple, le manque de nourriture azotée est responsable du « Kwashiorkor ». Les enfants qui en sont atteints ont les muscles atrophiés, les membres gonflés par l'œdème, ils perdent leurs cheveux. Chez un être sous-alimenté, une simple rougeole peut dégénérer en kwashiorkor et, faute de soins rapide, l'enfant risque de rester arriéré toute sa vie. Le manque de fer provoque des anémies, qui facilitent l'attaque des maladies parasitaires comme la bilharziose. La carence en iode provoque le goître et peut entraîner la surdité ou des troubles mentaux. En Extrême-Orient, cent mille enfants deviennent aveugles chaque année par manque de vitamine A. Bref, chez nous le mot famine n'évoque plus que les premières pages d'histoire et les affiches de l'UNICEF. Cependant, la famine est là aujourd'hui toujours présente dans notre monde actuel.

Si la faim et son cortège de maladies endémiques continuent à régner sur d'immenses régions du monde, ce n'est pas par manque de générosité de la nature. Les 2.500 calories nécessaires par personne et par jour sont disponibles. Mais elles ne sont pas également réparties entre les hommes, faute d'une demande solvable des plus déshérités. « Une partie de l'humanité est maltraitée à en mourir pour que l'autre s'empiffre à en crever », écrivait un auteur italien en 1776.* Ne pourrait-on pas, deux siècles plus tard, faire la même observation ? A la même époque, un autre auteur décrivait Naples et ses cent mille pauvres en lambeaux : « Ils pullulent, sans familles, n'ayant de rapport avec l'Etat que par la potence et vivant dans un tel pêle-mêle que Dieu seul pourrait au milieu d'eux se reconnaître ». De nos jours, Bernard Granotier* décrit ainsi ce qu'il appelle, d'un titre suggestif. *La planète des bidonvilles :* « dans les ceintures de misère qui entourent les grandes villes du tiers monde, plus de 200 millions d'êtres humains vivent dans des conditions concentrationnaires. Leur environnement ? Des ruelles boueuses flanquées de baraques en planches, tôles et matériaux de récupération. Leurs aspirations ? Assurer une maigre pitance à des enfants faméliques, se protéger d'une éviction policière toujours possible, survivre au jour le jour ». Du dix-huitième siècle à aujourd'hui, la misère n'a pas changé de visage.

Les bidonvilles

La population du tiers monde explose. Les hommes politiques et les économistes ont pris l'habitude depuis quelques années de classer les pays du monde en deux groupes : les pays développés, situés pour la plupart plutôt au Nord (Europe, Japon, Amérique du Nord) et les pays en développement, situés plus au Sud (Afrique, Asie, Amérique Latine). Nous avons dès le chapitre 1 souligné le déséquilibre démographique entre le Nord et le Sud. Au dix-neuvième siècle, la population a augmenté de trois à quatre cents millions, au Nord comme au Sud. De 1900 à 1950, elle a augmenté de trois cents millions pour le Nord, cinq cents millions pour le Sud. A partir de 1950, le mouvement s'est précipité. En vingt-cinq ans de 1950 à 1975, l'accroissement a été de trois cents millions de personnes au Nord, *de un milliard deux cents millions* au Sud. Et de 1975 à la fin du siècle, il serait de cent millions au Nord (la natalité diminue) et de *un milliard sept cents millions* au Sud malgré une baisse de la fécondité. D'ici vingt ans, l'accroissement de la population du Sud sera supérieur à la totalité de la population actuelle du Nord ! Où ira ce gigantesque afflux de personnes ? Pour plus de la moitié, dans les villes. Il s'ajoutera encore au raz de marée, qui, depuis le début des années cinquante a déferlé sur les cités existantes, submergées de bidonvilles et de « squatters ».

Au début du siècle, les trois premières villes du monde étaient Londres, Paris et New York. Aujourd'hui Paris n'est plus que onzième. Dans vingt ans, Paris sera vingt-quatrième ville du monde, derrière des villes comme Mexico (qui sera trois fois plus importante que Paris), Sao Paulo, Bombay, Djakarta, Le Caire, Bagdad, etc.

Une telle explosion urbaine ne se fait pas comme chez nous, en bon ordre, en demandant un certificat d'urbanisme, puis un permis de construire et en consultant un architecte. Elle se fait au hasard des circonstances, par petits groupes de familles. L'invasion est quelquefois soigneusement préparée comme dans le cas des « barriadas » autour de Lima. En une nuit (pour échapper à la police), quelques dizaines de familles installent planches de bois et tôle ondulée. Puis un jour, lorsque l'invasion aura été légalisée et selon les matériaux que l'on aura pu récupérer, on passera à des constructions moins sommaires. Petit à petit, la campagne envahit la ville. En même temps, la ville détruit la campagne.

Le Caire a doublé en vingt ans, dépassant déjà aujourd'hui Londres ou Paris. Un habitant sur cinq n'a ni électricité, ni eau courante, ni évacuation des déchets et des excréments. Il est fréquent que huit personnes s'entassent dans une même pièce. Faute de place, cinq cent mille personnes se sont installées dans les cimetières. Les services publics, téléphone, poste, voirie, hôpitaux, écoles sont débordés. Et l'invasion continue, dans les détritus et la boue.

A Manille, dans la banlieue Nord, s'est constitué un bidonville de 200.000 personnes. On y circule entre les maisons construites sur pilotis, sur des planches, ou dans l'eau boueuse lorsque le niveau du marécage monte. Les deux tiers de la population achètent l'eau potable tous les jours à des vendeurs d'eau, ou se la procurent à des citernes alimentées par la municipalité. Les ordures sont le plus souvent jetées à la rue.

Dans le tiers monde, on pourrait citer des exemples de bidonvilles où règnent insalubrité et misère, et où finit quelquefois par s'installer la violence. Une indication donne un aperçu de l'ampleur du problème : pour loger convenablement les nouveaux citadins, il faudrait dans les vingt-cinq ans qui viennent construire autant que ce que l'humanité a construit depuis les premières cités, il y a dix mille ans.

Le sous-développement culturel et social

Au dénuement matériel, s'ajoute le sous-développement culturel et social. Il ne s'agit pas de prétendre que notre modèle culturel occidental s'impose à tout le monde. Trop d'erreurs et d'excès ont été commis en son nom. Chaque peuple a ses traditions et ses trésors culturels. Mais certaines pratiques bloquent le progrès économique. Et qu'elles résultent d'une tradition ancestrale ne change rien. Elles contribuent au sous-développement et constituent des freins évidents à l'épanouissement de l'humanité : pratiques d'excision (ablation du clitoris) et d'infibulation (fermeture du sexe féminin avec du fil et une aiguille), « génocide perpétuel qui, par dizaines de millions chaque année voue des petites filles et des femmes aux pires mutilations, donc à la torture et trop souvent à la mort » écrit Y. Florenne* ; femmes incarcérées à vie par leur famille, et bien d'autres traditions, qui constituent autant de violences légales et d'obstacles au progrès économique. Peut-on imaginer une amélioration de la condition de la femme tant que de telles coutumes n'auront pas disparu ?

Ces pratiques frappent nos esprits parce qu'elles sont odieuses. L'inégalité sociale de beaucoup de pays en développement nous dérange moins, car elle semble faire partie de l'ordre établi. Elle constitue cependant une grave injustice et un grave obstacle au développement économique. Dans la plupart des pays d'Amérique Latine, un à deux pour cent des propriétaires se partagent plus de la moitié des terres. Dans les immenses domaines, les « latifundia », les paysans sont rejetés sur quelques lopins de terre marginaux.

Dans certains cas, les latifundia sont mal cultivées avec des rendements extrêmement bas. Dans d'autres cas, elles sont aménagées en plantations destinées à approvisionner le marché mondial en caoutchouc, en sucre, en café ou en thé. Dans les deux cas, la masse des paysans ne dispose d'aucune garantie d'emploi ou de revenu. « Les paysans forment une masse passive qui, le plus souvent, supporte les vexations sans se plaindre. Mais parfois ils se laissent aller à de brusques mouvements de révolte, mouvements que l'on réprime très durement et qui ne tardent pas à s'éteindre... Traités comme des bêtes de somme, ce n'est que peu à peu que les paysans sont devenus des hommes ». Voici ce qu'écrivait Henri Sée* de nos ancêtres du Moyen Age, et qui pourrait aujourd'hui s'appliquer sans changement à plus d'une région du monde. Il n'est pas douteux que le progrès économique impliquera une autre répartition de la terre. Les pays de grande inégalité pourront-ils parvenir à faire rapidement et sans violence un parcours qui a pris des siècles et nous a coûté des générations de travail et de conflits sociaux.

Dans les pays d'Asie, lorsque les paysans accèdent à la propriété, ils risquent de tomber sous la coupe de commerçants et d'usuriers. Les usuriers prêtent ce qu'il faut pour acheter quelque outillage et la semence, et pour attendre la récolte. Les commerçants, qui tiennent le marché, achètent tout. Le rapport de force est toujours défavorable au paysan qui se fait ainsi gruger « par les deux bouts ». En spoliant les paysans d'une partie importante du fruit de leur travail, propriétaires, commerçants et prêteurs détournent l'épargne de l'agriculture et bloquent la croissance, car la croissance suppose qu'une part de la production soit réinvestie pour plus tard.

En définitive, telles qu'elles se sont constituées, les structures sociales des pays sous-développés résistent au progrès. Ces structures sont dans l'ensemble très inégalitaires : un petit nombre de grands propriétaires ou d'entreprises capitalistes appartenant souvent à des firmes multinationales, et une masse de pauvres qui émigrent quand ils le peuvent vers des bidonvilles ou vers les pays du Nord. Dans les grandes villes du tiers monde, on trouve à quelques centaines de mètres de distance, des logements luxueux où des cadres dirigeant des affaires ou de la politique ou de professions libérales se préoccupent de l'éducation supérieure de leurs enfants ou de leur résidence secondaire, et les taudis où s'entassent sans aucune hygiène des familles qui survivent dans la misère. C'est alors que risque de s'amorcer le cycle de la violence, aussi cruelle qu'elle vienne des riches ou des pauvres. Dans ce contexte, le pouvoir politique et les moyens de répressions de l'Etat deviennent un enjeu que chacun cherche à confisquer pour se protéger contre l'autre. Le pays se débat alors entre l'anarchie et l'oppression. Ni l'un ni l'autre ne sont favorables au progrès économique.

La colonisation est-elle responsable du sous-développement ?

Il est facile de comprendre que la pauvreté existe. La faim, la maladie, la violence et la mort ont dominé pendant des millénaires. Le miracle, c'est le bien-être, c'est la liberté, c'est la sécurité que le développement économique nous a procuré. Il est moins facile de comprendre pourquoi les inégalités subsistent alors que le chemin du progrès a été déjà ouvert et qu'il est par conséquent balisé.

On peut éliminer d'emblée les explications qui tiendraient aux hommes. L'expérience a suffisamment démontré qu'il n'y a pas de peuple qui n'aurait pas la capacité d'accéder à la connaissance et au progrès. Eliminons aussi les différences de ressources naturelles. Elles existent effectivement. Mais l'insuffisance de ressources naturelles n'a jamais empêché le progrès économique et certains pays « pauvres » disposent de ressources abondantes. L'Europe, où résident les populations les plus riches du monde, est loin de disposer de toutes les ressources naturelles.

Une réponse peut être cherchée dans le cours de l'histoire. A la fin de notre Moyen-Age, plusieurs empires étaient à peu près à égalité : la Chine, l'empire moghol (au nord de l'Inde), l'empire Ottoman (musulman), les empires Aztèques et Incas en Amérique, et l'empire chrétien d'Europe de l'Ouest, qui n'était pas plus avancé dans bien des domaines. Lorsqu'il débarque aux Antilles en 1492, Christophe Colomb ignore qu'il inaugure l'ère de la colonisation qui marquera l'histoire jusque dans les années récentes.

Le mot « tiers-monde » est l'idée qu'il véhicule, sont apparus au début des années cinquante sous la plume d'Alfred Sauvy, au moment où un ensemble de pays refusent d'entrer dans la guerre froide entre les blocs américains et soviétiques, et prennent conscience de certains points communs. La plupart sont peu développés. Beaucoup sont d'anciennes colonies des pays occidentaux. Ainsi naît dans les esprits l'assimilation sous-développement = colonisation. Les mythes « tiers-mondistes » se sont forgés sur cette assimilation.

En organisant le « pillage » des colonies, les occidentaux auraient bloqué le développement du tiers-monde. L'expansion européenne aurait coïncidé avec une coupure du monde en deux : les pays dominateurs industrialisés, à la recherche de débouchés, et les pays dominés agricoles et fournisseurs de matières premières. La grande rupture aurait été consommée il y a un quart de siècle, avec la révolution industrielle. Pour Fernand Braudel,* « cette révolution n'a pas été seulement un instrument en soi. Elle a été un instrument de domination et de destruction des concurrences internationales. En se mécanisant, l'industrie de l'Europe est devenue capable d'évincer l'industrie traditionnelle des autres nations ». Le sous-développement viendrait de loin.

Il est vrai que la colonisation s'est accompagnée de violences physiques et économiques. Aux Amériques, les empires conquis s'effondrent. Travail forcé et maladie font une triste besogne. Virus, bactéries et parasites se répandent dans les populations indiennes non immunisées, qu'ils anéantissent. Au Mexique, plus de neuf indiens sur dix vont mourir après la conquête européenne. Certaines îles des Antilles sont entièrement dépeuplées. L'importation d'esclaves africains est organisée pour continuer d'exploiter l'Amérique après la disparition de la main-d'œuvre indienne. Elle durera plus de deux siècles.

Au début du dix-neuvième siècle, c'est l'Asie qui commence à basculer. Soumise militairement, l'Inde perd son indépendance économique. L'industrie anglaise détruit l'artisanat des cotonnades indiennes. L'agriculture se tourne principalement vers les cultures de matières nécessaires à l'industrie européenne. La Chine, qui était au dix-huitième siècle l'empire le plus prospère du monde, s'efforce de résister aux Européens. Mais l'empire chinois est en phase d'affaiblissement et de difficultés intérieures. Après la guerre de l'opium menée par une expédition franco-britannique au milieu du dix-neuvième siècle, elle ouvre ses ports au commerce international. Seul le Japon parvient à échapper à toute domination politique ou économique extérieure en fermant ses frontières, dès 1638, aux Portugais, puis à tous les Européens. Le Japon n'importe plus que les livres, en particulier les livres techniques, et plus tard les idées de l'Occident qui le conduiront au grand basculement de l'Ere Meiji.

Aujourd'hui, les thèses de la colonisation destructrice, de l'échange inégal, du pillage du tiers-monde ont perdu du terrain. Il ne s'agit pas de contester que la colonisation ait été une domination politique, et qu'elle ait donné lieu à des injustices, à des brutalités et à des destructions. Toute l'histoire du monde est jalonnée d'épreuves de force, d'inégalités de pouvoirs et d'oppression politique. Sans remonter à la croisade des Albigeois qui n'était autre, sous le prétexte cathare, qu'une conquête militaire, les empires centraux en Europe, l'Empire Ottoman en Méditerranée, ont exercé leur hégémonie politique et militaire. Si les thèses « tiers-mondistes » se limitaient à cela, elles ne feraient que constater une situation quasi-permanente de l'histoire du monde et seraient tout à fait banales. Mais elles vont plus loin. Elles prétendent « expliquer » le sous-développement par la colonisation. L'examen attentif des faits historiques et des indicateurs économiques mené notamment par Sylvie Brunel* et Jean-Claude Chesnais,* montre que ces thèses reposent souvent sur des raisonnements à priori et sur des hypothèses non vérifiées.

La réalité historique est que le développement économique a démarré en Europe occidentale à la fin de la Renaissance (dont le nom est significatif) qu'il a amorcé un vaste changement démographique et économique qui s'étend depuis à toute la planète. Nous reviendrons sur ce processus dans les paragraphes suivants. Nous nous limiterons ici au rôle controversé de la colonisation.

On peut d'abord observer que des pays qui n'ont jamais été colonisés, l'Ethiopie, la Chine, la Turquie, ou qui sont indépendants depuis les débuts de notre essor industriel (pays d'Amérique latine), n'ont pas pour autant suivi le même chemin que les occidentaux. Qu'en revanche, d'anciennes colonies comme les Etats-Unis, le Canada, la Nouvelle-Zélande, l'Australie, sont devenus des pays développés. Les pays en développement présentent eux-mêmes des différentes auxquelles la colonisation est étrangère. Le Brésil est en plein essor économique, alors que l'Argentine, qui était avant guerre dans une position comparable à celle des pays développés, a perdu du terrain. A l'intérieur même de l'Europe, des écarts considérables existent entre les pays. Bref, la réalité du développement est très diverse et la vision d'un monde coupé en deux, dans lequel la pauvreté des uns s'expliquerait par la méchanceté des autres, est naïve et irréelle.

Le développement des pays riches doit peu à la colonisation. La Révolution Industrielle démarre en Angleterre à la fin du dix-septième siècle avant l'époque coloniale. Elle s'appuie sur des ressources d'énergie tirées du sol d'Angleterre : le charbon et le minerai de fer.

On ne peut guère plus expliquer raisonnablement le développement des pays riches par le commerce colonial. L'explication n'aurait de sens pour les pays qui n'ont pas eu d'empire colonial significatif (l'Allemagne, les Etats-Unis, la Suisse, etc.). Pour les pays qui ont eu un empire colonial, le commerce colonial n'a représenté qu'une fraction limitée de leurs échanges extérieurs, et le désengagement colonial ne s'est pas traduit par un recul économique de la métropole. Au contraire, la grande croissance de l'économie française correspond à une période au cours de laquelle les exportations vers les anciennes colonies sont passées de un tiers du total à un vingtième.

Le recul de l'artisanat indien est souvent pris comme symbole de la destruction de l'industrie du pays colonisé par le colonisateur.

La réalité est plus prosaïque. Dans la première moitié du dix-neuvième siècle, un ouvrier anglais des filatures produit autant de fil que trois à quatre cents artisans indiens. Dans ces conditions, le recul de l'artisanat indien résulte du jeu naturel des coûts comparatifs, exposé au chapitre 11, dont on sait qu'il conduit à la spécialisation internationale et à une division du travail.

Les signes du développement

La meilleure description des signes du développement nous est donnée par la chronique du temps passé. Pour dire ce que fut, dans des maisons qui sont toujours là, dans des rues que nous parcourons, la vie de nos ancêtres, les textes parlent d'eux-mêmes, mieux que toute analyse économique. Ouvrons, par exemple, le *Journal d'un bourgeois de Paris** au temps de Charles VI et Charles VII, dans lequel un ecclésiastique proche du peuple notait au jour le jour ce qu'il pouvait observer : « A ce temps, on entendait dans Paris piteuses plaintes et piteux cris, piteuses lamentations et petites enfants crier "je meurs de faim" ; et sur les fumiers dans Paris, en quatorze cent vingt, vous pouviez trouver dix, ou vingt ou trente enfants, fils et filles qui, là, mourraient de faim et de froid... Il y a avait des loups si affamés, qu'ils déterraient avec leurs pattes les corps des gens qu'on enterrait aux villages et aux champs, car partout où on allait, on trouvait des morts, et aux champs et aux villes, morts de la grande pauvreté, de cher temps et de la famine... ».

Un siècle plus tard, Ambroise Paré (l'hôpital du Bois de Boulogne porte son nom) raconte « Combien de pauvres femmes grosses, sans être aucunement malade de peste ont été pour le seul soupçon délaissées et abandonnées à leur enfantement, dont est provenue la mort des mères et des enfants ! Je puis véritablement dire avoir trouvé aux mamelles d'une femme morte de peste, son enfant tétant encore le venin mortel, qui le devait tuer bientôt après ».

Sous Louis XIV, Saint Vincent de Paul assure avoir vu de ses yeux « entre Reims et Rether, des troupeaux, non pas de bêtes, mais d'hommes et de femmes, aller aux champs remuer la terre comme les pourceaux pour y trouver quelques racines » et selon Girardet de Noseroy : « Les paysans s'enfuyaient alors de ces campagnes. Les villes devenaient l'unique refuge... ».

A la veille de la Révolution Française, Arthur Young voyage en France dans la Meuse et rend compte : « Cette femme, vue de près, on lui aurait donné soixante ou soixante-dix ans, tant sa taille était courbée et son visage ridé et durci par le travail ; mais elle me dit qu'elle n'en avait que vingt-huit. Un Anglais qui n'a pas voyagé ne peut imaginer l'aspect de la plupart des paysannes en France ». Dans ces quelques textes, tous les aspects du sous-développement sont présents : la faim, la maladie, la peur, la mort, la ville.

C'est au dix-neuvième siècle que l'on commence à prendre conscience des mécanismes du développement. Alors que Marx prophétise l'effondrement du capitalisme à peine naissant, Michelet aperçoit confusément les ressorts du changement :

> « Cette malheureuse population asservie aux machines comprend quatre cent mille âmes, ou un peu plus. C'est environ la quinzième partie de nos ouvriers. Tout ce qui ne sait rien faire vient s'offrir aux manufactures pour servir les machines. Plus il en vient, plus le salaire baisse, plus ils sont misérables. D'autre part, la marchandise fabriquée ainsi à vil prix, descend à la portée des pauvres, en sorte que la misère de l'ouvrier-machine diminue quelque peu la misère des ouvriers et paysans, qui très probablement sont soixante-dix fois plus nombreux.
>
> C'est ce que nous avons vu en 1842. La filature était aux abois. Elle étouffait ; les magasins crevaient, nul écoulement. Le fabricant terrifié n'osait ni travailler ni chômer avec des dévorantes machines ; l'usure ne chôme pas ; elle fait des demi-journées, et il encombrait l'encombrement. Les prix baissaient, en vain : nouvelles baisses, jusqu'à ce que le coton fût tombé à six sols... Là, il y eut une chose inattendue. Ce mot *six sols* fut un réveil. Des millions d'acheteurs, de pauvres gens qui n'achetaient jamais, se mirent en mouvement. On vit alors quel immense et puissant consommateur est le peuple, quand il s'en mêle. Les magasins furent vidés d'un coup. Les machines se mirent à travailler avec furie ; les cheminées fumèrent... Ce fut une révolution en France, peu remarquée, mais grande ; révolution dans la propreté, embellissement subit dans le ménage pauvre ; linge de corps, linge de lit, de table, de fenêtres : des classes entières en eurent, qui n'en avaient pas eu depuis l'origine du monde. »

Le développement est une transformation de la société dans toutes ses dimensions : accumulation des biens matériels, bien sûr, mais aussi changement physique et intellectuel des hommes, multiplication de leur nombre.

1) ***L'accumulation de biens matériels*** est bien entendu le signe le plus évident du développement économique. L'accroissement du revenu national et du pouvoir d'achat individuel permet à toute la population de s'entourer de ces choses élémentaires qui font la vie courante, et dont la plupart étaient privés depuis l'origine du monde : le sucre, le beurre, le linge. Comme l'a montré Jean Fourastié et comme l'avait perçu Michelet, cette banalisation tient à la baisse des prix, mesurés en heure de travail, au cours du temps, ou ce qui revient au même à l'accroissement de la productivité du travail

humain. Dans une année normale, le manœuvre devait travailler trois heures pour gagner le prix d'un kilo de pain au début du dix-huitième siècle, deux heures au début du dix-neuvième, une heure dix au début du vingtième, une demi-heure au lendemain de la deuxième guerre, dix minutes aujourd'hui.

Le développement économique change l'homme

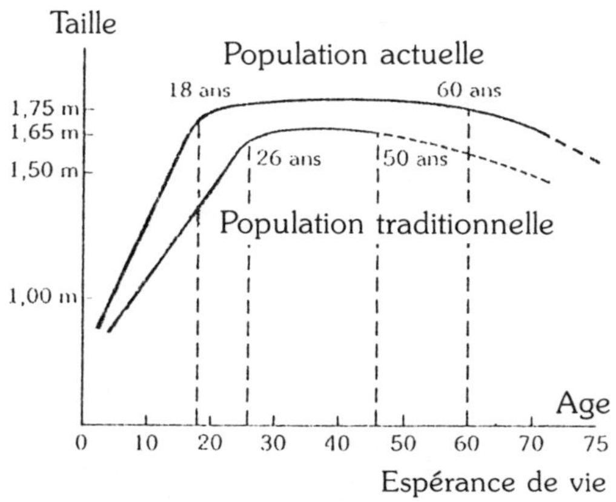

Le développement économique s'accompagne d'un développement corporel plus précoce (on est adulte dès 18 ans au lieu de 25 ans) et plus important, avec un tassement plus tardif (après 60 ans). C'est au total plus de 50 % de « plénitude physique » qui est ainsi gagnée.

2) Le changement physique

La femme aujourd'hui ne ressemble plus à la femme rencontrée par Arthur Young. Mode de vie, hygiène, nourriture, rythme de travail, façonnent le corps. Cela commence dès la conception, l'accouchement et la première enfance. La surveillance de la mère pendant la grossesse, son assistance à l'accouchement, les soins qui entourent le bébé puis la nourriture qu'il reçoit diminuent la fréquence des accidents et des malformations. Pendant l'adolescence, la quantité, la qualité et la variété de la nourriture soutiennent la croissance. Au cours de la vie d'adulte, l'entretien physique, le repos, les loisirs, reportent le vieillissement. Tout cela s'est accompagné d'un recul de la mortalité, en particulier de la mortalité infantile, et d'un allongement de la durée de vie.

L'espérance de vie à la naissance mesure la durée de vie moyenne des bébés qui naissent au cours d'une année. Certains vont mourir tout jeunes, d'autres deviendront des adultes, ou même des vieillards. La durée d'existence moyenne de tous ces bébés est l'espérance de vie à la naissance. Elle était de 25 ans lorsqu'écrivait Ambroise Paré. Elle est aujourd'hui en Europe occidentale de 71 ans pour les hommes et presque 80 ans pour les femmes. Le recul de la mortalité infantile, en réduisant la proportion des vies courtes, a été la première et principale cause d'allongement de la vie moyenne. Par la suite, l'allongement de la période de la vieillesse elle-même a pris le relais pour accroître la durée de vie moyenne.

L'augmentation de l'espérance de la vie humaine est un aspect du développement économique des nations, ce n'est pas le seul. Un autre « signe extérieur du développement économique » est la taille des individus. En vivant mieux, les adultes, hommes et femmes, ont grandi. D'après les archives des conseils de révision, en un siècle, le gain de taille aurait approché les quinze centimètres. Cette augmentation de la taille n'est pas réservée aux occidentaux. On l'observe aussi dans les autres parties du monde développé. Les japonais d'aujourd'hui sont plus grands que nos arrières grands-parents. Un peu partout, au Brésil, en Inde ou ailleurs, meilleure nourriture et meilleure hygiène produisent les mêmes effets, une vie plus longue, un corps plus sain.

3) Le changement intellectuel

L'esprit ne se mesure pas à la toise des conseils de révision. Les critères du changement ne sont ni aussi simples, ni de la même nature que ceux du corps. Toutes les époques ont eu leurs génies et il serait vain de vouloir départager entre Praxitèle, Michel-Ange et Picasso. C'est moins sur l'individu que sur l'humanité toute entière que le bouleversement apparaît. On évalue la population mondiale actuelle à un peu moins de 5 milliards d'individus. Un sur deux sait lire et écrire. La proportion était de un sur trois en 1950, et de moins de un sur quinze en 1850.*

	1850	1950	1985
1) Nombre de personnes sachant lire et écrire (millions d'habitants)			
Monde développé	(?)	560	900
Monde en développement . . .	(?)	250	1.380
Ensemble du monde	75	810	2.280
2) Population totale	1.240	2.530	4.840

Au-delà des proportions, il faut prendre la mesure des chiffres. Il y a aujourd'hui quatre fois plus d'hommes dans le monde que sous Napoléon III, mais trente fois plus de personnes sachant lire et écrire. En 1950, deux sur trois des personnes ayant un peu d'instruction appartenaient au monde développé. La proportion sera prochainement inversée. La carte de la connaissance se redessine. Les chiffres montrent aussi qu'un potentiel de progrès considérable reste encore devant nous. D'énormes réserves de développement intellectuel subsistent qui se manifestent avec la généralisation de l'instruction secondaire et supérieure.

La transition démographique

Le mouvement de la population d'un territoire résulte de la combinaison de trois facteurs fondamentaux : la mortalité, la fécondité et les migrations.

La mortalité mesure le rythme des disparitions physiques d'êtres humains sur le territoire. La fécondité caractérise la capacité (ou la volonté) des femmes du moment à engendrer. Elle commande donc directement la natalité, c'est-à-dire le rythme d'apparition de nouveaux êtres humains sur le territoire. Les migrations, arrivées à partir d'autres territoires et départs vers d'autres territoires, viennent corriger les mouvements naturels de la population. A certaines époques, il arrive que les déplacements de population deviennent prépondérants, voire même l'emportent sur les variations naturelles. Ainsi malgré une forte natalité, l'Irlande a vu sa population diminuer pendant des décennies. En France, l'arrivée d'immigrants a compensé durablement la diminution spontanée de la population de souche. Natalité, mortalité, migrations, sont en relation entre elles, mais aussi en liaison avec l'ensemble complexe des paramètres économiques, techniques, sociaux, spirituels qui caractérisent l'état d'une société.

La première « explication » des rapports entre la population et l'économie a été proposée par Malthus. Dans la vision malthusienne, la tendance à procréer est limitée par l'influence des subsistances et elle tend spontanément à la dépasser. Le développement économique stimule la fécondité et l'accroissement de la population. Il en résulte un conflit latent entre la progression (arithmétique) des richesses et la progression (géométrique) des hommes. Le mécanisme supposé par Malthus a été observé à certaines époques. L'Angleterre, les Pays-Bas, ont connu un regain de fécondité aux débuts de la période de croissance industrielle. Cependant, contrairement à ce que pensait Malthus, l'observation générale a montré que l'essor économique s'est toujours accompagnée d'une *baisse* de la fécondité. Mais d'où vient alors l'explosion démographique du vingtième siècle ? Le modèle de la « transition démographique » propose une réponse à cette question.

La transition démographique est d'abord un constat. Toute population qui sort du sous-développement — et c'est le cas désormais de la quasi totalité des pays du monde — passe par des phases successives comparables.

1) *L'état initial correspond à une forte fécondité compensée par une forte mortalité.* C'est l'état des sociétés traditionnelles et

rurales. Les femmes ont beaucoup d'enfants, mais beaucoup d'entre eux meurent dès le premier âge, et ceux qui parviennent à l'âge adulte meurent jeunes. Au total, la mortalité compensant la natalité, la population est à peu près stationnaire ou en augmentation lente.

La transition démographique

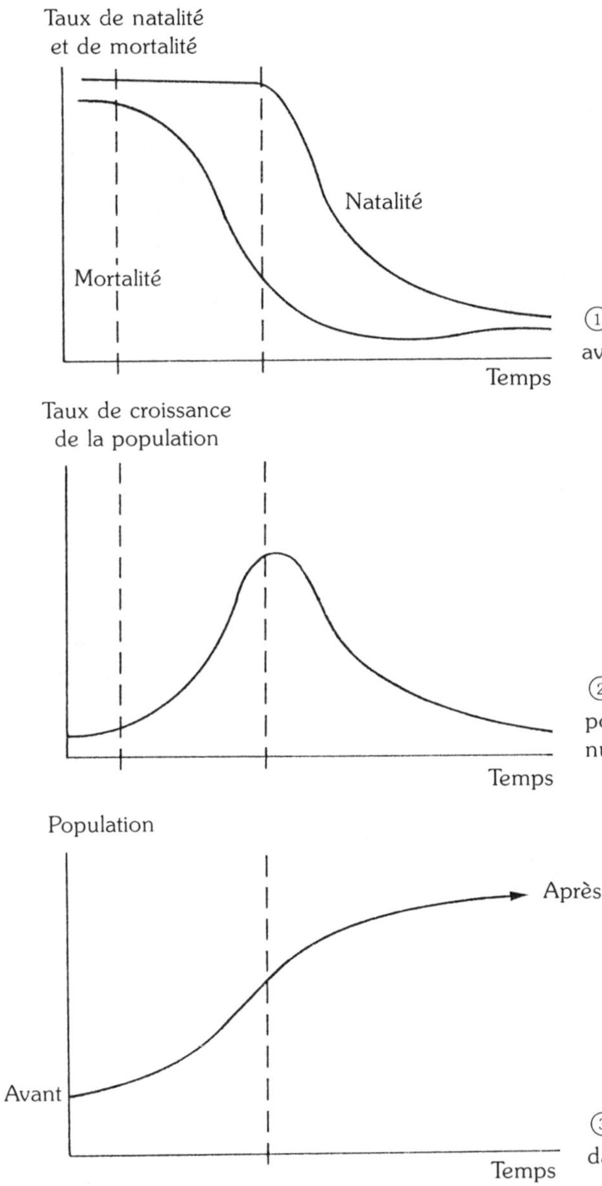

① La mortalité diminue avant avant la natalité.

② Le taux de croissance de la population augmente puis diminue, en passant par un pic.

③ La population augmente dans de fortes proportions.

2) *La transition démographique s'amorce par une baisse de la mortalité.* Hygiène, meilleure nutrition, stabilité sociale, font reculer la mort. Les femmes continuent d'avoir beaucoup d'enfants. Et ces enfants survivent. La population augmente.

3) *Avec un décalage qui se mesure en décennies, la fécondité amorce aussi une baisse.* Le taux de natalité recule. Cependant tant que le taux de natalité reste au dessous du taux de mortalité, la population augmente.

4) *Les deux taux s'ajustent progressivement.* La fin de la transition démographique correspond à l'égalisation des taux de natalité et de mortalité, et par conséquent à une stabilisation de la population.

Avant la transition démographique, la population est stable. Après la transition démographique, la population est à nouveau stabilisée. *Mais au cours de la transition la population a considérablement augmenté.*

L'explication est arithmétique. Elle s'apparente aux fameux problèmes de robinets. Si un bassin de 100 litres se remplit de 5 litres par an et se vide de 3 litres, le niveau s'élève de 2 litres par an. si on recommence pendant un siècle, c'est 200 litres qui s'ajoutent aux 100 litres de départ. Le volume du bassin est multipliépar 3 ! En termes démographiques, le débit d'entrée est le taux de natalité et le débit de sortie le taux de mortalité. Le bassin s'enfle tant que le taux de natalité est supérieur au taux de mortalité. Prenons l'exemple du Brésil. Il y a un siècle la natalité était de 48 pour mille et la mortalité de 31 pour mille. L'écart était de 17 pour mille. Arrondissons à 20 pour mille, soit 2 pour cent. Ce sont nos deux litres par an pour un bassin de 100 litres. Aujourd'hui, le taux de mortalité a chuté à 8 pour mille, comme dans la plupart des nations. Le taux de natalité a aussi reculé à 33 pour mille. L'écart est donc 25 pour mille. Arrondissons encore par commodité à 20 pour mille, soit 2 pour cent. Mais ces 2 pour cent s'appliquent désormais à un bassin qui a beaucoup plus de 100 litres, puisqu'il se remplit depuis un siècle !

En un siècle, avec un écart de taux au voisinage de deux pour cent, la multiplication du volume sera très supérieure à 3. La population du Brésil est ainsi passée de moins de 20 millions d'habitants il y a un siècle à 135 actuellement. Une multiplication par plus de 6 ! Le mouvement naturel de population correspond aujourd'hui à 25 pour mille × 135 millions, soit plus de 3 millions de Brésiliens en plus chaque année. Les mêmes 25 pour mille ne représentaient il y a un siècle que quatre à cinq cent mille personnes.

L'exemple du Brésil illustre le mécanisme de la transition démographique : baisse de la mortalité, baisse décalée de la natalité, gonflement de la population. Il montre aussi l'inertie des vagues démographiques. La mortalité est à 8 pour mille. Elle peut encore baisser, mais guère plus de quelques pour mille. La natalité est à 33 pour mille. Pour que la population se stabilise, il faut que la natalité rejoigne la mortalité, et qu'elle perde donc au moins 25 pour mille. Or en un siècle passé, elle n'a perdu que 15 pour mille. Bien que l'avenir n'appartienne à personne, on peut donc s'attendre à un gonflement de la population brésilienne pour encore des décennies. La plupart des lecteurs de ce livre connaîtront très probablement le moment où il y aura plus de brésiliens que d'américains. Le Brésil n'est pas un cas isolé, mais il est très représentatif de ce qui se passe dans tous les pays au cours de la transition démographique.

Mais, si la forme générale des mouvements de population est similaire, le résultat diffère considérablement d'une nation à l'autre. Lorsqu'elles se répètent et se composent pendant des décennies, les différences de centièmes (et même de millièmes) sur les taux de natalité ou de mortalité produisent des effets considérables. De quoi dépend en effet le « multiplicateur de population » entre le début de la transition et la fin de la transition ? De la forme des courbes de mortalité et de natalité et de leur étalement, c'est-à-dire de la durée de la phase de transition. Or l'expérience passée a montré qu'il y avait beaucoup de chemins possibles, et sur chacun d'eaux, beaucoup d'accidents, d'avancées et de reculs, et des changements de direction, généralement imprévisibles et souvent inexplicables. Car l'enchaînement des causes de la transition démographique est complexe, et il met en jeu des phénomènes sociaux, économiques voire spirituels.

Où va l'humanité ?

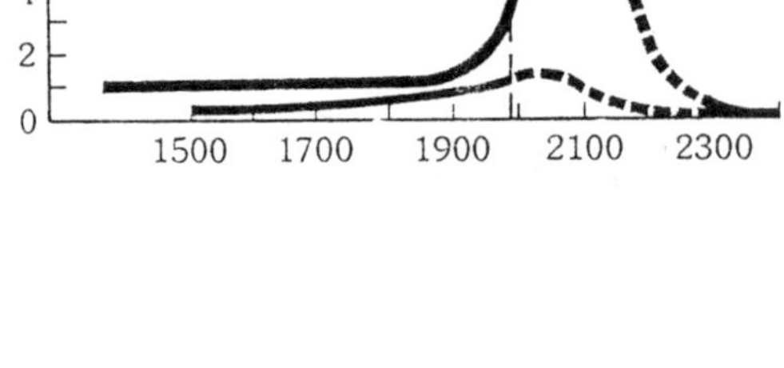

Le démographe Jean Bourgeois-Pichat a calculé ce qui se passerait au cours des prochains siècles si l'humanité toute entière se comportait comme l'Italie ou l'Allemagne d'aujourd'hui, en adoptant une fécondité de 1,2 enfants par femme. Le dernier couple mourrait sans descendance vers l'an 2400 ! La transition démographique « à l'envers » est déjà en marche en Europe.

Transition démographique et développement économique

Le recul de la mortalité précède la baisse de la fécondité. Il apparaît ainsi comme une condition préliminaire de la limitation des naissances. Avant de songer à maîtriser la vie, les peuples doivent pouvoir maîtriser la mort. Jusqu'à une époque récente, la mortalité était telle qu'une société ne pouvait survivre sans une fécondité élevée. L'organisation sociale des sociétés primitives était adaptée à ce besoin vital : règles de mariage, structures familiales, rôle de la femme. A cette époque, il ne pourrait venir à l'esprit de personne d'avoir moins d'enfants pour mieux vivre, car l'idée même de mieux vivre était généralement absente des esprits. L'individu « subissait » à la fois pauvreté et familles nombreuses.

Le recul de la mortalité n'était sans doute pas une loi naturelle. Il n'était pas écrit dans les astres qu'à la fin du Moyen Age, en Europe, les grandes épidémies devaient disparaître et la mortalité reculer, lentement, très lentement. Historiquement, le fait est là et ses causes sont repérables. Le long apprentissage de la culture et de l'élevage a permis, génération après génération, une amélioration du niveau de vie, un progrès de l'hygiène et de la nourriture, et a déclenché ainsi le recul de la mort. Les premiers pas du développement économique sont à l'origine de la transition démographique. A partir de là, il devient difficile de séparer la cause et l'effet. L'amélioration de la vie des hommes rend les sociétés plus productives et leur productivité soutient le changement démographique.

Lorsque le développement est amorcé, l'observation montre que les sociétés s'organisent progressivement pour faire moins d'enfants :

1) *L'âge du premier mariage augmente.* Ainsi a-t-on distingué approximativement trois régimes de nuptialité :

- le régime « ouest-européen » : on se marie à plus de 25 ans, et une personne sur cinq à dix reste célibataire.
- le régime « est-européen » : on se marie autour de 20 ans et moins d'une personne sur vingt reste célibataire.
- le régime « non européen », principalement asiatique : tout le monde se marie, le plus souvent avant 18 ans.

Naturellement, les choses changent avec le temps. L'âge moyen du mariage est passé de 13 ans à 18 ans au cours de ce siècle en Inde, de 20 à 25 ans au Japon. Chez nous, le développement de la cohabitation juvénile, la multiplication des divorces, la progression de l'homosexualité, l'augmentation des célibataires montrent que les modèles de vie en couple évoluent sans cesse, pour l'instant toujours dans le sens de moins d'enfants.

2) *La population quitte la campagne pour la ville.* L'incitation à limiter les naissances est sans doute plus forte en milieu urbain qu'à la campagne. D'une part en raison du manque de place, mais peut-être plus encore pour des raisons psychologiques. L'isolement dans les campagnes n'est pas favorable à la circulation des idées. Alors qu'en ville, chacun peut observer le spectacle de l'enrichissement et d'une vie matérielle plus agréable, et en avoir envie. De ce point de vue, l'invasion de la planète par la télévision joue comme un accélérateur de diffusion des modèles de vie des pays développés vers les pays en développement.

3) *Les pratiques de limitation des naissances se diffusent.* Le développement de l'instruction accompagne le développement économique. Or, l'instruction est un moyen de communiquer et donc de connaître des techniques de limitation des naissances. C'est aussi une prise de conscience de la capacité de chacun d'agir sur sa propre existence et d'élever son niveau de vie.

Les analyses précédentes n'épuisent pas les multiples recompositions d'environnement social, familial, géographique et les intimes décisions d'alcôves qui diminuent la natalité. Elles montrent que le développement économique et le changement démographique sont fortement imbriqués. Il y a deux siècles, aux débuts de la transition démographique, Malthus pouvait observer la multiplication des hommes et craindre qu'elle n'aille plus vite que la multiplication des choses. Aujourd'hui, avec le recul du temps, il est clair que tous les pays du monde se trouvent dans un processus probablement unique et décisif de leur histoire, dans lequel se multiplient et se développent à la fois les hommes et les richesses. L'image du tiers-monde rivé à la pauvreté par le poids des hommes est contraire aux réalités actuelles, même si l'on trouve aujourd'hui dans certaines zones du monde, beaucoup d'enfants et beaucoup de pauvreté.

La route du développement

C'est au cours des dernières décennies que le mouvement naturel de la population du tiers monde a atteint son maximum. Ainsi, de la réalité de l'explosion démographique est née le mythe du tiers monde condamné au sous-développement par l'« excès » de population. Or, la réalité d'aujourd'hui, c'est que le tiers-monde sort du sous-développement, trop lentement certes par rapport au souhaitable, mais plus rapidement que nous l'avons fait nous-mêmes dans le passé.

La croissance économique moyenne des pays développés depuis le démarrage de notre industrialisation est sur une tendance longue de 2 % par an. Dans les pays en développement, l'augmentation du PNB par habitant, indicateur courant du niveau de vie individuel moyen, était de plus de 3 % par an avant les chocs pétroliers, et elle reste au voisinage de 2 % depuis. En une génération, le niveau de vie individuel des chinois a doublé, celui des indiens a augmenté des deux tiers, bien que le nombre des chinois et celui des indiens ait augmenté chacun de plus de 400 millions.

Pendant la même période, le niveau de vie a plus que triplé au Brésil, en Turquie, en Thaïlande. Loin de régresser, la part du tiers monde dans le produit mondial est passé dans la même période de 28 à 33 %.*.

Le développement économique a progressé en deux vagues :

1) La première vague, qui va du milieu du siècle dernier à la première guerre mondiale, correspond à l'époque coloniale. Elle concerne l'Europe, mais pas seulement elle. Plusieurs pays d'Afrique amorcent leur expansion : l'Algérie, l'Afrique du Sud, la Côte d'Ivoire, le Kenya.

2) La deuxième vague a pris son essor après la deuxième guerre mondiale. En moyenne, elle correspond pour le tiers monde à ce qu'a été notre premier boom économique. Plusieurs pays fortement peuplés, dont certains avaient commencé leur démarrage à l'époque précédente ont eu des taux de croissance par habitant correspondant à un décollage rapide, supérieur à 4 % par an : la Turquie, le Pakistan, le Brésil, le Mexique.

L'histoire générale de la croissance montre que le développement économique est toujours long à démarrer. Mais aujourd'hui le nombre des pays installés dans le sous-développement est très faible. En dehors du Bengla-Desh, et de certains pays d'Afrique, il s'agit dans la plupart des cas de pays fermés sur eux-mêmes dans lesquels les troubles politiques, militaires ou sociaux interdisent à la population de travailler ou la détourne du travail. Rien n'appauvrit plus une économie qu'un système social d'oppression, car il tue les ressorts individuels profonds du développement. Les plus grandes famines de l'histoire coïncident avec des grandes expériences sociales. C'est le cas en Chine avec le Grand Bond en Avant, mais aussi en Ukraine Soviétique — où des millions de paysans sont morts de faim sur les terres les plus riches du monde ! — dans les années de Staline.

Aujourd'hui, le monde est engagé dans la transition démographique et il s'avance dans la « transition économique ». Celle-ci est loin de son terme. Le rendement moyen de céréales en Afrique est de 11 quintaux à l'hectare. Il est de 25 quintaux en Asie, et de 40 en Europe et aux Etats-Unis, où il continue d'augmenter. Il subsiste donc un énorme potentiel de croissance agricole, auquel s'ajoutent l'industrie et les services dont les possibilités sont encore plus immenses.

Mécanismes et obstacles de la croissance économique

Dans un livre paru en 1960, le professeur W.W. Rostow,* Conseiller du Président Kennedy, montrait que la croissance économique passe toujours par plusieurs étapes, un peu comme si elle était programmée de la même manière dans chaque pays.

1) Dans la *société traditionnelle* qui dure dans nos pays jusqu'aux découvertes de Newton au dix-septième siècle, les activités de production restent fondées sur des techniques rudimentaires. Elles sont tournées vers l'agriculture. L'Etat central est peu développé. L'organisation sociale est fondée principalement sur les liens de famille ou de clan. Dans l'échelle des valeurs, le fatalisme l'emporte sur le dynamisme.

2) La deuxième étape est une phase de *transition*. L'idée commence à se répandre que le progrès économique est possible en mariant la production, la science et la technique. L'Etat national centralisé et efficace s'organise progressivement. « De nouveaux types d'hommes animés de l'esprit d'entreprise apparaissent, décidés à mobiliser l'épargne et à prendre des risques pour obtenir des profits ou moderniser le pays ». Progressivement, le dynamisme l'emporte sur le fatalisme, la technique sur la tradition.

3) Au-delà d'un certain seuil, c'est le « *décollage* » de la croissance. « Les facteurs de progrès économique, qui jusqu'ici n'ont agi que sporadiquement et avec une efficacité restreinte, élargissent leur action et en viennent à dominer la société ».

4) Le décollage est alors suivi d'une longue période de progrès et de croissance économique soutenue qui amènent l'économie à sa *maturité*. La production de masse des biens de consommation durables et l'essor des activités de services sont les moteurs du développement. La main-d'œuvre se déplace des campagnes vers les villes, de l'agriculture et de l'artisanat vers la grande industrie, et du travail manuel vers des emplois tertiaires. « C'est la période dont les Etats-Unis commencent à sortir, dont l'Europe occidentale et le Japon commencent à goûter les bienfaits incontestables, et à laquelle la société soviétique aspire, non sans remords. »

Selon le schéma suivant, tous les pays suivraient la même trajectoire, les uns étant plus avancés que d'autres dans la diffusion de la technique, même si les formes sociales du développement paraissent quelquefois différentes. Ce point de vue, proposé par Rostow, a été défendu par J. Ellul* à propos de la Chine de Mao. « Les Chinois sont lancés comme les autres peuples dans la même voie de technicisation, exactement la même... Que Mao pense que la révolution technique doive s'accompagner d'une révolution culturelle n'est en rien une nouveauté : ce fut la position des Russes en 1927

Les étapes de la croissance économique selon Rostow

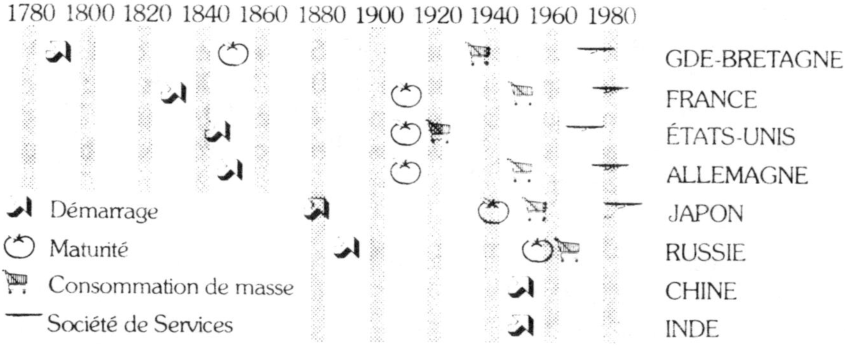

avec la Piatiletka, et si Mao déclare que le facteur dominant c'est l'homme, il ne faut pas oublier que Staline avait écrit un livre intitulé « L'Homme, le capital le plus précieux ». Quant aux soi-disant originalités du communisme chinois, les preuves avancées que les Chinois sont engagés dans une autre voie parce qu'ils associent travail intellectuel, rural, industriel, parce qu'ils font appel au bricolage et à l'ingéniosité, etc., tous ces témoins émerveillés ne voient simplement pas que l'on est là non pas sur une nouvelle voie mais à un stade antérieur — c'est tout. »

Si l'on s'en tient aux aspects économiques, il est vrai que *les contraintes fondamentales de la croissance économique sont partout les mêmes et que la première de ces contraintes est la relation nécessaire entre l'effort d'épargne et le rythme de la croissance.* Montrons cette relation sur un exemple. Nous supposerons que la production nationale annuelle, de 1.000, est obtenue avec un capital égal à 2.000 et avec 15 millions de travailleurs. Pour produire une unité, il faut d'une part deux unités de capital, d'autre part 15.000 années-travail. Nous admettons en outre que la durée de vie moyenne des équipements est d'environ 15 ans (chaque année de production, un quinzième du capital, soit environ 7 % du capital, est usé). Voyons à quelle condition un taux de croissance de 5 % par an peut être atteint. Pour que la production augmente de 5 %, et passe de 1.000 à 1.050, il faut que le capital passe de 2.000 à 2.100 (le double de 1.050). Comme une quantité égale à 140 (soit 7 % de 2.000) a disparu par l'usure, l'investissement *nouveau* doit être égal à 240. On obtient ainsi :

Capital de la première année	2.000
+ l'investissement	+ 240
– l'usure du capital	– 140
= Capital de la deuxième année	2.100

En conclusion, il faut investir 240 sur une production de 1.050, soit à peu près le quart ; ou encore, ce qui revient au même, il faut que le pays accepte *d'épargner* le quart de ce qu'il produit. Pour un taux de croissance de 8 % par an, on aurait trouvé un taux d'épargne nécessaire de 30 %. *Cette relation entre l'épargne et la croissance est très générale. Elle est vraie pour chacun d'entre nous comme pour le pays tout entier. Elle explique les difficultés du décollage économique. C'est précisément lorsque le niveau de vie est bas qu'il faut se priver pour investir.*

Si l'on remonte assez loin dans le passé, nous étions tous démunis des biens les plus élémentaires. Nous étions économiquement pauvres. Si certains d'entre nous sommes sortis du sous-développement et avons accédé à l'aisance, nous le devons à l'épargne et à l'effort patient des dizaines de générations qui nous ont précédées. Par leur peine et peut-être leur résignation, elles ont su progressivement améliorer le rendement des sols, développer et transmettre un savoir artisanal, domestiquer l'énergie animale, capter l'énergie du vent et de l'eau (quelles merveilleuses machines sont les moulins dès le Moyen-Age !), tailler la pierre et bâtir comme pour l'éternité, découvrir les ressources de l'univers et les canaliser pour l'industrie.

Tout cela a pris des siècles d'efforts et de privations. Il faut ajouter le sacrifice de millions de vies de travail dans des conditions souvent abominables. Tous ceux qui ont décrit la révolution industrielle se sont fait l'écho de la souffrance des ouvriers. Dans le Capital, Karl Marx rapporte de nombreux exemples qu'il trouve dans les rapports officiels de l'époque : « Ceux qui sont chargés de nettoyer le coton m'assurent que l'odeur insupportable qui s'en dégage les rend malades... Dans la salle où l'on carde et où l'on fait les mélanges, la poussière et la saleté causent des irritations dans toutes les ouvertures de la tête, excitent la toux et rendent la respiration difficile... La poussière occasionne des bronchites, des inflammations de la gorge, et les saletés contenues dans le surate engendrent des maladies cutanées par suite de l'irritation de la peau » écrit un « inspecteur du travail » de l'époque. Les conditions ne sont pas meilleures en dehors des fabriques, dans le travail à domicile ou dans les « maisons de patronnes » : « Il n'est pas rare de voir à Nottingham quinze ou vingt enfants empilés comme des harengs dans une petite chambre qui n'a pas plus de 12 pieds carrés, occupés quinze heures sur vingt-quatre à un travail d'une monotonie écrasante et au milieu de toutes les conditions funestes à la santé... Si on leur adresse des questions, ils ne lèvent pas les yeux de leur travail, de crainte de perdre un seul instant ». Elles sont pires encore dans les mines : « Dans les mines, le travail, y compris l'aller et le retour, dure ordinairement de quatorze à quinze heures... Les adultes travaillent en deux tournées, chacune de huit heures, mais il n'y a pas d'alternance pour les enfants, affaire d'économie ».* Beaucoup de travail avec de très faibles salaires permettent d'obtenir des profits élevés, d'épargner et d'accumuler. C'est à ce prix que nous avons obtenu la croissance économique. Il est inutile de multiplier des exemples. On en trouverait des bibliothèques entières, tant sont variées les formes de l'exploitation des hommes et puissant l'appétit de profit. Ce qui nous importe ici c'est de repérer les contraintes de la croissance économique ainsi que ses obstacles.

Notre propre croissance économique s'est réalisée progressivement sur plusieurs siècles. Au cours de cette période, la population européenne s'est accrue. Mais la croissance démographique que nous avons connue dans le passé reste très modérée par rapport à celle que connaissent aujourd'hui certains pays du tiers monde.

Pour augmenter le niveau de vie moyen de la population du tiers monde, il faut viser des taux de croissance très élevés, que nous n'avons nous-mêmes jamais connus dans le passé. Donnons un exemple. Pour les 14 pays d'Amérique Latine le taux de croissance moyen de la guerre aux années quatre-vingts a été de l'ordre de 6 % par an, supérieur à nos propres taux passés. A supposer même que ce taux se maintienne au-delà, le chômage dépasserait encore les 20 % en l'an 2000. Seuls des taux de croissance voisins de 8 % pourraient atténuer sensiblement le chômage. Comment les obtenir ? Comment dégager l'épargne nécessaire dans des pays déjà fortement endettés ? Cette question renvoie à trois interrogations : Y aura-t-il assez de ressources pour tous les hommes ? Avons-nous des devoirs envers les pays pauvres ? Que peuvent faire les pays pauvres eux-mêmes ?

La question des ressources est controversée. Aligner vers le haut les modes de vie sur notre planète paraît hors d'atteinte, à moins de modifier fondamentalement le nôtre. Pour nourrir les hommes selon le menu américain, il faudrait multiplier par quatre la production agricole du globe et par huit d'ici à la fin du siècle. Or, selon Michel Bosquet,* Nord-Americains et Européens ensemble utilisent déjà pour se nourrir un cinquième des terres agricoles du monde en plus des leurs propres. » Ses conclusions sont analogues pour les ressources minérales, le mode de vie gaspilleur n'est pas généralisable. Mais la question a-t-elle un sens ? Pourquoi tout le monde devrait-il vivre comme les américains ? D'ores et déjà, européens et américains ne vivent pas à l'identique. En outre, nos propres modes de vie évoluent. La nature des biens que nous consommons change. Aussi pense-t-on généralement que des réserves considérables de croissance subsistent pour l'avenir.

L'ONU a demandé au grand économiste Wassily Léontief,* d'étudier les moyens de réduire l'écart entre les riches et les pauvres. Selon les calculs de Léontief, pour que cet écart qui est actuellement de 12 à 1, passe à un écart de 7 à 1 à la fin du millénaire, il faudrait que la croissance des pays en développement soit pendant vingt ans double de celle des pays riches : sept pour cent par an pour les pauvres, trois et demi pour les riches. La question est alors de savoir si cette hypothèse est réalisable en terme de minerais, de nourriture et d'environnement. La réponse de Léontief est positive : cela est matériellement possible. Il y a encore beaucoup de terres vierges et la marge des superficies cultivées est de 30 %. Enfin, les rendements doivent être multipliés par deux ou trois dans les pays en développement et augmentés de 60 à 100 % dans les pays développés. Ces chiffres ne sont pas déraisonnables, de l'ordre de ceux qui ont été constatés aux Etats-Unis et en Russie depuis la dernière guerre.

L'épuisement des réserves de minerais et d'énergie est peu probable à condition de mettre en exploitation des gisements moins productifs et d'en rechercher activement de nouveaux. Enfin, la pollution peut être stabilisée à son niveau actuel sans que le coût des traitements anti-pollution soit prohibitif. En définitive, la réduction des écarts entre les pauvres et les riches est arithmétiquement possible. Elle est cependant loin d'être acquise car elle nécessite un immense effort de notre part et de leur part.

Que pouvons-nous faire pour les pays pauvres ?

Avons-nous des devoirs envers les pauvres ? Poser la question c'est déjà y répondre. Sans doute sommes-nous comme cet homme de l'Evangile à qui Jésus dit : « Une seule chose te manque : va, ce que tu as, vends-le et donne-le aux pauvres, et tu auras un trésor dans le ciel ; puis, viens, suis-moi. Mais lui, à ces mots, s'assombrit et il s'en alla contristé, car il avait de grands biens ». (Marc 10, 21-22) Il n'est pas facile d'être généreux. Cependant, en l'occurrence, c'est de notre intérêt sur terre qu'il s'agit. Pour éviter trop de tensions internationales, nous devons examiner les revendications du tiers-monde et en discuter loyalement.

La première idée est d'aider les pays moins développés. La croissance exige d'épargner pour investir. Il est difficile de se priver lorsqu'on dispose d'un revenu faible. Peut-on prélever une part de nos propres ressources et les transférer vers les pays plus pauvres pour accélérer leur croissance et égaliser les conditions de vie sur la planète : c'est le principe de l'aide directe au développement. Cette aide existe depuis de nombreuses années sous la forme gouvernementale (prélevée sur les impôts), ou privée (sous forme de dons). Mais si l'idée abstraite est très souhaitable, la mise en œuvre concrète pose de multiples problèmes.

1) Le transfert des technologies

Les pays pauvres disent : vous avez une expérience, des élites formées, des centres de recherche. Evitez-nous de rebâtir tout cela en nous transférant votre savoir et votre savoir-faire. Cette revendication nous inquiète, car notre savoir est aussi notre pouvoir. Nous nous demandons si nous n'allons pas perdre notre suprématie.

En fait, le problème n'est pas aussi simple. Au début de l'indépendance des anciennes colonies, il arrivait que les pays occidentaux refusent certaines demandes d'assistance technique pour des raisons politiques. Cela s'est passé avec l'Inde pour la sidérurgie, avec l'Egypte, pour le barrage d'Assouan, avec l'Algérie pour la poursuite du plan de Constantine. Mais aujourd'hui la situation est inversée. Les pays développés se disputent les marchés du tiers monde à coups de crédits à faibles taux d'intérêt, et il n'est pas de technique qui ne puisse s'acheter, y compris les plus évoluées comme celles des centrales nucléaires ou des armes sophistiquées. Les obstacles aux transferts de technologie ne sont pas dans la mauvaise volonté des pays riches.

Certains gouvernants, économistes, et syndicalistes se demandent si cette revendication est toujours la bonne. Les pays pauvres ne peuvent pas suivre notre chemin de croissance. Mais il n'est pas non plus assuré qu'ils puissent prendre des raccourcis, en empruntant d'emblée notre technologie. Nous avons la manie de la sophistication, du gigantisme et de la qualité. Nous pouvons nous payer tout cela, même si c'est souvent superflu pour nous-mêmes. Mais n'est-ce pas inutile, inadapté et peut-être nuisible dans des pays dont les besoins sont souvent rustiques ? Lorsqu'on implante une usine avec des machines ultra-modernes pour produire des paires de sandales ou des souliers en matière plastique dans un pays d'Afrique, on embauche quelques dizaines de personnes et on prive d'emploi 5000 artisans en condamnant le pays à importer des produits synthétiques et de l'énergie. Les Africains ont-ils réellement besoin de cette technologie, ou bien avons-nous seulement de bons vendeurs d'usines ?

2) L'aide humanitaire

Une manière directe d'aider les pays en développement et en particulier les plus pauvres d'entre eux est de verser de l'argent ou d'acheminer de la nourriture pour les populations affamées. La philanthropie et l'aide humanitaire sont dans la tradition et la philosophie occidentale et des masses considérables d'argent y sont affectées chaque années.

Il faut malheureusement constater que si le sentiment est généreux, le résultat est souvent médiocre. Il ne suffit pas que les uns donnent pour que les autres reçoivent. L'aide passe par des organisations internationales publiques ou privées. Comme toutes les organisations humanitaires, celles-ci tendent à s'alourdir et à se transformer en lourdes bureaucraties. Les frais généraux, la publicité et même le « show-business », les clientèles diverses qui entourent les fonctionnaires de l'aide, absorbent une part des ressources. D'autre part, et sur un plan strictement économique, l'aide alimentaire permet de survivre et de soigner, mais elle ne résout pas le problème du sous-développement.

Enfin, on ne peut pas ignorer les enjeux politiques, les multiples exemples de détournement dont les dirigeants des pays bénéficiaires se rendent coupables. Les pays totalitaires, dans lesquels l'information est entièrement contrôlée par les gouvernements, se sont fait une triste spécialité de cette utilisation politique de la générosité occidentale. Voici par exemple ce qu'en disait Alain Besançon dans l'Express du 24 octobre 1986* :

> « ... Le monde communiste prend tour à tour deux attitudes envers l'Occident. La première consiste à lui cacher soigneusement la situation. Edouard Herriot a visité l'Ukraine en 1932 et y a vu un grenier d'abondance. Alain Peyrefitte louait Mao d'avoir rempli le bol de riz des Chinois, au moment où il était le plus vide. La fermeture des frontières, la visite organisée de villages Potemkine, la statistique truquée sont des recettes qui ont fait leurs preuves. La seconde consiste à *vendre la famine* à l'opinion occidentale.
>
> Vendre la famine est une opération délicate. Elle commence par une campagne publicitaire. Alors circulent, mais en Occident seulement, les photographies de mères pathétiques, d'enfants aux yeux immenses et au ventre ballonné. Quand le mouvement de charité universel est devenu irrésistible, le marché est conclu : l'Occident est autorisé à porter son aide aux malheureux, à condition qu'il aide en même temps le régime communiste à accomplir ses projets.
>
> Le gouvernement éthiopien a donné à la méthode léninienne un approfondissement créateur. Il obtient en effet de l'Occident, non pas qu'il soulage la famine, mais qu'il l'aide à l'organiser, qu'il en supporte les frais financiers, car affamer coûte cher. M. Mengistu a donc reçu, en 1985, 600 millions de dollars, qui ont été en grande partie affectés à la « villagisation », nouveau nom de la collectivisation. Auparavant, l'aide avait servi à déporter un certain nombre de tribus hors des territoires qui leur appartiennent depuis toujours, vers des zones désertiques et malsaines. Ce transport a déjà coûté la vie à des dizaines de milliers d'hommes : il était prévu pour cela.

Faut-il que la générosité aboutisse non à nourrir ceux qui ont faim, mais, en armant leurs bourreaux, à les affamer encore plus ? »

3) La stabilisation et l'augmentation du prix des matières premières

Les pays pauvres disent : vous avez besoin de nos matières premières, elles sont à votre disposition. Mais nous ne pouvons pas accepter que notre revenu, notre balance des paiements, notre budget et finalement notre survie dépendent entièrement de la spéculation sur les marchés de Londres. Il faut organiser entre nous une certaine stabilité des prix, des institutions qui achètent lorsqu'il y a des excédents, qui revendent lorsqu'il y a pénurie et qui programment des hausses raisonnables et régulières. Ce que les pays pauvres demandent, c'est ce que chaque pays a fait à l'intérieur de ses propres frontières pour ses agriculteurs et que la France a obtenu de l'Europe pour le marché commun agricole. Cette revendication est légitime. Pourtant, la discussion n'avance pas, car trop de pays et trop d'intérêts économiques et politiques sont concernés.

4) La réforme du système commercial et financier international

Les pays pauvres disent : les organisations économiques internationales ont été bâties juste après la guerre. Nous étions encore pour la plupart colonisés et nous ne comptions pas. Aujourd'hui, nous sommes indépendants. Mais ces organisations ne sont pas faites pour nous et nous n'y avons pas la place qui nous revient. Les organisations concernées sont principalement le secrétariat du GATT, le FMI, et la Banque Mondiale. Le GATT *(General Agreement on Tarifs and Trade)* est un accord international de 1947 qui pose les principes de la liberté du commerce international en interdisant les discriminations entre pays producteurs, les restrictions aux importations, le dumping à l'exportation. Le Gatt pose la règle d'égalité et de libre échange. Cependant le libre échange est plus favorable aux forts qu'aux faibles, aux riches qu'aux pauvres. Le FMI ou *Fonds Monétaire International* a été créé en 1944. Il rassemble des dépôts effectués en or et en devises par les Banques centrales des pays. Ces dépôts servent à prêter aux pays qui ont des difficultés temporaires de balances de paiements. Comme les droits de tirage sont proportionnels aux dépôts, et par conséquent au poids économique de chaque pays, les nations les plus pauvres sont mal servies. En outre, le Fonds Monétaire n'intervient que pour les difficultés temporaires. Les prêts d'équipement à long terme relèvent de la Banque Mondiale. Le budget de la Banque Mondiale s'accroît, mais les besoins du Tiers Monde sont considérables.

Les revendications financières sont délicates à satisfaire car les pays les moins riches sont aussi les plus endettés et la crise dans les pays riches a rendu l'opinion publique plus égoïste. Mais l'endettement est une nécessité pour la croissance. Au niveau de dette atteint actuellement par certains pays pauvres, la probabilité de rembourser devient très faible. Le risque du scénario décrit au chapitre 1 menace non seulement les pays pauvres, mais aussi l'équilibre mondial dans son ensemble.

Que peuvent faire les pays pauvres eux-mêmes ?

Reste une dernière question, la plus importante. Que peuvent faire les pays pauvres eux-mêmes pour leur propre développement ? Il y a plusieurs chemins vers la croissance et il appartient à chacun de trouver le sien. De façon générale, les progrès économiques dépendent de la capacité à mettre en œuvre des techniques plus productives et pour cela de la capacité à les accueillir et à les incorporer dans la société.

1) Mettre en œuvre des techniques appropriées

Il ne s'agit pas d'importer nos techniques, mais de réinventer des techniques adaptées aux besoins des populations du tiers-monde. De quoi ces populations ont-elles besoin ? De produits de base pour couvrir leurs besoins élémentaires : du savon, des vêtements, des outils... Et de travail sur place, dans les villages où vivent encore la plupart des familles. Le problème est donc de trouver des techniques de fabrication des produits de base assez simples pour être mises en œuvre partout dans le monde, assez petites pour alimenter le marché local sans tomber sous la coupe des grands négociants, assez économes en capital pour être à la portée de pays pauvres, et assez utilisatrices de mains-d'œuvre pour employer le fond qui manque le moins, le travail.

Un économiste et philosophe anglais, Schumacher,* s'est fait l'apôtre de ces « technologies appropriées ». Au lieu de disserter sur l'avenir du monde, il s'est dit : voyons si l'on peut trouver des techniques adaptées aux problèmes du tiers-monde. Il a réuni quelques amis, et il a effectivement trouvé. Un jour le Président de la Zambie l'appela et lui dit « voilà pourquoi je vous ai fait venir. Ceci est notre Plan quinquennal, et j'ai dit à tout le monde que ceci serait désormais notre Bible », puis jetant le livre à terre avec un grand geste, il ajouta « Maintenant, je réalise que c'était une fausse Bible ». Pourquoi ? Parce qu'elle ne concerne que les villes du cuivre, et que toutes les zones rurales sont laissées de côté. L'un des problèmes des Zambiens était le manque de protéines. Ils avaient un slogan « Un œuf par jour pour chaque Zambien ». Et ils avaient bâti des fermes de poules pondeuses. Mais il fallait transporter les œufs. Or la fabrication de casiers à œufs est concentrée entre les mains de quelques grandes sociétés en Afrique du Sud, en Europe et en Amérique. Et les Zambiens ne pouvaient pas obtenir des casiers à œufs convenables. Et les œufs se cassaient. Schumacher leur dit : « Pourquoi ne fabriquez-vous pas vous-mêmes les casiers à œufs ? ». Il alla trouver les fabricants européens. Ceux-ci n'étaient pas intéressés par un si petit marché. Schumacher s'adresse alors au Collège Royal des Arts de Londres pour faire dessiner des casiers faciles à transporter, puis à l'Université de Reading pour faire réaliser une mini-usine. Cette mini-usine fonctionne. Elle convient parfaitement aux Zambiens et leur apporte des emplois.

Pour les Indiens, il a mis au point un système destiné à la préparation et à la filature du coton et capable d'alimenter 1200 broches à main. Par rapport à une usine équipée pour 21000 broches (minimum pour les usines actuelles) le système ne requiert qu'un quarante-cinquième du capital et emploie, à production égale, quatre fois plus d'ouvriers.

Le Kenya, l'Inde, la Chine abandonnent les fours à ciment traditionnels d'une capacité de 1000 à 3000 tonnes par jour. Car il faut ensuite transporter tout le ciment et cela coûte très cher. De petits fours verticaux, à cycle continu, d'une capacité de quelques dizaines de tonnes, disséminés sur le territoire font mieux l'affaire.

Arrêtons-là les exemples. Ils montrent que des problèmes qui pouvaient paraître insolubles dans une certaine conception des choses, en particulier de la technique, se trouvent complètement modifiés dans une autre conception. Ainsi la question du chômage. Plus on implante d'usines modernes dans les pays en développement, et plus il y a de chômeurs, car les usines modernes utilisent de moins en moins de bras. L'alternative de technologies plus rustiques a ouvert un espoir aux pays en développement et peut-être pas seulement à eux.

Les idées de technologies appropriées se sont largement développées dans les années soixante-dix. On les a aussi appelées des technologies « intermédiaires » car elles sont entre les techniques modernes et les méthodes traditionnelles. Il s'agit plutôt de pousser plus avant les savoir-faire traditionnels des populations locales, en économisant autant que possible le capital qui est rare, sans compter le travail qui est en abondance, et en cherchant à « coller » aux habitudes et à la philosophie des communautés villageoises.

Plus de dix après, il faut reconnaître que les technologies appropriées n'ont pas répondu aux espoirs initiaux. On peut donner plusieurs raisons à cela. En particulier, on a souvent pensé que les techniques appropriées étaient des techniques de petite taille (miniusines), et que les petites unités étaient plus simples à installer et à gérer. Il est vrai que l'évolution de la technologie ne donne plus toujours l'avantage aux économies d'échelle. Que les grandes installations sont complexes, peuvent être mal maîtrisées et sont sources de gaspillage. Mais il faut prendre conscience de ce que les petites unités sont aussi souvent complexes. Un mini-tracteur reste un tracteur, et les puces électroniques exigent une extrême précision. En outre, les pays du Sud, les plus intéressés par des techniques appropriées, ne disposent pas des bureaux d'études et des industries de fabrication des biens d'équipement pour inventer et développer les techniques. Et les pays du Nord concentrent leurs efforts sur les techniques dont ils ont eux-mêmes besoin, souvent les plus capitalistiques et les plus économes en travailleurs. Enfin, nous savons que les obstacles d'une évolution technique, quelle qu'elle soit, sont toujours dans les habitudes sociales et les mentalités. Ces obstacles sont évidemment nombreux dans des pays en développement.

2) Surmonter les obstacles sociaux à la productivité

Les inégalités sociales sont souvent une barrière au développement. La Banque Mondiale a calculé qu'en Amérique Latine le rendement d'une petite exploitation familiale, était supérieure à celui des grandes exploitations dans des proportions allant de 3 à 14 selon les pays. Il existe donc d'immenses réserves de productivité agricole dans ces pays. Mais tant que les terres resteront entre les mains d'un petit nombre de grands propriétaires, ces réserves de productivité ne seront pas libérées. Or, la réforme agraire se heurte à la résistance des possédants et les tentatives de répartition autoritaire des propriétés agricoles dégénèrent souvent dans la violence. Une redistribution plus égale serait à coup sûr favorable au développement de l'économie. Comment y parvenir ? Combien de temps faudra-t-il pour modifier des structures sociales ancrées dans une histoire de plusieurs siècles ?

Le même manque d'intérêt pour le changement se présente dans le domaine industriel. Les élites politiques comme les chefs d'entreprises tendent à prendre modèle sur les réussites occidentales. L'idée des « technologies appropriées » est elle-même une idée issue des milieux économistes occidentaux. Elle nous séduit sans doute, mais elle ne séduit pas nécessairement les masses des pays en développement qui d'ailleurs les ignorent généralement. C'est le problème classique des capacités d'accueil et de diffusion de l'innovation dans l'ensemble du corps social.

**Le coût d'une révolution politique
Niveau de vie en URSS
1913-1985**

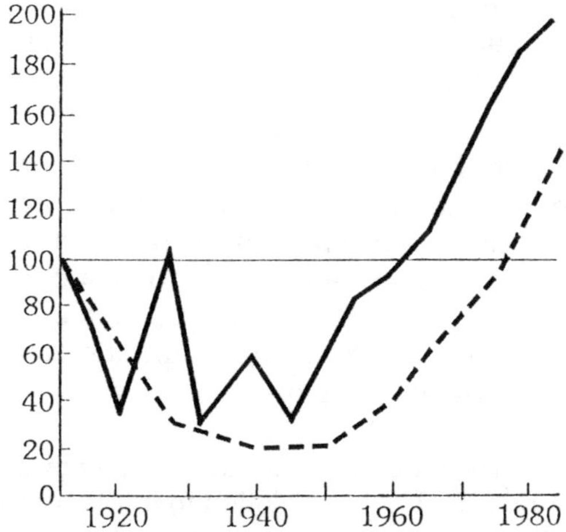

Salaire réel par ouvrier et revenu réel par paysan depuis l'année 1913. Ce calcul ne tient pas compte des avantages fournis gratuitement par la société. Il accentue par conséquent le recul du pouvoir d'achat.

Source : Le niveau de vie en URSS. Jovan Pavlevski, Economica.

3) Planification ou marché dans les pays en développement

Selon les thèses « tiers-mondistes », dont nous avons parlé, le Nord est responsable du sous-développement du Sud. Il doit donc l'aider en lui transférant son savoir, sa technologie, et ses acquis sociaux. Les dirigeants du Sud doivent organiser l'emploi de cette aide et planifier de grands projets d'aménagements et d'infrastructures.

Cette analyse, longtemps répétée comme un credo, a été mise en pièces. Nous avons vu ce qu'il fallait penser de la responsabilité du Nord, et du fait même du sous-développement. Nous avons aussi montré que le choix des technologies était en débat. Reste la dernière question, l'organisation sociale la plus favorable au développement et le rôle de l'Etat. Là encore, les anciennes certitudes se sont heurtées aux réalités. Le système étatique a souvent paralysé les économies en développement. Pour sortir de l'impasse, beaucoup jouent désormais la carte d'une libération de l'économie privée. Voici par exemple comment Charles Vankecke rend compte des « bienfaits de la Révolution libérale » en Bolivie* :

> « Visages aux yeux brûlés, aux joues déformées parfois par la mastication de coca, ils étaient trente mille qui appartenaient à la Comibol, la Corporation minière en Bolivie, l'un des « monstres étatiques » légués par les gouvernements antérieurs. La Comibol, qui exploite à 4000 mètres d'altitude, sur l'Altiplano, la plupart des gisements d'étain du pays — longtemps sa principale richesse — était devenu en effet, au fil des ans, une aberration économique. Le nombre de fonctionnaires y dépassait celui des mineurs de fond ; ses équipements, ses méthodes de travail étaient archaïques au point qu'elle

produisait l'étain à un coût cinq fois plus élevé que son prix de vente, et qu'elle perdait chaque année, la bagatelle de 200 millions de dollars, le tiers de la valeur totale des exportations. Elle n'a pas hésité néanmoins, à licencier les deux tiers des effectifs — soit vingt-trois mille personnes — et assure que la Comibol a retrouvé grâce à cette mesure, le chemin de la rentabilité. »

Le Mexique, la Côte d'Ivoire, les Philippines, et près de quarante autres pays en développement, sont engagés dans des programmes de privatisation de leurs entreprises publiques, pléthoriques et peu efficaces. L'économiste Hernando de Soto s'est penché sur l'économie parallèle au Pérou. Il a constaté que face aux lourdeurs des réglementations et aux exactions des bureaucrates, l'économie parallèle devenait la chance du pays :

« La révolution des pauvres est en marche, au Pérou comme dans d'autres pays du tiers-monde. Pas la révolution marxiste, mais bien la révolution libérale. Beaucoup de gens ne savaient pas lire, certains marchaient pieds nus. Mais tous débordaient d'activité, nullement déroutés par les nouvelles désastreuses publiées par la presse. Leur histoire se répète à peu de chose près dans toute l'Amérique latine. Hernando de Soto* la résume ainsi : « Quand ces pauvres sont descendus vers les villes, chassés de leurs terres par la sécheresse, les inondations, la surpopulation ou le déclin de l'agriculture, ils ont compris que le système dominant leur fermait les portes. Alors, pour survivre, ils ont créé des occupations en marge de la loi. Sans capital, sans formation technique, sans crédit, sans la protection de la police, des juges, ils ne pouvaient compter que sur leur volonté, leur imagination et leurs bras ».

L'économie informelle est une réponse spontanée lorsque l'Etat est incapable d'assumer dans le cadre légal les besoins de la population.

Aujourd'hui, bien des idées sur le tiers-monde et sur les modèles du développement doivent être revues. Le tiers-monde n'existe plus. Il subsiste de larges zones de faim et de misère, certainement trop. Mais la plupart des pays du monde sont sur la route du développement. Les pays riches peuvent contribuer au développement, notamment en desserrant le garrot de la dette. Mais c'est dans leurs propres ressources que les pays en développement puisent leur énergie. La croissance passe toujours par la productivité et la productivité par la technique. Cependant, les idéologies techniciennes sont dangereuses, qu'elles privilégient les grands projets ou qu'elles se réfugient dans le « small is beautiful ». La clé du développement économique est dans l'initiative et la motivation des hommes, leur désir d'être efficaces et productifs.

CHAPITRE 17

L'Europe

L'échange est un principe unificateur des sociétés humaines. Et les sociétés ne sont efficaces que lorsqu'elles sont unies. Les dix siècles qui vont de la fondation de Rome à son pillage retracent la marche vers une certaine unification politique du monde latin imposée par les légions de Rome et véhiculée par les règles écrites du droit romain. A la fin de la période antique et du Moyen-Age, l'Empire se fragmente en une multitude de territoires politiquement et économiquement autonomes. A un ordre politique succède alors un ordre religieux. La chrétienté catholique domine l'occident avec sa hiérarchie, ses règles et ses soldats. La Réforme et la Renaissance fragmentent l'ordre catholique et ouvrent la voie à de nouveaux principes : le principe des Etats-Nations et le principe de l'Ordre Marchand.

Les nations, qui se forment au dix-neuvième siècle, unifient et fragmentent à la fois. Elles unifient les relations politiques, sociales et économiques au sein d'un même territoire. Mais elles fragmentent ces relations d'un territoire à l'autre. Car les frontières politiques sont aussi des frontières commerciales et monétaires.

En Europe, les désastres des deux guerres mondiales et de la crise de 1929 ont fait émerger l'idée qu'il faut renverser l'ordre traditionnel des facteurs. Faisons d'abord l'union économique et il en résultera un jour l'union politique. Le traité qui institue la Communauté Européenne du Charbon et de l'Acier regroupe ainsi des pays « résolus à substituer aux rivalités séculaires une fusion de leurs intérêts essentiels, à fonder par l'instauration d'une communauté économique les premières assises d'une communauté plus large et plus profonde entre des peuples longtemps pposés par des divisions sanglantes, et à jeter les bases d'institutions capables d'orienter un destin désormais partagé ». Selon les pères de l'Europe, la communauté économique doit précéder et fonder la communauté politique. Le problème est que la communauté économique suppose beaucoup de décisions politiques.

Dans les premiers temps de la construction européenne les décisions politiques ont été prises domaine par domaine : le charbon, l'acier, la pêche, l'agriculture. Les crises pétrolières et la chute de la croissance économique ont donné un coup d'arrêt aux progrès communautaires. Dans certains domaines, des droits à l'importation et des contingents sont même réapparus. L'Acte Unique de 1985 est d'abord une réitération des intentions initiales : la volonté politique de construire la communauté économique en fixant une date pour le marché unique, et en dressant la liste des obstacles à supprimer avant cette date.

Nombre d'infractions à la législation européenne

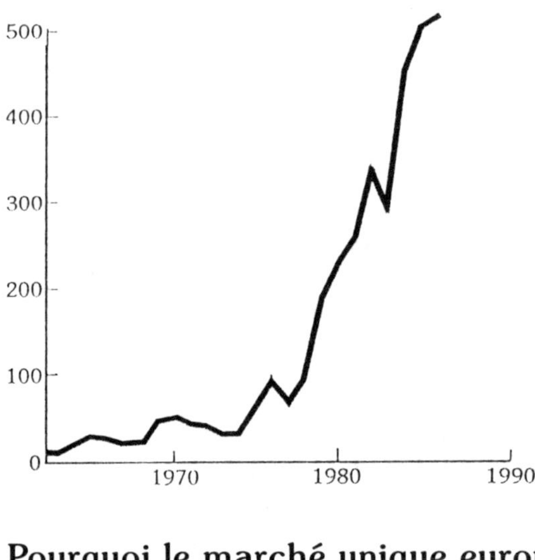

Le nombre d'infractions à la législation européenne a augmenté fortement.
La crise économique a réveillé les instincts protectionnistes.

Pourquoi le marché unique européen ?

La construction européenne est fondée sur un postulat : la juxtaposition des marchés nationaux avec des réglementations, des fiscalités, des monnaies différentes est un frein à la croissance économique. Un vaste marché unique libérerait des marges supplémentaires d'augmentation du niveau de vie.

A vrai dire, les années d'expansion d'après-guerre inciteraient à douter de ce postulat. C'est en Europe, divisée et fragmentée, que la croissance a été la plus forte ; et aux Etats-Unis, le plus grand marché unique du monde, qu'elle a été plus faible. Mais à cela on peut répondre que la marche vers l'ouverture à partir du Traité de Rome est précisément une des causes de la grande croissance européenne d'après-guerre et que la cassure de l'expansion à partir de 1973 coïncide aussi avec un recul de l'union économique.

En effet au cours des dernières années, certains droits et subventions aux frontières sont réapparus dans la sidérurgie, le textile. Dans l'agriculture les mouvements monétaires ont posé le problème des « montants compensatoires », qui jouent comme des taxes sur les échanges. Dans le secteur de l'acier, face à la crise de la sidérurgie, on est revenu à des quotas de production. Et dans le textile, à des tableaux de quotas entre pays, qui limitent beaucoup les échanges. Il y a eu un accroissement des subventions à l'industrie pour retarder certaines adaptations de secteurs industriels. Il y a eu aussi des restrictions en matière de marchés publics, restrictions de droit, ou simplement de fait, qui font que certains grands équipements sont réservés aux producteurs nationaux, ce qui limite la concurrence entre les grandes entreprises de l'Europe. Enfin il faut citer les normes techniques. Un recensement pour l'Allemagne conduit à 23 000 normes techniques ! Et les ordres de grandeur pour la France ou l'Angleterre sont à peu près les mêmes.

Le postulat des bienfaits du marché unique est-il justifié par un raisonnement économique ?

Nous avons observé au chapitre 11 que l'intérêt des pays était de développer leurs échanges commerciaux. Le raisonnement proposé par Ricardo montre que l'ouverture des échanges conduit naturellement chaque pays à spécialiser son industrie dans les secteurs où il est le plus productif. Toute contrainte sur les échanges, taxe ou limitation d'importation, empêche le jeu normal des comportements et conduit à une mauvaise utilisation des capacités de production. En supprimant les obstacles aux échanges, l'unification du marché européen libérerait donc une productivité supplémentaire et augmenterait donc le niveau de vie général. C'est le raisonnement général de la division internationale du travail.

Peut-on cependant transposer ce raisonnement aux pays européens ? Peut-on dire que les pays européens se spécialisent chacun dans ce qu'il fait le mieux ? Certes, les Italiens font d'excellentes chaussures, les Français des avions rapides et les Allemands de très bonnes machines outils. Mais Italiens, Français et Allemands échangent bien d'autres choses que des robes, des avions et des machines outils. D'ailleurs, les Français font aussi de bonnes chaussures et les Italiens de belles robes. En fait, les pays d'Europe se ressemblent le plus souvent. Beaucoup de produits semblables sont fabriqués dans plusieurs pays européens et circulent d'un pays à l'autre. Ainsi par exemple, Allemands, Français et Italiens fabriquent et s'échangent des voitures, des vêtements, et à peu près tous les biens industriels. A première vue, l'explication de Ricardo paraît donc insuffisante. On peut cependant observer que les Allemands font mieux les Mercédès, les Français les R5 et les Italiens les Alfa-Roméo. Comme ces trois catégories de voitures trouvent des amateurs dans toute l'Europe, il y aura des échanges croisés de voitures, et plus généralement de tous les produits. Le raisonnement de Ricardo reste valable, mais il faut le pousser à un niveau plus fin.

Un autre argument pour le marché unique est celui de la concurrence. Des marchés nationaux petits facilitent la formation de monopoles et d'ententes qui maintiennent des prix élevés. En revanche, sur un vaste marché, la concurrence est plus intense et les consommateurs bénéficient de prix plus bas et d'une plus grande gamme de choix. Les producteurs sont astreints à une qualité plus grande. Un vaste marché est donc un aiguillon pour mieux produire et pour mieux satisfaire les consommateurs.

Un troisième type d'avantage du grand marché peut être attendu des économies d'échelle. Dans plusieurs secteurs industriels, le prix de revient à l'unité est plus faible lorsqu'on produit de grandes quantités. Il est alors avantageux pour le consommateur que le marché soit concentré entre quelques gros producteurs tirant le meilleur parti des économies d'échelle.

Et si les économies d'échelle jouent pour des quantités qui dépassent la taille du marché national, il peut être avantageux pour tous que ne subsistent que quelques producteurs de taille européenne. Mais il y a un risque. Si la concurrence disparaît, les quelques géants, voire l'unique géant survivant, peuvent imposer leurs prix, perdre leur dynamisme et en définitive reprendre aux consommateurs sous forme de rentes de monopole ou de mauvaise organisation de la production, une grande partie des économies d'échelle. C'est pourquoi depuis l'origine du marché commun l'un des soucis de la communauté est de maintenir une concurrence suffisante par une surveillance des concentrations et des ententes d'entreprises et par des réglementations pour les interdire.

Les coûts de la « non Europe »

Si le marché unique est avantageux pour tous, l'Europe divisée à des coûts. Les coûts de la « non-Europe » sont multiples :

1) le nationalisme des marchés publics, qui conduit chaque état à privilégier et soutenir des fournisseurs nationaux trop faibles pour s'imposer sur le marché mondial,

2) le fractionnement du droit, et en particulier des législation sociales et fiscales,

3) la permanence de frontières économiques qui nécessite des contrôles, et finalement du gaspillage d'énergie et d'argent,

4) la multiplicité des normes nationales. On se rappelle la mésaventure des procédés de télévision en couleur (le PAL contre le SECAM). En l'absence de normalisation européenne, des décisions moins spectaculaires, mais tout aussi nocives pour notre efficacité, se produisent en permanence,

5) la divergence des politiques économiques. Les nationalisations françaises ont conduit Olivetti à quitter son partenariat avec Saint-Gobain.

Un rapport de la Commission des Communautés Européennes a tenté d'estimer les « coûts de la non-Europe », ou ce qui revient au même, des « avantages » du marché unique.* Les résultats sont surprenant. Quelques 200 milliards d'écus d'économies pour les entreprises et les pouvoirs publics, gain voisin de 5 points de PIB, et 2 à 5 millions d'emplois créés : tels seraient les avantages du marché unique. Le « rapport Cecchini » qui propose ces évaluations montre que les économies d'échelle potentielles non exploitées sont substantielles. Un tiers de l'industrie européenne pourrait profiter de réductions des coûts de 1 % à 7 %, selon les branches d'activité. Ces économies d'échelle équivaudraient, en valeur cumulée, à approximativement 2 % du PIB. S'y ajouteraient des gains directs et indirects liés à l'ouverture des frontières. Le rapport les chiffre à près de 3,5 % de la valeur ajoutée industrielle, soit un point à un point et demi de PIB. D'autres avantages pourraient être attendus de l'accroissement de la concurrence. Au total, les gains économiques seraient de l'ordre de 5 % du PIB pour la Communauté.

L'effet du « grand marché » serait aussi favorable pour les prix. La suppression des coûts dûs aux formalités aux frontières intérieures, l'ouverture des marchés publics à la concurrence, la libéralisation des marchés de l'argent, devraient se traduire par une pression à la baisse des coûts et sur les prix européens. Au bout de cinq ou six ans environ de « marché unique », on pourrait s'attendre à un impact cumulé de près de six pour cent sur le niveau des prix, donc à une meilleure compétitivité européenne.

Le raisonnement économique permet d'attendre des bienfaits de la création d'une vaste zone homogène d'échanges libres. L'expérience confirme-t-elle le raisonnement ? Quels sont de ce point de vue les enseignements de l'histoire ?

Les avantages attendus du marché unique

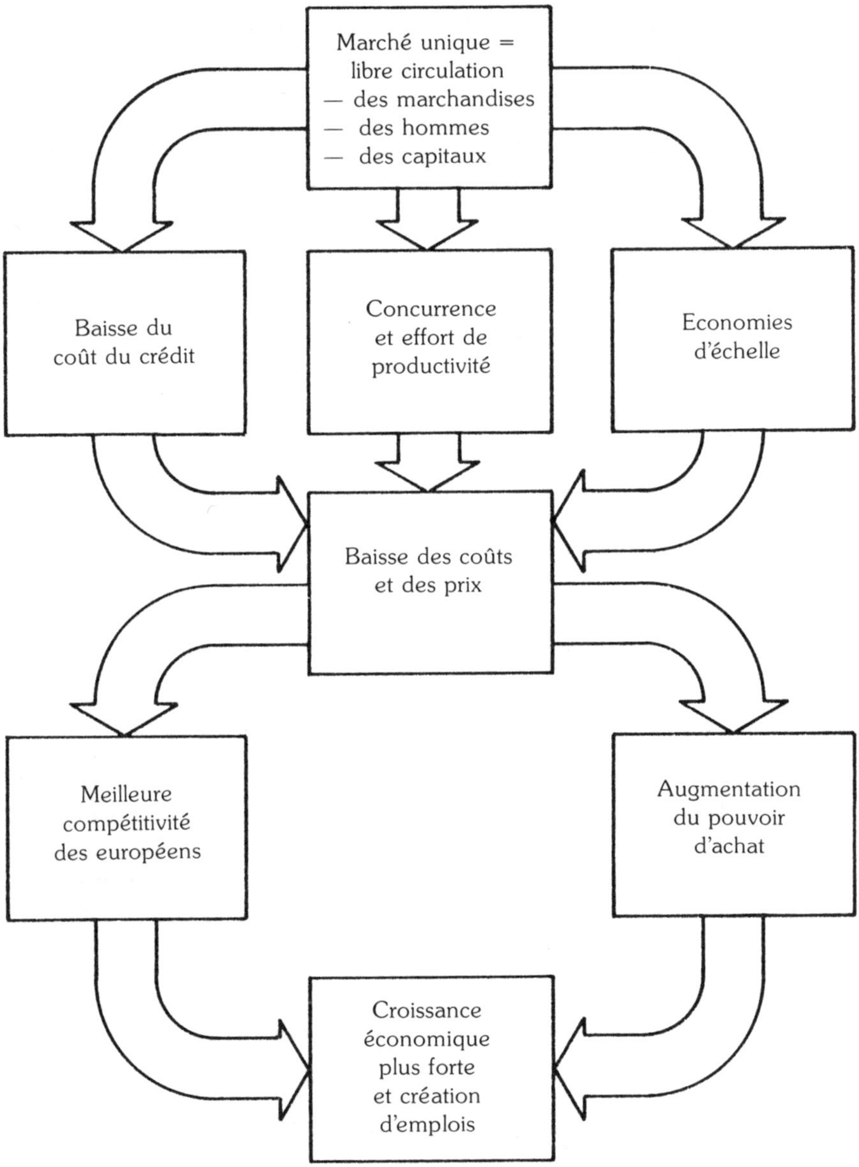

Les enseignements de l'histoire

Lorsqu'on se tourne vers le passé pour savoir si l'ouverture des marchés a été une bonne chose ou non pour l'économie, on rencontre deux types d'expériences : des expériences d'intégrations économiques de régions, et des expériences d'unions monétaires.*

L'intégration économique de territoires est le processus par lequel les provinces de différents pays se sont rassemblées dans des nations. L'histoire économique montre que les avantages liés à l'ouverture des marchés sont importants. Mais la répartition de ces avantages n'est pas nécessairement uniforme.

Certaines régions bénéficient plus que d'autres des avantages du marché unique. Par exemple, l'unification Italienne et l'abolissement des tarifs douaniers entre régions se sont accompagnés d'une croissance plus forte de l'économie italienne. Mais il faut reconnaître que l'économie du Sud (le Mezzogiorno) a eu plutôt à souffrir de l'unification. Aux Etats-Unis, après la guerre de Sécession, le Sud s'est enfoncé dans un siècle de stagnation économique dont il n'a commencé à sortir qu'avec la poussée vers le soleil des industries légères. Le marché unique est donc globalement avantageux mais l'un des risques est le renforcement des régions fortes et l'affaiblissement des régions faibles.

Le deuxième type d'expériences est l'union monétaire. Les pays gardent leur indépendance économique et leur réglementation intérieure, mais ils adoptent une monnaie unique, ou bien une référence monétaire unique.

On a connu dans le passé des situations de cette nature. Par exemple l'Union Latine en 1865, entre plusieurs pays d'Europe. Ces pays s'engageaient à frapper des monnaies ayant les mêmes caractéristiques de poids en argent, en quelque sorte des variantes d'une même monnaie. Ce système n'a pas vécu pour des raisons à la fois externes et internes, et qui sont instructives. D'une part l'argent s'est déprécié par rapport à l'or qui était la monnaie internationale et les opérateurs sont revenus à la monnaie la plus solide. D'autre part il a manqué un système de coordination des monnaies de pays. D'autres unions monétaires ont été mises en place en 1857 avec l'union monétaire germanique, en 1873 dans les pays scandinaves, et là encore on a rencontré les mêmes difficultés : absence d'une autorité de gestion monétaire suffisamment forte, manque d'harmonisation des politiques économiques des pays.

Il faut rappeler ici que les unions monétaires sont toujours formées dans un certain environnement monétaire mondial, et qu'elles ne peuvent pas ignorer ce fait. Le système de l'étalon or a été le système de paiements internationaux du milieu du siècle dernier jusqu'à la première guerre mondiale. C'était lui-même d'une certaine manière un système d'union monétaire puisque une monnaie unique, l'or, servait de référence dans tous les échanges internationaux, comme pour les monnaies nationales des différents pays. Ce système a plutôt bien fonctionné puisque la discipline de l'or empêchait les pays de diverger durablement. Lorsqu'un pays avait un déficit, ce déficit ne pouvait pas durer. Aussitôt les mouvements des prix, la crise et la récession le faisait rentrer dans le rang. De sorte que les fluctuations à court terme, aussi bien des taux d'intérêt, de la monnaie et de l'activité économique jouaient en faveur du retour à l'équilibre. Cela évitait que les mouvements d'or entre pays ne soient trop importants et qu'un pays se vide complètement de son or et soit acculé à sortir du système monétaire. Le régime de l'étalon or s'est complètement désintégré au moment de la guerre et ne s'est jamais rétabli par la suite. Il est essentiel de comprendre pourquoi au moment où l'on parle de monnaie européenne.

A partir de la première guerre, les pays ont de telles contraintes politiques, et de tels déficits publics et extérieurs qu'ils n'acceptent plus la contrainte internationale. Les économies divergent trop pour rester dans un système à « monnaie unique ». Ils préfèrent multiplier les contrôles. C'est aussi ce qui s'est passé sous une forme différente avec l'effondrement du système monétaire international défini à Bretton-Woods. Dans les années cinquante, on s'efforce de revenir à la liberté du commerce avec un système monétaire fixé par rapport au dollar. A partir de la fin des années soixante, les monnaies redeviennent convertibles. Les procédures d'équilibre et de consultation fonctionnent bien, le Fonds Monétaire International parvient à maîtriser les dévaluations des différents pays. Mais dans les années soixante dix les déficits extérieurs deviennent massifs. La cohésion du système aurait nécessité des politiques très dures pour empêcher les différences d'inflation et les déficits extérieurs. Les pays n'acceptent pas le coût social de ces politiques économiques. Les économies divergent et le système monétaire international éclate.

Ces rappels historiques font apparaître l'un des principes de base du fonctionnement d'une communauté monétaire :

Communauté monétaire
= convergence des économies nationales

Dans un environnement flottant, les européens ont tenté d'établir des relations à peu près fixes entre les différentes monnaies et ils ont naturellement buté sur cette contrainte. Au moment où chacun pense à l'étape d'une véritable Europe monétaire, il faut bien sûr conserver celle-ci à l'esprit.

L'Europe monétaire

Le couronnement d'une union économique est la monnaie unique. C'est aussi l'étape la plus difficile à franchir car elle consacre l'abandon par les nations d'un de leurs attributs essentiels. Ce n'est pourtant pas la plus difficile à concevoir. Faire des entreprises européennes suppose de longues négociations, des acquisitions et fusions, des investissements et de nouvelles attitudes de travail. Il faut pour cela beaucoup d'années. Unifier les réglementations fiscales et sociales exige de changer des milliers de lois et de décrets et de mettre tout le monde d'accord sur de nouveaux textes. Il faut pour cela des dizaines d'années. Voici en revanche un scénario d'une union monétaire en trois jours : 1°) au cours du week-end, les taux de change sont fixés entre les monnaies d'Europe et l'écu (par exemple au niveau du vendredi soir) ; 2°) le lundi matin, tous les avoirs en monnaie nationale sont convertis en écus aux guichets des banques, sur la base des taux arrêtés la veille ; 3°) le lundi après-midi, tous les commerçants marquent leurs étiquettes en écus 4°) le mardi toutes les transactions sont conclues et payées en écus, le franc, le mark, la livre sterling, rejoignant alors les assignats dans les vitrines des musées.

Nous tenterons un peu plus loin d'imaginer les conséquences possibles d'un tel scénario. Auparavant, pour comprendre les enjeux de l'Europe monétaire, il nous faut revenir sur les relations entre taux de change, taux d'intérêts, mouvements de capitaux, masse monétaire et commerce extérieur dans un marché ouvert. Nous partirons d'un monde imaginaire composé de deux pays identiques en tous points. Ces pays ont les mêmes taux de croissance et leurs échanges extérieurs sont équilibrés (sinon les pays ne seraient pas identiques). Supposons que le pays I relance alors son économie par du déficit budgétaire et de la création de monnaie. Il va importer plus sans exporter plus et il connaîtra le déficit extérieur. En contrepartie, le pays II aura un excédent commercial. Pour régler son déficit le pays I devra acheter de la monnaie du pays II. Celle-ci va avoir tendance à s'apprécier et la monnaie I tendra à s'apprécier. Que se passera-t-il par la suite ? Cela dépend du « système monétaire international » de ce monde imaginaire.

1) *Si les pays se sont mis d'accord pour que le taux de change reste à peu près fixe*, il leur faudra contrecarrer la tendance au déséquilibre du change. Une solution est d'emprunter dans le pays II, c'est-à-dire de faire venir des capitaux du pays II vers le pays I pour attirer les capitaux étrangers. Pour cela, il faudra peut-être augmenter les taux d'intérêts dans le pays I. On a donc la relation :

déficit extérieur ⇒ hausse des taux d'intérêt
⇒ maintien du taux de change

2) *Si les pays ont décidé de laisser flotter leurs taux de change librement*, il n'est nécessaire ni d'augmenter le taux d'intérêt, ni d'attirer des capitaux. On a donc la relation :

déficit extérieur ⇒ baisse du taux de change
⇒ maintien du taux d'intérêt

Dans la réalité, le taux de change n'est ni tout à fait libre, ni tout à fait fixe. Des situations intermédiaires sont possibles. Mais il y a une *interdépendance inéluctable entre quatre grandeurs clés : deux soldes (le solde commercial, et le solde des capitaux) et deux taux (le taux d'intérêt et le taux de change)*. Comme le déficit extérieur est directement lié à la croissance, à la compétitivité et à la politique économique intérieure, il en résulte que la politique économique et la croissance ne peuvent pas être décidées indépendamment des contraintes financières extérieures.

En simplifiant beaucoup, on peut résumer ainsi le jeu de ces interdépendances dans le monde depuis la dernière guerre :

• jusqu'au début des années soixante dix, les changes étaient « fixes », les mouvements de capitaux et les taux d'intérêt étaient contrôlés. Il fallait empêcher le déficit extérieur (ou l'excédent extérieur) en jouant (en moins ou en plus) sur la croissance et par des dévaluations (ou des réévaluations) périodiques de la monnaie. En règle générale, l'objectif de change fixe imposait sa contrainte aux autres grandeurs économiques. Lorsque la tension devenait trop forte, on se donnait de la facilité en dévaluant (pour les pays en déficit), ou bien en réévaluant (pour les pays en excédent, comme l'Allemagne).

• Dans les années soixante dix (premier choc pétrolier), les échanges extérieurs sont devenus brutalement si déséquilibrés qu'il a fallu libérer les taux de change. Mais les mouvements de capitaux et les taux d'intérêt sont restés largement contrôlés. Les politiques économiques ont pu garder une certaine indépendance, mais les taux de change ont divergé.

• Dans les années quatre-vingt (nouveau choc pétrolier, puis déficit américain), les déséquilibres extérieurs sont restés élevés, et de plus les mouvements de capitaux sont devenus considérables et très largement libres. Les taux d'intérêt n'étaient plus contrôlables et ont beaucoup augmenté.

Tous les pays du monde sont exposés à ce remue-ménage, mais il y a une différence entre l'Europe, et le Japon ou les Etats-Unis. Au Japon ou aux Etats-Unis, le remue-ménage ne concerne que les relations avec l'extérieur. Dans le pays, une seule monnaie circule et les mouvements du taux de change ne concernent que les relations externes au pays et pas les échanges entre les entreprises du pays. En Europe, plusieurs monnaies existent. L'agitation des taux de change et des mouvements de capitaux concernent donc les relations *internes à l'Europe*. L'Europe est donc plus exposée aux tourmentes internationales que ses partenaires. C'est pourquoi, elle a cherché dès le début des années soixante dix à s'organiser pour limiter le flottement des monnaies européennes entre elles. Mais cet objectif de « fixité » des monnaies impose une contrainte sur les politiques économiques nationales.

De l'UEP au SME

Une première tentative d'union monétaire a été faite dès 1950 avec l'Union Européenne des Paiements (UEP). L'Union Européenne des Paiements consistait en un accord des pays européens pour se prêter mutuellement une partie de leurs déficits réciproques. L'UEP était dotée d'une banque centrale, la Banque des Règlements Internationaux. Celle-ci constatait chaque mois les créances et dettes des pays entre eux pour les compenser. Après compensation certains pays restaient créditeurs, d'autres débiteurs. Il était convenu que les débiteurs ne devaient régler qu'une partie de leur dette. L'UEP comportait donc un mécanisme qui jouait un peu comme une banque centrale des banques centrales, et un système de crédits entre les banques centrales des pays. C'était une amorce d'intégration monétaire. En fait l'UEP n'a fonctionné que quelques années. A la demande de la Grande-Bretagne, elle fut dissoute en 1958. L'Europe renonçait ainsi provisoirement à l'idée de communauté monétaire. Chaque pays s'intégrait totalement dans le système monétaire international, le dollar devenant la monnaie de règlement entre tous les pays y compris les pays européens.

Une nouvelle tentative a été faite en 1972, qui est restée sous le nom de « serpent dans le tunnel ». Le « tunnel » signifiait que les monnaies européennes ne devaient pas s'écarter de plus de 2,25 % entre elles. Les banques centrales s'engagaient pour cela à intervenir sur le marché des changes chaque fois que leur monnaie s'approchait du seuil fatidique. D'autre part, elles s'efforçaient par leurs interventions de régulariser les mouvements du tunnel européen par rapport au dollar.

A partir de 1973, les déséquilibres extérieurs ont été tels que les engagements ne pouvaient plus être tenus. L'ensemble des monnaies européennes se sont mises à flotter vis-à-vis du dollar, en restant plus ou moins coordonnées entre elles. Cependant, l'intention politique demeurait. En 1978, les pays de la Communauté Européenne décident de mettre en place un « système visant à établir une coopération monétaire plus étroite aboutissant à une zone de stabilité en Europe » : c'est le Système Monétaire Européen (SME).

Un système de paiement est toujours complexe. Mais ses principes sont simples.

1) *Une unité monétaire européenne était conçue, l'ECU* (en anglais : European Currency Unit, les initiales sont plus suggestives pour les français que pour les anglais). Chaque pays gardait sa monnaie nationale. L'Ecu était donc, et demeure, une monnaie « au deuxième degré ». Les étiquettes ne sont pas exprimées en écus dans le pays d'Europe, mais en francs, en lires, en marks, etc. Il en est de même des billets de banque, des placements financiers et plus généralement de toutes les créances et dettes.

Nous avons déjà montré que dans une nation, la monnaie était au départ définie par un poids d'or et d'argent. Lorsque cette monnaie est devenue « inconvertible » (en or), la monnaie a perdu toute référence matérielle concrète. Mais elle a gardé tout son sens économique. C'est *l'unité dans laquelle sont exprimées les transactions commerciales et financières entre les unités économiques du pays.* Cette définition qui peut paraître abstraite, recouvre une réalité observable tous les jours. Mais c'est un aboutissement, un fait social qui résulte de beaucoup d'habitudes et d'un peu de contraintes légales. On ne peut donc pas créer une monnaie avant les habitudes.

Comment dès lors définir l'écu ? Un jour peut-être l'écu aura-t-il comme seule définition *l'unité dans laquelle sont libellées les transactions entre européens*. Mais au départ, cela n'est pas possible. La seule manière de faire est de se référer aux monnaies nationales existantes. C'est pourquoi l'écu a été défini comme un panier de monnaies comprenant des francs, des marks, des lires italiennes, etc. en quantités fixées bien entendu. Comme on connaît chaque jour le taux de change de toutes les monnaies entre elles, il est possible de calculer le cours de l'écu dans chacune des monnaies, ou l'inverse, c'est-à-dire le cours de chaque monnaie en écus.

2) *Il ne suffit pas de compter dans la même unité pour que la parités monétaires restent à peu près stables*. Il faut aussi, et surtout, décider ce que l'on fait pour ramener ces parités dans les limites souhaitées si elles tendent à s'en écarter. L'accord du SME prévoit précisément cela. Il définit un « seuil de divergence » entre les parités des monnaies, une sorte de clignotant. Lorsque le clignotant s'allume, le pays qui diverge doit :

- soit prendre des mesures correctrices immédiates telles que l'offre et la demande sur le marché des changes ramènent sa monnaie vers les autres (il faut pour cela que les banques centrales interviennent sur le marché des changes),

- soit si cela paraît hors de portée demander une modification du taux pivot (ce qui se passe de temps en temps au cours de week-end agités à Bruxelles).

3) Pour pouvoir intervenir sur les marchés des changes et éviter des variations incontrôlables du taux de change, il faut que la banque centrale du pays concerné puisse vendre (ou acheter) des devises en quantité suffisante sur le marché des changes. C'est pourquoi le système monétaire européen prévoit des droits de crédits réciproques entre les banques centrales européennes. Des crédits à très court terme en quantité illimitée, et si nécessaire, des crédits à plusieurs mois ou même à moyen terme dans des limites fixées à l'avance.

Telles sont les principales dispositions du système monétaire européen, qui ont fait leur preuve, sans naturellement empêcher des révisions périodiques des taux pivots de référence, mais en évitant des mouvements erratiques permanents. On voit quelles sont les limites de ce système : 1) si l'on veut développer une monnaie européenne, il faut dire qui va gérer et créer les écus. C'est la question de la Banque Centrale Européenne. 2) Pour que le système fonctionne, il est essentiel que les économies nationales ne « divergent » pas trop entre elles. Cela signifie que les soldes des échanges et des capitaux ne doivent pas être trop élevés. On sait que cela n'est possible que si les écarts de croissance et de compétitivité ne sont ni trop grands ni durables. L'engagement monétaire impose ainsi une contrainte incontournable de politique économique.

Avantages et inconvénients d'une monnaie unique

Peut-on aujourd'hui aller plus loin ? Une union monétaire complète signifierait une zone utilisant une monnaie unique gérée par une banque centrale unique, au-dessus des banques centrales nationales. Quels serraient les avantages et les risques d'une telle situation ?

Les avantages sont clairs. Le marché unique européen serait solidement établi puisqu'avec des écus en poche on pourrait acheter partout en Europe, comme cela se passe avec des dollars dans n'importe quel état des Etats-Unis. Deuxième avantage : le problème des taux de change et des crises périodiques de change serait supprimé en Europe. Il n'y aurait pas plus de problèmes financiers entre la France et l'Allemagne qu'il y en a entre la Bretagne et la Normandie.

Mais c'est aussi là que réside le rique. Pour en montrer les enjeux, nous allons nous placer le mardi matin, lorsque ne subsisterait plus que l'écu. La métamorphose monétaire n'aurait pas en deux jours changé les mécanismes économiques propres à chaque nation : les équipements, les horaires et les façon de travailler, les modes de rémunération, les comportements des syndicats et des patrons, les charges sociales et les impôts. Si le pays I est moins productif que le pays II, et si les charges fiscales et sociales y sont plus élevées, un dilemne cruel va se poser ? Faut-il aligner les rémunérations entre les deux pays ? Il faudrait dans ce cas accepter des prix plus élevés dans le pays I (car à salaires alignés, moins de productivité et plus de charges dans le pays I impliquent des prix plus élevés) ? Ou bien, faut-il aligner les prix dans les deux pays ? Et il faut alors verser des rémunérations plus faibles dans le pays I (pour compenser la différence de productivité et de charges).

Si l'on choisit la première solution, comme dans le marché unique que toutes les étiquettes sont en écus, les consommateurs achèteront tous dans le deuxième pays. Les entreprises du pays I fermeront leurs portes et le chômage augmentera alors que dans le pays II les affaires seront florissantes. La seule manière de contrer cela serait d'empêcher les consommateurs du premier pays d'acheter dans le second. Il faudrait pour cela interdire totalement les mouvements de marchandises et de capitaux. Or, cela serait exactement à l'opposé du marché unique. *La monnaie unique interdit toute possibilité de dévaluer la monnaie nationale.* Or, c'est la dévaluation qui permettait de diminuer le prix des marchandises vendues à l'étranger sans faire l'effort d'augmenter la productivité et d'alléger les prix de revient. En fermant cette issue de secours, la monnaie unique accule à la deuxième solution : la *différence des niveaux de vie*. L'écart des pouvoirs d'achat ne fait que constater la différence des productivités, éventuellement aggravée par la différence des prélèvements publics. C'est bien ce que confirment les enseignements de l'histoire.

Dans un marché ouvert, le maintien de taux de change fixes ou le passage à une monnaie unique (qui fige définitivement les changes) place chacun devant un choix redoutable et incontournable :

1) Ou bien s'astreindre à une égale efficacité, aux mêmes charges publiques et à la même compétitivité que les autres,
2) ou bien, l'un des pays risque de se vider progressivement de sa substance, de ses richesses d'abord, et peut-être ensuite de ses hommes.

La formation des nations n'a pas échappé à cette loi. Dans bien des cas la cohésion nationale n'a été maintenue que par la force, ou par des prélèvements sur les régions plus productives vers les moins productives. Les habitants d'Europe accepteront-ils une redistribution par les impôts entre la Provence et la Calabre, entre le Bad-Wurtenberg et l'Irlande ? Ou bien, dans le cas contraire risquons-nous de voir l'Europe se concentrer autour de quelques zones structurées et puissantes, au détriment de campagnes et de régions « périphériques » qui iraient en s'appauvrissant ?

Ainsi, les problèmes du marché unique, de la monnaie unique et du budget européen sont-ils totalement liés.

Les pouvoirs publics et le budget européen

Au sein des nations, les Etats sont largement intervenus en prélevant des impôts et en les redistribuant sous forme d'investissements, d'infrastructures et de services publics, ou même directement sous forme de subventions et de prestations sociales. La cohésion de l'Europe rendra-t-elle nécessaire l'intervention d'un « super-Etat » encore embryonnaire ? Il est bien clair que se posera de plus en plus la question de l'organisation des pouvoirs publics européens et du budget de ce super-état.

L'Europe va vers une organisation politique à quatre niveaux : de bas en haut, le local, le régional, le national et le communautaire (on remarquera que la France en a déjà quatre avec la commune, le département, la région, et l'Etat). Quel doit être le rôle de chaque niveau ? L'idée pourrait être que *chaque gouvernement intervient prioritairement dans le domaine où il est le plus efficace.* Le niveau de gouvernement approprié serait donc le niveau le plus bas pour lequel la fonction à assurer peut être efficacement exécutée. C'est ce que l'on appelle le « principe de subsidiarité » qui est une application de l'idée de décentralisation. La priorité d'intervention est donnée au niveau le plus bas, chaque niveau étant en somme le subsidiaire du niveau inférieur.

L'application des principes de décentralisation à l'organisation communautaire conduirait aux règles suivantes :

1) *sélectivité* dans les responsabilités de la Communauté. Intervenir dans trop de domaines, c'est se condamner à l'inefficacité. La Communauté devrait limiter ses interventions à ce qu'elle peut faire mieux que chaque état, ou bien à ce qui dépasse les Etats. C'est en particulier le cas pour le système monétaire, pour la politique régionale, et pour les règles de concurrence dans le marché européen.

2) *Partage* des responsabilités entre Communauté et Etats. L'« idée d'une harmonisation monolithique selon laquelle les compétences communautaires remplaceraient les compétences des pays devrait être abandonnée au profit d'une approche pragmatique et fédéraliste. »* Chaque Etat garderait sa liberté d'action dans le cadre plus général de principes de bases et de règles communautaires qui s'imposeraient à tous.

Cependant, même si elle évite d'intervenir dans trop de domaines, la Communauté ne pourra pas se limiter à distribuer de l'argent aux agriculteurs. Le budget de la communauté représente actuellement à peu près 1 % du PIB communautaire. Les deux tiers de ce budget sont consacrés à la politique agricole commune. Dans tous les autres domaines on peut dire que les interventions de la communauté sont faibles, voire négligeables par rapport aux interventions des budgets nationaux. C'est une situation qui ne pourra pas se maintenir.

En outre, l'harmonisation de la fiscalité et des systèmes de protection sociale, qui ne veut pas dire nécessairement l'identité, devra progresser. Les différences au départ sont considérables : les recettes fiscales indirectes (principalement la TVA) représentent 13 % des impôts en Allemagne, 40 % en Grèce. Les Etats qui ont un taux de TVA élevé se demandent comment compenser les pertes de recettes. En matière sociale, il n'est pas souhaitable de revenir en arrière dans les pays les plus avancés, mais on ne peut pas surcharger brutalement les autres pays. Il faudra progresser par « étapes équilibrées ». Chaque étape réunissant un ensemble de décisions présentant pour chacun assez d'avantages pour compenser les inconvénients.

Marché, monnaie, budget, trois problèmes majeures de la construction de l'Europe. L'union économique conduira peut-être à l'union politique. Elle suppose aussi pour progresser une volonté politique.

CHAPITRE 18

Vers une nouvelle économie ?

Les années de crise économique ont ravivé le vieux débat sur l'avenir des sociétés industrielles : dynamisme ou déclin ? Dans ses Mondes en marche, Alfred Sauvy* lançait cet avertissement : « Lorsqu'une civilisation se désagrège lentement, se contentant de jouir des efforts antérieurs et des apports extérieurs en se laissant aller au seul souci d'éviter les épreuves, le mot le plus apte à résumer cet état de choses est décadence ».

Il y a un quart de siècle, W.W. Rostow* avait déjà perçu des signes d'inquiétude devant notre propre réussite. Il s'interrogeait ainsi : « L'homme tombera-t-il dans une stagnation spirituelle séculaire... ? Les hommes apprendront-ils à conduire les guerres avec juste assez de violence pour se divertir — et pour accélérer l'usure du capital — sans faire sauter la planète ? L'exploration de l'espace offrira-t-elle un débouché suffisamment intéressant et coûteux aux ressources et aux ambitions ?... » Voilà déjà longtemps que le débat est ouvert.

L'âge d'or de la société post-industrielle

Dans un ouvrage célèbre *The coming of post-industrial society* l'américain Daniel Bell* annonçait l'avènement de la « société post-industrielle », imaginée comme un âge d'or d'abondance et de loisirs en prolongement de la société industrielle, en continuité avec elle :

1) Société d'abondance : l'effort réalisé pendant la période d'industrialisation devrait conduire à un revenu réel très élevé (50 fois plus élevé que dans la société pré-industrielle) et à une grande profusion de tous les biens matériels.

2) Société de services : les gains de productivité dans l'agriculture et l'industrie conduiraient ces secteurs à refouler leur main-d'œuvre devenue excédentaire. La majorité de la population se tournerait ainsi vers des emplois tertiaires : gestion, informatique, publicité, recherche, loisirs, distribution, administration, éducation, santé, etc.

3) Société fortement urbanisée : la campagne se dépeuplerait car l'emploi y est plus rare, et aussi parce qu'on ne peut jouir pleinement de la société post-industrielle qu'à la ville. C'est là que se trouvent concentrés tous les spectacles et tout simplement *le spectacle* permanent de la vie des autres.

4) Enfin société plus juste : car l'intervention croissance de l'Etat dans le fonctionnement des marchés, dans la formation des revenus, dans l'orientation générale de l'économie devrait permettre de gommer les inégalités en aidant les moins favorisés.

Dans la société post-industrielle, ces tendances se confortent mutuellement. La productivité élevée permet l'abondance et autorise les loisirs, les loisirs attirent vers la ville et la ville développe la société de services.

Cette conception, plutôt rassurante, de la société post-industrielle trouve des justifications dans l'observation des faits. La montée du niveau de vie, de la population urbaine, des emplois tertiaires, de l'intervention publique sont des réalités. Le système de valeurs des sociétés occidentales semble s'orienter vers des choix post-matérialistes. Il privilégie de plus en plus la qualité de la vie, le développement des loisirs et le besoin de participation, un peu comme si les problèmes de quantité étaient réglés.

En Allemagne la question suivante a été posée à plusieurs années d'intervalle à un échantillon représentatif de la population : « Parmi ces quatre libertés ou droits, lequel est pour vous personnellement le plus important : liberté de la parole, liberté de culte, droit à la sécurité ou droit au bien-être matériel ? ». Après la dernière guerre, le « droit au bien-être matériel » l'emportait très largement. Dès la fin des années soixante, la « liberté de la parole » passait en tête. De même la question suivante a été posée aux Japonais. « En matière d'éducation des enfants à l'âge de l'école primaire, certains pensent qu'il faut leur apprendrer que l'argent est la chose la plus importante. Etes-vous d'accord ou pas d'accord ? » En 1953, 65 % des Japonais se prononçaient pour la sécurité financière. En 1978, ils n'étaient plus que 45 %.

Il semble que ce mouvement vers le post-matérialisme soit appelé à se poursuivre. Les enquêtes montrent en effet que l'opinion d'une génération change assez peu lorsque cette génération vieillit.

Cette opinion se forme à l'adolescence et ne change pas avec l'âge. Les Japonais qui sont aujourd'hui aux commandes de l'économie avaient entre vingt et trente ans dans les années cinquante, au début de la période de reconstruction. A l'époque, les valeurs matérialistes dominaient chez deux tiers des jeunes. Dans cette génération, parvenue aujourd'hui aux commandes, ces valeurs continuent de dominer dans des proportions voisines. La génération a vieilli sans renier ses opinions ; elle reste fortement motivée par la réussite économique. En revanche, les trois-quarts des Japonais qui ont aujourd'hui entre 20 et 30 ans rejettent le critère de l'argent comme critère de réussite. On peut ainsi s'attendre à une montée des post-matérialistes au Japon dans les années qui viennent.

Pour les autres pays, on ne dispose pas de données aussi précises. Cependant, estime Ronald Inglehart*, « le schéma de base est le même pour l'ensemble des pays : chez les personnes les plus âgées, les matérialistes l'emportent de très loin sur les post-matérialistes, plus les sujets sont jeunes, plus la proportion des matérialistes diminue au profit des post-matérialistes ».

En résumé, le remplacement progressif de la société industrielle par une société de services qui en constituerait le prolongement et l'aboutissement naturel repose sur de solides arguments. Cependant, cette conception est aujourd'hui contestée.

La société post-industrielle contestée

C'est d'abord le « modèle post-industriel » qui est contesté. La société post-industrielle ne tient pas ses promesses. L'abondance n'est obtenue que par le développement désordonné de besoins factices. Assimiler l'accumulation de biens matériels et le bien-être est une mystification : selon les normes actuelles de la comptabilité nationale, quand on investit pour réduire des pollutions on accroît la production et le taux de croissance de l'économie. En réalité, il s'agit d'un coût pour la collectivité. Un taux de croissance économique positif peut donc signifier une croissance zéro ou même une diminution du bien-être social. La pauvreté, l'inégalité sociale n'ont pas disparu, et la crise économique risque de remettre en cause certains acquis sociaux. La « libération » de l'individu attendue de l'aisance matérielle ne se produit pas. Bien au contraire, la pression des diverses corporations, le pouvoir des grandes structures industrielles et financières, privées ou publiques, la puissance des bureaucraties et le développement des réglementations étouffent l'individu. Bref,le modèle post-industriel n'est pas un scénario souhaitable.

La deuxième contestation porte sur la réalité de la transition post-industrielle. C'est le fait que notre société s'achemine vers la société de Bell qui est nié. Ainsi pour J. Gershuny* notre société est et reste fondamentalement industrielle. Gershuny étudie l'économie anglaise, généralement considérée comme avancée dans la voie de la société de services. Que constate-t-il ?

Le développement d'une société de services signifierait un développement des relations de personnes à personnes. Or, ce n'est pas dans ce sens que vont nos sociétés. L'illusion de la société de services est venue de la montée des emplois tertiaires. Or la plupart de ces emplois tertiaires ne participent pas à l'offre des services. Ils contribuent d'une manière ou d'une autre à la production de biens matériels. Ce sont des emplois annexes à l'industrie, implantés soit dans des entreprises industrielles (bureaux d'études et de conception, réseaux commerciaux, activités de planification ou de gestion financière et comptable), soit dans des secteurs de transports et de distribution des marchandises. L'interprétation de Gershuny est que l'industrie assure une production toujours croissante de biens matériels — cuisinières, congélateurs, télévisions, automobiles, etc. Ces biens sont ensuite utilisés pour produire à titre privé des services individuels, en dehors de l'économie formelle. Pour gagner sa vie, on occupe un emploi. Qu'il soit manuel ou tertiaire, cet emploi est généralement tourné vers la conception, la production ou la vente de biens matériels. Les services sont ensuite produits à domicile par les consommateurs en dehors de l'économie marchande, à partir des biens matériels qu'ils ont accumulés. C'est ce que Gershuny appelle non pas la société de services mais la « société self-service ».

Cette tendance se poursuivra pour deux raisons : d'une part l'innovation technique conduit à des machines domestiques de moins en moins chères (pensons par exemple à l'ordinateur individuel qui s'introduit en force dans nos foyers). D'autre part, le coût du travail augmente sans cesse et rend le prix des services rendus par autrui prohibitif par rapport au prix des biens matériels. Il est plus facile et moins coûteux de se payer une chaîne haute-fidélité que d'entretenir chez soi Joseph Haydn et tout son orchestre.

En conclusion, le noyau central de notre société reste la production de biens matériels, fonction assurée par le secteur industriel. La société « self-service », vers laquelle nous allons, n'est qu'une forme de la société industrielle. Or, aux yeux de certains, la société industrielle telle que nous la connaissons est une voie dangereuse et sans issue. C'est la thèse de l'« impasse industrielle ».

La thèse de l'impasse industrielle

Cette thèse exposée notamment par Ingmar Gramstedt* dans son livre *L'impasse industrielle*, met l'accent sur le rôle des outils et des modes de production. Les outils de la production, c'est-à-dire l'ensemble des moyens et des techniques mis en œuvre pour produire, façonnent notre société. Or, les modes de production que nous avons privilégiés nous conduisent à une impasse, avec au bout le chaos et l'instabilité.

Les techniques peuvent être utilisées selon des modes de production « autonomes » ou selon des modes de production « intégrés ». Les premiers sont adaptés à l'initiative des hommes. On se sert des outils autonomes individuellement et librement en exerçant ses capacités et ses talents personnels et ces outils permettent à chacun de s'accomplir dans et par son travail. Au contraire, les modes de production intégrés dépendent de l'activité combinée et organisée d'un grand nombre de personnes, et d'une grande quantité de matériels. Les outils intégrés multiplient les contraintes. Ils développent le sentiment que l'homme est finalement au service de la machine. Entre ces deux extrêmes, les techniques industrielles réelles combinent à des degrés divers des techniques autonomes et des techniques intégrées. Dans l'économie traditionelle, la production intégrée était à son minimum. Elle était réservée à la réalisation de grands travaux et de monuments, inconcevable sans une forte concentration d'hommes et de puissance mécanique et sans une même unité de conception et de commandement. La plus grande part de la production était assurée de façon autonome, par des individus dans de petites communautés. Avec l'essor du capitalisme marchand et la révolution industrielle, notre monde a basculé. La production intégrée a envahi l'industrie, l'ensemble des secteurs d'activité, puis l'ensemble du monde, qui prend modèle sur l'Occident. Démocraties libérales, pays socialistes et pays en développement se retrouvent en concurrence pour installer les plus grandes usines et s'équiper de complexes et de combinats industriels. C'est la planète entière qui bascule dans la production intégrée.

Toute l'organisation sociale en est bouleversée. Car les outils ne sont pas seulement des moyens techniques utilisés pour transférer la matière et produire des biens utiles à notre vie courante. Les outils sont aussi « des instruments par lesquels passent, se nouent et se jouent des relations quotidiennes entre les gens ». Le déséquilibre technologique est aussi un « déséquilibre des interdépendances de l'humanité ». En choisissant le tout-intégré, notre société s'est engagée dans la voie de contradictions insurmontables :

1) ***Une organisation qui doit être toujours plus poussée et s'avère toujours insuffisante***. Le produit le plus banal est le résultat d'une myriade d'opérations effectuées dans une multitude d'entreprises aux quatre coins de la planète. Pour que le système fonctionne, il faut toujours plus d'organisation du travail, plus de normalisation des produits, plus d'interconnexions, plus de synchronisation. Or toute cette organisation à grand renfort d'ordinateurs débouche sur des rigidités de plus en plus grandes. Le changement devient de plus en plus difficile et de plus en plus coûteux.

2) ***Une information qui envahit tout et se détruit elle-même.*** Pour se développer, et simplement pour se maintenir, la production intégrée a besoin de plus en plus d'informations. Il faut essayer de prévoir à chaque instant tout ce qui se passe en chaque point de la chaîne économique. Les industries de la collecte, du traitement et de la diffusion de l'information, les activités de conseils, d'étude et de prévision, l'informatique, la télématique se développent massivement. Cependant, tout cela se heurte de plus en plus à nos limites mentales et à notre incapacité à trier et à assimiler un tel foisonnement d'informations. Cette société nous condamne à la fois à la sur-information et à la sous-information.

3) ***Une soif d'équipements qui bloque l'investissement.*** « En orientant tout le développement technologique vers des moyens de production de forte puissance, nous nous sommes condamnés à dépendre à tout propos d'investissements considérables que seule l'épargne collective de grandes masses permet de former ». Dans de nombreuses activités, pour réaliser un projet industriel, il faut rassembler l'épargne de plusieurs milliers de personnes (voire même de plus de 100 000 mille personnes pour une usine d'assemblage d'automobiles). Au-delà d'un certain seuil, les risques de blocage apparaissent. Seules les collectivités publiques, les entreprises nationales, les groupes les plus puissants ont un accès privilégié à l'épargne. Les grands projets d'investissements lèsent les petits investissements autonomes. L'obstacle du financement bloque l'investissement, et le déséquilibre entre la grande production intégrée et la production autonome s'accentue spontanément.

4) ***Une prolifération de lois et de règlements dont l'efficacité diminue.*** La production intégrée multiplie les risques sociaux. Les risques de conflits, d'inégalités ou d'injustices dans la vie de travail conduisent à programmer la vie active par une législation qui en règle tous les détails : âge de début d'activité, durée de travail, jours de repos, horaires, pauses quotidiennes, congés annuels, droits de réunion, d'absence, conditions de licenciement.

Les risques de la production et de la consommation imposent la multiplication des autorisations préalables, des interdictions, des normes de sécurité, des délais de réflexion, des possibilités de recours, des lois antipollutions, des protections individuelles, etc. Dans le contexte de la production intégrée, chacune de ces règles s'avère effectivement nécessaire et leur nombre ne peut qu'augmenter sans cesse. Cependant, leur prolifération, l'impossibilité d'en assurer la cohérence et notre incapacité à les appréhender les rendent inopérantes.

En résumé, la production intégrée a dépassé le seuil de son efficacité. Elle n'est plus capapble de s'adapter aux changements qu'elle provoque. Pour Ingmar Gramstedt nous sommes engagés dans « un monde où les perturbations se succèdent plus vite qu'on ne peut matériellement y répondre, où les contextes dépassent en dimension et en complexité ce qu'il est possible de suivre pour agir en connaissance de cause, où les ensembles de problèmes à maîtriser débordent toute organisation de compétences qui peut leur être opposée, où les investissements ne peuvent être financés alors que les urgences se multiplient, où la densité des risques courants dépasse toute possibilité de contrôle ». Nous assistons impuissants à la débâcle de cette « économie mondialisée foncièrement instable et chaotique » au bout de laquelle surgit le risque du déclin.

Vision grandiose, excessive et sans doute erronée. Derrière les contradictions d'une croissance plus faible — mais qui demeure — apparaissent désormais plusieurs changements structurels dont pourrait naître une nouvelle dynamique de développement.

Les signes d'une nouvelle dynamique

Le retour d'une croissance gaspilleuse en ressources naturelles et en capacités humaines paraît aujourd'hui peu probable. Cependant, des signes de changement profond de nos économies apparaissent, qui pourraient annoncer une nouvelle dynamique.

a) *Abondance et quantité*

Il y a quelques années Marshall Sahlins* avait surpris l'opinion par ses analyses des sociétés primitives. Selon l'imagerie traditionnelle, l'économie primitive était une économie de subsistance où de pauvres hommes faméliques parvenaient tout juste à survivre au prix d'un effort incessant. Sahlins a démontré que cette vision était fausse : « on est actuellement en mesure de prouver que les peuples de chasseurs-collecteurs travaillent moins que nous, et que loin d'être un labeur continu, la quête de nourriture est pour eux une activité intermittente, qu'ils jouissent de loisirs surabondants et dorment plus dans la journée, par personne et par an, que dans tout autre type de société ». Si les primitifs travaillaient peu, ce n'est pas parce qu'ils étaient paresseux, c'est parce qu'ils se satisfaisaient de peu. Ils ne travaillaient pas pour accumuler des surplus au-delà du nécessaire. En ce sens, la société de l'âge de pierre était la première, peut-être la seule société d'abondance.

Il y a deux façons possibles de rechercher l'abondance. On peut produire beaucoup de biens, ou l'on peut en désirer peu. Les sociétés modernes ont choisi la première. Elles s'assignent un but indéfini : *le plus possible*. En comprenant l'activité économique comme « la mise en œuvre de moyens limités à la satisfaction de besoins nombreux et illimités », nous nous sommes condamnés à susciter autant d'insatisfaction que de satisfaction. Cette prise de conscience nous interpelle et nous trouble. En nous rendant incertains sur les fins de notre activité économique, elle nous démobilise. Mais elle nous rappelle aussi que l'accumulation permanente de biens matériels n'est pas le seul but de l'humanité. Abondance n'est pas quantité.

b) *Le découplage production-matières premières**

Nous assistons depuis quinze ans à une sorte de découplage de l'économie des produits primaires et de l'économie globale. Mouvements de prix excessifs par rapport au mouvement économique général, phases d'effondrement des cours. Mais au total, les pénuries annoncées dans des rapports célèbres ne se sont pas présentées. On a même assisté à de véritables crises de surproduction, et cela malgré une période durable de croissance de la production industrielle dans le monde.

Si l'on s'en tient aux matières non agricoles (minerais, pétrole et métaux), celles dont on craignait le plus de manquer, deux facteurs expliquent l'effondrement des cours : l'accroissement de la productivité et la meilleure utilisation des matières premières.

Les matières premières doivent en général être « produites » et commercialisées. Cela exige du travail et du capital et par conséquent la productivité des facteurs agit sur le prix de revient comme dans tous les domaines. Or les gains de productivité sont tout à fait comparables à ceux que l'on peut observer dans d'autres secteurs. Ainsi par exemple la quantité de travail nécessaire pour produire 100 kilos de cuivre est-elle passée de 1 500 heures de travail en 1820 à 600 au début du siècle et 40 actuellement. La chute est de l'ordre de celle des produits industriels.

En outre, le volume de matières premières contenu dans une unité de PIB tend à diminuer. D'après les calculs du Fonds Monétaire International (en mettant à part les périodes de guerre), cette « économie » de matière première serait de plus de 1 % par an. De sorte que 1 franc de PIB d'aujourd'hui contiendrait 60 % de moins de matière première qu'au début du siècle. Les chocs de 1973 ont fortement accentué le mouvement. Ainsi, en une dizaine d'années, les pays développés ont-ils dans l'ensemble diminué de 25 à 50 % la quantité de pétrole contenue dans une unité de valeur ajoutée industrielle, le Japon arrivant en tête des économies.

Les produits nouveaux incorporent moins de matières premières, des matières premières moins coûteuses ou moins de matière tout court. Par exemple telle marque automobile annonce pour dans quinze ans des voitures qui pèseront 200 kilos de moins et aujourd'hui, dans la valeur d'un semi-conducteur, la matière ne compte que pour environ 3 %.

Ceux qui annonçaient une pénurie généralisée de matières premières ont oublié la productivité. Ils ont fait la même erreur que ceux qui, il y a deux siècles, auraient prédit que la France ne pourrait pas « physiquement » dépasser 20 millions d'habitants. Avec les techniques de l'époque il fallait deux hectares de terre pour nourrir une personne. La France ayant 40 millions d'hectare cultivables, ne devait donc pas dépasser 20 millions d'habitants. Mais c'était oublier le changement technique et la productivité, l'erreur permanente des prophètes de la stagnation.

c) *Le renouveau entrepreneurial*

Il se créait aux Etats-Unis quatre-vingt dix mille nouvelles entreprises par an au début des années cinquante, deux cent cinquante mille au début des années soixante dix. Il s'en crée actuellement six cent mille. En France, on peut estimer qu'il se crée actuellement deux à trois fois plus d'entreprises qu'au début des années soixante dix.

L'importance du phénomène est quelquefois contestée en faisant observer que beaucoup des entreprises nouvelles disparaissent dès leurs premières années. Et de fait, le nombre de disparitions a aussi augmenté. A cela, il est facile de répondre que si deux sur trois, peut quatre sur cinq des entreprises nouvelles disparaissent rapidement, cent pour cent des hommes meurent. La question économique n'est pas de naître pour l'éternité, mais la contribution que l'on apporte à la création de richesse pendant la période où l'on vit. Or de l'entreprise qui échoue naît souvent un entrepreneur qui réussit. L'entreprise nouvelle a exploré la faisabilité d'un nouveau projet, elle a formé un entrepreneur.

D'autre part, les analyses indiquent que sur les deux paramètres qui commandent l'évolution globale de l'emploi, les créations et les suppressions, la seule variable d'action est le rythme des créations. On a par exemple montré pour les Etats-Unis que les différences d'évolution de l'emploi entre les régions ne proviennent pas du rythme des suppressions d'emploi mais du rythme des créations. Les suppressions se font en effet à un taux similaire. En revanche, le taux de création d'emplois est variable. Il dépend du taux de lancement de nouveaux projets dans les entreprises existantes, et bien entendu du taux de formation d'entreprises nouvelles. Ce jaillissement d'activités et d'entreprises nouvelles constitue aujourd'hui un paramètre nouveau du développement économique.

d) *Le retour du marché*

Nous avons eu il y a quelques années la thèse des limites physiques de la croissance, thèse en apparence irréfutable et pourtant démentie par les faits. Aujourd'hui une thèse répandue est que le développement des activités financières serait lié à l'accumulation de déséquilibres croissants, et qu'il bloquerait l'économie réelle. Il en résulterait une tendance au déclin et au chômage, le développement économique venant en quelque sorte se perdre dans les jeux de la finance internationale. Bref, après avoir écarté le spectre des limites physiques de la croissance, nous nous heurterions désormais aux limites financières de la croissance.

La réalité est à la fois plus simple et plus réconfortante et elle peut s'analyser ainsi. Après une longue parenthèse de cloisonnements et de contrôles qui durait depuis la première guerre mondiale, les forces du marché ont progressivement repris leurs droits. D'abord dans les échanges de marchandises, puis récemment dans le secteur financier. Face au développement des échanges internationaux, face au fractionnement politique mondial qui est ce qu'il est, le marché s'est avéré le seul régulateur capable de maintenir une certaine cohésion financière. De fait, paiements et mouvements de capitaux n'ont cessé d'être assurés, sans recul durable de la croissance ou du commerce mondial. Mieux, la grande vague d'inflation des années soixante dix a été repoussée. L'inflation a reculé huit années de suite, performance sans précédent depuis la guerre. Nous retrouvons des taux de l'ordre de 3 %, que nous ne connaissions pas depuis vingt-cinq ans et qui témoignent d'un apaisement des grands désordres antérieurs.

* * *

Economies de ressources naturelles qui reportent une fois encore les limites de la croissance, retour du marché financier, émergence de générations plus nombreuses d'entrepreneurs, porteurs de projets, de création et d'initiatives. L'économie de demain ressemblera peu à l'économie d'hier. Mais dans un paysage qui change, les rouages et les enjeux restent les mêmes. A bien y regarder, ce sont toujours les mêmes règles du jeu.

Bibliographie

Introduction

7 Raymond Barre, *Economie politique,* Collection Themis, Presses Universitaires de France, 1963.

8 Jean-Pierre Dupuy, *Ordres et Désordres,* Seuil, Paris, 1982.

9 Wilhem Ropke, *Explication Economique du Monde Moderne,* Librairie de Médicis, Génin, Paris, 1951.

9 Adam Smith, *Recherches sur la nature et les causes de la richesse des nations,* Edition française, Coll. Idées, Gallimard, Paris.

Chapitre 1 — Les hommes et les richesses

12 René Huyghe dans *La Nuit appelle l'Aurore,* Entretiens avec René Huyghe et Daisaku Ikeda, Flammarion, Paris.

13 Paul Thibaud, « Comment dégeler les rapports sociaux », *Libération,* 15 juillet 1982.

13 Alain Touraine, « Après le coup d'arrêt », *Le Matin de Paris,* 21 juin 1982.

16 Thomas Schelling, *La tyrannie des petites décisions,* Presses Universitaires de France, Paris, 1980.

19 Wall Street Journal, mercredi 10 novembre 1982, article signé par J.J. Fialka.

22 Pierre Longone, « Vers de nouveaux équilibres mondiaux », *Revue de Défense Nationale,* avril 1981.

23 Office des Nations Unies, *Prévisions démographiques à long terme.*

25 L'expression « esclave mécanique » est de Jean Fourastié.

27 Fernand Braudel, *Civilisation matérielle, Economie et Capitalisme,* XVe-XVIIIe siècles, Armand Colin, Paris.
27 Hannah Arendt, *La crise de la culture,* Idées, Gallimard, Paris, 1972.
29 Edgar Morin, *Pour sortir du vingtième siècle,* Fernand Nathan, Paris.

Chapitre 2 — Les Consommateurs et le niveau de vie

36 Ivan Illich, *La convivialité,* Points, Seuil, Paris.
37 Michel Foucault, *Surveiller et punir,* NRF, Gallimard, Paris.
37 John K. Galbraith, *L'ère de l'opulence,* Calmann-Lévy, Paris.
38 Philippe Nicolas, « Les publicitaires, des metteurs en scène de la valeur », *L'Express,* 21-27 août 1981.
39 L'exemple cité s'inspire d'un exemple proposé dans le troisième rapport du Centre d'Etude des Revenus et des Coûts, *Documentation française,* Paris.
44 Jean Fourastié, *La réalité économique,* Collection Pluriel, Hachette, Paris, 1986.
47 Jean Benoît, *Le Monde* du 29 janvier 1983.
48 Philippe Eliakim, *Les Echos*, décembre 1986.
49 Michel Albert, *Le pari français,* Seuil, Paris.
49 Akio Morita, *Made in Japan,* Robert Laffont, Paris, 1986.
51 André Babeau et Dominique Strauss-Kahn, *La fortune des Français,* PUF, Paris.

Chapitre 3 — Les entreprises et la production

55 Selon l'expression de Ripert.
58 Thierry de Montbrial, *L'énergie. Le compte à rebours,* J.C. Lattes, Paris.
63 Jean-Pierre Adine, Journal *Le Point,* 1986.
68 George Gilder, *L'esprit d'entreprise,* Fayard, Paris, 1985.
68 Peter Drucker, *Les entrepreneurs,* L'Expansion Hachette, Paris, 1985.
70 Akio Morita, *Made in Japan*, Robert Laffont, Paris, 1986.

Chapitre 4 — Les échanges

73 Claude Levi-Strauss, *Les Structures élémentaires de la parenté,* PUF, Paris.
73 Marshall Sahlins, *Age de pierre, âge d'abondance,* NRF, Gallimard, Paris.
78 Danièle M. Grobsheiser, *Les Echos,* 13 octobre 1986.
82 Adam Smith, *Recherche sur la nature et les causes de la richesse des nations*, Edition Française, Coll. Idées, Gallimard, Paris.

82 Michaël E. Porter, *Choix stratégiques et concurrence,* Economica, Paris, 1982.

Chapitre 5 — L'économie de marché

86 G. Stigler, *La théorie des prix,* Dunod.
88 Michel Rocard, *Citations reproduites dans la Vie Française,* juin 1982.
89 Joseph Schumpeter, *Capitalisme, socialisme et démocratie,* Payot, Paris.
90 Garett Hardin, *The Tragedy of the Commons in Science,* vol. 162, n° 3859, 13 décembre 1968.
92 Michel Charzat, « Au service d'une volonté », *Le Monde,* 11 septembre 1981.
92 André Fontaine, « Pourquoi nationaliser ? », *Le Monde,* 15 novembre 1981.
93 Paul Fabra, « Les Nationalisations aujourd'hui et demain. Diriger ou tirer les sonnettes ?, *Le Monde,* 2 juillet 1977.
96 Edward H. Bowman et Bruce, G. McWilliams, « La logique implacable de la déréglementation », *La Revue française de gestion,* mars-avril-mai 1986. (reproduit dans *Problèmes économiques,* n° 1990).
96 Robert Delfs, « Mixed from the Center », Far Eastern Economic Review (Hong Kong) 15 octobre 1982, reproduit en français dans *Problèmes Economiques,* n° 1809, 2 février 1982, Documentation française.
97 Thomas B. Gold, « China's Private Entrepreneurs, *China Business Review,* novembre-décembre 1985, Washington.
97 Leonide Joukhovitski « Zatchen Don Kikhotow Mercedes » ? (Qu'est-ce que Don Quichotte peut bien faire d'une Mercedes ?), *Litéraournaïa Gazetta,* Moscou, n° 34, 19 août 1981, Extraits reproduits des *Problèmes politiques et Sociaux,* n° 447, 24 septembre 1982, Documentation française, Paris.
98 Abel G. Aganbeguian, *Perestroïka,* Economica, Paris, 1987.

Chapitre 6 — Le circuit économique

115 John M. Keynes, *Théorie générale de l'emploi, de l'intérêt et de la monnaie,* Payot, Paris.

Chapitre 7 — Les pouvoirs publics et les impôts

120 Citée dans Barret et Gurgand, *Ils voyageaient la France,* Hachette littérature, Paris.
123 Pierre Rosanvallon, *La crise de l'Etat-Providence,* Seuil, Paris, 1981.
123 Jean Baudrillard, *La société de consommation,* Idées, Gallimard, Paris, 1970.

124 Ivan Illich, *La Convivialité,* Seuil, Paris, 1973.
127 Discours du Premier Ministre à l'Assemblée nationale, 9 juillet 1981.
127 Milton Friedman, *Contre Galbraith,* pp. 46-47, Association pour l'économie des institutions, Economica, Paris, 1977.
129 Pascal Lacorie, *La Tribune de l'Economie,* 3 février 1987.

Chapitre 8 — Les banques et la monnaie

152 Romain Franklin, « Les réformes bancaires en Chine, Le vin et les bouteilles », *La Tribune,* 9 décembre 1986.

Chapitre 9 — La bourse et le marché des capitaux

164 Les passages suivants sont empruntés à Michel Didier, *Mutations techniques et financières dans l'économie actuelle*, CNAM, 1988.

Chapitre 10 — Le progrès technique

178 Jean Fourastié, *La réalité économique,* Collection Pluriel, Hachette,
180 Paris.
182 CERC (Centre d'Etude des Revenus et des Coûts), *La productivité globale dans l'entreprise,* Les Editions d'Organisation, Paris, 1987.
186 *Quel avenir pour l'automobile ?* Rapport MIT par Daniel Roos et Alan Alshuler, Editions Economica, Paris, 1985.
188 CFDT, *Les dégâts du progrès,* Points, Seuil, Paris.
190 Sylvie Brunel, *Tiers Monde,* Economica et Liberté sans Frontières, Paris, 1987.
191 Charles Fiori, *Le Point,* n° 734, 13 octobre 1986.
192 Alexandre Couzinet, *Mermoz-Couzinet, ou le Rêve fracassé de l'Aéropostale,* Editions Jean Picollec, Paris, 1986.
192 Robert Lattès, *L'apprenti et le sorcier,* Plon, Paris, 1988.
194 Jean S. de Sismondi, *Nouveaux principes d'économie politique.*
196 Alfred Sauvy, *La machine et le chômage,* Dunod, Paris.
197 Fernand Braudel, *Civilisation matérielle, économie et capitalisme — XVe-XVIIIe siècle,* Armand Colin, Paris.
199 Marc Guillaume, « De proches futurs radicalement futurs », *Le Figaro,* 5 décembre 1982.

Chapitre 11 — La compétitivité

202 David Ricardo, *Des principes de l'Economie politique et de l'impôt,* Flammarion, Paris.
205 Oleg Bogomolov, « Interdépendance, Changements Structurels et Conflits de l'Economie Mondiale », *Actes du Septième Congrès Mondial d'Economie,* Association internationale de Sciences Economiques, Madrid, 1983.

207 « Etudes sur les restrictions à l'importation dans les Etats membres de la Communauté », publiée par le Ministère du Commerce extérieur français en novembre 1982.
209 Akio Morita, *Made in Japan,* Robert Laffont, Paris, 1986.
210 Michaël E. Porter, *Choix Stratégiques et Concurrence,* Economica, Paris, 1982.
211 Michel Colonna d'Istria, *Les Echos,* novembre 1986.
219 *Ramses 85/86,* sous la direction de Thierry de Montbrial, Atlas-Economica, Paris, 1985.
220 Pierre Fabian, *Les Echos*, 4 août 1986.
221 Akio Morita, *Made in Japan,* Robert Laffont, Paris, 1986.
227 Michel Albert, *Le pari français*, Seuil, Paris.
228 Henri Bourguinat, *Les vertiges de la finance internationale,* Economica, Paris, 1987.
228 *Le Nouvel Observateur,* 28 janvier 1983.

Chapitre 12 — Le taux de change

235 Société de Banque Suisse - brochure sur le marché des changes.
243 Cité dans Patrick de Jacquelot, « L'internationalisation dicte sa loi aux
244 marchés », *Les Echos,* 23 octobre 1987.

Chapitre 13 — Le chômage

253 Bernard Brunhes, « La désespérance des jeunes travailleurs », *Projet* n° 156, juin 1981.
253 Pierre Maclouf, « Une ville qui passe en deuxième vitesse ? », *Projet,* n° 156, juin 1981.
258 Vivien Levy-Garboua, *Macroéconomie Contemporaine,* Economica, Paris, 1981.
260 « Sortir de la crise : la méthode californienne », *Le Matin,* 13 octobre 1982.
262 Martin Weitzman, *L'Economie de partage,* L'Expansion-Hachette, Paris, 1986.
263 Colloque OCDE-Ministère des Affaires sociales et de l'Emploi, 21 et 22 janvier 1988, Document de séance.
267 Herbert Méyer, *La guerre contre le progrès*, Editions France Empire, 1985.

Chapitre 14 — L'inflation

275 Jean Fourastié et Béatrice Bazil, *pourquoi les prix baissent,* Collection Pluriel, Fayard.
280 Henri Lepage, « Bloquer pour mieux sauter », *Le Figaro,* 10 juillet 1982.

282 Claude Legoux, Technologie et facteurs de baisse, *Le Monde*, 27 août 1982.

285 Warsh, « Inflation is too important to leave to the Economist », *Forbes*, 15 novembre 1976 (avec Laurence Minard) et David Warsh, « the Great Hamburger Paradox », *Forbes*, 15 septembre 1977.

Chapitre 15 — La justice sociale

287 Lionel Stoleru, *Vaincre la pauvreté dans les pays riches*, Champs, Flammarion, Paris, 1977.

288 Catherine Blum-Girardeau, *Les tableaux de la solidarité*, Economica, Documentation française, Paris, 1981.

292 Jean-Jacques Rousseau, *Le Contrat social*.

293 William E. Simon, *L'heure de la vérité*.

293 Arthur M. Okun, *Egalité vs Efficacité*, Economica, Paris.

297 Alexandre Soljenistsyne, *L'archipel du Goulag*, Seuil, Paris.

298 Arthur M. Okun, *Egalité vs Efficacité*, Economica, Paris.

299 Jacques Lesourne, « L'Etat protecteur face aux défis du futur », *La Nef*, Nouvelle série, Cahier n° 2, Tallandier, Paris.

302 L. de Kervasdoue, *La Santé rationnée ?*, Economica, Paris.

302 Lester C. Thurow, « Equité, Efficacité, Justice sociale et redistribution. Le cas des Etats-Unis. L'Etat protecteur en crise », OCDE, Paris 1980.

Chapitre 16 — Le développement économique

306 Bernard Granotier, *La planète des bidonvilles*, Seuil, Paris.

308 Yves Florenne, « L'enterrée vive », *Le Monde*, 8 juillet 1980.

309 Henri Sée, *Histoire économique de la France. Le Moyen-âge et l'ancien régime*, Armand Colin, Paris.

311 Fernand Braudel, *Civilisation matérielle, économie et capitalisme XVe, XVIIIe siècle*, Armand Colin, Paris.

312 Sylvie Brunel, *Tiers Monde*, Economica, Liberté sans frontières, Paris, 1987.

312 Jean-Claude Chesnais, *La revanche du Tiers-Monde*, Robert Laffont, Paris, 1987 (cet ouvrage très documenté renverse certaines perspectives traditionnelles sur le tiers monde).

313 Jean et Françoise Fourastié, *Les écrivains témoins du peuple*, Le livre de poche, (Les citations de ce paragraphe sont extraites de cet ouvrage).

316
323 Jean-Claude Chesnais. Déjà cité p. 312.

324 W.W. Rostow, *Les étapes de la croissance économique*, Seuil, Paris.

325 J. Ellul, *Le système technicien*, Calmann-Lévy, Paris.

326 Karl Marx, *Le Capital*.

327 Michel Bosquet, *Ecologie et politique*, Point, Seuil, Paris.

328 Wassily Léontief, *L'avenir de l'économie mondiale,* Rapport à l'ONU publié en français sous le titre : *1999,* l'expertise de Wassily Léontief, Dunod, Paris.
330 Alain Besançon, « Charité mal ordonnée... », *L'Express* du 24 au 30 octobre 1986.
332 E.F. Schumacher, *Good work,* Abacus, Cox and Wyman LTD, London.
335 Charles Vanhecke, « Les bienfaits de la révolution libérale », *Le Monde,* du 10 mars 1988.
336 Hernando de Soto, « L'autre sentier » (cité dans le *Nouvel observateur,* juillet 1987).

Chapitre 17 — L'Europe

341 *1992, Le défi,* par un comité d'experts présidé par Paolo Cecchini, Flammarion, Paris, 1988.
342 Tommaso Padoa-Schioppa, *Efficacité, Stabilité, Equité,* Economica, Paris, 1987.
351 Tommaso Padoa-Schioppa, cité p. 342.

Chapitre 18 — Vers une nouvelle économie ?

353 Alfred Sauvy, *Mondes en marche*, Calmann-Lévy, Paris.
353 W.W. Rostow, *Les étapes de la croissance économique*, Seuil, Paris.
353 Daniel Bell, *The Coming of post-industrial Society*, Heinemann, London, 1974.
355 Ronald Inglehart, Le post-matérialisme face à la crise. Futuribles. Septembre 1982.
355 Jonathan Gershuny, *After industrial Society. The emerging Self-Service Economy*, Macmillan, London, 1978.
356 Ingmar Grandstedt, *L'impasse industrielle*, Seuil, Paris.
359 Marshall Sahlins, *Age de pierre, âge d'abondance,* NRF Gallimard, Paris, 1976.
360 Les paragraphes qui suivent ont été publiés dans Michel Didier, *Mutations techniques et financières dans l'économie actuelle*, CNAM, Paris, 1988.

Index

A

B

C

D

E

F

G

H

I

Q

R

S

T

U

V

W

Table des matières

Composé par Economica, 49, rue Héricart, 75015 PARIS
Imprimé en France. - JOUVE, 18, rue Saint-Denis, 75001 PARIS
N° 61049 - Dépôt légal : Septembre 1990